Leonard Peikoff

Die unheimlichen Parallelen

Leonard Peikoff

Die unheimlichen Parallelen

Das Ende der Freiheit in Amerika

Mit einer Einleitung
von Ayn Rand

Aus dem amerikanischen Englisch
von Philipp Dammer

TvR
Jena

Titel der Originalausgabe:
The Ominous Parallels

Die Veröffentlichung erfolgte mit Genehmigung von
Peikoff Family Partnership, LP
c/o CURTIS BROWN Ltd.,
228 East 45th Street, 3rd Floor, New York, N.Y. 10017, USA

1. Auflage

www.TvRMedienverlag.de

Endredaktion: Dr. Holger J. Thuß
Druck und Bindung: Print Group Sp. z o. o., Szczecin
Printed in Poland

ISBN 978-3-940431-67-7

Inhalt

Einleitung

Es ist mir ein Vergnügen, das erste Buch eines objektivistischen Philosophen vorzustellen, das nicht von mir geschrieben wurde.

Die vielleicht beste Empfehlung, die ich diesem Buch und dem Autor Leonard Peikoff geben kann, lautet, dass beide *nicht* Teil des heutigen kulturellen Mainstreams sind. Sie werden Teil des Mainstreams von morgen sein.

Es ist nicht nötig, zu beweisen, dass mit der Welt von heute etwas nicht stimmt. Jedermann - aus jeder Glaubensrichtung, jeder Rasse oder intellektuellen Schule, ob alt oder jung, ob reich oder arm, ob konservativ oder liberal, im In- oder Ausland - spürt, dass etwas Monströses die Welt zerstört. Aber niemand weiß, was, und gibt dann allen anderen die Schuld dafür - und auch zu Recht.

Nehmen Sie als Symptom für die Angst unserer Kultur das ungewöhnliche Interesse an Nazi-Deutschland und die Schwemme an Büchern, die sich damit befassen. Alle möglichen halb-plausiblen und komplett unmöglichen Theorien haben vergeblich versucht, die Ursachen des Nationalsozialismus zu finden und zu erklären. Die Erfolglosigkeit dieser Erklärungen intensiviert die Suche noch weiter: Anscheinend erkennt man, dass wir den Rückfall eines einstmals zivilisierten Landes in eine derartige Barbarei verstehen müssen, wenn wir ihn nicht wiederholen wollen. „Aber Gräuel wie den Nationalsozialismus dürfen wir nicht einfach unerklärt beiseite wischen", meint Dr. Peikoff. Wenn wir seine Ursachen nicht verstehen, wie können wir dann sicher sein, ob unser eigenes Land nicht denselben Kurs eingeschlagen hat?

Dr. Peikoff beantwortet diese Fragen. Er identifiziert die Ursache des Nationalsozialismus - und die unheimlichen Parallelen zwischen der intellektuellen Geschichte Deutschlands und der der Vereinigten Staaten. Er demonstriert, dass es eine Wissenschaft gibt, die in der modernen Welt fast ausgelöscht worden ist. „Und doch bestimmt diese Wissenschaft das Schicksal von Nationen und den Kurs der Geschichte", schreibt er. „Diese Wissenschaft musste zerstört werden, damit die Katastrophen unserer Zeit möglich werden konnten. Diese Wissenschaft ist die *Philosophie*."

Der nicht-moderne (und nicht altmodische) Aspekt von Leonard Peikoffs Buch ist seine Weitsicht und der verblüffende Umfang seiner philosophischen Integration. Er leidet weder an der anerzogenen Kurzsichtigkeit jener angeblichen Philosophen, die die verschiedenen Bedeutungen des Wortes „aber" studieren (die heutigen Empiriker), noch an der Hilflosigkeit und den schwebenden Abstraktionen ihrer Vorgänger (den Rationalisten). Er präsentiert die Geschichte der deutschen Philosophie, indem er ihre Fundamente untersucht, analysiert dann die Geschichte der Philosophie Amerikas und was sie zerstört hat. (Das Kapitel „Die Nation der Aufklärung" ist der geistreichste und inspirierendste Tribut an die Gründerväter, den ich je gelesen habe.) Dann stellt er die praktischen Resultate dar - die Art und Weise, wie philosophische Ideen den Kurs von bestimmten Ereignissen in der Geschichte beider Länder beeinflussen - in der Politik, der Wirtschaft, der Kunst, der Literatur, der Bildung usw.

Dies ist die wichtigste Leistung von Dr. Peikoffs Buch.

Während die Philosophen von heute lautstark proklamieren, dass Philosophie nichts mit dem praktischen Leben oder mit der Realität zu tun habe (die ihrer Meinung nach nicht existiert), zeigt Dr. Peikoff ihren verstümmelten Opfern, was Philosophie ist, was sie bewirkt und wie man ihren Einfluss überall um uns herum erkennt. Er wechselt virtuos und mühelos zwischen Abstraktionen und Konkretem hin und her, indem er die Verbindung ersterer mit der Realität aufrechterhält und somit letzteres erleuchtet. Er zeigt, dass eine Nation, die dazu erzogen wurde, Pflichterfüllung und Selbstopferung als

Kardinaltugenden anzusehen, hilflos ist, wenn sie einer Verbrecherbande gegenübersteht, die beides verlangt.

Die tragische Ironie unserer Zeit liegt darin, dass die beiden schlimmsten, blutrünstigsten Banden der Geschichte (die Nazis aus Deutschland und die Kommunisten aus Sowjetrussland, deren Motive nackte Machtgier und primitive materialistische Gier nach dem Unverdienten sind) die Macht der Philosophie respektieren (sie nennen sie „Ideologie") und Milliarden an geplündertem Geld für Propaganda und Indoktrinierung ausgeben, da sie wissen, dass der menschliche Geist ihr schlimmster Feind ist und sie ihn zerstören müssen – während die Vereinigten Staaten und andere westliche Länder behaupten, dass der menschliche Geist der Materie überlegen sei, die Philosophie vernachlässigen, Ideen verachten, die besten Köpfe austrocknen, nur die ältesten Parolen eines materialistischen Altruismus von sich geben und sich dann wundern, warum sie verlieren.

Als Beispiel dafür, warum die Ursache des Nationalsozialismus verstanden werden muss (aber nicht verstanden wird), möchte ich ein Fernsehinterview mit dem deutschen Bundeskanzler Helmut Schmidt erwähnen. Auf die Frage nach seinem Lieblingsphilosophen änderte er seine Stimmlage und antwortete ehrfürchtig wie ein blinder und tauber Feldwebel, der innerlich die Hacken zusammenschlägt: „Marc Aurel. Er lehrte uns, dass wir zuallererst unsere Pflicht tun müssen." Wenn er typisch für sein Land ist (und das glaube ich), dann hat Deutschland nichts gelernt.

Das mysteriöse Monster, das die Welt zerstört, ist kein Wesen, sondern ein Vakuum, eine Leere – die Leere, die vom Zusammenbruch der Philosophie zurückgelassen wurde. In dieser lichtlosen Leere plappern Menschen herum, stolpern übereinander und versuchen verzweifelt herauszufinden, wie man auf der Erde leben soll – was man aber ohne das Werkzeug, das sie weggeworfen haben, nicht herausfinden kann. Und wie Dr. Peikoff beweist, führt dies dann zu Nazi-Deutschland oder Sowjetrussland.

Wenn Sie dem philosophischen Bankrott von heute nicht zum Opfer fallen wollen, dann empfehle ich Ihnen *Die Unheimlichen Paral-*

lelen als Schild und als Munition. Es wird Sie davor bewahren, unbewusst die Ideen zu unterstützen, die Sie und die gesamte Welt zerstören. Es wird Ordnung in das Chaos der Ereignisse bringen - und Ihnen zeigen, wie groß das Schlachtfeld und wie winzig der Feind ist.

Die Unheimlichen Parallelen bietet eine wahrlich revolutionäre Idee im Bereich der Geschichtsphilosophie. Das Buch ist klar, knapp, diszipliniert, gut strukturiert und brillant argumentiert. Der Stil ist klar und hart wie Kristall - und genauso funkelnd. Wenn Sie meine Bücher mögen, werden Sie auch dieses mögen.

Was meine persönliche Reaktion angeht, so kann ich sie am besten mit einem Zitat aus *Der Streik* beschreiben. „Wie wundervoll es ist, eine großartige Leistung zu sehen, die nicht von mir ist!"

AYN RAND
New York, November 1980

Teil 1:

Theorie

1.
Die Ursache des Nationalsozialismus

Hier ist die Theorie:

> „Es ist daher notwendig, dass das Individuum endlich erkennt, dass sein eigenes Ego im Vergleich mit der Existenz seiner Nation ohne Bedeutung ist; dass die Stellung des einzelnen Ichs nur von den Interessen der Nation als Ganzes bestimmt wird... dass vor allem die Einheit des Volksgeistes und des Volkswillens weit wertvoller sind als die Freiheit des Geistes und der Wille eines Einzelnen..."

> „Die Einstellung, dass die Bewahrung der Gemeinschaft Vorrang vor den Interessen des Ichs hat, ist die erste Vorbedingung für jede menschliche Kultur... Die Grundeinstellung, aus der solche Taten kommen, nennen wir - um sie vom Egoismus zu unterscheiden - Idealismus. Darunter verstehen wir die Fähigkeit des Einzelnen, für seine Gemeinschaft, für seine Mitmenschen, Opfer zu bringen."

Diese Aussagen stammen aus unserem Jahrhundert - vom Führer eines der wichtigsten westlichen Länder. Seine Landsleute hielten seinen Standpunkt für unstrittig. Sein politisches Programm setzte ihn buchstabengetreu um.

Diese Aussagen stammen von Adolf Hitler. Er erklärte hier die Moralphilosophie des Nationalsozialismus.[1]

---

[1] Hitler in Bückeburg am 7. 10. 1933, aus: N. H. Baynes (Hg.): *The Speeches of Adolf Hitler 1922-39*, Bd. 1, Oxford 1942, S. 871f.

Und hier ist die letztendliche Praxis (beschrieben von William Shirer in *Aufstieg und Fall des Dritten Reiches*):

> „Die Gaskammern selbst und die ihnen angeschlossenen Krematorien [in Auschwitz] sahen, aus geringerer Entfernung betrachtet, keineswegs finster aus; welche Bedeutung diese Anlagen hatten, war unmöglich zu erkennen. Sie waren bedeckt mit gut gepflegtem Rasen und Blumenbeeten, und über den Eingängen stand lediglich: Baderäume. Die ahnungslosen Juden glaubten nichts anderes, als dass sie die Baderäume wegen der in allen Lagern üblichen Entlausung betreten müssten. Und sie betraten sie mit Musikbegleitung!
>
> Es war nämlich, wie einer der Überlebenden berichtete, aus den Lagerinsassinnen ein Orchester zusammengestellt worden, ‚junge hübsche Mädchen, alle in weißen Blusen und marineblauen Röcken', und während die Opfer für die Gaskammern ausgewählt wurden, spielte dieses einzigartige Orchester heitere Weisen aus der ‚Lustigen Witwe'... Keineswegs feierliche, düstere Beethoven-Musik. Die Trauermärsche in Auschwitz waren spritzige, fröhliche Operettenmelodien.
>
> Zu solcher an glücklichere und leichtere Zeiten erinnernden Musik wurden Männer, Frauen und Kinder in die ‚Baderäume' geführt, wo ihnen geheißen wurde, sich zum ‚Duschen' auszuziehen. Bisweilen erhielten sie sogar Handtücher. Befanden sie sich dann im ‚Duschraum' – wo ihnen vielleicht der erste Verdacht gekommen sein mag, denn sie wurden zu 2000 Menschen hineingepfercht –, wurde die massive Tür geschlossen und hermetisch abgedichtet. Auf der Todeshalle stand neben den vom Rasen und den Blumen fast verdeckten pilzförmigen Klappen Lagerpersonal bereit, um die amethystblauen Zyanwasserstoffkristalle, genannt Zyklon B, in die nach unten führenden Rohre hineinzustreuen...
>
> Von benachbarten Lagerblocks aus konnten Gefangene, von denen Überlebende später aussagten, beobachten, wie dann ein gewisser SS-Mann namens Moll seinen Leuten das Zeichen zum Hineinschütten der Kristalle gab. ‚Na, gib ihnen schon zu fressen', pflegte er lachend zu sagen. Nachdem das Zyklon B in die Öffnungen gegeben war, wurden die Klappen dicht verschlossen.
>
> Durch die Luken mit dickem Glas konnten die Schergen beobachten, was drinnen vor sich ging. Die nackten Gefangenen blickten zu den Brausen auf, aus denen kein Wasser kam, oder hin-

> ab auf den Fußboden, der merkwürdigerweise keine Abflussrinnen hatte. Es vergingen einige Minuten, bis das Gas den Brausensieben entströmte. Wenn die Eingeschlossenen merkten, was geschah, brach gewöhnlich eine Panik aus; sie stürzten zu dem großen Eisentor, wo sie sich, wie Reitlinger schreibt, ‚zu einer einzigen, blauen, klebrigen, blutbesudelten Pyramide anhäuften, noch im Tode ineinander verkrallt und verkrampft'."[2]

Die Nazis waren keine Horde urzeitlicher Höhlenmenschen. Ihre Verbrechen waren die offiziellen, legalen Akte des modernen Deutschlands - einer gebildeten, industrialisierten, zivilisierten westeuropäischen Nation, die in der ganzen Welt für ihre intellektuellen und kulturellen Errungenschaften bekannt war. Wegen der langen Reihe aus berühmten Künstlern und Denkern nannte man Deutschland „das Land der Dichter und Denker".

Aber seine Bildung schützte das Land nicht gegen die Unteroffiziere vom Schlage Moll in den eigenen Reihen. Die deutschen Studenten waren eine der ersten Gruppen, die Hitler unterstützten. Die Intellektuellen waren unter den eifrigsten Verfechtern des Regimes.

Renommierte Professoren mit großen akademischen Verdiensten segneten die Sache des Führers ab und stellten ihren Intellekt in seine Dienste. Sie verfassten ganze Bibliotheken an Lobeshymnen auf den Führer, voller obskurer Andeutungen und gelehrsamer Verweise.

Die Nazis kamen nicht gegen den Willen des Volkes an die Macht. In dieser Hinsicht gab es keine Kluft zwischen den Intellektuellen und dem Volk. Die Nazi-Partei wurde von Millionen deutscher Wähler aus allen Schichten frei gewählt. Bei der Reichstagswahl vom Juli 1932 bekamen die Nazis 37 Prozent der Stimmen und die Mehrheit der Sitze. Am 30. Januar 1933 wurde Hitler in voller Übereinstimmung mit den gesetzlichen Bestimmungen zum Kanzler ernannt. Fünf Wochen später bekamen die Nazis in der letzten (halbfreien) Wahl vor der totalen Diktatur 17 Millionen Stimmen - 44% der Stimmen.

---

[2] William Shirer: *Aufstieg und Fall des Dritten Reiches*, Köln 1960, S. 886f.

Die Wähler kannten die Nazi-Ideologie. Das Land war während der letzten Jahre der Weimarer Republik mit Nazi-Literatur und Aussagen über die Zukunftspläne der Nazis zugepflastert worden. Allein *Mein Kampf* verkaufte sich zwischen 1925 und 1932 zweihunderttausend Mal. Welches politische System Hitler in Deutschland einführen wollte, war bekannt.

Als Hitler 1933 das von ihm versprochene System eingeführt hatte, hielt er es nicht für nötig, Auslandsreisen zu verbieten. Bis zum Ausbruch des Zweiten Weltkrieges konnten die Deutschen das Land verlassen, wenn sie wollten. Die überwältigende Mehrheit floh nicht. Sie blieb.

Das System, das Hitler einführte - die gesellschaftliche Realität, die so viele Deutsche begrüßten oder zumindest hinnahmen - die Politik, die mit einer Theorie begann und in Auschwitz endete -, war der totale Staat. Der Begriff, von dem sich das Adjektiv „totalitär" ableitet, wurde von Hitlers Mentor geprägt: Mussolini.

Der Staat müsse absolute Macht über jeden Menschen und jeden Bereich seines Lebens haben, erklärten die Nazis. „Die Macht des Führers wird nicht durch Kontrollen, durch spezielle autonome Gremien oder individuelle Rechte beschränkt; sie ist frei und unabhängig, allumfassend und unbeschränkt", erklärte Parteisprecher Ernst Huber im Jahre 1933.

> „Das Konzept von individuellen Freiheiten im Gegensatz zur Autorität des Staates musste verschwinden; es kann mit dem Prinzip des nationalistischen Reiches nicht in Einklang gebracht werden", sagte Huber einem Land, das zuhörte und nickte. „Es gibt keine persönlichen Freiheiten, die außerhalb des Staates stehen und die vom Staat respektiert werden müssten... Die Reichsverfassung basiert daher nicht auf einem System von angeborenen und unveräußerlichen individuellen Rechten."[3]

[3] Raymond E. Murphy, Francis B. Stevens, Howard Trivers, Joseph M. Roland: *National Socialism: Basic Principles, Their Application by the Nazi Party's Foreign Organization, and the Use of Germans Abroad for Nazi Aims*, Washington D.C. (US GPO) 1943, S. 77, 90.

Wenn der Begriff „Dirigismus" die Machtkonzentration in den Händen des Staates auf Kosten individueller Freiheiten bezeichnet, dann ist Nationalsozialismus eine Form des Dirigismus. Prinzipiell repräsentiert er keine neue Regierungsform; er war eine Weiterentwicklung des politischen Absolutismus (der absoluten Monarchien, der Oligarchien, der Theokratien, der willkürlichen Tyranneien), der den Großteil der menschlichen Geschichte ausmacht.

In seinem Ausmaß unterscheidet sich der totale Staat jedoch von seinen Vorläufern: Er repräsentiert einen Dirigismus, der theoretisch und praktisch bis zum Äußersten getrieben wird und die letzten Überbleibsel des Individuums auslöscht. Obwohl frühere Diktatoren (und auch einige aktuelle, z.B. in Lateinamerika) oft die unbegrenzte Macht des Staates predigten, waren sie nicht in der Lage, diese Macht durchzusetzen. Die Bürger solcher Staaten hatten eine Art „Teilfreiheit" - keine Freiheit aus Prinzip, sondern aus Versehen.

In Nazi-Deutschland gab es nicht einmal das. Die Effektivität des Staates bei der Beherrschung der Bürger, die allumfassende Gewaltherrschaft, die komplette Massenreglementierung für Millionen Menschen (und das ungeheure Ausmaß der Abschlachtung, der planmäßigen, systematischen von einer Regierung gegen die eigenen Bürger initiierten Massenabschlachtung in Friedenszeiten) - dies sind die Insignien des (kommunistischen *und* nationalsozialistischen) Totalitarismus im 20. Jahrhundert, die in der aufgezeichneten Geschichte ohne Gleichen sind. In den totalitären Regimes wurde jedes Detail des Lebens vorgeschrieben oder verboten, wie die Deutschen nach nur wenigen Monaten von Hitlers Herrschaft herausfanden. „Es gibt keine Privatmenschen mehr", sagte Friedrich Sieburg, ein Nazi-Autor; „seine Bedeutung und seine Erfüllung bekommt ein jeder nur aus seinem Dienst am Staate." Nach wenigen Jahren der Nazi-Herrschaft prahlte der Leiter der Deutschen Arbeitsfront, Robert Ley: „Nur wer schläft, ist in Deutschland noch ein Privatmensch."[4]

---

[4] Zit. n. Nagendranath Gangulee: *The Mind and Face of Nazi Germany,* London 1942, S. 26. Ley äußerte sich entsprechend 1938 in München.

Anstelle des verhassten „Privatmenschen“ hörten die Deutschen täglich und stündlich von einer anderen Entität, einer Über-Entität, deren Wille den Kurs und die Handlungen des Staates bestimmen solle: die Nation, das Volk, die *Gruppe*. Wieder und wieder hörten die Deutschen die Idee, die dem allmächtigen Staat zugrunde liegt, die Idee, die alle Diktatoren als Rechtfertigung für ihre totalen Staaten anführen: *Kollektivismus*.

Kollektivismus ist die Theorie, dass die Gruppe (das Kollektiv) Vorrang vor dem Individuum hat. Kollektivismus sagt, dass *nur das Kollektiv* (die Gesellschaft, die Gemeinschaft, die Nation, das Proletariat, die Rasse usw.) *real und Wertmaßstab sei*. Nach dieser Theorie ist das Individuum nur als Teil der Gruppe real und hat nur Wert, wenn er ihr dient; an sich habe das Individuum keine politischen Rechte; es könne für die Gruppe geopfert werden, wenn sie oder sein Repräsentant (der Staat) dies für wünschenswert hält.

Der Faschismus, so Alfredo Rocco, einer seiner Wortführer, betont

> „die Notwendigkeit, für die ältere Theorien wenig Raum bieten – die Opferung, selbst die totale Opferung von Individuen, zugunsten der Gesellschaft... Für den Liberalismus [d.h. den Individualismus] ist das Individuum der Zweck, und die Gesellschaft das Mittel, und es ist undenkbar, dass das Individuum als bloßes Instrument behandelt wird. Für den Faschismus ist die Gesellschaft der Zweck und das Individuum das Mittel – und das gesamte Leben der Gesellschaft besteht darin, Individuen als Mittel zu gesellschaftlichen Zwecken zu benutzen.“[5]

„Die Pflichten des Individuums“, sagte Hitler 1933, „und die Grenzen des individuellen Interesses werden durch die höheren Interessen des Ganzen bestimmt“. Die Nazis sagten, dass die Menschen „erkennen müssen, dass der Staat wichtiger ist als das Individuum, dass Individuen willens und bereit sein müssen, sich selbst für die Nation und den Führer zu opfern.“

---

[5] *Die politische Lehre des Faschismus,* Rede in Perugia am 30. 8. 1925, zit. n. Allan Swallow (Hg.): *Readings on Fascism and National Socialism,* selected by members of the Department of Philosophy, University of Colorado, Denver 1958, S. 34f.

Das Volk, so die Nazis, „bildet einen echten Organismus", eine „lebendige Einheit", dessen Zellen die individuellen Menschen seien. Trotz des gegenteiligen Anscheins gebe es in der Wirklichkeit so etwas wie ein „isoliertes Individuum" oder einen autonomen Menschen nicht.[6]

So wie das Individuum bloß als Fragment der Gruppe betrachtet werden müsse, so sei auch sein Eigentum nur ein Teil des kollektiven Wohlstands.

> „Privateigentum im Sinne der liberalistischen Ökonomie war eine Verdrehung des wahren Konzepts von Eigentum. Dieses ‚Privateigentum' stellte das Recht des Individuums dar, geerbtes oder erworbenes Eigentum ohne Berücksichtigung des Allgemeinwohls nach Gutdünken zu verwenden oder damit zu spekulieren... Der deutsche Sozialismus hat diese ‚private', d.h. unbeschränkte und unverantwortliche Auffassung von Eigentum hinter sich gelassen. Sämtliches Eigentum ist Allgemeinbesitz. Der Besitzer wird vom Volke und vom Reich zu verantwortlicher Verwendung seiner Güter verpflichtet. Seine Stellung ist nur dann gerechtfertigt, wenn er diese Verantwortung gegenüber der Gemeinschaft erfüllt."[7]

Anders als die Marxisten vertraten die Nazis nicht die Verstaatlichung der Produktionsmittel. Sie verlangten, dass der Staat die Wirtschaft des Landes beaufsichtigt und leitet. Sie erklärten, die Frage der gesetzlichen Stellung sei zweitrangig; was zählt, sei die *Kontrolle*. Privatpersonen dürfen also weiterhin die Titel am Eigentum haben – solange der Staat das uneingeschränkte Recht über die *Verwendung* ihres Eigentums hat.

Wenn „Eigentum" das Recht auf Verwendung und Verfügung bezeichnet, dann hatte der Nationalsozialismus den Staat mit allen Vorrechten des Eigentümers ausgestattet. Das Individuum behielt lediglich den formellen Titel, einen Titel ohne Inhalt, der seinem

---

[6] Hitler in Bückeburg, a. a. O., S. 872; Bernhard Rust: *Erziehung und Unterricht* (1938), zit. n. Gregor Ziemer: *Education for Death*, London 1941, S. 20; Gottfried Neeße: *Die Nationalsozialistische Deutsche Arbeiterpartei – Versuch einer Rechtsdeutung*, Stuttgart 1935, zit. n. Murphy et al., a. a. O., S. 65. Huber (Parteisprecher der NSDAP), zit. n. *ebd.*, S. 90.

[7] *Ebd.*, S. 91.

Träger keine Rechte verlieh. Im Kommunismus gibt es Allgemeinbesitz *de jure*. Im Nationalsozialismus gibt es den gleichen Allgemeinbesitz *de facto*.

Während der Nazi-Herrschaft wurde jede gesellschaftliche Gruppe gnadenlos ausgebeutet und ausgeblutet - um die Wahlprogramme und Kriegsausgaben zu finanzieren. Gehälter und Einnahmen kleinerer Unternehmen wurden durch staatliche Kontrollen, diktierte Preise und Steuern vorsätzlich eingeschränkt. Große Konzerne wurden durch alle möglichen Steuern und „Sonderspenden" ausgeblutet und von der Bürokratie gegängelt. (In „der Flut von Erlassen und Gesetzen fand sich oft sogar der gewitzteste Geschäftsmann nicht mehr durch, so dass die Firmen Juristen anstellen mussten, um ihre Betriebe in Gang zu halten. Mittel und Wege, die benutzt wurden, um an maßgebliche Stellen heranzukommen oder um die endlosen Verordnungen der Regierung und der Verbände zu umgehen, nahmen Ende der dreißiger Jahre phantastische Formen an"[8], so Shirer.) Zur gleichen Zeit wurde das Einkommen der Bauern begrenzt und es setzte eine Stadtflucht ein - wo die Mittelklasse, besonders die Kleinbetriebe, bald in einer verzweifelten Lage waren und die Arbeiter gezwungen wurden, für geringe Löhne immer länger zu arbeiten (bis zu 60 Wochenstunden).

Doch die Nazis verteidigten ihre Politik und das Land protestierte nicht; es akzeptierte das Argument der Nazis. Einige Egoisten sind vielleicht nicht glücklich darüber, so die Nazis, aber wir haben in Deutschland das ideale System eingeführt: *Sozialismus*. So wie die Nazis diesen Begriff benutzen, beschränkt er sich nicht auf die Wirtschaft - er muss in einem viel fundamentaleren Sinne verstanden werden. „Sozialismus" ist für die Nazis das Prinzip des Kollektivismus an sich und seine Folge: Dirigismus - in jedem Bereich einschließlich aber nicht ausschließlich der Wirtschaft.

„Sozialist sein: das heißt, das Ich dem Du unterordnen, die Persönlichkeit der Gesamtheit zum Opfer bringen", sagte Goebbels.[9]

---

[8] Shirer, a. a. O., S. 254.

[9] Zit. n. Erich Fromm: *Die Furcht vor der Freiheit*, München 1980, S. 169.

Nach dieser Definition taten die Nazis das, was sie auch gepredigt hatten. Sie praktizierten es zuerst im eigenen Land und dann im Ausland. Niemand kann behaupten, dass sie nicht genug Individuen geopfert hätten.

Die Frage lautet: Warum?

Was könnte ein System wie das der Nazis erklären? Wie konnte es dazu kommen?

Verbrechen dieser Größe können kein Produkt oberflächlicher Faktoren sein. Um dieses Verbrechen (und seine Popularität unter den Deutschen) zu erklären, muss man bis zu seinen tiefsten, verstecktesten Wurzeln vordringen. Man muss sein Wesen und seine Ursachen durch seine *Prinzipien* verstehen.

Leider ist dies nicht der Ansatz der meisten Historiker gewesen. In der Regel haben Kommentatoren versucht, den Nationalsozialismus durch eine gegenteilige Methode zu erklären: durch die Schlagzeilen der Zeitungen oder die Krise des Augenblicks.

Es wird z.B. behauptet, dass die Deutschen den Nationalsozialismus begrüßt hätten, weil sie den Ersten Weltkrieg verloren hatten. Die Österreicher hatten ihn auch verloren, wurden aber deswegen noch nicht zu Nazis (Österreich ging unter, als Hitler es 1938 annektierte). Und Italien, eine der *Siegermächte* bei der Versailler Konferenz von 1919, wurde bereits 1922 faschistisch.

Es wird behauptet, die Ursache des Nationalsozialismus sei die Wirtschaftskrise der 20er Jahre. Alle Industrienationen wurden von der Depression heimgesucht. Nur wenige wurden nationalsozialistisch.

Es wird behauptet, dass die Ursache des Nationalsozialismus die Schwäche der demokratischen Parteien in der Weimarer Republik, ihr Ränkespiel und die daraus folgende Lähmung der Regierung war. Dies erklärt nicht, *warum* oder in welcher grundlegenden Hinsicht die Demokraten schwach waren und berücksichtigt nicht die vielen Länder, in denen soziale Unruhen und Regierungskrisen *nicht* zu Nationalsozialismus geführt haben.

Es gibt keine direkte kausale Beziehung oder auch nur eine ungefähre Korrelation zwischen (einzelnen oder mehreren) spezifischen Krisen und der Entwicklung des Nationalsozialismus. Krisen stellen ein Land vor die Notwendigkeit, zu handeln. Sie bestimmen nicht, wie die Handlung aussehen wird. Angesichts einer militärischen Niederlage, einer Wirtschaftskrise oder des Scheiterns der Regierung können Menschen sich entscheiden, die Ursachen der Katastrophe zu untersuchen und einen vernünftigeren Weg in die Zukunft zu entdecken - d.h. sie können sich entscheiden, nachzudenken. Oder sie können sich entscheiden, zu hassen, zu beten, zu wünschen oder zu töten. Über solche Fragen sagt die Krise selbst nichts.

Es gibt neben der „Krisentheorie" auch noch andere Interpretationen des Nationalsozialismus.

Religiöse Autoren behaupten manchmal, dass die Ursache des Nationalsozialismus der Säkularismus oder der Geist der Wissenschaft in der modernen Welt war. Dies verdrängt die Tatsache, dass die Deutschen und besonders die Preußen eines der religiösesten Völker in Westeuropa waren; dass die Weimarer Republik eine Brutstätte für mystische Kulte war, von denen der Nationalsozialismus nur einer war und dass die größte und ergebenste religiöse Gruppe in Deutschland die Evangelische Kirche war, die zu Hitlers treuesten Anhängern gehörte.

Es gibt die marxistische Interpretation des Nationalsozialismus, der zufolge Hitler das unausweichliche Resultat des Kapitalismus war. Dies verdrängt die Tatsache, dass Deutschland nach Bismarck das am wenigsten kapitalistische Land in Westeuropa war; dass die Weimarer Republik von Anfang an eine Mischökonomie war, deren Kontrollen immer weiter anwuchsen und dass der Nationalsozialismus eben eine Form von *Sozialismus* ist.

Es gibt andererseits die arischen Rassisten, die sagen, dass die Ursache des Nationalsozialismus die „angeborene Verdorbenheit" der Deutschen sei. Dies verdrängt die Tatsache, dass „Verdorbenheit" ein moralischer Begriff ist, was impliziert, dass der Mensch *nicht* vorherbestimmt ist und freien Willen hat. Es verdrängt auch die Tatsache, dass Regimes, die dem von Hitler ähneln und sich nur in der Größe der Verbrechen unterscheiden, in unserem Jahrhundert auf der ganzen Welt aufgetaucht sind - nicht nur in Italien, Japan, Argentinien usw., sondern auch als Kommunismus in Russland, China und ihren Satellitenstaaten.

Dann gibt es die Freud'sche Interpretation, der zufolge die Ursache des Nationalsozialismus der Ödipus-Komplex der Deutschen oder ihr Todeswunsch, ihr Vaterkomplex usw. ist. Dies verdrängt die Tatsache, dass willkürliche Konstrukte, für die Freud berühmt ist, *alles* erklären können und daher nichts erklären.

Aber solche Gräuel wie den Nationalsozialismus dürfen wir nicht einfach unerklärt beiseite wischen.

Viele Autoren haben Ähnlichkeiten zwischen dem Amerika von heute und dem Deutschland vor Hitler aufgezeigt und haben dann ihre eigenen Beobachtungen abgetan - da sie der Idee der modernen Intellektuellen beipflichten, dass es schlechte Geschichtsschreibung ist, zwei Länder miteinander zu vergleichen. Diese Idee, die selbst ein Symptom unserer aktuellen Krise ist, bedeutet, dass es keine Prinzipien zur Leitung von Handlungen gibt und dass es schlechte Geschichtsschreibung ist, aus der Geschichte zu lernen.

Die Ähnlichkeiten können jedoch nicht einfach abgetan werden. Unsere Krise ist real. Die Krise besteht aus der Tatsache, dass unser Land, die Vereinigten Staaten von Amerika - die ursprünglich freieste, produktivste und moralischste Nation der Welt - sich nun in Hitlers Richtung bewegt.

Amerika bewegt sich auf eine nationalsozialistische Form des Totalitarismus zu - und das seit Jahrzehnten. Dies passiert schrittweise, aus Unterlassung und meistens unbewusst, aber es geschieht systematisch und ohne merkliche Opposition. In jedem kulturellen Bereich - von der Wissenschaft und der Bildung über die Kunst und die Religion bis zu Politik und Ökonomie - ist dieser Trend nun unübersehbar.

Es gibt Unterschiede zwischen Amerika und der Weimarer Republik. Unsere Zukunft steht noch nicht fest. Aber wenn wir die unheimlichen Parallelen zwischen diesen beiden Ländern nicht prinzipiell begreifen (und vor allem die grundlegende Ursache hinter diesen Parallelen), wird der gegenwärtige Trend weitergehen. Wenn wir ein Schicksal wie das von Deutschland vermeiden wollen, müssen wir herausfinden, was ein solches Schicksal erst möglich gemacht hat. Wir müssen herausfinden, welcher Grund an der Wurzel dafür liegt, ein Land (sei es nun Deutschland oder jedes andere) in eine Nazi-Diktatur zu verwandeln - und dann müssen wir diese Wurzel herausreißen.

Wir müssen nach etwas suchen, das tiefer liegt als praktische Umstände - etwas, das dem Menschen sagt, was denn das Praktische *ist*.

In einem fortgeschrittenen, zivilisierten Land war eine Handvoll Männer in der Lage, von Millionen anständiger, gebildeter, gesetzestreuer Bürger die enthusiastische Unterstützung für ihre kriminellen Pläne zu bekommen. Welcher Faktor hat das ermöglicht?

Kriminelle Gruppen und Pläne hat es quer durch die Geschichte in jedem Land gegeben. Sie konnten nur in bestimmten Perioden erfolgreich sein. Die bloße Existenz solcher Gruppen ist nicht genug, um ihren Sieg zu erklären. Irgendetwas machte so viele Deutsche für ihren Sieg anfällig. Irgendetwas bewaffnete die Verbrecher und entwaffnete das Land.

Beachten Sie in diesem Zusammenhang, dass die Nazis die Macht der Propaganda zu Recht als ein unverzichtbares Werkzeug ansahen.

Die Nazis hätten die Unterstützung der deutschen Massen ohne die systematische Einschärfung eines komplexen Gebildes von Theorien, Lehren, Meinungen, Ideen und Ansichten nicht gewinnen können. Und nicht eine einzige ihrer zentralen Ansichten stammt von ihnen selbst. Sie fanden diese Ideen bereits überall in der Kultur vor; sie ergriffen sie und schmetterten sie in voller Lautstärke zurück auf die Straßen. Und die Menschen auf der Straße hörten, erkannten und begrüßten diese Ideen und wählten ihre Vertreter.

Im 19. Jahrhundert hätten die Deutschen diese Ideen nicht erkannt und akzeptiert, als der Westen noch von den Überbleibseln des Zeitalters der Vernunft und der Aufklärung beeinflusst wurde, als die Lehre der Menschenrechte und der Autonomie des Individuums an erster Stelle standen. Aber im 20. Jahrhundert waren diese Lehren und die Überzeugungen, auf denen sie beruhten, nicht länger bestimmend.

Deutschland war *ideologisch* reif für Hitler. Der *intellektuelle* Boden war bereitet. Die *Ideen* des Landes - eine bestimmte Kategorie von Ideen - waren bereitet.

Es gibt eine Wissenschaft, die sich mit dieser Kategorie von Ideen befasst.

Heute ist diese Wissenschaft in unseren Colleges auf ihren historischen Tiefpunkt gesunken. Ihre Lehrer haben erklärt, dass diese Wissenschaft keine Fragen zu stellen und keine Antworten zu geben habe. Als Ergebnis davon verschwindet sie - verliert ihre Identität, ihren Sinn, ihre Studenten und die letzten Überbleibsel ihres einst edlen Rufes. Niemand unter den Intellektuellen oder in der Allgemeinheit würde heute noch vermuten, dass diese Wissenschaft für das menschliche Leben von Belang sein könnte.

Und doch bestimmt diese Wissenschaft das Schicksal von Nationen und den Weg der Geschichte. Sie ist der Ursprung des Wertekanons einer Nation, die Wurzel für den Charakter und die Kultur eines Volkes und die fundamentale Ursache für die Entscheidungen der Menschen in jedem Bereich ihres Lebens. Diese Wissenschaft führt Menschen dazu, unsere Welt freudig anzunehmen oder eine andere zu suchen, die sie angeblich transzendiert - die sie zu Vernunft oder Aberglaube führt, zum Streben nach Glück oder zur Selbstopferung, zur Produktion oder zum Hungertod, zur Freiheit oder Sklaverei, zum Leben oder Tod. Diese Wissenschaft macht den Unterschied zwischen dem Osten oder dem Westen aus, zwischen dem Mittelalter oder der Renaissance, zwischen den Gründervätern der Neuen Welt oder dem Adolf Hitler der alten. Wenn die Katastrophen unserer Zeit möglich werden sollten, musste diese Wissenschaft zerstört werden.

Diese Wissenschaft heißt *Philosophie.*

Die Philosophie studiert das Wesen des Seins, des Wissens und der Werte.

Der Zweig der Philosophie, der das Sein studiert, heißt *Metaphysik.* Metaphysik identifiziert das Wesen des Universums an sich. Sie sagt einem, in was für einer Welt man lebt und ob es jenseits von ihr eine übernatürliche Dimension gibt. Sie sagt einem, ob man in einer Welt aus beständigen Entitäten, Naturgesetzen und absoluten Tatsachen lebt oder in einer Welt aus illusorischen Bruchstücken, unvorhersagbaren Wundern und unaufhörlichem Chaos. Sie sagt einem, ob die Dinge, die man mit seinen Sinnen und seinem Verstand erkennt, eine verständliche Realität bilden, mit der man umgehen kann, oder irgendwelche unwirklichen Erscheinungen, die man nur hilflos anstarren kann.

Der Zweig der Philosophie, der das Wissen studiert, heißt *Erkenntnistheorie.* Die Erkenntnistheorie identifiziert die korrekten Mittel zum Wissenserwerb. Sie sagt einem, welche mentalen Prozesse man als Erkenntnismethode benutzen und welche man als ungültig oder trügerisch ablehnen muss. Vor allem sagt die Erkenntnistheorie einem, ob die Vernunft das Mittel zum Wissenserwerb ist (und wenn ja, wie sie funktioniert) oder ob es ein anderes Mittel zum Wissenserwerb gibt, z.B. der Glaube, der Instinkt der Gesellschaft oder die Gefühle des Diktators.

Der Zweig der Philosophie, der Werte studiert, heißt *Ethik* (oder Moral) und basiert auf den beiden anderen – auf einem Welt- und Menschenbild, einschließlich der Mittel der Wahrnehmung. Ethik definiert einen Wertekanon zur Leitung menschlicher Handlungen. Sie sagt einem, welche Ziele für das Leben wichtig sind und wie man sie erreicht; sie stellt einen Maßstab zur Verfügung, anhand dessen man Gut und Böse, Richtig oder Falsch beurteilen kann. Ethik sagt einem z.B. dass man sich selbst verwirklichen soll – oder dass man sich für etwas anderes opfern soll, wie z.B. Gott oder seinen Nächsten.

Der Zweig der Philosophie, der Ethik auf gesellschaftliche Fragen anwendet, heißt *Politik* und untersucht das Wesen eines Gesellschaftssystems und die legitimen Funktionen eines Staates. Politik ist nicht der Anfang, sondern das Produkt eines philosophischen Systems. Aufgrund ihrer Natur können politische Fragen nur anhand eines Weltbildes, anhand von Werten und der richtigen Mittel zur Wahrnehmung aufgeworfen oder beurteilt werden.

Da der Mensch nicht ohne irgendeine grundlegende Anleitung leben und handeln kann, beeinflussen die Fragen der Philosophie zwangsläufig jeden Menschen in jeder gesellschaftlichen Gruppe und Klasse. Die meisten Menschen sehen sich solche Fragen jedoch nicht allzu deutlich an. Sie absorbieren ihre Ideen - implizit, eklektisch und mit vielen Widersprüchen - aus der kulturellen Atmosphäre ihrer Umwelt und bauen in ihre Seelen verschiedene ideologische Schwingungen ein, die aus den Schulen und Kirchen, den Künsten, den Medien und den Sitten kommen, ohne sie zu identifizieren.

Eine kulturelle Atmosphäre ist nichts Primäres. Sie wird letztendlich von einer Handvoll Menschen geschaffen: von denen, deren Lebensaufgabe es ist, fundamentale Ideen zu behandeln, hervorzubringen und zu propagieren. Für den Großteil der Menschheit ist der Einfluss der Philosophie indirekt und unerkannt. Aber er ist real.

Die Ursache des Nationalsozialismus liegt in einer Macht, die die meisten Menschen ignorieren und unterschätzen. Die Ursache sind nicht die Ereignisse, die auf Titelseiten und Versammlungen begrüßt oder verflucht werden, sondern die esoterischen Schriften der Professoren, die Jahrzehnte oder Jahrhunderte zuvor das Fundament für diese Ereignisse bereitet haben. Das Symbol dieser Ursache sind nicht die Munitionsfabriken, die Gewerkschaftshäuser oder die Banktresore von Deutschland, sondern seine Elfenbeintürme. Was diesbezüglich dort herauskam, besteht nur aus einem obskuren und buchstäblich unleserlichen Jargon. Aber dieser Jargon ist tödlich.

Ein Autor in der *New York Times* merkte an: „Erdacht, gebaut und oft auch geleitet wurden die Todeslager [der Nazis] von Doktoren der Philosophie".[10]

Was hat man diesen Doktoren in den Schulen und Universitäten beigebracht – *und woher kamen diese Ideen*?

[10] Fred M. Hechinger: *Educators Seek to Teach Context of the Holocaust*, in: New York Times, 15. 5. 1979.

2.
Das totalitäre Universum

Man brauchte Jahrhunderte und eine lange Reihe von falschen Ideen, um ein ganzes Volk dazu zu bringen, Hitler zu verehren. Die moderne deutsche Kultur, einschließlich der Nazi-Zeit, ist das Resultat einer komplexen Entwicklung in der Geschichte der Philosophie, einschließlich dutzender von Figuren, die bis in die Anfänge des westlichen Denkens zurückreichen. Dieselben Personen formten die westliche Welt; aber in anderen Ländern fielen die Ergebnisse unterschiedlich aus, weil es auch einen gegensätzlichen Einfluss gab oder weil ein Gegenmittel wirkte. In Deutschland war die kulturelle Atmosphäre zur Jahrhundertwende unverdünnt; die Spuren des Gegengifts waren längst verschwunden und das intellektuelle Establishment war monolithisch.

Wenn wir uns die Kernpunkte der philosophischen Entwicklung des Westens ansehen, stechen drei schicksalhafte Wendepunkte heraus - drei Philosophen, die mehr als alle anderen für die Seuche des Kollektivismus verantwortlich sind und sie den Diktatoren unseres Jahrhunderts übertrugen.

Diese drei heißen: Plato, Kant und Hegel. (Das Gegenmittel zu ihnen heißt Aristoteles.)

Der Vater des Kollektivismus im Westen ist Plato. Er ist der erste Denker, der ein systematisches Weltbild formulierte, das in einer kollektivistischen Politik gipfelt. Platos Metaphysik behauptet grob gesagt, dass das Universum aus zwei einander entgegengesetzten

Dimensionen besteht: der wahren Realität - einem perfekten, unverletzlichen, übernatürlichen, nichtmateriellen, nichträumlichen, zeitlosen und nicht wahrnehmbaren Reich - und der materiellen Welt, in der wir leben. Die materielle Welt, so Plato, sei nur eine unvollkommene Erscheinung der wahren Realität, eine halbreale Reflektion oder Projektion von ihr. (Weil Platos Metaphysik besagt, dass die Realität somit grundsätzlich geistig oder nicht-materiell sei, wird sie in der Philosophie als „Idealismus" bezeichnet.)

Die wahre Realität besteht Plato zufolge aus Universalien oder Formen - grob gesagt aus einer Reihe von körperlosen Abstraktionen, die das repräsentieren, was Gruppen von Einzeldingen gemeinsam haben. Daher sind Abstraktionen für Plato übernatürlich. Sie sind nichtmaterielle Entitäten in einer anderen Dimension, unabhängig vom menschlichen Geist und ihren materiellen Verkörperungen. Die Formen, so sagt uns Plato wiederholt, seien die *wirklich* wirklichen Dinge. Die Einzeldinge, in denen sie aufgehen - die Gegenstände, die unsere Welt ausmachen - seien es nicht; sie seien nur traumartige, halbreale Bilder.

Diese Metaphysik impliziert folgenschwere Aussagen über den Menschen (die später von einer langen Reihe aus Platonikern explizit formuliert wurden): Da individuelle Menschen nur Einzelfälle des universellen „Menschtums" seien, seien sie letztendlich nicht real. An ihnen sei nur die Form real, die sie gemeinsam hätten und widerspiegelten. Der gesunde Menschenverstand erkennt viele einzelne, individuelle Menschen, die voneinander unabhängig sind und von denen jeder real ist. Für den Platonismus ist das nur eine Täuschung; all die anscheinend individuellen Menschen seien in Wirklichkeit die gleiche Form in verschiedenen Reflektionen oder Manifestationen. Daher bildeten alle Menschen letztendlich eine Einheit, und kein irdischer Mensch sei eine autonome Einheit - so wie die Spiegelbilder eines Menschen in einem zerbrochenen Spiegel keine autonomen Entitäten sind.

Für Plato ergibt sich daraus ein Leben aus selbstopferndem Dienst. Wenn Menschen eine Gesellschaft bilden, so Plato, dann sei die „Gemeinschaft als Ganzes“ die Entität und der Wertmaßstab. Jeder Mensch müsse daher also danach streben, seine Individualität (seine persönlichen Wünsche, seine Ambitionen usw.) so weit wie möglich auszulöschen, mit der Gemeinschaft zu verschmelzen, eins mit ihr zu werden und ihrem Wohlergehen zu dienen. Demnach ist das Kollektiv kein Aggregat, sondern eine Entität. Die Gesellschaft (der Staat) wird als lebendiger Organismus angesehen (dies ist die sogenannte „organische Staatstheorie“) und das Individuum wird bloß zu einer Zelle dieses Organismus, mit nicht mehr Rechten oder Privilegien, die eine solche Zelle eben hat.

„Die erste und höchste Form des Staates, der Regierung und des Gesetzes“, so schreibt Plato, sei ein Zustand, wo

> „auch das, was von Natur Eigentum ist, bis zu einem gewissen Grade gemein gemacht werde, so daß sogar Augen, Ohren und Hände gemeinschaftlich zu sehen, zu hören und zu arbeiten scheinen, und ferner auch darauf, daß auch im Lob und Tadel alle möglichst einstimmig sind und über dasselbe Freude so wie Trauer empfinden, kurz, solche Gesetze, die mit aller Kraft die größtmögliche Einheit des Staates hervorbringen…“[11]

Und über die individualistischen Begriffe „mein“ und „nicht mein“: Der bestgeordnete Staat werde einer sein, „in welchem die meisten in Bezug auf das nämliche übereinstimmend dieses ‚Mein‘ und ‚Nichtmein‘ aussprechen… und… der einem einzelnen Menschen am nächsten kommt.“[12]

Daraus folgt zwangsläufig die Befürwortung eines allmächtigen Staates. Die Funktion und die Autorität des Staates sollten Plato zufolge unbegrenzt sein. Der Staat solle die Bürger in staatlichen Schulen mit staatsgenehmen Ideen indoktrinieren, Kunst, Literatur und Philosophie zensieren, den Menschen ihre Berufe zuweisen, ihre wirtschaftlichen (und in einigen Fällen auch ihre sexuellen) Aktivitäten vorschreiben usw. Das Programm der staatlichen Beherrschung des Individuums wird vollständig ausgearbeitet. In Platos Werken

---

[11] Plato: *Die Gesetze*, 5. Buch.

[12] Plato: *Der Staat*, 5. Buch.

„Der Staat" und „Die Gesetze" kann man die Details nachlesen. Es sind die ersten Baupläne des totalitären Ideals.

Dieser Bauplan enthält die Idee, dass der Staat von einer speziellen Elite geleitet werden sollte: den Philosophen. Ihr Anspruch auf absolute Macht, so erklärt Plato, sei ihre besondere Weisheit, eine Weisheit, die sich von ihrer Einsicht in die wahre Realität ableite – besonders in ihr oberstes Prinzip: die sogenannte „Form des Guten". Ohne ein Verständnis dieser Form könne niemand das Universum verstehen oder wissen, wie man sein Leben führen soll.

Aber dieses wichtige Prinzip, so Plato weiter – und hier kann man schon die Bedeutung der Erkenntnistheorie für die Politik erkennen –, könne der Verstand nicht begreifen. Die Form des Guten könne durch den Verstand nicht erkannt und durch einen Prozess der Logik nicht erreicht werden; sie könne nicht definiert, beschrieben oder diskutiert werden. Man könne sie nur nach jahrelanger asketischer Vorbereitung durch eine unbeschreibliche mystische Erfahrung begreifen – eine plötzliche, unvermittelbare Offenbarung oder Intuition, die der philosophischen Elite vorbehalten sei. Die Massen seien im Vergleich dazu viel zu sehr mit ihrem Leben beschäftigt. Sie würden von der niederen Welt, die sie durch ihre Sinne erkennen, versklavt. Sie seien nicht fähig dazu, den mystischen Kontakt mit einem übernatürlichen Prinzip herzustellen. Sie eigneten sich nur dafür, Befehlen zu gehorchen.

Dies ist grob gesagt das Welt- und Menschenbild, das einer der einflussreichsten Philosophen aller Zeiten der westlichen Kultur eingeimpft hat. Seitdem dient es als theoretisches Fundament, auf das sich alle potentiellen und wirklichen Diktatoren zur Rechtfertigung ihres politischen Systems berufen.

Einige dieser Diktatoren haben Plato nie gelesen oder auch nur von ihm gehört, haben seine Ideen aber trotzdem indirekt absorbiert – zu Hause, in der Kirche, auf der Straße oder in der Gosse. Einige sind jedoch zum Ursprung zurückgekehrt. Plato, so bemerkt Walter Kaufmann,

> „wurde [unter den Nazis] in deutschen Schulen viel gelesen, und für den Griechisch-Unterricht auf dem Gymnasium wurden Sonderausgaben erstellt, die vermeintlich faschistische Passagen zusammenstellten... Vielleicht genügt es zu erwähnen, dass Dr. Hans F.K. Günther, von dem die Nazis ihre rassistischen Theorien bekamen, Plato ein ganzes Buch widmete..."

Und Alfred Rosenberg, Hitlers Hofideologe, „feiert Plato als ‚eine[n] der, zum Schluß, sein Volk auf rassischer Grundlage durch eine gewaltsame, ja bis ins einzelne diktatorische Staatsverfassung retten wollte.'"[13]

Wenn die Menschheit nicht an solchen Verfassungen verendet ist, wenn sie nicht für immer im Sumpf des Dirigismus versunken ist, sondern sich ihren Weg durch qualvolle Jahrhunderte mit kurzen Aufstiegen und endlosen Rückfällen gebahnt hat - wie ein Mann, der durch die Kraft einer unerschöpflichen Vitalität gegen seine Lähmung kämpft -, dann, weil diese Kraft von einem Giganten kam, dessen philosophisches System in buchstäblich jeder prinzipiellen Frage das Gegenteil von Plato ist. Der Fürsprecher des Menschen und unserer Erde war *Aristoteles*.

Aristoteles ist nicht wie Plato der Vorkämpfer des Übernatürlichen, sondern der Vorkämpfer der Realität und der Natur. Aristoteles lehnt Platos Welt der Formen ab und sagt, dass es nur eine Realität gibt: die Welt der Einzeldinge, in der wir leben, und die die Menschen durch ihre physischen Sinne wahrnehmen. Universalien, so sagt er, seien bloß durch einen Prozess selektiver Wahrnehmung gedanklich isolierte Aspekte von existierenden Entitäten; sie existierten außerhalb von Einzeldingen nicht. Die Realität bestehe nicht aus platonischen Abstraktionen, sondern aus konkreten, individuellen Entitäten, von denen jede eine bestimmte Natur habe und von denen jede den Gesetzen gehorche, die in ihrer Natur wohnten. Das Universum des Aristoteles ist das Universum der Wissenschaft. Die physische Welt ist für ihn keine Projektion, die von einer göttlichen Di-

---

[13] Alfred Rosenberg: *Der Mythus des 20. Jahrhunderts*, München 1930, S. 165. Vgl. Walter A. Kaufmann: *From Shakespeare to Existentialism*, New York 1960, S. 105.

mension kontrolliert wird, sondern ein autonomes, unabhängiges Reich. Es ist ein geordnetes, sinnvolles, *natürliches* Reich, das dem menschlichen Geist offensteht.

In solch einem Universum wird Wissen nicht durch besondere Offenbarungen aus einer anderen Dimension erlangt; es gibt keinen Raum für unerklärliche Eingebungen aus dem Jenseits. Da er die mystischen Elemente in Platos Erkenntnistheorie ablehnt, ist Aristoteles der Vater der Logik und der Vorkämpfer der Vernunft als einzige Wissensgrundlage. Wissen müsse auf den Sinnesdaten basieren und von ihnen abgeleitet werden; es müsse in objektiv definierten Begriffen formuliert und durch einen Prozess der Logik bewiesen werden.

Für Plato besteht das gute Leben aus Verzicht und Selbstlosigkeit: Der Mensch solle vor den Genüssen dieser Welt im Namen der Treue zu einer höheren Dimension fliehen und seine eigene Individualität im Namen der Einheit mit dem Kollektiv negieren. Aber für Aristoteles besteht das gute Leben aus persönlicher Selbstverwirklichung. Der Mensch solle die Werte unserer Welt genießen. Jeder Mensch solle seinen Verstand benutzen und zur Erfüllung seines Glückes hier auf der Erde arbeiten. Und dabei sollte er sich seines eigenen Wertes bewusst sein. Stolz, so schreibt Aristoteles - rationaler Stolz auf sich selbst und den eigenen moralischen Charakter - sei, wenn er verdient ist, „das Juwel unter den Tugenden."[14]

Ein stolzer Mensch negiert seine eigene Identität nicht. Er versinkt nicht selbstlos in der Gemeinschaft. Für einen platonischen Staat ist er kein vielversprechender Untertan.

Obwohl die Schriften des Aristoteles auch eine Polemik gegen die extremen Gesichtspunkte von Platos Kollektivismus enthalten, ist Aristoteles selbst kein konsequenter Vertreter von politischem Individualismus. Seine eigene politische Philosophie ist eine Mischung von dirigistischen und freiheitlichen Elementen. Aber die primäre Bedeutung von Aristoteles oder die aller Philosophen liegt nicht in

[14] *Nikomachische Ethik*, I. Teil, III.

seiner oder ihrer Politikphilosophie. Sie liegt in den Fundamenten des Systems: der Metaphysik und der Erkenntnistheorie.

Man sagt, dass jeder Mensch in seiner grundlegenden Einstellung zum Leben entweder ein Platoniker oder ein Aristoteliker ist. Dasselbe könnte man über die westliche Geschichte sagen. Das Mittelalter war - unter dem Einfluss von Philosophen wie Plotin und Augustinus - eine Ära, die vom Platonismus beherrscht wurde. Fast während dieser gesamten Periode war die Philosophie des Aristoteles im Westen unbekannt. Aber dank Thomas von Aquin wurde Aristoteles im 13. Jahrhundert wiederentdeckt.

Die Renaissance war die Wiedergeburt des aristotelischen Geistes. Die Resultate dieses Geistes stehen in Großbuchstaben über den nächsten Jahrhunderten, die man zu Recht als Zeitalter der Vernunft und Zeitalter der Aufklärung kennt. Die Resultate beinhalten den Aufstieg der modernen Wissenschaften, den Aufstieg einer individualistischen Politikphilosophie (das Werk von John Locke und anderen), die daraus folgende Verbreitung der Freiheit in der zivilisierten Welt und die Geburt des freiesten Landes in der Geschichte - der Vereinigten Staaten von Amerika. Die großartige Folgeerscheinung dieser Resultate, das Produkt von Menschen, die mit wissenschaftlichem Wissen bewaffnet waren und endlich Handlungsfreiheit hatten, war die Industrielle Revolution, die Armut in Überfluss verwandelte und das Angesicht des Westens veränderte. Der freigesetzte aristotelische Geist fegte die Dogmen und Fesseln der Vergangenheit hinweg. Vernunft, Freiheit und Produktion ersetzten Glaube, Gewalt und Armut. Die uralten Fundamente des Dirigismus wurden bekämpft und untergraben.

Die Tragödie des Westens liegt jedoch in der Tatsache, dass die Saat des Platonismus von Anfang an fest in der Philosophie verwurzelt war und seit der Post-Renaissance-Periode ständig wuchs. Während die durch Aristoteles inspirierten revolutionären Errungenschaften das Leben des Westens umformten, war bereits eine intellektuelle Konterrevolution im Gange und nahm langsam Fahrt auf. Eine Reihe von Denkern strebte danach, den aristotelischen Trend umzukehren und die Grundprinzipien des Platonismus wiederzubeleben.

Der Höhepunkt dieser Entwicklung war das späte 18. Jahrhundert. Der Mann, der die erfolgreiche anti-aristotelische Gegenrevolution vollendete; der Mann, der mehr als alle anderen die Aufklärung beendete und ihrem Gegenteil die Tür öffnete, war ein deutscher Philosoph - der einflussreichste deutsche Philosoph der Geschichte: *Immanuel Kant.*

Eines von Kants Hauptzielen bestand darin, die Religion (und die religiöse Moral) vor den Angriffen der Wissenschaft zu retten. Sein System versucht gezielt, die Prinzipien des Platonismus in veränderter Form erneut zur bestimmenden Kraft der westlichen Kultur zu machen.

Kant behandelt vor allem erkenntnistheoretische Themen. Seine Angriffsstrategie richtet sich gegen den menschlichen Geist an sich. Der menschliche Geist, so sagt er, sei unfähig, irgendetwas über die Realität zu erfahren.

Kant zufolge verändert und verzerrt der Geist in jedem Erkenntnisprozess automatisch die ihm zur Verfügung stehenden Daten. Er filtere oder strukturiere das Material, das er aus der Realität empfängt in Übereinstimmung mit angeborenen und *subjektiven* Verarbeitungsmitteln, denen er nicht entkommen könne. Die Welt, die der Mensch wahrnimmt - die Welt der geordneten, räumlich-zeitlichen, materiellen Entitäten - werde im Grunde also durch das menschliche Bewusstsein erschaffen. Was der Mensch wahrnimmt, sei nicht die Realität „wie sie ist", sondern bloß die Realität wie sie dem Menschen mit der Struktur seines Geistes *erscheine*. Daher besteht das Universum für Kant wie für Plato aus zwei entgegengesetzten Dimensionen: aus der wahren Realität, einem übersinnlichen Reich aus „Dingen an sich", und aus einer Welt aus Erscheinungen, die letztendlich nicht real ist: der materiellen Welt, die der Mensch durch seine Sinne wahrnimmt.

Plato war mehr als nur Platoniker; trotz seines Mystizismus war er auch ein heidnischer Grieche. Als solcher hatte er immer noch einen gewissen Respekt für die Vernunft, einen Respekt, der in der griechischen Philosophie implizit war, egal wie explizit irrational sie wurde. An dieser heidnischen Zurückhaltung leidet der kantische Mystizismus jedoch nicht. Er triumphiert vollständig und wischt den menschlichen Geist beiseite. Da der Mensch den verzerrenden Vorgängen seines Bewusstseins nie entkommen könne, seien „Dinge an sich" prinzipiell unerkennbar. Die Vernunft sei unfähig, irgendetwas über die Realität zu erkennen; wenn man es versucht, könne man nur in undurchdringlichen Widersprüchen versinken. Die Logik sei bloß ein subjektives menschliches Mittel ohne Bezug zur Realität. Die Wissenschaft sei zwar nützlich für die Ordnung der Informationen in der Welt der Erscheinungen, könne aber nur die oberflächliche Welt beschreiben, die der Mensch selbst erschaffe und sage nichts aus über die Dinge, wie sie wirklich sind.

Sind Menschen also zu totalem Skeptizismus verurteilt? Nein, sagt Kant, es gebe ein Mittel, die Barriere zwischen dem Menschen und dem Sein zu durchbrechen. Da Vernunft, Logik und Wissenschaft keinen Zugang zur Realität hätten, sei die Tür nun offen für eine andere, *nichtrationale* Methode. Die Tür sei nun offen für den *Glauben*. Der Mensch könne glauben (z.B. an Gott oder an ein Leben nach dem Tod), auch wenn er nicht beweisen könne, dass es wahr ist. Und egal wie stark das rationale Argument gegen diesen Glauben auch sein mag, man könne dieses Argument immer von vornherein abtun: Man muss nur daran erinnern, dass rationales Wissen und rationale Begriffe nur für die Welt der Erscheinungen gelten, nicht aber für die Realität.

Kurz gesagt: Da die Vernunft nun zum Schweigen gebracht wurde, ist der Weg wieder einmal frei für eine Orgie aus mystischen Hirngespinsten. (Der Name dieser Orgie, der philosophische Begriff für die Revolte der Intellektuellen gegen die Vernunft und die Aufklärung im 19. Jahrhundert lautet „Romantik".) „Ich mußte also das *Wissen* aufheben, um zum *Glauben* Platz zu bekommen", schreibt Kant.[15]

---

[15] Immanuel Kant: *Kritik der reinen Vernunft*, Vorrede zur zweiten Auflage.

Kant musste auch das *Glück* aufheben, um für *Pflicht* Platz zu bekommen. Der Kern moralischer Tugend, so sagt er, sei Selbstlosigkeit - lebenslange, selbstlose, gehorsame Pflichterfüllung, ohne Erwartung auf Belohnungen und ungeachtet des hervorgerufenen Leids.

Kants Angriff auf die Vernunft, auf unsere Erde und auf menschliches Glück war der entscheidende Wendepunkt. Als die Hauptlinie der modernen Philosophie seine Lehrsätze übernahm, wurden die letzten Elemente des aristotelischen Denkens aufgegeben, besonders in Deutschland. Die Philosophen wandten sich geschlossen verschiedenen Varianten des Platonismus zu, dieses Mal einem extremen, militanten Platonismus, einem Platonismus ohne die letzten Überbleibsel an Respekt für die Vernunft.

Erst Kant hat die plötzliche Explosion des platonischen Kollektivismus in der modernen Welt ermöglicht - besonders in Deutschland. Kant ist kein totaler Dirigist, aber die politischen Ansichten eines Philosophen haben, soweit sie den Hauptaussagen seines Systems widersprechen, wenig historische Bedeutung. Kant akzeptiert bestimmte Elemente des Individualismus; nicht wegen, sondern trotz seines grundlegenden Ansatzes - als Vermächtnis der Periode der Aufklärung, in der er lebte. Dies deutet lediglich an, dass Kant die politischen Implikationen seiner eigenen Metaphysik und Erkenntnistheorie nicht begriffen hatte.

Seine Erben jedoch hatten sie begriffen. Ein Lager aus romantischen deutschen Philosophen folgte Kant im 19. Jahrhundert. Jeder einzelne behauptete, sein wahrer Erbe zu sein, jeder einzelne gierte nach einer Realität jenseits unserer Welt und einer Wissensgrundlage jenseits der Vernunft. Jeder einzelne trug seinen Teil zum Anwachsen eines leidenschaftlichen Kollektivismus bei, der die intellektuelle Atmosphäre Deutschlands vergiftete. Der berühmteste dieser Männer, die einflussreichste und beherrschende Figur in der Philosophie des 19. Jahrhunderts, war Hegel.

Hegel ist ein post-kantischer Platoniker. Hegel bedient sich des von Kant gebilligten Anti-Aristotelismus und führt einen Angriff gegen die Grundprinzipien der aristotelischen Philosophie: die Prinzipien der aristotelischen Logik (die nicht einmal Kant direkt anzugreifen gewagt hatte). Die Realität, so erklärt Hegel, sei in sich widersprüchlich; sie sei eine systematische Abfolge von Widersprüchen, die in Dreiergruppen aus These, Antithese und Synthese organisiert sei - und Menschen müssten dementsprechend denken. Sie sollten nicht nach altmodischer, „statischer" Beständigkeit suchen. Sie sollten sich nicht vom „einseitigen" aristotelischen Standpunkt „einschränken" lassen, dass jedes Ding eine spezifische Identität hat, dass Dinge sind, was sie sind, dass A gleich A ist. Im Gegenteil: Sie schuldeten ihre Treue einem höheren Prinzip - dem Prinzip der „Identität der Gegenteile", dem Prinzip, dass Dinge *nicht* das sind, was sie sind, dass A gleich *Nicht*-A ist.

Hegel beschreibt dies als eine neue Auffassung von „Vernunft" und als eine neue, „dialektische" Logik.

Auf dieser Basis errichtet er dann seine eigene Version des Platonismus. Wie Plato und Kant ist er in der Metaphysik ein Idealist. Die wirkliche Wirklichkeit, so Hegel, sei eine nicht-materielle Dimension, jenseits von Zeit und Raum und menschlicher Sinneswahrnehmung. In Hegels Version ist die Realität ein dynamischer kosmischer Geist oder Denkprozess, der in verschiedenen Zusammenhängen „das Absolute", „der Geist", „Weltgeist", „Gott" usw. heißt. Hegel zufolge besteht die grundlegende Eigenschaft dieser Entität aus einem ständigen Prozess der Evolution oder Entwicklung, der sich in verschiedenen Stadien entfalte. In einem dieser Stadien „externalisiere" sich dieses Absolute und nehme die Form einer materiellen Welt an. Im weiteren Verlauf nehme es die Erscheinung einer Vielzahl von menschlichen Wesen an, die sich anscheinend voneinander unterscheiden, anscheinend autonome Individuen sind und anscheinend eigene persönliche Gedanken und Wünsche haben.

Das Erscheinen solch separater Individuen stelle jedoch nur ein relativ niedriges Stadium im Verlauf des Absoluten dar. Es sei nicht die finale Wahrheit über die Realität. Es stelle nicht die Kulmination der Entwicklung des Absoluten dar. In diesem Endstadium, d.h. am

Höhepunkt der Realität stelle sich heraus, dass Unterschiede aller Art, einschließlich der Unterschiede zwischen Geist und Materie und verschiedenen Menschen nicht real seien (Gegenteile sind identisch, A ist Nicht-A). Es stelle sich heraus, dass alles Eins sei und dass die Dinge dieser Welt (die uns als individuelle Entitäten erscheinen) bloß Aspekte einer allumfassenden Gesamtheit seien: des allein wirklichen Absoluten.

Die Ethik und die Politik, die Hegel von seiner fundamentalen Philosophie ableitet, kann man am besten mit zwei Sätzen aus seinen *Grundlinien der Philosophie des Rechts* andeuten: „Die einzelne Person ist allerdings ein Untergeordnetes, das dem sittlichen Ganzen sich weihen muß. Wenn der Staat daher das Leben fordert, so muß das Individuum es geben."[16]

Hegels Kollektivismus und Staatsverehrung sind expliziter als alles, was sich in Platos Schriften findet. Da letzten Endes alles Eins sei, habe die Gruppe Vorrang vor dem Individuum. Wenn jeder Mensch lerne, seine Identität zu unterdrücken und sich mit seinen Mitmenschen zu vereinigen, werde die daraus resultierende kollektive Entität, der Staat, eine wahrere Reflektion der Realität sein, eine höhere Manifestation des Absoluten. Der Staat ist nach dieser Theorie kein Zusammenschluss von autonomen Individuen - er ist selbst ein Individuum, eine mystische „Person", die die Bürger verschluckt und sie transzendiert, ein unabhängiger, sich selbst erhaltender Organismus aus menschlichen Wesen mit eigenem Willen. „Aller Werth, den der Mensch hat, alle geistige Wirklichkeit, er allein durch den Staat hat."[17]

Der Staats-Organismus sei keine säkulare Entität. Als eine Manifestation des Absoluten sei er ein göttliches Wesen und verlange daher nicht bloß Gehorsam von seinen Bürgern, sondern Verehrung. „Der Staat ist die göttliche Idee, wie sie auf Erden vorhanden ist."[18] „Es ist der Gang Gottes in der Welt, daß der Staat ist." Der Zweck

---

[16] Georg Wilhelm Friedrich Hegel: *Grundlinien der Philosophie des Rechts,* Berlin 1820, § 325.
[17] Ders.: *Philosophie der Geschichte,* Berlin 1840, S. 49.
[18] *Ebd.*

des Staates sei daher nicht der Schutz seiner Bürger. Der Staat sei nicht bloß ein Mittel zu menschlichen Zwecken. Als Entität mit übernatürlichen Berechtigungen, sei er „ein absoluter unbewegter Selbstzweck", und habe „das höchste Recht gegen die Einzelnen..., deren *höchste Pflicht* es ist, Mitglieder des Staats zu sein."[19]

Dies sind die politischen Ideen, die vor allem Hegel im frühen 19. Jahrhundert in die Köpfe der Deutschen injizierte. In einer Vielzahl von Abwandlungen durch zweitrangige Figuren und derivative Einflüsse wurden diese Ideen in Deutschland und anderen Ländern wie Italien schrittweise zu Allgemeinplätzen. Die aufstrebenden Diktatoren des 20. Jahrhunderts und ihre intellektuellen Verteidiger begrüßten solche Allgemeinplätze eilfertig und profitierten von ihnen.

Sowohl die Faschisten als auch die Nazis waren die Speerspitze dieser Bewegung.

In der faschistischen Literatur wird der Einfluss Hegels allgemein anerkannt. Prominente Neu-Hegelianer wie z.B. Mario Palmieri und Giovanni Gentile rechtfertigten den Faschismus auf einer hegelianischen Basis und bekamen die formelle Unterstützung von Mussolini. „Die Welt, die der Faschismus sieht", schreibt Mussolini,

> „ist nicht diese materielle Welt, wie sie oberflächlich erscheint, in der der Mensch ein Individuum ist, das von allen anderen abgetrennt ist und allein steht... Der faschistische Mensch ist ein Individuum, das Nation und Vaterland ist, welche das moralische Gesetz sind, das Individuen und Generationen in eine Tradition und eine Mission vereint, die Instinkt für ein Leben aus kurzen Vergnügungen unterdrückt, um ein Leben ohne die Beschränkungen von Zeit und Raum wiederherzustellen..."[20]

Die Literatur der Nazis ist nicht so offen hegelianisch in ihren Formulierungen. Die Nazis posierten als Sprecher einer höheren *biologischen* Wahrheit, ließen Hegels idealistische Metaphysik fallen und griffen ihn sogar an. Aber ob sie es zugeben oder nicht, verlassen sich die Nazis und die Faschisten auf Hegel – nicht nur in ihrem

---

[19] *Grundlinien der Philosophie des Rechts*, § 258, Zusatz; *ebd.*

[20] Zit. n. William Ebenstein: *Great Political Thinkers*, New York 1951, S. 590.

grundlegenden kollektivistischen Ansatz, sondern in den vielen politischen Theorien, die notwendig sind, um ihn in der Praxis umzusetzen.

Hegel will z.B. jegliche individualistische Opposition ausschalten, indem er behauptet, dass Dirigismus das Streben nach menschlicher Freiheit darstellt.

Ein Mensch sei frei, so erklärt Hegel, wenn er handele, wie er handeln möchte. Aber da „der Staat das wahre Ich des Individuums ist", wolle ein Mensch eben das, was der Staat will - ob er es nun weiß oder nicht. Freiheit sei daher Gehorsam dem Staat gegenüber. Solcher Gehorsam garantiert wahre Freiheit für das wahre Ich, selbst wenn das illusorische Ich nach Auschwitz deportiert wird.[21]

Der Großteil der Menschen verstünde diese Idee nicht, so Hegel. Das Volk *„weiß [nicht] was [es] will.* Zu wissen, was man will, und noch mehr was der an und für sich seiende Wille, die Vernunft, will, ist die Frucht tiefer Erkenntnis und Einsicht, welche eben nicht die Sache des Volks ist."[22] Daher ist Hegel (ebenso wie Plato) gegen die Theorie einer vom Volk gewählten, repräsentativen Regierung. Stattdessen ruft er nach einem autoritären Staat, der einer preußischen Monarchie ähnelt. Die Verordnungen des Monarchen stellten den *wahren* Willen des Volkes dar, meint Hegel.

„Und wenn Freiheit die Eigenschaft des realen Menschen sein soll, und nicht die Vogelscheuche, die der individualistische Liberalismus erfunden hat, dann ist der Faschismus für Freiheit. Er ist die einzige Freiheit, die zählt - die Freiheit des Staates…", so Mussolini. „Freiheit des Individuums gibt es nicht", sagt der Nazi Otto Dietrich. „Es gibt nur die Freiheit von Völkern, Nationen oder Rassen; denn dies sind die einzigen materiellen und historischen Wirklichkeiten, durch die das Leben des Individuums existiert." „Das Führer-Reich basiert auf der Erkenntnis, dass der wahre Wille des Volkes nicht durch parlamentarische Abstimmungen und Volksabstimmungen deutlich werden kann, und dass der Wille des Volkes in seiner rei-

[21] Vgl. Walter T. Stace: *The Philosophy of Hegel*, Dover/New York 1955, S. 406.
[22] *Grundlinien der Philosophie des Rechts*, Ausgabe Hamburg 1955, S. 262.

nen und unverfälschten Form nur durch den Führer ausgedrückt werden kann."[23]

Bei seiner Verteidigung der Monarchie befürwortet Hegel jedoch keine totale Diktatur. In seiner Theorie der „Helden" bemüht er sich jedoch kaum darum, zu verbergen, dass dies sein Standpunkt ist. Einige überlegene Menschen z.B. Alexander, Cäsar und Napoleon, hätten als „Geschäftsführer des Weltgeistes" gedient. Diese Menschen seien mit einer besonderen Sendung ausgestattet gewesen, nämlich in ihrer Zeit die Entwicklung des Geistes zu fördern (den Willen Gottes auszuführen). Geleitet durch die Vorsehung ergreife der „welthistorische Held" die Initiative und packe die Sache an; er sei der, „der an die Außenwelt wie an die Schale pocht, und sie sprengt..." Solche Individuen, so gibt Hegel zu, hinterließen oft Berge von Leichen. Trotzdem stünden sie über allen moralischen Urteilen:

> „Denn die Weltgeschichte bewegt sich auf einem höheren Boden, als der ist, auf dem die Moralität ihre eigentliche Stätte hat... [G]egen welthistorische Thaten und deren Vollbringer [müssen] sich nicht moralische Ansprüche erheben, denen sie nicht angehören. Die Litanei von Privat-tugenden... muss nicht gegen sie erhoben werden."[24]

Hier finden wir also den von einem komplizierten metaphysischen System gebilligten Aufruf an einen militaristischen Diktator, die Moral beiseite zu fegen und die Welt in Übereinstimmung mit seiner Auffassung von Schicksal „zu sprengen". Vom berühmtesten deutschen Philosophen des 19. Jahrhunderts kommt hier die Einladung an einen Führer. Philosophen können solche Einladungen nicht ungestraft aussprechen. Auf die eine oder andere Weise wird der nächste Repräsentant des Absoluten die Botschaft hören.

---

[23] Benito Mussolini: *The Doctrine of Fascism*, zit. n. *Readings on Fascism and National Socialism*, S. 10. Otto Dietrich, Rede in der Berliner Universität 1937, zit. n. Gangulee, a.a.O., S. 114.

[24] *Philosophie der Geschichte*, a. a. O., S. 39, 38, 67f.

„Wie schwach auch immer das Individuum verglichen mit der Allmacht und dem Willen der Vorsehung sein mag", sagte Hitler 1937,

> „in dem Augenblick, wo er so handelt, wie die Vorsehung es will, wird er unermesslich stark. Dann erfüllt ihn diese Kraft, die die Größe in der gesamten Weltgeschichte auszeichnet. Und wenn ich zurückblicke auf die fünf Jahre, die hinter uns liegen, dann fühle ich, dass ich zu Recht sagen kann: Das war nicht das Werk eines Einzelnen."[25]

So wie es Hegel zufolge welthistorische Helden gibt, so gebe es auch welthistorische *Völker*. In jeder geschichtlichen Ära sei *eine* Nation das spezifische Vehikel des Weltgeistes. Diese Nation habe „absolutes Recht" über alle anderen, die „rechtlos" seien - sie „zählen nicht mehr in der Weltgeschichte". „Absolutes Recht" beinhaltet das Recht, Kriege zu beginnen.[26]

Kriege zwischen Nationen sind nach Hegel ein unvermeidbarer und wünschenswerter Ausdruck in der Entwicklung des Weltgeistes. Und da die Weltgeschichte diese Entwicklung treulich ausdrücke, sei die Nation, die die Kriege dieser Zeit gewinnt, offensichtlich diejenige, auf deren Seite der Geist stehe. Die Gerechtigkeit sei daher immer auf Seiten der Sieger. Ohne ihren akademischen Jargon bedeutet Hegels Lehre also: Der Stärkste hat recht.

Hegels Form des Kollektivismus ist Nationalismus. Die Nation - nicht die Menschheit als Ganzes oder die Mehrheit oder die Rasse oder das Proletariat - sei die bevorzugte Gruppe, die der Wertmaßstab ist und die Opfer einsammelt. Und von allen Nationen sei die deutsche bis heute die Kulmination. Sie sei gegenwärtig der Repräsentant des Weltgeistes.

Religionen haben Menschen oft in Erwählte und Verdammte unterteilt und die Geschichte dann als Kampf der Erwählten zur Ausführung des göttlichen Plans interpretiert. Auch Hegels Geschichtsphilosophie läuft darauf hinaus. Hegels Besonderheit liegt jedoch in

---

[25] So Hitler in Würzburg, 27. 6. 1937, zit. n. Baynes, a. a. O., S. 411.

[26] *Grundlinien der Philosophie des Rechts*, § 347.

seiner Definition der Erwählten. In seiner Theorie besteht die messianische Gruppe nicht aus Menschen einer bestimmten Religion oder Sekte, sondern aus Menschen einer bestimmten Nationalität.

Die Initiatoren des deutschen Nationalismus im 19. Jahrhundert waren nicht die Junker, die Militärs, die Großkonzerne oder die Mittelklasse. „All diese Gruppen", so bemerkt Ludwig von Mises,

> „waren zuerst stark gegen die Bestrebungen eines Pan-Germanismus eingestellt. Aber ihr Widerstand war vergeblich, weil er keinen ideologischen Hintergrund hatte. Es gab in Deutschland keine liberalen [individualistischen] Autoren mehr. Somit konnten die nationalistischen Autoren und Professoren einen leichten Sieg erringen. Schon wenig später kamen die Jugendlichen als überzeugte Pan-Germanen aus den Schulen und Universitäten."[27]

Und die Lehrer dieser Jugend hatten wiederum Hegel als Lehrer.

Die Nazis übernahmen Hegels Theorie leicht verändert.

Die Nazis stimmen zu, dass eine kosmische Kraft die Menschen in antithesische Gruppen, in Erwählte und Verdammte, eingeteilt habe, deren Taten und Schicksale vorherbestimmt seien und nicht der Entscheidung oder Kontrolle des Individuums unterlägen. Sie stimmen zu, dass die Erwählten das „absolute Recht" hätten, den Rest der Menschheit zu zerschmettern. Sie stimmen zu, dass der Stärkere - als Verkörperung des Schicksals - recht habe. Aber da sie ein gewisses biologisches Element in dieses Gerüst einfügen, haben sie eine andere Antwort auf die Frage, wer die Erwählten eigentlich erwählt: nicht der Weltgeist, sondern die *Natur* - und zwar durch das „Überleben des Stärkeren", wie Hitler oft andeutet. Die Erwählten würden in die Weltherrschaft hineinkatapultiert, und ihre Brutalität werde nicht durch *Hegels* Evolutionsprozess gerechtfertigt, sondern durch den *Darwins*.

Obwohl sich die Parolen der Sozialdarwinisten in o.g. Form quer durch *Mein Kampf* ziehen, so haben sie doch nie den Status einer offiziellen Parteidoktrin erlangt. Andere Nazi-Autoren konnten nach

---

[27] Ludwig von Mises: *Omnipotent Government: The Rise of the Total State and Total War*, New Haven, CT 1944, S. 132.

wie vor Darwin und den Darwinismus als Irrlehre anprangern - als irreligiös, „mechanistisch“ oder „internationalistisch“. Insgesamt gesehen hat der Nationalsozialismus diese Frage nie entschieden. Die Natur und Gott seien, wie die Nazis manchmal sagten, bloß verschiedene Formen, in denen sich dieselbe Realität manifestiere; also gebe es letztendlich keinen Unterschied zwischen natürlicher und göttlicher Selektion.

Die Vorliebe der Nazis für Biologie plus Religion kulminiert in ihrer biologischen Version der Dichotomie von „erwählt“ und „verdammt“. Das von Gott/der Natur auserwählte Volk sei nicht auf eine einzelne Nation beschränkt. Es sei quer über den Globus verteilt und durch bestimmte physische Erscheinungen (sie sind groß, langköpfig, blond usw.) und eine besondere angeborene „Rassenseele“ (die sie ehrlich, tatkräftig, ausdauernd usw. macht) gekennzeichnet. Diese Menschen seien die Arier (oder die Nordische Rasse) - die Herrenrasse. Die Verdammten seien alle anderen - besonders die Juden. Der Jude, so Hitler, sei aufgrund seiner Natur fremdartig und verschlagen, ein kommunistischer Umstürzler und ein kapitalistischer Ausbeuter; er sei „die Personifikation des Teufels“ und „das Sinnbild alles Bösen“.[28]

Der Nazi-Kollektivismus ist technisch gesehen eher eine Form von Rassismus als von Nationalismus. Aber die Nazis konnten diese beiden Lehren leicht miteinander kombinieren, indem sie behaupteten, dass Deutschland das reinste arische Blut beheimate.

Die direkte Quelle der rassistischen Ideen der Nazis waren die Theoretiker des Rassismus (z.B. Count de Gobineau und H.S. Chamberlain), eine Gruppe, die in der zweiten Hälfte des 19. Jahrhunderts plötzlich Berühmtheit erlangte. Diese Männer begrüßten vollauf die kollektivistischen Strömungen der damaligen Intellektuellen und suchten für diese Strömungen nach einem wissenschaftlichen Anstrich - indem sie Kollektivismus in die Sprache der damaligen Lieblingswissenschaft, der Biologie, übersetzten. Das Ergebnis war ein Strom von folgendem Kaliber (hier von Vacher de Lapouge): „Das

[28] Adolf Hitler: *Mein Kampf*, München 1926, S. 356.

Blut, das man bei Geburt in seinen Adern hat, behält man sein Leben lang. Das Individuum wird von seiner Rasse bestimmt und ist Nichts. Die Rasse, die Nation, ist Alles."[29] Selbst eine enorme Leidenschaft für Biologie (oder für Darwin) könnte eine solche Äußerung nicht produzieren. Ein bisschen Hegel hingegen schon.

Die Leistung der Rassismustheoretiker bestand darin, dass sie Hegels Ansatz säkularisierten, wie Karl Popper ausführlich erklärt. Wie er bemerkt, habe Marx

> „Hegels ‚Weltgeist' durch Materie und materielle und ökonomische Interessen ersetzt. Und genauso ersetzt die Rassenlehre Hegels den ‚Weltgeist' durch etwas Materielles – die quasi-biologische Auffassung von Blut oder Rasse. Blut statt ‚Geist' ist der selbstentwickelnde Kernpunkt; Blut statt ‚Geist' ist der Herrscher der Welt und zeigt sich auf der geschichtlichen Bühne; und statt des ‚Geistes' einer Nation bestimmt ihr Blut ihr Schicksal.
>
> Die Verwandlung des Hegelianismus zur Rassenlehre, oder des Geistes zum Blute, verändert aber nicht die Haupttendenz des Hegelianismus. Sie verleiht ihm bloß einen Anstrich von Biologie und moderner Evolutionslehre."[30]

Jede zentrale Lehre der Nazi-Politik (Rassismus inklusive) ist ein Ausdruck oder eine Variante des Kollektivismus. Solche Lehren können weder unter den Intellektuellen noch in den Köpfen der Allgemeinheit Vorherrschaft erlangen – außer in einer Kultur, die schon mit einer mystisch-kollektivistischen Philosophie gesättigt ist.

Im Falle Deutschlands bedeutet das: gesättigt mit den Ideen Hegels.

* * *

Kein Philosoph könnte eine solche Katastrophe wie den Nationalsozialismus allein hervorbringen. Eine komplexe Serie anderer intellektueller Einflüsse – die sowohl zu Hegel führen als auch von ihm aus-

---

[29] Georges Vacher de Lapouge: *L'Aryen, son role social,* Paris 1899, zit. n. Ernst Nolte: *Three Faces of Fascism, Action Française, Italian Fascism, National Socialism,* New York 1966, S. 280f.

[30] Karl Popper: *The Open Society and its Enemies,* Bd. 2/II, New York [4]1963, S. 61f.

gehen - war verantwortlich dafür, das Klima für den Aufstieg der Nazis vorzubereiten. Die Summe dieser Einflüsse bestimmte die spezifische Form des in Deutschland vorherrschenden und von den Nazis aufgenommenen hegelianischen Dirigismus. Die Theoretiker des Rassismus waren nur einer dieser Faktoren.

Martin Luther, eines der großen Vorbilder der Nazis, war der größte Einzelfaktor in der Entwicklung der deutschen Religion und dadurch auch einflussreich für die Philosophien von sowohl Kant als auch Hegel. Luther ist vernunftfeindlich („Wer ein Christ sein will, der steche seiner Vernunft die Augen aus"), absolut pro-deutsch und primitiv antisemitisch. („Pfui euch hier und pfui euch dort und wo ihr seid, ihr verdammten Juden, dass ihr diese ernsten, herrlichen, tröstlichen Worte Gottes so schändlich auf euren sterblichen, madigen Geizwanst ziehen tut und schämt euch nicht, euern Geiz so gröblich an den Tag zu geben.") Er stellt Gott formell mit dem Staat auf eine Seite. Unbedingter Gehorsam gegenüber den Edikten des Staates, so behauptet er, sei eine christliche Tugend.

> „Auf gleiche Weise müssen wir die Herrschaft des Fürsten ertragen. Wenn er sie übertritt oder missbraucht, so sollen wir ihm nicht grollen, Rache oder Strafe suchen. Gehorsam gilt ihm um Gottes Willen, denn der Herrscher ist der Vertreter Gottes. Was sie auch verlangen oder eintreiben, wir müssen gehorchen und geduldig ertragen."[31]

Johann Gottlieb Fichte, ein weiterer Vordenker der Nazis, war ein früher post-kantischer Idealist und ein wichtiger Einfluss auf das spätere deutsche Geistesleben (einschließlich Hegel). Politisch nimmt Fichte ebenso wie Hegel alle zentralen Lehrsätze der Nazis vorweg. Er ist ein Vorkämpfer der organischen Staatstheorie und ein Verehrer der Obrigkeit, der sich nach einer Elite von gebildeten Diktatoren sehnt, die die ungebildeten Massen beherrschen sollen. Aufgrund seiner Befürwortung von staatlicher Kontrolle der Wirtschaft wird er oft als der Vater des modernen Sozialismus angesehen. „Das Indivi-

[31] Vgl. Walter A. Kaufmann: *Existentialism from Dostoyevsky to Sartre*, New York 1957, S. 18.

duum [existiert] gar nicht...", so schreibt er, „da es nichts gelten, sondern zu Grunde gehen sollte; dagegen die Gattung allein existire, indem sie allein als existent betrachtet werden solle." Fichte ist auch eine der Hauptquellen für die Theorien und Trugschlüsse des deutschen Nationalismus „Charakter haben und deutsch seyn, ist ohne Zweifel gleichbedeutend..."[32]

Dann gab es Karl Marx, den Vordenker des modernen Kommunismus. In den Augen der Nazis ist er ein Halunke und Konkurrent, der den Nazis trotzdem den Weg ebnete, indem er alle fundamentalen hegelschen Prinzipien populär machte, einschließlich seiner Ablehnung der aristotelischen Logik. Von Marx stammt die von den Rassisten später abgewandelte Technik, Hegels Ideen zu säkularisieren; die bestimmende Kraft der Geschichte ist für ihn nicht das Absolute, sondern die Ökonomie. Er ersetzt somit Hegels gegeneinander kämpfende Nationen durch den Klassenkampf, und Hegels Monarchie durch die Diktatur des Proletariats. Es sei falsch, so Marx „ein abstraktes - isoliertes - menschliches Individuum zu postulieren". „Mein eignes Dasein ist gesellschaftliche Tätigkeit; darum das, was ich aus mir mache, ich aus mir für die Gesellschaft mache und mit dem Bewusstsein meiner als eines gesellschaftlichen Wesens."[33] In der klassenlosen Gesellschaft, so sagt er voraus, würden die Menschen sich nicht länger mit Vorrechten, individuellen Rechten oder Privatbesitz beschäftigen. Sie würden nur mit dem Ganzen verschmelzen wollen. Dann könne endlich „der enge bürgerliche Rechtshorizont ganz überschritten werden..."[34]

Dann gab es Friedrich Nietzsche, den Propheten des Übermenschen und der Machtgier, den Hitler als einen seiner Vorgänger pries. Der Einfluss von Nietzsche auf den Aufstieg der Nazis ist nicht exakt auszumachen. Nietzsche ist anti-dirigistisch, anti-rassistisch und in vielerlei Hinsicht ein Verteidiger des Individuums. Trotzdem ist er ein glühender Romantiker, der sich in der post-kanti-

---

[32] Johann Georg Fichte: *Die Grundzüge des gegenwärtigen Zeitalters*, Dritte Vorlesung, Berlin 1846, 2. Bd., S. 37; Ders.: *Reden an die deutsche Nation*, Leipzig 1824, S. 446.
[33] Karl Marx: *Ökonomisch-philosophische Manuskripte aus dem Jahre 1844*, MEW 40, S. 538.
[34] Ders.: *Kritik des Gothaer Programms (1875)*, MEW 19, S. 21.

schen Orgie von Vernunftfeindlichkeit suhlt, und in seinen unzusammenhängenden, aphoristischen Schriften fanden die Nazis einen reichhaltigen Zitatschatz. Die Auffassung vom Universum als Schlachtfeld von konträren Interessen, endlosem Kampf und gewalttätigen Konflikten; die Verherrlichung von Brutalität und Eroberung, „die prachtvolle nach Beute und Sieg lüstern schweifende blonde Bestie"[35]; die Ansicht, dass einige Übermenschen „jenseits von Gut und Böse" das Recht hätten, die niederen Massen für ihre eigenen höheren Ziele zu versklaven - dies ist Teil von Nietzsches Erbe, wie es die Nazis (teils zu Recht) interpretierten.

Und es gab noch viele andere solche Stimmen in Deutschland - von den verträumten Aposteln des überirdischen Mystizismus bis zu den hirnlosen Vorkämpfern des irdischen Nationalismus (und viele deutsche Intellektuelle waren beides). Unter den bekanntesten Vertretern der ersten Gattung findet sich Meister Eckhart, ein mittelalterlicher Neo-Platoniker, den man oft den Vater des deutschen Mystizismus nennt; Arthur Schopenhauer, ein Untergangsprediger, der Nietzsche und Freud nachhaltig beeinflusste; und Friedrich Schleiermacher, einen führenden romantischen Theologen. Unter den bekanntesten Vertretern dieser Gattung findet sich Heinrich von Treitschke, einen Historiker preußischer Schule, der dabei half, Hegels Ideen zu verbreiten („Die Schönheit des Krieges liegt in der totalen Auslöschung kümmerlicher Menschen in der großen Idee des Staates..."; Richard Wagner, ein zutiefst rassistischer Jünger von Schopenhauer („[Wir müssen] stark genug sein, unseren Intellekt zu verleugnen"); und Arthur Moeller van den Bruck, ein Literaturkritiker und Jugendförderer in der Weimarer Republik, der den Begriff „Drittes Reich" prägte. („Wir müssen stark genug sein, in Widersprüchen zu leben."[36])

All diese Männer und Bewegungen lieferten die Noten, die Akkorde oder das Gekreische für etwas, das sich zum Horst-Wessel-

---

[35] Friedrich Nietzsche: *Zur Genealogie der Moral*, Leipzig 1887, S. 11.

[36] Heinrich von Treitschke: *Politics*, Bd. 1, London 1916, S. 66; Peter Viereck: *Metapolitics*, New York 1965, S. 105; Arthur Moeller van den Bruck zit. nach Walter Laqueur: *Weimar: Die Kultur der Republik*, Frankfurt a. M. u.a. 1976, S. 96.

Lied vereinte. Und sie sind nur einige der offensichtlichen Stimmen aus einem Chor, der in Deutschland seit vielen hundert Jahren ertönte und allmählich immer lauter wurde. Als die Bestien schlussendlich aus der Gosse stiegen und ein Hakenkreuz auf die Lehren der Jahrhunderte stempelten; als sie, indem sie den nackten Kern dieser Lehren aus der Atmosphäre nahmen und damit begannen, die Anbetung des allmächtigen, kollektivistischen, militaristischen Staates zu predigen, der im Namen der Herrenrasse von einem Führer beherrscht wird; als sie mit einer eifrigen Gefolgschaft die Welt in Blut ertränkten - musste man sich nicht fragen, wer das möglich gemacht hat.

In gewisser Hinsicht ist Hegels Verantwortung allgemein anerkannt: Die Ähnlichkeit zwischen seiner und Hitlers Politik ist schwer zu übersehen. Aber Hegels Politik ist nichts Primäres. Sie drückt seine fundamentale Philosophie aus, die der Höhepunkt einer langen historischen Entwicklung ist.

Hegel wäre ohne Kant nicht denkbar gewesen, der wiederum ohne Plato nicht denkbar gewesen wäre. Diese drei sind mehr als alle anderen die intellektuellen Baumeister von Auschwitz.

3.
Hitlers Krieg gegen die Vernunft

Dirigismus und die Verfechtung der Vernunft sind philosophische Gegensätze. Sie können nicht nebeneinander existieren - weder in einem philosophischen System noch in einer Nation.

Wenn man die Vernunft vertritt, wird man letztendlich daraus folgern, dass Menschen miteinander als freie Wesen umgehen sollten, die ihre Streitigkeiten vernünftig lösen, d.h. durch einen Prozess freiwilliger, rationaler Überzeugung. Wenn man die Vernunft ablehnt, wird man letztendlich den gegenteiligen Schluss ziehen: dass Menschen überhaupt nicht miteinander umgehen können - außer durch körperliche Gewalt, ausgeübt von einer Elite, die mit einem angeblich überlegenen, mystischen Mittel der Wahrnehmung ausgestattet ist.

Der Zweig der Philosophie, der sich mit der Kraft der Vernunft als kognitivem Instrument befasst, ist die Erkenntnistheorie, und o.g. Thema ist der Schlüssel zu ihrer Beziehung zur Politik. Es ist kein Zufall, dass Plato, Kant, Hegel, Marx und die gesamte Tradition des deutschen Nationalismus seit Luther Lehren vertrat, die gegen die Sinne, gegen die Logik und gegen den Intellekt waren. Der Dirigismus, den sie vertraten oder erfanden, ist ein Resultat; die Ursache liegt in ihrer Einstellung zum Wissen, d.h. zum menschlichen Geist.

Ein aufstrebender Diktator mag vielleicht nicht in der Lage sein, den Konflikt zwischen der Vernunft und seinen jeweiligen Plänen zu identifizieren. Aber er ist sich dessen trotzdem bewusst. Auf bestimmte (meistens unverbalisierte) Weise weiß er, dass er weder gedankenlosen Gehorsam verlangen noch Zustimmung für seine permanente Gewaltherrschaft erlangen kann, wenn er seine zukünftigen Untertanen nicht davon überzeugt hat, ihren Verstand und ihr unabhängiges, selbstbestimmtes Denken über Bord zu werfen. Er weiß, dass er nur Erfolg haben kann mit einer Bevölkerung, die darauf konditioniert ist, weder Beweise noch Argumente zu verlangen; mit einer Bevölkerung, die, nachdem sie die Voraussetzungen der Logik achselzuckend abgetan hat, allem zustimmt und alles erträgt. Daher das Schauspiel von Dirigisten, die - in jeder Spielart und quer durch die Geschichte, sowohl vor als auch nach ihrer Herrschaft - den Verstand angreifen. Irgendwie haben sie begriffen, dass ihre politischen Ziele nicht erreicht werden können, bis das richtige erkenntnistheoretische Fundament gelegt worden ist.

Auch Hitler hatte das begriffen.

In diesem Sinne ist es unzulässig, von einer „Nazi-Erkenntnistheorie" zu sprechen. Die führenden Nazis waren keine Philosophen; sie legten keine systematische Wissenstheorie vor und wussten nichts über die spezifischen Fragen dieses Fachs. Trotzdem gibt es eine Nazi-Erkenntnistheorie, im Sinne einer unzweideutigen, konsequenten und nachdrücklichen Stellung zu ihren fundamentalen Fragen.

> „Wir stehen am Ende des Zeitalters der Vernunft" sagte Hitler zu Hermann Rauschning. „Der selbstherrlich gewordene Geist ist zu einer Krankheit des Lebens geworden."

> „Das Leben einer Rasse, eines Volkes ist... eine mystische Synthese", schreibt Rosenberg, „eine Seelenbetätigung, die weder durch Vernunftschlüsse erklärt noch durch Darstellung von Ursache und Wirkung begreiflich gemacht werden kann."

> „Selbst der tiefsinnigste, der gelehrteste Intellektuelle berührt nur die Oberfläche der Dinge", schreibt Gottfried Neeße, ein junger Nazi-Intellektueller. „Alles, dessen wir uns bewusst sind, alles, was denkbar und verständlich ist, ist nur eine dünne Schneedecke auf dem Gebirge des Unbewussten - Schnee, der unter den Stürmen des Schicksals, eines Rausches und dem Zittern der Seele schmelzen wird. Das Leben versteckt seine größten Geheimnisse eher in einem Volkslied als in dicken, gelehrten Wälzern. Es ist vergebens,

> die Tiefen auszuloten. Wir werden selber nie das wirklich Wichtige erkennen. Wir können nur davon bewegt werden."[37]

Wohin soll der Mensch sich wenden, wenn der Intellekt erst einmal verworfen wurde? „Man muß Mißtrauen haben gegen Geist und Gewissen", sagt Hitler, „und muß Zutrauen haben zu seinen Instinkten." „Vertrauen Sie Ihrem Gefühl, Ihrem guten Instinkt oder wie Sie das nennen wollen", sagt Hitler. Der letzte Satz zeigt die Freiheit an, die sich die Nazis in dieser Frage herausnehmen. Sie konnten jede erdenkliche nichtrationale vorgebliche Wissensquelle befürworten, einschließlich Offenbarungen, Intuition, Trance, Magie und Astrologie (die besonders Goebbels liebte). Was sie nicht befürworten konnten und was sie nicht praktizieren durften, war eine einzige kognitive Methode - die, von der Hitler begriffen hatte, dass sie mit dem Nationalsozialismus unvereinbar ist: „In einer Massenversammlung", sagte Hitler zu Rauschning,

> „ist das Denken ausgeschaltet. Und weil ich diesen Zustand brauche, weil er mir den größten Wirkungsgrad meiner Reden sichert, lasse ich alle in die Versammlungen schicken, wo sie mit zur Masse werden, ob sie wollen oder nicht. ‚Intellektuelle' und Bürger so gut wie die Arbeiter. Ich mische das Volk. Ich spreche zu ihm als Masse."
>
> „Die Masse ist wie ein Tier, das Instinkten gehorcht. Sie stellt keine verstandesmäßigen Überlegungen an."[38]

Die Vernunft ist das Vermögen, das das Sinnesmaterial begrifflich identifiziert. „Irrationalismus" ist die Lehre, dass die Vernunft kein gültiges Mittel zum Wissenserwerb oder keine gültige Handlungsanleitung ist. „Mystizismus" ist die Lehre, dass der Mensch ein *nicht*sinnliches, *nicht*rationales Mittel zum Wissenserwerb hat. Irrationa-

[37] Hermann Rauschning: *Gespräche mit Hitler*, Zürich 2005, S. 210. Rosenberg zit. n. Melvin Rader: *No Compromise*, New York 1939, S. 25f. Gottfried Neeße: *Brevier eines jungen Nationalsozialisten,* Oldenburg 1933, zit. n. Joachim Remak: *The Nazi Years: a documentary history,* Englewood Cliffs, N.J., 1969, S. 41.

[38] Rauschning, a. a. O., S. 211, 224, 184, 212, 210f.

lismus und Mystizismus stellen zusammen die Kernaussage der Nazi-Erkenntnistheorie dar.

Die Politik des Nationalsozialismus - mit seiner rassistischen Besessenheit, seiner antisemitischen Dämonologie, dem gestikulierenden Führer, den Direktiven der Vorsehung und ihrer Anrufung der nackten Gewalt - ist in der westlichen Geschichte ohne Gleichen, nicht wegen ihres Kollektivismus, sondern wegen ihrer *unverhüllten* Irrationalität. Die Dreistigkeit dieser Offenbarung wird nur durch die Dreistigkeit der Nazi-Erkenntnistheorie übertroffen (und möglich gemacht). Ihr besonderes Kennzeichen ist die offen verkündete Barbarei, d.h. die unverhüllte, prahlerisch zur Schau gestellte Missachtung der Vernunft.

„Je verwirrter und irrationaler ihre Lehre ist, desto besser...". So stellt Rauschning (ein ehemaliger Freund Hitlers) die Meinung der Nazi-Führer dar. „Alles, was zur Erstellung einer systematischen, logisch erdachten Lehre beitragen könnte, wurde mit überlegener Verachtung gestraft." „Und auf alle Zweifel und Fragen", so Rosenberg, „kennt der neue Mensch des kommenden Ersten Deutschen Reichs nur eine Antwort: Allein ich will!" „Wenn ich das Wort ‚Kultur' höre", sagte Hanns Johst (Präsident der Reichstheaterkammer) in einem unvergesslichen Kommentar, „dann entsichere ich meinen Revolver."[39]

> „Man stempelt uns zu Geistesfeinden", erklärte Hitler. „Jawohl, wir sind das. Aber in einem viel tieferen Sinne als sich diese dummstolzen Wissenschaftsbürger nur träumen lassen."[40]

Diese Feindschaft erstreckt sich über das gesamte Spektrum, über alle zentralen Formen und Erscheinungen der menschlichen Vernunft - von den ersten zögerlichen Anfängen im Leben eines Kindes bis hin zu ihrem größten existentiellen Produkt in der modernen Welt, der Industriellen Revolution. Ersteres wird vernichtet, indem man

[39] Hermann Rauschning: *The Revolution of Nihilism*, New York 1939, S. 49f. Rosenberg zit. n. Rader, a. a. O., S. 43; Johst zit. nach Viereck, a. a. O., S. 255.
[40] Rauschning, *Gespräche*, S. 211.

den Kindern beibringt, ihren Verstand zu verachten; letzteres, indem man der Nation beibringt, sie solle zurück zur Natur.

Die Kindeserziehung, so Hitler, müsse sich auf „das Züchten von absolut gesunden Körpern" und auf die Entwicklung von „Instinkten" oder „Charakter" konzentrieren, d.h. auf ebendie Gefühle, die die Nazis einimpfen wollten - und gleichzeitig jedes intellektuelle Element herabwürdigen und den Prozess der Erkenntnis herabspielen. „Wir haben nicht vor, unsere Kinder zu kleinen Gelehrten zu erziehen", meinte Hans Schemm, ein führender Nazi-Lehrer. „Die wahren Werte, die im deutschen Kinde ruhen, werden nicht dadurch erweckt, dass man eine Menge Wissen in das Kind hereinstopft... Daher sage ich: Lieber zehn Pfund weniger Wissen und zehn Kalorien mehr Charakter!" In einer seiner Äußerungen lässt Hitler keinen Zweifel am Wesen dieses „Charakters": „Eine ungemein aktive, herrische, kühne, brutale Jugend - darauf bin ich aus... Ich werde intellektuelle Ausbildung nicht zulassen. Wissen ist der Ruin für meine Jugend."[41]

Genau wie das Produkt des Wissens. Die Nazi-Literatur häuft Schmähungen auf Wohlstand, Städte, Maschinen und, in Hitlers Worten, Deutschlands Beschäftigung mit „einer ebenso schrankenlosen wie schädlichen Industrialisierung". Das Credo der modernen Gesellschaft, so Werner Sombart in einer beißenden Anklage, lautet: „Mehr Motoren, mehr Geld, mehr Waren! Schnellerer Fortschritt, schnellere Reisen, schnellere Unterhaltung! Wohlstand! Fortschritt! Ohne Ende! Ohne Ende!"[42] Das Antonym dieses Fortschritts wird durch den zweiten Teil der Nazi-Parole „Blut und Boden" angedeutet. „Boden" bedeutet in diesem Zusammenhang das Leben des bescheidenen, dummen Bauern oder staatlich gelenkte, rassisch reine Agrarkommunen - nicht das Leben des „verschlagenen", „bastardisierten" Stadtbewohners. Es bedeutet die selbstlose Disziplin des

---

[41] *Mein Kampf*, S. 408. Gertrud Kahl-Furthmann (Bearb.): *Hans Schemm spricht; Seine Reden und sein Werk*, Bayreuth 1935, zit. n. George L. Mosse: *Nazi Culture*, New York 1968, S. 282f. George Seldes: *The Great Quotations*, New York 1960, S. 321, zit. n. John Gunther, *The Nation, o.D.*

[42] *Mein Kampf*, S. 256. Werner Sombart: *A New Social Philosophy*, Princeton 1937, S. 10.

Mittelalters - nicht den modernen Wunsch nach wirtschaftlichem Wohlergehen. Es bedeutet ein mystisches Verschmelzen mit der primitiven Natur - nicht eine Atmosphäre aus unstillbarer, gewinnorientierter Produktion und „kalter", berechnender Mechanisierung.

Die meisten Nazis forderten nicht die komplette Demontage der Industrie, da sie die Rüstung brauchten. Sie verlangten aber ihre Dienstbarkeit für die richtigen Menschen, für die, deren Treue nicht der Wissenschaft oder der Wirtschaft, sondern dem Instinkt und der rohen Natur gilt. So eine Dienstbarkeit ist nach den Worten eines Beobachters genau das, was der modernen Industrie „den Stachel" zieht.[43] Der „Stachel" ist die Tatsache, dass die moderne Industrie ein Produkt des menschlichen Verstandes ist.

Hitler konnte die Deutschen zu einem Leben aus Muskeln und Hirnlosigkeit aufrufen, weil er sich auf eine weitverbreitete vernunftfeindliche Einstellung verlassen konnte - eine Haltung, die keine politische Partei selbst hätte schaffen oder erhalten können. Im Bereich der Erkenntnistheorie wiederholten die Nazis nur die Parolen einer intellektuellen Bewegung aus dem 19. Jahrhundert, die jedes Land in Europa durchdrungen hatte, die aber ihr Zentrum und ihren größten Einfluss in Deutschland hatte. Diese Bewegung - die trotzige Ablehnung des Geistes der Aufklärung - nennt sich *Romantik*.*

Nachdem sie ihr aristotelisches Erbe schrittweise aufgegeben hatten, hatten die Philosophen der Aufklärung mit dem Skeptizismus von David Hume ihren formellen Bankrott erklärt.

Hume behauptete, dass weder die Sinne noch die Vernunft verlässliches Wissen liefern könnten. Er schloss daraus, dass der Mensch eine hilflose Kreatur sei, die in einem unbegreiflichen Universum gefangen sei. Unterdessen warf eine Vielzahl von weniger bedeutenden Personen (wie z.B. Rousseau, der Bewunderer des „edlen Wilden") den Schatten einer neuen Ära voraus. Sie sagten, dass

---

[43] George L. Mosse: *The Crisis of German Ideology*, New York 1964, S. 15.

*Der Begriff „Romantik" wird auch in der Ästhetik verwendet, um eine Kunstrichtung zu bezeichnen, die sich gegen den Klassizismus und den Naturalismus richtet. Diese Verwendung muss deutlich von der weiteren, philosophischen Bedeutung des im Text erklärten Begriffs unterschieden werden.

die Vernunft ihre Chance gehabt und versagt habe und dass etwas Anderes, etwas Gegenteiliges, der Schlüssel zur Realität und zur Zukunft sei.

Die beiden, die die neue Ära erschufen und selbige Haltung für den Westen zur Norm machten - die den mystischen Anwandlungen des späten 18. Jahrhunderts eine mächtige, selbstbewusste, intellek*tuell respektable* Stimme verliehen und diese Stimme zur Basis für alle nachfolgenden Philosophie machten - waren Kant und Hegel. Kant ist der Vater der romantischen Bewegung. Er behauptete, zum ersten Mal bewiesen zu haben, dass das Dasein für den menschlichen Verstand prinzipiell unerkennbar sei. Danach formulierte sein Haupterbe Hegel die zentralen Ideen der neuen Bewegung in jedem Zweig der Philosophie am deutlichsten.

Aber weder Kant noch Hegel sind vollständige Romantiker. Kant öffnete der Bewegung die Tür, zögerte aber, selbst hindurchzugehen. Hegel ging - lieferte aber gleichzeitig Lippenbekenntnisse an die Vernunft ab. Viele andere zögerten jedoch nicht und bemühten sich kaum, ihre Ansichten zu maskieren. Die einflussreichsten dieser Männer waren in Deutschland J.G. Herder, Fichte, Friedrich Schlegel, Schelling, Schleiermacher, Schopenhauer und Nietzsche. Das Produkt dieser romantischen Hauptlinie war eine Armee von niederen Intellektuellen und Mitreisenden (im Allgemeinen primitiver und weniger offen als ihre Mentoren), die dabei halfen, diesen neuen Ansatz in den hintersten Winkel Deutschlands zu tragen.

Die Romantiker behaupteten (wie Kant), dass die Vernunft ein Vermögen sei, das auf eine oberflächliche Welt der Erscheinungen begrenzt und unfähig sei, die wahre Wirklichkeit durchdringen zu können. Die wahre Wissensquelle, so erklärten sie (indem sie explizit ausführten, was Kant impliziert hatte), sei: das Gefühl - die Leidenschaft, die Intuition, der Glaube usw. Der Mensch ist demzufolge kein vernünftiges Wesen; er sei quasi ein emotionales Wesen und müsse die Wahrheit dementsprechend suchen und sein Leben dementsprechend leben.

Obwohl die meisten Romantiker irgendeine Religion vertraten, so ist Religion keine wesentliche Komponente dieser Philosophie. Im Allgemeinen waren die Romantiker moderner. Sie boten eine etwas säkularisierte Version des religiösen Ansatzes an und betonten statt Offenbarungen den Instinkt und statt des Übernatürlichen die Stimme des Unterbewussten. Aber sie vergaßen nie ihre philosophischen Vorfahren und Geistesverwandten. Während sie die Zivilisation der Aufklärung verdammten, bewunderten sie zwei andere Kulturen: das Mittelalter und den Orient.

Da sie der „kalten" Objektivität der wissenschaftlichen Methode feindselig gegenüberstanden, wandten die Romantiker sich unverhohlen subjektiven Hirngespinsten zu und waren stolz auf ihre Absorption in einer inneren Welt aus intensiven Gefühlen. Sie verschmähten die „Seichtigkeit" der aristotelischen Logik und prahlten mit der Tatsache, dass die Universen, die *sie* konstruiert hatten, vor „Tiefe" (d.h. vor Widersprüchen), vor A's, die sich endlos in Nicht-A's verwandelten und umgekehrt, nur so wimmelten. Sie verachteten die „statische" Welt der Aufklärung - eine Welt aus stabilen, dauerhaften *Entitäten* - und stritten die Existenz von Entitäten ab. Ihr „dynamisches" Universum war die Wiederauferstehung der uralten Theorie von Heraklit, wonach die Wirklichkeit ein Fluss aus Veränderung ohne Entitäten sei, oder aus Handlungen ohne irgendetwas, das handelt; sie sei ein wilder, chaotischer Zustand, den der geordnete Verstand der Aufklärung nicht begreifen könne.

Vor allem richtete sich ihre Ablehnung gegen die *Analyse*, gegen das „Sezieren" der Realität durch das menschliche Begriffsvermögen, gegen die Unterscheidungen, die der menschliche Intellekt vollzieht. Die Romantiker predigten *Ganzes*, sogenanntes „organisches" Ganzes. (Diese Idee stammt aus Kants *Kritik der Urteilskraft*.) Das Ganze, so erklärten sie, sei nicht die Summe seiner Teile; es sei etwas, das seine Bestandteile verzehre und transzendiere und seine einzelnen Identitäten dabei auslösche.

Das organische Haupt-Ganze, so sagten sie alle, sei die Wirklichkeit selbst, abwechselnd „das Absolute", „Gott" usw. genannt. Typischerweise wurde dies als eine Art von kosmischer Sehnsucht konstruiert, als allumfassender Impuls oder Streben, das einfach „der Wille" heißt. (Diese Theorie stammt aus Kants Idee, dass die Forderungen des Willens der Schlüssel zum Universum seien.) Die Vertreter einer solchen Idee kennt man als „Voluntaristen", aufgrund ihrer Behauptung, dass Wille der Kernpunkt der Wirklichkeit sei und dass die physische Welt bloß die oberflächliche Manifestation des Willens sei.

Voluntarismus ist ein Frontalangriff auf die Vernunft. Diese Theorie impliziert, dass die Realität an sich - und auch der Mensch als Teil davon - irrational und sogar verrückt ist. In Schopenhauers Version wird z.B. der Weltwille als blind, unersättlich und absolut sinnlos beschrieben. Als Resultat und Ausläufer ist die Welt der Erscheinungen, in der wir leben, ein Alptraum-Universum, das den Menschen zu ständiger Todesqual verdammt. Der einzige Ausweg, sagt Schopenhauer, sei die Verleugnung des Lebenswillens und das Nichts des Nirwana. In Nietzsches Version wird der Mensch (und die Wirklichkeit) von einem ebenso blinden und sinnlosen Willen regiert - dem „Machtwillen" -, der nicht verleugnet, sondern freudig beteuert werden müsse. Um ihn zu beteuern, so sagt er, müsse man den Verstand verwerfen und stattdessen durch die spontanen, trunkenen Ergüsse des orgiastischen „dionysischen" Elements im Menschen handeln (rohe Leidenschaft). „Warum? Du fragst warum?", erklärt Zarathustra in einer Bemerkung, die den Romantiker in Nietzsche und die Unvernunft der Romantik in sich vereint. „Ich gehöre nicht zu denen, welche man nach ihrem Warum fragen darf."[44]

Die Flucht der Philosophen in eine Welt des Willens, der Vergangenheit oder des Orients hielt ihre Anhänger besonders in der zweiten Hälfte des 19. Jahrhunderts nicht davon ab, den romantischen Standpunkt auf die Fragen des irdischen Lebens anzuwenden.

Eine Ausbildung, die den Intellekt betont, so beklagten diese Männer, stelle eine zu große Belastung für ein Kind dar und behindere seine emotionale Entwicklung. Eine Ausbildung, die Tatsachen

[44] Friedrich Nietzsche: *Also sprach Zarathustra*, Leipzig 1891, S. 186.

und Objektivität lehrt, unterstreiche externe Faktoren auf Kosten der „inneren Erfahrung" des Kindes. Was Deutschland brauche, so ihre Schlussfolgerung, sei eine neue Institution: nicht kalte, auf Erkenntnis ausgerichtete „Lern-Schulen", sondern auf Gefühle ausgerichtete „Lebensschulen". Ermutigt durch liberale und konservative Nationalisten gleichermaßen gingen die romantischen Pädagogen schrittweise daran, diese Nachfrage zu stillen - zuerst im Kaiserreich, dann in der Republik. (Daher waren die Schulen bereit für die Nazi-Pädagogen, als ihre Zeit gekommen war.)

Die moderne Wissenschaft und ihr Produkt, die Industrielle Revolution, so die Anklagen der Romantiker, behinderten die emotionale Entwicklung von Erwachsenen und Kindern. Individualismus sei „atomistisch", Kapitalismus sei „materialistisch", urbanes Leben sei künstlich, Fabriken seien hässlich, arbeitssparende Maschinen seien seelenlos und der Ursprung des Elends. Im Gegensatz dazu seien die Bauern im Mittelalter nach Worten eines Kommentators „glücklich, natürlich, unverstädtert und unkultiviert gewesen, buchstäblich in Kontakt mit der Erde..." „Ich werde [die gegenwärtige] Ordnung der Dinge zerstören, die die menschliche Kraft im Dienste der toten Materie verschwendet...", so Wagner.[45]

Genau wie Hegel fanden auch die (von ihm beeinflussten) Romantiker, die sich mit Politik befassten, ein „organisches" gesellschaftliches Ganzes, das sie verherrlichen konnten: Deutschland. Selbstloser Dienst am Volk, so sagten die meisten, sei der Kern der Tugend. Dieser Dienst, so fügten sie meist hinzu, erfordere Gehorsam gegenüber einem Diktator (der auch bald in Deutschland auftauchen sollte), einem „Helden", der den Willen des Volkes vorhersagen und gnadenlos jede Nation oder Gruppe (wie z.B. die Juden) zerschlagen konnte, die ihm im Wege steht.

Ein bekannter deutscher Historiker bemerkte, dass das romantische Element im deutschen Denken für westliche Augen „als seltsa-

[45] Richard Wagner: *The Revolution*, posthum erschienen in *Wagner's Prose Works, Bd. 8,* London 1899, zit. n. John B. Halsted (Hg.): *Romanticism*, New York 1969, S. 26, 237.

me Mixtur aus Mystizismus und Brutalität“[46] erscheinen müsse. Die Formulierung irrt nur bei der Verwendung des Adjektivs „seltsam“. Die beiden Elemente dieser Mixtur haben eine magische Affinität zueinander: Das erste macht das zweite möglich und führt dazu (nicht nur in Deutschland).

Zur Zeit der Weimarer Republik hatten die deutschen Intellektuellen - Protestanten, Katholiken und Juden - einen intellektuellen Konsens erreicht. Wenn wir die Probleme unseres Landes lösen wollen, so sagten sie einander und der Öffentlichkeit, müssten wir richtig an das Thema Wissen herangehen. Und Walther Rathenau, der kein donnernder Nationalist oder Rassist war, sondern ein praktischer Mensch (Minister, Diplomat und Industrieller) und ein renommierter jüdischer Liberaler, beschrieb die richtige Herangehensweise treffend:

> „Der tiefste Irrtum des sozialen Denkens unserer Zeit lag darin, daß man glaubte, von der Wissenschaft Willensimpulse und Idealziele verlangen zu dürfen. Was wir glauben, was wir erhoffen, wofür wir leben, wofür wir uns opfern, das wird uns niemals der Verstand verkünden; Ahnung und Gefühl, Erleuchtung und Intuition führen uns in das Reich der Mächte, die den Sinn unserer Existenz beschließen.“[47]

Rathenau und seine Kollegen kannten das wahre Wesen des „Reichs der Mächte“ nicht, dem sie das Land auslieferten. Sie wussten nicht, wer ein solches Reich führt. Sie sahen nicht die Konsequenzen von „Ahnung und Gefühl“, nach denen sie bettelten. Aber sie fanden sie bald heraus.

1922 stand Rathenau mit „Ahnung und Gefühl“ der praktischen Realität gegenüber. Er wurde von einer Bande antisemitischer Nationalisten umgebracht. Der Weimarer Republik stand ein Jahrzehnt später das gleiche Schicksal bevor.

---

[46] Ernst Troeltsch: *Deutscher Geist und Westeuropa,* Tübingen 1925, zit. n. Viereck, a. a. O., S. 7.

[47] Walther Rathenau: *Zur Mechanik des Geistes,* Berlin 1913, zit. n. Koppel S. Pinson: *Modern Germany,* New York 1954, S. 272.

* * *

Durchsetzt von Angriffen auf jede Idee und Methode, die für die Funktion des denkenden Geistes maßgeblich ist, war die kulturelle Atmosphäre der Weimarer Republik für die Nazis von unvergleichlichem Wert. Sie machten sie sich zu Nutze und zogen aus ihrer Umgebung die erkenntnistheoretischen Lehren, die sie brauchten, um ihre irrationalistischen Ideen durchzusetzen, und waren sich im Vornherein eines anfälligen Massenpublikums gewiss.

Besonders zwei dieser Lehren hoben die Nazis hervor - und die Kombination von beiden wurde zu einem ihrer charakteristischen Leitmotive. Die eine dieser Ideen ist uralt; die andere ist ein Auswuchs der Romantik. Die erste ist *Dogmatismus* (der Glaube an unveränderliche Offenbarungen); die zweite ist *Pragmatismus.*

Der Begriff „Glauben" gilt nicht für den *Inhalt* von Ideen, sondern für die *Methode*, nach der sie akzeptiert werden. „Glaube" bezeichnet die blinde Hinnahme einer bestimmten Idee, Hinnahme durch Gefühl in Abwesenheit von Indizien oder Beweisen. Es ist deswegen offensichtlich, warum die Nazis von ihren Anhängern Glauben verlangen. „Glaube", so schreibt Hitler,

> „ist schwerer zu erschüttern als Wissen, Liebe unterliegt weniger dem Wechsel als Achtung, Haß ist dauerhafter als Abneigung, und die Triebkraft zu den gewaltigsten Umwälzungen auf dieser Erde lag zu allen Zeiten weniger in einer die Masse beherrschenden wissenschaftlichen Erkenntnis als in einem sie beseelenden Fanatismus und manchmal in einer sie vorwärtsjagenden Hysterie."[48]

Im Westen ist das Bollwerk des Glaubens jene Institution, die die Forderung nach Glaube in ihrer gebildetsten Form verkündet: die katholische Kirche. Hitler bewunderte die Kirche daher. Er bewunderte nicht ihre Lehren, sondern ihre Methoden - „ihre ungemein kluge Taktik und Menschenkenntnis", ihre hierarchische Organisation und Disziplin. Eine der schlauesten Taktiken war seiner Meinung nach ihre unnachgiebige Dogmatik.

---

[48] *Mein Kampf*, S. 372.

Glaube, so erklärt er in *Mein Kampf*, müsse „unbedingt" sein. Er dürfe nicht von Argumenten, Beweisen oder Gründen abhängig sein. Sein Inhalt müsse den Massen in Form strenger Dogmen offeriert werden, als „Dogmen an sich". Wenn eine Lehre erst einmal öffentlich verkündet wurde, dürfe es deswegen keine Veränderungen daran mehr geben, keine Debatten und keine Diskussion. „Denn wie will man Menschen mit blindem Glauben an die Richtigkeit einer Lehre erfüllen, wenn man durch dauernde Veränderungen am äußeren Bau derselben selbst Unsicherheit und Zweifel verbreitet?"

> „So habe ich mich bei der Behandlung unseres Programmes als der ein für allemal gültigen Verfassungs-urkunde unserer Partei strikte an die Art gehalten, wie die Kirche ihre ehrwürdige Bekenntnisurkunde behandelt hat. Sie hat nie daran herummodeln lassen. Sie hat alle Wünsche der wechselnden Zeit, alle Angriffe logischer Kritik gegen die einmal gültige Formulierung über anderthalb Jahrtausende zurückzuweisen vermocht. Sie wusste, dass man alles einer solchen Urkunde anhängen kann, das Widerspruchsvollste und Entgegengesetzteste. Das verträgt das Volk der Gläubigen, das niemals Widersprüche auf logische Weise hinnimmt."[49]

Ein Dogma braucht eine Autorität, die ihm den offiziellen Stempel verleihen kann. Die Autorität der Nazis ist offensichtlich. „So wie der Katholik den Papst in allen religiösen und moralischen Fragen für unfehlbar hält", schreibt Göring,

> „so glauben wir Nationalsozialisten mit der gleichen inneren Überzeugung, dass der Führer in allen politischen und sonstigen Fragen der nationalen und sozialen Interessen des Volkes einfach unfehlbar ist. [Hitlers Autorität leitet sich ab von] etwas Mystischem, Unerklärlichem, fast Unbegreiflichem, das dieser einzigartige Mann besitzt – und wer das nicht instinktiv fühlen kann, wird es niemals begreifen können."[50]

Wenn man sich ihre Hingabe an die Methode des Glaubens (und ihre Tendenz, die katholische Kirche zu imitieren) ansieht, so ist es

---

[49] *Ebd.*, S. 513, 459. Rauschning, *Gespräche*, S. 225f.

[50] Hermann Göring: *Germany Reborn*, London 1934, zit. n. Rader, a. a. O., S. 191f.

nicht erstaunlich, dass einige Nazis in dieser Frage aufs Ganze gingen. Einige prominente Nazis äußerten eine Tendenz, die zwar nie den Status einer offiziellen Ideologie bekam, die aber in der Bewegung weit verbreitet war (auch wenn Hitler selbst es für unpraktisch hielt, bis die Nazis den Krieg gewonnen hätten): die Forderung, dass der Nationalsozialismus selbst in eine komplette Religion verwandelt werden sollte. Diese Stimmen forderten eine Staatsreligion, die den alten Glauben ersetzen sollte, mit eigenen Symbolen, eigenen Ritualen und eigenen Fanatikern, die erpicht darauf waren, Christen zu fanatischen Hitler-Gläubigen zu konvertieren, so wie die Missionare einst Heiden zu fanatischen Christen gemacht hatten. „Adolf Hitler", so rief ein solcher Anhänger (der Nazi-Minister für Kirchenangelegenheiten), „ist der wahre Heilige Geist!"[51]

Die Nazis überlebten nicht lange genug, um diese Entwicklung zu vollenden. Bis zum Schluss konnten sie sich nicht entscheiden, ob sie das Christentum behalten und das Nazitum nur als seine neueste und wahrhaftigste Version („positives Christentum") aufbauen oder ob sie einen Nazi-Glauben aus einem Mischmasch von heidnischer teutonischer Mythologie und romantischer Metaphysik zusammenbrauen sollten. In beiden Fällen, ob nun als eine Form oder als Nachfolger des Christentums, verlangte der Nationalsozialismus von seinen Anhängern ständig den Kernpunkt der religiösen Gesinnung: eine Einstellung aus ehrfürchtiger, unterwürfiger, gläubiger Bewunderung. „Wir glauben auf dieser Erde nur an Adolf Hitler…" stimmte Dr. Robert Ley vor 15.000 Hitlerjungen an. „Wir glauben, dass Adolf Hitler uns von Gott gesandt wurde."[52]

1.700 Jahre zuvor hatte einer der Kirchenväter, Tertullian, erklärt, dass Religion aufgrund ihrer Natur den Umsturz der Vernunft verlange, den Glauben an das Irrationale, *weil* es irrational ist. Er hatte ein tönendes, vernunftfeindliches Manifest verfasst, das in Bezug auf

---

[51] Viereck, a. a. O., S. 289; Viereck zit. aus Eugene Lyons: *Dictators into Gods*, in: *American Mercury* 46, März 1939, S. 267.
[52] *Ebd.*; zit. nach *New York Times*, 11. 2. 1937.

das Dogma der Selbstopferung Gottes am Kreuz erklärte: „Es ist glaubhaft, weil es absurd ist; es ist gewiss, weil es unmöglich ist."

Wenn Tertullians Sichtweise richtig ist, dann waren die Nazis auf diesem Gebiet offensichtlich hoch qualifiziert. Die Absurdität ihres Dogmas kann bei allem, was das Mittelalter hervorbrachte, mithalten.

Die andere Hälfte des erkenntnistheoretischen Leitmotivs der Nazis, das Begleitmerkmal des Nazi-Dogmatismus, ist der Nazi-Pragmatismus. Um die Beziehung zwischen diesen beiden Hälften zu verstehen, muss man zuerst das Wesen des Pragmatismus begreifen, einschließlich seiner philosophischen Wurzeln.

Wer denkt, dass der Intellekt keine Beziehung zur Realität hat, hält einen Intellektuellen für einen unpraktischen Theoretiker, der in der realen Welt weder handeln noch Ziele erreichen kann. Dieser Einstellung zufolge gibt es im Leben eine fundamentale Dichotomie: Denken oder Handeln, Intelligenz oder Ziele, Wissen oder Tun. „Die Besserwisser", sagte Hitler, „sind die Feinde des Handelns."[53]

Bei der Ausführung dieser Idee wiederholen die Nazis die meisten voluntaristischen Allgemeinplätze der späteren Romantiker. Der Kern der menschlichen Natur sei „Wille", den sie als das Mittel zum Zugang zur Realität und als letztendliche Quelle menschlichen Tuns ansahen. „Wille" bedeutet in diesem Kontext eine Reihe von blinden, irrationalen (und angeblich angeborenen) Trieben, die nach einem Ventil suchen – und der Nationalsozialismus gab den Menschen eins. Er bedeutet (einer Parteiparole zufolge) „den Triumph des Willens" durch ein Leben aus blindem, irrationalem Handeln ohne die Anwendung des Intellekts.

Die voluntaristische Anbetung von hirnloser Handlung kann man vielleicht mit dem Begriff „Aktivismus" beschreiben. Aktivismus ist eine Form des Irrationalismus, welche auf Wille oder Instinkt oder Glaube basierende direkte körperliche Handlung preist, während der Intellekt und seine Produkte wie z.B. Abstraktionen, Theorien, Programme und Philosophie geleugnet werden. Aktivismus

---

[53] Mosse: *Nazi Culture*, S.10, zit. nach einer Rede in München, 27. 4. 1923.

bedeutet wortwörtlich Irrationalismus im Handeln. „Dem Wesen der Welt kommt man nur im Gefühlsüberschwang und in der Aktion nahe", sagt Hitler.

> „Der Mensch missbraucht seine Intelligenz. Sie ist nicht der Sitz einer speziellen Menschenwürde, sondern nur ein Instrument im Kampf ums Überleben. Der Mensch muss handeln. Nur als handelndes Wesen erfüllt er seine natürliche Bestimmung. Grübler, die wie alle Intellektuelle nur zurückschauen, sind wie Tote, die den Sinn des Lebens verpasst haben."

Professor Lothar G. Tirala, ein philosophisch ausgebildeter Nazi-Ideologe, sieht über die offensichtlichen romantischen Ursprünge dieser Einstellung hinaus. Er verfolgt den Nazi-Aktivismus zurück bis zur Zwei-Welten-Philosophie von Kant (die er wiederum Kants arischer Natur zuschreibt). Kants Standpunkt, so schreibt er, sei folgender:

> „Die Essenz der Welt ist reicher und tiefer als die Welt der Erscheinungen. Die Welt der Aktivität und der Handlung ist anderen Gesetzen als die Welt der Erscheinung unterworfen… Dieses Primat der Handlung, der Welt der Handlung – und im Falle Kants besonders die Welt der ethischen Handlung – kommt aus einer primären Veranlagung der arischen Rasse, die nicht aus dem kleinlichen, klüglerischen Verstand kommt. Alle teutonischen Wissenschaftler haben diese Wahrheit mehr oder weniger bewusst in einem Primat der Handlung vor dem reinen Denken anerkannt. *Die Tat ist alles, das Denken nichts!*"[54]

Die Nazis und die Faschisten akzeptieren einen solchen Standpunkt vorbehaltlos und sagen oft, dass es gleichgültig sei, ob die den Massen gepredigten Doktrinen wahr oder falsch, richtig oder schlecht, vernünftig oder geisteskrank sind. Die Führer beider Bewegungen sind zufrieden und sogar stolz darauf, ihre eigenen Ideologien öffentlich als „Mythos" zu beschreiben (ein Begriff, den der französische Romantiker Georges Sorel populär gemacht hatte.) Ein Mythos

---

[54] Rauschning, a. a. O., S. 211. Lothar Gottlieb Tirala: *Rasse, Geist und Seele*, München 1935, S. 220.

ist im Sorelschen-faschistischen-nazistischen Sinne keine absichtliche Unwahrheit; er ist eine Ideologie, die ohne Bezug zu Wahrheit oder Unwahrheit zu Handlungszwecken ausgeheckt wurde. Sie richtet sich nicht an die Vernunft, sondern an die Lust, zu glauben, nicht an den faktenorientierten Intellekt, sondern an den gefühlsbetonten „Willen", der nach Taten dürstet. „Wir haben unseren Mythos erschaffen", so Mussolini. „Der Mythos ist ein Glaube, eine Leidenschaft... Unser Mythos ist die Nation, unser Mythos ist die Größe unser Nation!" Unser Mythos, so schreibt Rosenberg in seinem bekanntesten Buch *Der Mythus des zwanzigsten Jahrhunderts* sei „der Mythus des Blutes, der Glaube, mit dem Blute auch das göttliche Wesen des Menschen überhaupt zu verteidigen..."[55]

Die Verfechtung von „Mythus" ist eine Form einer allgemeineren erkenntnistheoretischen Position, die in der zweiten Hälfte des 19. Jahrhunderts den Großteil der philosophischen Welt dominierte. Seit Jahrzehnten waren die Denker von der kantischen Ansicht durchdrungen, dass Tatsachen „an sich" unerkennbar seien und mit der voluntaristischen Ansicht, dass Handlung Vorrang vor Denken habe. Als Resultat schlug ein immer größer werdender Chor (dank der Hilfe von Schopenhauer, Marx, Nietzsche u.a.) vor, dass der Mensch sich überhaupt nicht länger mit Tatsachen oder der Realität befassen sollte. Ideen, alle Ideen, seien nur subjektive Werkzeuge, die menschlichen Zielen dienen sollten; wenn deswegen also eine Idee in der Praxis zu wünschenswerten Ergebnissen führt, d.h. zu Konsequenzen, die ihre Vertreter für wünschenswert halten, dann sollte sie allein aus diesem Grund ohne Bezug auf die (unerkennbaren) Tatsachen der Realität für wahr erklärt werden.

Dieser neue Ansatz bekam in Amerika seinen Namen und erreichte hier seinen Höhepunkt – in den Schriften von William James. James nannte ihn *Pragmatismus*. „Unabhängige Wahrheit, Wahrheit, die wir bloß finden, Wahrheit, die nicht zur Befriedigung menschlicher Bedürfnisse verwendet wird" – darauf verzichte der Pragmati-

---

[55] Zit. nach einer Rede in Neapel am 24. 10. 1922, in: Herman Finer: *Mussolini's Italy* New York 1935, S. 218; Rosenberg, a.a.O., S. 67.

ker, so James. „*'Das Wahre' ist, um es kurz zu sagen, nichts anderes als das, was uns auf dem Wege des Denkens vorwärts bringt, so wie ‚das Richtige' das ist, was uns in unserem Benehmen vorwärts bringt.*"[56]

Sowohl die Nazis als auch die Faschisten begrüßten diesen neuen Standpunkt freudig - mit ihren „Mythen" und auch anderen, noch expliziteren Formen.[57]

Der Maßstab, nach dem Ideen beurteilt werden müssten, so sagt Hitler wiederholt, seien nicht Faktentreue oder „abstrakte" Erwägungen der Logik. Der Maßstab laute: Nützlichkeit für das Volk. „Jeder Gedanke und jede Idee, jede Lehre und alles Wissen", schreibt er in *Mein Kampf*, „haben diesem Zweck [„der Sicherung des Bestehens und der Vermehrung unserer Rasse und unseres Volkes"] zu dienen. Von diesem Gesichtspunkte aus ist auch alles zu prüfen und nach seiner Zweckmäßigkeit zu verwenden oder abzulehnen. So kann keine Theorie zur tödlichen Doktrin erstarren..."[58]

Was ist mit dem nicht-pragmatischen Interesse für die Wahrheit, der *objektiven* Wahrheit einer Idee? „Viele augenscheinliche Absurditäten, Übertreibungen oder Verschrobenheiten", schreibt ein Anhänger der Bewegung,

> „dürfen weder der Unwissenheit noch der Dummheit oder selbst der Rachsucht zugeschrieben werden; sie kommen aus einer grundlegenden und mehr oder weniger bewussten Geringschätzung für die objektive Wahrheit. Denn die einzige Funktion der Erkenntnis in politischen und selbst philosophischen Fragen ist es

---

[56] William James: *Der Pragmatismus: Ein neuer Name für eine alte Denkmethode*, Hamburg 1977, S. 41, 140.

[57] In seiner Jugend war Mussolini persönlich mit mehreren italienischen Jüngern von James bekannt und veröffentlichte gelegentlich Artikel in *La Voce*, einer pragmatischen Zeitschrift, die sich mit politischen und literarischen Themen beschäftigte. Später betonte er die Rolle von James in der Entwicklung des Faschismus. „Der Pragmatismus von William James", so sagte er 1926 in einem Interview, „war mir in meiner politischen Karriere sehr nützlich. James brachte mir bei, dass eine Handlung nach ihren Resultaten und nicht nach ihrer doktrinären Basis beurteilt werden muss. Von James habe ich den Glauben an Handlung, den glühenden Willen zu leben und zu kämpfen, dem der Faschismus einen Großteil seines Erfolges schuldet... Für mich waren Taten entscheidend." Vgl. *Sunday Times*, London, 11. 4. 1926., zit. n. Ralph Barton Perry: *The Thought and Character of William James*, Bd. 2, Boston 1935, S. 575.

[58] *Mein Kampf*, S. 235.

> ihrer Auffassung nach, die kämpfende Nation und ihre Führer, die sie formen, mit den effektivsten Waffen auszustatten."

„Es gibt keine Wahrheit", erklärt Hitler, „weder im moralischen noch im wissenschaftlichen Sinne." Oder wie Goebbels es formuliert: „Wichtig ist nicht, was stimmt, sondern was Erfolg hat."[59]

Die Folge einer solchen Einstellung ist endloser intellektueller Nebel; Pragmatismus führt zu Relativismus. Eine Idee muss dem Pragmatismus zufolge nach ihrer Nützlichkeit in einer bestimmten Situation beurteilt werden. Was heute in einer Situation funktioniert, müsse morgen in einer anderen nicht unbedingt funktionieren. Daher sei die Wahrheit veränderlich. Es gebe in keinem Bereich „feste" Prinzipien. Es gebe nichts Absolutes.

„Die Bedürfnisse des Staates", sagt Hitler, seien der einzig bestimmende Faktor. „Was heute etwa notwendig ist, braucht es morgen nicht mehr zu sein. Diese Begrenzung ist keine Frage theoretischer Entscheidung, sondern der praktischen jeweils gegebenen Lage. Ich kann und muss daher, was ich heute für richtig halte, morgen unter veränderten Bedingungen wieder aufgeben oder anders regeln."

Die Massen, so Hitler zu Rauschning, seien dumm; sie hätten sich der Illusion hingegeben, dass einige Ideen absolut seien. „Die Eingeweihten wissen, dass es nichts Festes gibt, dass sich alles ständig wandelt." (Dies ist die Lehre von Heraklit, die die Romantiker verbreitet hatten.)

„Ich sage Ihnen", antwortete Göring auf Kritik an Hitlers Wirtschaftspolitik, „wenn der Führer es wünscht, ist zwei mal zwei gleich fünf."[60]

Es ist lehrreich anzumerken, dass Görings Äußerung sowohl ein Ausdruck des Pragmatismus als auch des Dogmatismus ist.

In ihrer Eigenschaft als Dogmatiker verlangen die Nazis blinden Gehorsam an einen Glauben, der dem Führer angeblich von Gott of-

---

[59] Aurel Kolnai: *The War Against the West,* New York 1938, S. 59. Rauschning, *Gespräche,* S. 210. Vgl. *The Atlantic Monthly,* Juni 1940, zit. n. Viereck, a. a. O., S. 314.

[60] Rauschning, a. a. O., S. 177. Göring zit. nach Eugene Davidson: *The Trial of the Germans,* New York 1966, S. 237f.

fenbart wurde. In ihrer Eigenschaft als Pragmatiker betonen sie Handlung, Zweckdienlichkeit und Veränderung mehr als Gott und Glaube. Diese beiden erkenntnistheoretischen Elemente führen zu Widersprüchen in den Nazi-Formulierungen. Nationalsozialismus ist die offenbarte Wahrheit - es gibt keine Wahrheit. Nazi-Verkündungen sind absolut - es gibt nichts Absolutes. Der Glaube ist heilig - er ist ein praktischer Mythos für praktische Zwecke. Und so weiter.

Beachten Sie, dass es keine Anzeichen dafür gibt, dass die Nazis sich an diesen Widersprüchen stören.

Einer der Gründe dafür lautet, dass die Widersprüche nicht offenkundig sind, da sich die beiden Elemente in einem gewissen Ausmaß an verschiedene Zuhörer wenden. Das erste richtete sich primär an das Massenpublikum, das zweite an die innere Elite. „Die Masse", so erklärte Hitler Rauschning, „braucht etwas für die Phantasie, und sie braucht feste, bleibende Lehrsätze."[61] Dies ist jedoch keine vollständige Erklärung, insofern als die Nazis große Dosen von beiden Elementen nebeneinander sowohl öffentlich als auch intern propagierten.

Ein tieferer Grund lautet, dass die Nazis die aristotelische Logik und ihre intellektuelle Geradlinigkeit prahlerisch ablehnten und ihnen Widersprüche somit nichts ausmachten.

Der wichtigste Grund liegt aber in der Tatsache, dass der Widerspruch so trivial ist: Fundamental betrachtet sind Dogmatismus und Pragmatismus philosophisch austauschbar. Beide sind Varianten desselben Irrationalismus, die denselben Angriff auf den menschlichen Geist und auf die Realität führen.

Der Dogmatiker lehnt den Intellekt im Namen von Offenbarungen aus einer anderen Dimension ab. Der Pragmatiker lehnt den Intellekt im Namen eines Strudels von zweckdienlichen Mythen ab. Der Dogmatiker lehnt die Realität (die Realität, in der Menschen leben und die sie wahrnehmen) ab und beschwört stattdessen seine Treue zu Gott. Der Pragmatiker stimmt dem zu, ersetzt Gott aber durch „das Volk" (oder den Staat oder die Partei). In beiden Fällen

[61] Rauschning, a. a. O., S. 177.

ist nur diese Ablehnung faktisch und philosophisch wesentlich – auch für die Nazis.

Was die Nazis durch ihre Philosophie in erster Linie erreichen wollten, war Gehorsam – der blinde Gehorsam ihrer Anhänger und Landsleute gegenüber dem Führer. Wenn man sie an diesem Kriterium misst, sind die Theorien des Dogmatismus und des Pragmatismus – einzeln oder in Kombination – unschlagbar. Man kann sich nicht ernsthaft gegen eine Lehre oder einen Befehl auflehnen, wenn man sich nicht auf Tatsachen beruft, die man beobachtet und begriffen hat. Als Dogmatiker fegt der Nazi solche Tatsachen zugunsten des Glaubens an das Übernatürliche beiseite, so wie es dem Führer offenbart wurde. Als Pragmatiker streitet der Nazi alle Tatsachen aus Prinzip ab und ersetzt sie durch „gesellschaftliche Nützlichkeit" als Anleitung zur Wahrheit – und diese Nützlichkeit wird von der Verkörperung und der Stimme der Gesellschaft bestimmt: dem Führer. In beiden Rollen ist der Nazi philosophisch darauf getrimmt, dieselbe Botschaft zu hören und zu befolgen – die eine Botschaft, die die Parteiführung an jeden in Hörweite richtete und die Goebbels wie folgt ausdrückte: „Höre nichts, was wir dich nicht hören lassen wollen. Sieh nichts, was wir dich nicht sehen lassen wollen. Glaube nichts, was wir dich nicht glauben lassen wollen. Denke nichts, was wir dich nicht denken lassen wollen."[62]

Es machte für die Nazi-Führerschaft keinen Unterschied, ob man ihnen aus dogmatischen oder pragmatischen Gründen gehorchte, ob man sich nun Gott im Himmel oder dem Volk auf Erden verschrieben hatte. Was zählte, war der Gehorsam. Aber die Nazis zogen es vor, dass man ihnen aus *beiden* Gründen gehorchte. Der Dogmatismus verlieh den Worten des Führers eine übernatürliche Autorität; der Pragmatismus gab ihm die „Flexibilität", die er brauchte. Die Kombination aus beiden machte es möglich zu behaupten, dass wenn der Führer spricht, seine Äußerung eine heilige Wahrheit ist, die gepriesen werden muss usw. Daher vereint der Führer die Unfehlbarkeit von Gottes Stellvertreter und den Nihilismus eines ma-

[62] Gangulee, a. a. O., S. 123.

chiavellistischen Skeptikers - und ein (zumindest in seiner frechen Offenheit) neues Phänomen betritt die Bühne: das Absolute der jeweiligen Sekunde oder das Unveränderliche, das nie stillsteht, offenbart von einer Allwissenheit, die ständig ihre Meinung ändert.

Nach Jahrhunderten der Religion und einem Jahrhundert der Romantik waren die meisten Deutschen genügend trainiert in Unvernunft. Sie waren bereit, die o.g. Kombination oder zumindest eines ihrer Elemente zu akzeptieren. Diese Menschen waren erkenntnistheoretisch reif. Sie waren bereit oder erpicht darauf, nicht die Realität, sondern Hitler als ihren fundamentalen Bezugspunkt anzusehen. Dr. Hans Frank, Nazi-Justizminister und Präsident der deutschen Anwaltskammer, drückt diese Gesinnung offen aus. „Früher haben wir gesagt: *dies und jenes ist richtig oder falsch*. Heute müssen wir die Frage wie folgt formulieren: *Was würde der Führer sagen*?"

Spielen abstrakte erkenntnistheoretische Theorien im menschlichen Leben eine Rolle? Was passiert mit Menschen, die in Kirche und Schule von Kindesbeinen an lernen, nicht zu sagen „Dies ist richtig oder falsch"? Während des Krieges war Hans Frank Generalgouverneur im besetzen Polen. Er war persönlich verantwortlich für das Massaker an tausenden polnischen Intellektuellen und nahm an der Abschlachtung von dreieinhalb Millionen polnischer Juden teil. Als in der Tschechoslowakei Plakate geklebt wurden, die die Hinrichtung von sieben Tschechen ankündigten, verkündete Dr. Frank lauthals: „Wenn ich befehlen würde, dass jedes Mal wegen sieben erschossener Polen Anschläge angebracht werden, dann gäbe es in ganz Polen nicht genug Wälder, um das Papier für diese Anschläge herzustellen."[63]

* * *

Im Dogmatismus und im Pragmatismus ist eine teils metaphysische, teils erkenntnistheoretische dritte Theorie implizit, die für den Standpunkt der Nazis fundamental ist: *Subjektivismus*.

---

[63] Kolnai, a. a. O., S. 29; zit. nach einer Äußerung in Frankfurt a.M., Okt. 1935. Shirer, a. a. O., S. 605f.

In der Metaphysik bedeutet „Subjektivismus“, dass die Wirklichkeit (das „Objekt“) von einem menschlichen Bewusstsein abhängig ist (dem „Subjekt“). In der Erkenntnistheorie sagen Subjektivisten daher, dass ein Mensch sich nicht mit den Tatsachen der Realität befassen müsse; um Wissen oder Wahrheit zu erlangen, müsse er sich stattdessen nach innen wenden und den Inhalt des Bewusstseins befragen, das die Macht habe, die Realität seinen Diktaten zu beugen. Und dem Subjektivismus zufolge sind die Elemente, die diese Macht besitzen, die *Gefühle*.

Grob gesagt ist Subjektivismus die Lehre, dass Gefühle Tatsachen erschaffen und sie daher das primäre Werkzeug zum Erkenntnisgewinn sind. Wenn man es fühlt, dann ist es so, sagt der Subjektivist.[64]

Die Alternative zu Subjektivismus ist die Verfechtung von Objektivität - eine Einstellung, die auf dem Standpunkt beruht, dass die Realität unabhängig vom menschlichen Bewusstsein ist; dass die Rolle des Subjekts nicht darin besteht, ein Objekt zu *erschaffen*, sondern es *wahrzunehmen*; und dass Wissen über die Realität nur dadurch erlangt werden kann, dass man seine Wahrnehmung nach außen, auf Tatsachen, richtet.

Objektivität ist den Nazis zufolge ein Verbrechen. Sie ist das Antonym zu „Instinkt“ und deswegen ein Verbrechen gegen das Vaterland. Was Deutschland von seinen Bürgern brauche und was der Nationalsozialismus anbiete, so Hitler wiederholt, sei nicht leidenschaftsloses Denken oder unparteiische Einschätzung von Tatsachen, sondern ungezügelte nationalistische Gefühle, Gefühle basierend auf Wille und Glaube (Dogmatismus) oder „Mythen“ (Pragmatismus) - Gefühle, die keinem Gegner nachgeben, egal wie gut seine Argumente sind. „Wer die breite Masse gewinnen will, muß den Schlüssel kennen, der das Tor zu ihrem Herzen öffnet. Er heißt nicht Objektivi-

[64] Diese weit verbreitete Form des Subjektivismus ist jeder Variante dieser Theorie implizit. Wenn man die mentalen Methoden oder Inhalte eines Menschen für unreduzierbare Eigenschaften seines Bewusstseins hält, für Primate, die nicht aus der Wahrnehmung der Realität abgeleitet werden - wenn Ideen angeblich nicht aus der Wahrnehmung von *Tatsachen* stammen -, dann stammen sie (trotz der Erfindungen einiger Philosophen) aus seinen Gefühlen, seinen willkürlichen (und für ihn grundlosen) Gefühlen.

tät, also Schwäche, sondern Wille und Kraft", schreibt Hitler. „Was mich angeht", so Göring, „so *bin* ich subjektiv, ich setze mich für *mein Volk* ein und erkenne nichts anderes an. Ich danke meinem Schöpfer dafür, mich ohne einen sogenannten ‚Sinn für Objektivität' geschaffen zu haben." „Wir sind nicht objektiv", sagt Hans Schemm, der Nazi-Pädagoge, „wir sind Deutsch."[65]

Westliche Staatsmänner hätten sich solch eine Äußerung im 18. Jahrhundert nicht vorstellen können. In unserer Zeit prahlen sie damit. Den Unterschied macht die romantische Bewegung.

Obwohl alle wichtigen Philosophen nach der Renaissance die Theorie des Subjektivismus teilweise akzeptiert hatten, erreichte sie in der philosophischen Welt bis nach dem Erscheinen der *Kritik der reinen Vernunft* keinen vollständigen Sieg. „Dinge an sich" existieren, so Kant. Sie existierten, seien aber unerkennbar; die Welt, die die Menschen wahrnehmen und mit der sie sich beschäftigen - die „phänomenale Welt" -, sei eine menschliche Erfindung, ein Produkt der dem menschlichen Bewusstsein innewohnenden fundamentalen Mechanismen. Demnach erschafft das Subjekt das Objekt, und Objektivität ist nach der o.g. Definition für den Menschen unmöglich. Sie ist für den Menschen aufgrund seiner Natur aus Prinzip unmöglich.[66] Wenn dem so ist, so folgerten die Romantiker, dann müssen wir damit aufhören, sie zu praktizieren. Objektivität sei (wie die Vernunft selbst) nutzlos und schädlich. Ein objektiver Mensch, so sagten sie, sei „abgehoben", „blutleer" usw., wohingegen der Mensch „warm", „engagiert" und „lebendig" sein sollte. Er sollte unter der Führung von „spontaner" Leidenschaft, ohne die Einschränkung von Tatsachen und Logik und ohne Berücksichtigung der äußeren Wirklichkeit leben und agieren.

---

[65] *Mein Kampf*, S. 372. So Göring im Frühjahr 1933, zit. n. Kolnai, a. a. O., S 29f.; Benedikt Lochmüller: *Hans Schemm*, Bayreuth 1935, zit. n. Mosse: *Nazi Culture*, S. XXXI.

[66] Kant leugnet den Begriff „Objektivität" nicht und behauptet, gegen Subjektivismus zu sein. Seine Methode besteht jedoch darin, den Begriff „Objektivität" in Übereinstimmung mit seinen eigenen Vorbedingungen umzudeuten, sodass er zu einer Unterart von Subjektivität wird. Hegel folgt Kant in dieser Frage.

Es gibt zwei verschiedene Arten von Subjektivismus, die sich durch die Antwort auf die Frage „*Wessen* Bewusstsein erschafft die Realität?“ unterscheiden. Kant lehnte die ältere dieser beiden Arten ab: den Standpunkt, dass die Gefühle eines jeden Menschen für ihn ein privates Universum erschaffen. Stattdessen leitete Kant die Ära des *gesellschaftlichen* Subjektivismus ein – die Idee, dass nicht das Bewusstsein von Individuen, sondern von *Gruppen* die Realität erschaffe. In Kants System ist die gesamte Menschheit die entscheidende Gruppe; nicht die Idiosynkrasien einzelner Individuen erschaffen die Realität, sondern die allen Menschen eigene mentale Struktur.

Spätere Philosophen übernahmen Kants fundamentale Idee, führten sie aber noch einen Schritt weiter. Wenn die mentalen Strukturen nun einmal feststehen und nicht erklärt werden können, wie Kant gesagt hatte, dann gebe es keinen Grund, warum alle Menschen dieselbe mentale Struktur haben sollten. Es gebe keinen Grund, warum die Menschheit nicht in *konkurrierende* Gruppen zersplittert werden sollte, von denen jede durch ihre eigene Art von Bewusstsein definiert wird und die mit den anderen darum kämpft, die Realität zu kontrollieren.

Die erste weltweite Bewegung, die Kants Standpunkt so pluralisierte, war der Marxismus, der einen gesellschaftlichen Subjektivismus aus konkurrierenden ökonomischen Klassen vorlegte. In dieser Frage (und vielen anderen) folgten die Nazis den Marxisten, ersetzten *Klasse* aber durch *Rasse*.

Rassischer Subjektivismus behauptet, dass die angeborene rassische Verfassung eines Menschen seine mentalen Prozesse, seine intellektuelle Anschauung, seine Denkmuster, seine Gefühle und seine Schlussfolgerungen bestimmt – und dass diese Schlussfolgerungen, wie gut begründet sie auch sein mögen, nur für die Mitglieder einer bestimmten Rasse gelten, die die gleiche Verfassung haben. „Wissen und Wahrheit“, erklärt ein Nazi, „sind Eigentümlichkeiten, die aus bestimmten Bewusstseinsformen stammen und daher ausschließlich auf die spezifische Wesenheit ihres Mutter-Bewusstseins eingestellt sind." Nach dieser Idee erschafft jede Rasse ihre eigene Wahrheit (und letztendlich ihr eigenes Universum). So etwas wie „*die* Wahrheit", die sich auf Tatsachen bezieht, gebe es nicht. Es gebe nur die Wahrheit für eine Gruppe - „unsere" Wahrheit oder „deren" Wahrheit, deutsche Wahrheit oder britische Wahrheit, „nordische Wissenschaft" oder „die liberalistisch-jüdische Wissenschaft" usw.[67]

Menschen verschiedener Rassen sind somit also durch einen unüberbrückbaren Graben voneinander getrennt, der es für sie unmöglich macht, miteinander zu kommunizieren und Meinungsverschiedenheiten friedlich zu lösen. „Ein Fremder mag so kritisch sein, wie er will", schreibt Carl Schmitt, „er mag intelligent auf seinem Gebiet sein, er mag Bücher lesen und schreiben, aber er denkt und versteht Dinge anders, weil er zu einer anderen Art gehört und bei jedem entscheidenden Gedanken innerhalb der existentiellen Bedingungen seiner Art bleibt." (Schmitt war ein einflussreicher Politikwissenschaftler und vor seiner Karriere als Nazi-Theoretiker Kommunist.)[68]

Es sei für Menschen „verschiedener Art" sinnlos, so fügen die Nazis hinzu, sich zur Beilegung von Meinungsverschiedenheiten an die Logik zu halten, weil es für jede Rasse nicht nur eine andere Wahrheit gebe, sondern auch eine andere Logik. Es gebe keine einheitliche Methode für logisches Denken, sondern viele entgegengesetzte Methoden, viele Logiken - arisch, britisch, jüdisch usw. -, die alle aus der mentalen Struktur der jeweiligen Gruppe stammten und für diese Gruppe gelten und für alle anderen nicht. Dies ist die Nazi-Doktrin des Polylogismus (den auch die Marxisten vertreten).

„Denker gleicher Rasse und Erbanlage werden wieder und wieder dieselben Fragen stellen und in derselben Richtung nach Lösungen suchen", schreibt Tirala, einer der führenden Nazi-Polylogiker.

---

[67] Franz Haiser zit. n. Kolnai, a. a. O., S. 61; Rauschning, a. a. O., S. 210. Vgl. die Bemerkung des Nazi-Physikers Philipp Lenard, des Nobelpreisträgers von 1905 für seine Arbeit über Kathodenstrahlen, in seiner Abhandlung *Deutsche Physik*: „Wissenschaft ist wie jedes andere menschliche Produkt rassisch und durch das Blut bestimmt." Zit. n. Rader, a. a. O., S. 31.

[68] *Nature*, 18. 1. 1936, zit. n. Rader, a. a. O., S. 102f.

> „Und daher müssen selbst auf dem Gebiet der Logik als Grundlage aller Wissenschaften Unterschiede anerkannt werden, die Denker und Männer der Wissenschaft dazu zwingen, einen festen Standpunkt zu beziehen, nicht nur auf diese oder jene Weise zu denken, sondern sogar im Bereich des rein Formalen verschieden zu arbeiten."[69]

Bei der Präsentation dieser Theorie sagt Professor Tirala (und auch die anderen Nazis) nicht, wie die Prinzipien der arischen Logik aussehen. Er will nicht definieren, sondern in den Dreck ziehen. Und was er in den Dreck zieht, ist die aristotelische Logik.

Subjektivismus ist in jeder Version und Anwendung unvereinbar mit den Gesetzen der Logik, wie Aristoteles sie aufgestellt hat. Aristoteles zufolge ist *alles* etwas Bestimmtes; es ist das, was es ist, unabhängig von Meinungen oder Gefühlen darüber – A gleich A (das Gesetz der Identität). Den Subjektivisten zufolge muss A nicht gleich A sein, es könne das sein, was das Bewusstsein verfüge; es könne A „für mich" sein und Nicht-A „für andere"; es könne sowohl A als auch Nicht-A sein oder keins von beidem oder beides und nichts zur gleichen Zeit, wenn man es fühlt. Für den philosophischen Verteidiger des Subjektivismus ist der fundamentale ideologische Feind weit entfernt von den Gegnern des Augenblicks. Der Feind ist Aristoteles.

Aristoteles, so Tirala, sei mit Sicherheit kein Arier. Aristoteles war

> „Berichten zufolge seinem Körper und, aus seinen Schriften zu urteilen, seinem Geiste nach ein Vertreter der Rasse war, die nicht imstande ist, Wissenschaft zu schaffen: seinem westlichen Wesen ist das magische Weltbild gemäß. Dieses Wesen kann die Fragestellung des arischen Geistes nicht verstehen."[70]

Nach Aristoteles, dem Vater der Logik, zieht man Schlussfolgerungen objektiv, indem man sie widerspruchsfrei von den Tatsachen der Realität ableitet – letztendlich aus den Belegen der Sinnesorgane. Der Polylogiker wischt dies beiseite und verwandelt Logik in ihr Gegenteil. Indem er das Gesetz der Identität ablehnt, leugnet er alle kogni-

---

[69] Tirala, a. a. O., S. 190.
[70] *Ebd.*, S. 196.

tiven Maßstäbe und nimmt aufgrund *seiner* „Logik" das Recht in Anspruch, alle möglichen Widersprüche zu vertreten, wenn ihm eben danach ist. Logik wird somit ein subjektives Werkzeug, um alles zu „rechtfertigen", was man möchte. Logik, „arische Logik", wird zur Waffe der Nazis: Am Anfang war der Führer, der die Prinzipien der Deduktion schuf.

Der Angriff auf die Logik vereint alle Hauptelemente ihrer irrationalistischen Erkenntnistheorie: Dogmatismus, Aktivismus, Pragmatismus, Relativismus und Subjektivismus. Als Dogmatiker kommt für den Nazi Glaube vor Logik. Als Aktivist verzichtet er auf Logik zugunsten von Handlung. Als Pragmatiker kann er Widersprüche vertreten, vorausgesetzt sie „funktionieren". Als Relativist lehnt er die Absolutheit des Gesetzes der Identität ab. Und als Subjektivist fegt der Nazi die Logik einfach beiseite und nennt seine willkürlichen, „arischen" Gefühle logisch. Diese Theorien mögen sich geringfügig unterscheiden - der Schluss, zu dem sie führen, jedoch nicht.

Und diese Theorien unterscheiden sich auch in ihren praktischen Resultaten nicht.

Für den Dogmatiker, der niemanden überzeugen kann, ihm seine Offenbarungen abzukaufen, gibt es eine Methode, Ungläubige zum Schweigen zu bringen: Gewalt. Für den Aktivisten ist die notwendige Handlung klar: Mord. Für den Pragmatiker ist das, was „funktioniert" Zerstörung, vorausgesetzt, sie ist massiv genug. Für den Relativisten mag Frieden gestern gut gewesen sein, aber es gibt nichts Absolutes. Für den Subjektivisten, den Rassisten und den Polylogiker ist ein Messer im Rücken „für dich" kein Problem.

Alleine hätten die Nazis niemals erreichen können, was die Intellektuellen für sie erreicht hatten. Alleine hätten die Nazis nicht die Gedanken hervorbringen können, die man braucht, um ein Land zu untergraben - nicht einmal den Gedanken, der sagt, dass man nicht denken soll. Sie hätten keine Philosophie gehabt - nicht einmal die Philosophie, die sagt, man solle die Philosophie verachten. All das musste von Intellektuellen erfunden, formuliert und verbreitet werden - von Philosophen.

Aber als sie ein Land fanden, das für sie bereit war, wussten die Nazis, was man damit macht. Sie wussten, wie man der Theorie der Unvernunft Menschen hinzufügt, die im Stechschritt marschieren – und auch, wie man diese Kombination, ihre Version des Zeitgeistes, nennen muss. Goebbels und Rosenberg nannten sie *Stahlromantik*.

Dies seien „Zeiten, in denen nicht der Geist, sondern die Faust entscheidet", erklärte Hitler in *Mein Kampf*. Die Philosophen hatten den Kopf eliminiert und ihm die Zeit bereitet, die er brauchte.

„Ich brauche Leute, die… sich nicht erst besinnen, wenn sie jemanden niederschlagen sollen", sagte Hitler zu Rauschning.[71] Er musste sie nicht lange suchen.

Die Erkenntnistheorie hatte ihre Arbeit getan.

[71] *Mein Kampf*, S. 253; Rauschning, *Gespräche*, S. 95.

4.
Die Ethik des Bösen

Grob gesagt gibt es zwei entgegengesetzte Auffassungen von Moral: Eine Auffassung bejaht das Individuum, die andere nicht – die eine ist die Ethik des *Egoismus,* die andere die Ethik der *Selbstopferung.*

Egoisten sagen, dass die primäre moralische Verpflichtung darin bestehe, das eigene Wohlergehen zu erlangen (sind sich aber nicht zwangsläufig darüber einig, *worin* dieses Wohlergehen besteht). Vertreter der Selbstopferung sagen, dass die primäre Verpflichtung darin bestehe, jemand anderem zu dienen. Die erste Schule sagt, dass Tugend aus Handlungen bestehe, die einem nutzen, die einem eine persönliche Belohnung, einen Profit oder einen bestimmten Gewinn bringen. Die zweite sagt, dass der Kern der Tugend aus unbelohnter Pflichterfüllung, Selbstverleugnung und dem Verzicht auf Gewinn bestehe. Die erste achtet das Individuum und vertritt Eigennutz, mit der Begründung, dass jeder Mensch der Nutznießer seiner eigenen Handlungen sein sollte. Die zweite betrachtet Eigennutz in jeder Form als böse.

> „Der Wunsch und die Eigensucht des einzelnen [muß] als nichts erscheinen und sich zu beugen haben", erklärt Hitler in *Mein Kampf;* ein Mensch müsse „auf die Vertretung seiner persönlichen Meinung… [und] seiner Interessen verzichte[n] und beides zugunsten einer Mehrzahl von Menschen opfer[n]…"

Moral, so schreibt Edgar Jung, ein zeitgenössischer deutscher Konservativer mit derselben Meinung, bestehe in der „Selbstaufgabe des Ichs zugunsten von höheren Werten." Solch eine Einstellung, so bemerkt er, sei die ethische Basis des Kollektivismus, die von jedem Menschen fordere, sich „dem Ganzen unterzuordnen". Individualismus basiere im Gegensatz dazu auf der entgegengesetzten Idee (da er dem Menschen das Recht zugesteht, nach seinem eigenen Glück zu streben): „Jede Form von Individualismus stellt das Ego als höchsten Wert auf und verstümmelt somit die Moral..."[72]

Die politische Umsetzung von „sich dem Ganzen unterzuordnen" besteht den Nazis zufolge daraus, sich dem Staat zu unterwerfen – was von jedem Deutschen das Gegenteil von Selbstbehauptung erfordert. Daher lautet das beherrschende Prinzip des Nationalsozialismus, wie es eine Gruppe von Anführern der Hitlerjugend definiert hatte: „Wir wollen es." „Und wenn jemand immer noch fragt: ‚*Was* wollen wir?' – dann ist die Antwort die Grundidee des Nationalsozialismus: ‚Opfer!'"[73]

Da im Nationalsozialismus der Nutznießer dieser Opfer die Gruppe (die Rasse, die Nation) ist, ist Tugend oder Idealismus leicht zu definieren: „Gemeinnutz geht vor Eigennutz". „Dieser Aufopferungswille, zum Einsatz der persönlichen Arbeit und wenn nötig des eigenen Lebens für andere", schreibt Hitler,

> „ist am stärksten beim Arier ausgebildet. Der Arier ist nicht in seinen geistigen Eigenschaften an sich am größten, sondern im Ausmaße der Bereitwilligkeit, alle Fähigkeiten in den Dienst der Gemeinschaft zu stellen. Der Selbsterhaltungstrieb hat bei ihm die edelste Form erreicht, indem er das eigene Ich dem Leben der Gesamtheit willig unterordnet und, wenn die Stunde es fordert, auch zum Opfer bringt."[74]

„Du bist nichts; dein Volk ist alles", besagt eine weitere Nazi-Parole, die die Kernaussage der Nazi-Moral zusammenfasst.

(Weil Hitler Opferung für die deutsche Nation und nicht für die ganze Welt fordert, haben einige Kommentatoren den Nationalsozialismus als Form des Egoismus, sogenannten „nationalen Egoismus"

---

[72] *Mein Kampf*, S. 446, 327. Jung zit. n. Kolnai, a. a. O., S. 66. Der letzte Satz ist Kolnais Zusammenfassung von Jungs Ansicht.
[73] So *Wille und Macht* (NS-Zeitschrift), Dezember 1936, zit. n. *ebd.*, S. 105, Fn. 3.
[74] *Mein Kampf*, S. 327.

beschrieben. Dieser Begriff ist ein Widerspruch in sich; der Begriff „Egoismus“ ist auf Kollektive nicht anwendbar, ob nun national oder international. „Egoismus“ bezeichnet eine ethische Theorie – und Ethik definiert Werte zur Anleitung der Entscheidungen und Taten eines Individuums. Wenn eine Theorie verlangt, dass das Individuum sich selbst auslöschen soll, wenn sie ihm das moralische Recht abspricht, irgendeine persönliche Motivation zu zeigen oder irgendein privates Ziel zu verfolgen, macht es keinen Unterschied, welchen kollektiven oder übernatürlichen Nutznießer diese Theorie dann einsetzt. Solch eine Theorie ist das Gegenteil von Egoismus.)

Man sagt, dass der Mensch von Natur aus egoistisch sei und dass er den Forderungen nach Selbstopferung nicht gehorchen werde. Die Deutschen haben ihnen gehorcht.

Die Nazi-Partei zog viele Gangster, Gauner und Gammler an. Aber solche Menschen sind in jedem Land eine unbedeutende Minderheit; sie waren nicht der Grund für Hitlers Aufstieg. Der Grund waren die Millionen von Nicht-Gaunern im Land der Dichter und Denker, die anständigen, gesetzestreuen Deutschen, die bei Hitler Hoffnung und Inspiration fanden – die Legionen von unglücklichen, enthaltsamen, pflichtbewussten Männern und Frauen, die das anprangerten, was sie als den Egoismus der Weimarer Republik ansahen und die eifrig am neuen moralischen Kreuzzug teilnehmen wollten, den Hitler zu führen versprach. Der Grund waren die „guten Deutschen“ – und vor allem ihre Auffassung von „gut“.

„Wie wenig die Massen von dem berühmten Selbsterhaltungstrieb getrieben werden“, schreibt Hannah Arendt, die ihr Leben lang das Phänomen des Totalitarismus beobachtete, hinsichtlich der passiven, protestlosen Hinnahme der Katastrophe, der „Gleichgültigkeit, mit der die Massen dem eigenen Tod begegneten oder anderen persönlichen Katastrophen…“ „Mit ihrer Weltlosigkeit verglichen waren die christlichen Mönche weltverhaftet, voller Interesse für weltliche Angelegenheiten.“ „[D]amit wird der Massenmensch jener fanatischen und jederzeit zum Opfertod bereiten Ergebenheit fähig, die sich so deutlich von der Loyalität der treuesten Mitglieder normaler Parteien unterscheidet."[75]

„[W]enn die Partei und die NKVD von mir jetzt verlangen, die Dinge [Verbrechen, die man nicht begangen hat] einzugestehen, müssen sie ihre guten Gründe haben", sagte ein früherer Agent der russischen Geheimpolizei. „Meine Pflicht als treuer Bürger der Sowjetunion ist es jedenfalls, das Geständnis, das sie von mir verlangen, nicht zu verweigern." „Wissen Sie, was ich hoffe?", sagte ein Mädchen in einer Zuchtanstalt der Nazis mit leuchtenden Augen. „Ich hoffe, dass ich große, große Schmerzen haben werde, wenn mein Kind geboren wird. Ich will fühlen, dass ich eine echte Tortur mitmache - für den Führer!" Adolph Eichmann sagte der israelischen Polizei stolz, er hätte für die Sache alles und jedermann geopfert, selbst seinen eigenen Vater, „um zu zeigen, was für ein ‚Idealist' er immer gewesen war."[76]

Dieser totalitäre „Idealismus", auf den Hitler und Stalin zählten, war während der Aufklärung oder im „bourgeoisen" 19. Jahrhundert buchstäblich unbekannt. In unserem Zeitalter wurde er eine kulturelle Kraft mit Armeen aus aktiven Verteidigern und Millionen von passiven Bewunderern, nicht nur in Deutschland und Russland, sondern in der ganzen Welt.

Das gleiche Phänomen findet sich wie in der Metaphysik und der Erkenntnistheorie auch in der Ethik wieder, die ihr Ausdruck ist: Irgendetwas bereitete die Deutschen moralisch auf Hitler vor - und die Person an der Wurzel moderner Entwicklungen ist Kant. Die primäre Kraft hinter ihm ist in diesem Fall nicht Plato, sondern die Ethik des Christentums, die Kant zu ihrem Höhepunkt führte.

Die wichtigsten griechischen Philosophen drängten den Menschen nicht zu Selbstopferung, sondern zu Selbstverwirklichung. Sokrates, Aristoteles und selbst Plato lehrten bis zu einem gewissen Punkt, dass der Mensch ein Wert sei; dass sein Bestreben das eigene

---

[75] Hannah Arendt: *Elemente und Ursprünge totalitärer Herrschaft*, München 2008, S. 679f., 739.

[76] *Ebd.*, S. 880, Anm. 87; Vgl. Ziemer, a. a. O., S. 33. Hannah Arendt: *Eichmann in Jerusalem*, München 1964, S. 117.

Wohlergehen sein sollte und dass dies u.a. die Ausübung seines Intellekts erfordere. Da „das eigentliche Selbst eines jeden eben die Vernunft ist", schreibt Aristoteles, der größte Exponent des griechischen Egoismus, „so liebt denn der am eigentlichsten sich selbst, der dieses sein Wesen liebt und ihm zu Gefallen lebt..."[77]

Der Mensch sei „schändlich", antwortet Augustinus, der führende christliche Denker vor Thomas von Aquin; er sei eine „verwilderte und verunreinigte" Kreatur, „befleckt und verwundet". Ohne Gottes Gnade sei der Mensch verkommen, sein Verstand sei hilflos, sein Körper werde von Lust getrieben und sein Leben sei die Hölle. Für ein solches Wesen, so Augustinus, bestehe der moralische Imperativ aus Verzicht. Der Mensch müsse das heidnische Vertrauen auf die Vernunft aufgeben und sich der Offenbarung zuwenden - was die Tugend des Glaubens sei. Er müsse die Suche nach Selbstwert aufgeben und seine angeborene Wertlosigkeit anerkennen, was die Tugend der Demut sei. Er müsse irdische Freuden aufgeben, um dem Herrn (und den Bedürftigen) zu dienen, was die Tugend der Liebe sei. Menschen müssten sich Gott als Opfer anbieten, schreibt Augustinus. Gott „ließ keinen Teil des Lebens, der frei ist und Raum lässt für den Wunsch nach Vergnügen an etwas anderem."[78]

„Und befreit wurde ich, da ich ganz nicht mehr wollte, was ich gewollt, und nur noch wollte, was du [Gott] wolltest", sagten Augustinus und die Kirchenmänner in den Jahrhunderten danach. Verleugne deinen Willen, so das Echo des deutschen Mystikers Meister Eckhart, das sich über Luther bis zu Kant und anderen übertrug. Übe die „Tugend aller Tugenden" - Gehorsam. „Du wirst nie eine gehorsame Person sagen hören: ‚Ich will es so und so; Ich muss dies oder das haben.' Du wirst nur von äußerster Selbstverleugnung hören... Beginne deswegen zuerst mit dem Selbst und vergesse dich selbst!"[79]

[77] Aristoteles: *Nikomachische Ethik*, Berliner Ausgabe 2013, S. 205.

[78] Augustinus: *Bekenntnisse*, Achtes Buch, Kap.7; Ders.: *On Christian Doctrine*, Indianapolis 1958, S. 19.

[79] Augustinus: *Bekenntnisse*, Neuntes Buch, Kap. 1; *Meister Eckhart* zit. n. William Thomas Jones (Hg.): *Approaches to Ethics*, New York 1962, S. 161f.

Das Christentum bereitete den Boden. Es ebnete den Weg für den modernen Totalitarismus durch die Zementierung von drei Prinzipien im westlichen Denken: In der Metaphysik die Anbetung des Übernatürlichen, in der Erkenntnistheorie das Vertrauen auf den Glauben und als Konsequenz in der Ethik die Verehrung der Selbstopferung.

Aber die christliche Ethik ist dank des griechischen Einflusses mehr als eine Ethik der Selbstopferung. Das Christentum bietet dem Menschen einen persönlichen Anreiz, eine unendliche Belohnung, die man als Wiedergutmachung für die eigenen Opfer erlangen kann: die Rettung seiner Seele, seiner eigenen Seele, in glückseliger Vereinigung mit Gott. So wie die Griechen vor ihm sollte sich der tugendhafte Christ im Wunsch nach Glück verzehren - nicht nach irdischem Glück, sondern nach ewiger Freude nach dem Tode. Und wie die Griechen sollte er sich (zumindest zu einem bestimmten Ausmaß) selbst wertschätzen - nicht seine arrogante Vernunft oder seinen lüsternen Körper, sondern das Abbild Gottes in sich, sein wahres Selbst: seinen Geist. Der mittelalterliche Moralist war in einem Widerspruch gefangen. Er hielt den Menschen dazu an, sein Selbst zu vergessen - um sein (wahres) Selbst zu retten; seine Pflicht zu tun und persönliches Glück zu verschmähen - um ebendies später auf ewig zu erreichen; seine eigene Person, den eigenen Geist und den eigenen Körper zu verachten - aber seinen Nächsten wie sich selbst zu lieben.

Als das Mittelalter sich (dank der Wiederentdeckung von Aristoteles) seinem Ende näherte und die Menschen sich wieder dem Leben auf der Erde zuwandten, begannen Denker bewusst der griechischen Auffassung von Tugenden und Werten nachzueifern. Sie vertraten Selbstachtung, Selbstverwirklichung, die Ausbildung der Vernunft, das Streben nach Glück und Erfolg auf der Erde. Aber so wie die Wurzeln des Mystizismus fest in der modernen Erkenntnistheorie eingebettet waren, so war es auch ihr Gegenstück in der modernen Ethik. Die christliche Leidenschaft nach Selbstopferung hatte die westliche Seele durchdrungen und durchdrang vollständig die Auffassung von Gut und Böse.

In einer Hinsicht jedoch interpretierten die modernen Philosophen die christliche Einstellung neu. Jesus hatte befohlen, zuerst Gott und als Konsequenz dann seinen Nächsten zu lieben. In Übereinstimmung mit dem säkularen Geist ihrer Ära drehten moderne Philosophen diese Hierarchie um. Sie spielten das übernatürliche Element im Christentum herab - zuerst zögerlich, dann selbstbewusst und dann routinemäßig - und betonten die Tugend des Dienstes an der Gesellschaft. Als Gott in der Opfermoral abnahm, gewann der Nächste an Gewicht.

Wie sollte man nun den aufkeimenden griechischen Egoismus mit der Ethik der Selbstopferung kombinieren? Die meisten Denker gaben den Rat, eine Art Kompromiss oder eine „Harmonie" zwischen diesen beiden zu erreichen. Der Hauptvertreter einer solchen Harmonie ist Adam Smith, der christliche Vorkämpfer von Laissez-Faire, der auch einer der führenden Moralisten der Aufklärung war.

Es sei nicht wahr, so Smith, „daß [die Wohlfahrt der Gesellschaft] der einzige tugendhafte Bewegungs-Grund ist", sondern nur „dass die Rücksicht auf das gemeine Beste... über alle andere[n] Bewegungs-Gründe das Übergewicht haben muß".[80]

Vorausgesetzt, dass ein Mensch ehrlich und fleißig ist, so Smith, werde sein Streben nach Eigeninteresse „zwar als eine sehr achtenswerte und sogar... als eine liebenswerte und angenehme Eigenschaft angesehen, sie wird aber doch niemals als eine jener Tugenden betrachtet, die einen Menschen ganz besonders wertvoll machen oder ihn aufs höchste adeln. Sie flößt uns eine gewisse kühle Achtung ein, aber sie scheint keineswegs den Anspruch auf eine besonders glühende Liebe oder Bewunderung zu gewähren."[81]

Was verdient dann also „glühende Liebe"?

> „Der Weise und Tugendhafte ist jederzeit damit einverstanden, daß sein eigenes Privatinteresse dem allgemeinen Interesse des

---

[80] Adam Smith: *Theorie der moralischen Empfindungen*, Braunschweig 1770, S. 492.
[81] Ders.: *Theorie der ethischen Gefühle*, Hamburg 2010, S. 350.

> Standes oder der Gemeinschaft aufgeopfert wird, der er eben angehört. Er ist aber auch zu jeder Zeit damit einverstanden, daß das Interesse dieses Standes oder dieser Gemeinschaft dem größeren Interesse des Staates oder der Landesherrschaft aufgeopfert wird, von der jene nur untergeordnete Teile bilden. Er sollte deshalb ebenso damit einverstanden sein, daß alle jene niedrigeren Interessen dem größeren Interesse des Universums aufgeopfert werden sollen, dem Interesse jener großen Gemeinschaft aller fühlenden und verstandesbegabten Wesen, in der Gott selbst den unmittelbaren Verwalter und Leiter darstellt."[82]

Welche intellektuellen Versuche sie auch immer zu ihrer „Harmonie" unternehmen, so bleiben die Moralisten der Aufklärung im tiefsten Herzen Christen - nicht mittelalterliche Heilige, die Selbstkasteiung fordern, sondern moderne „Gemäßigte", die sich damit zufrieden geben, das Ego zu tolerieren - und die darauf brennen, seine stückweise Verleugnung zu predigen. Das menschliche Ego ist in ihren Augen kein Dämon, der ausgetrieben werden muss, sondern ein Stiefkind, dem man pflichtgemäß eine „gewisse kühle Achtung" zollen muss, bevor man zum Reich der „glühenden Liebe oder Bewunderung" vorstößt, dem wahren moralischen Reich: der Selbstopferung. Es ist, als ob die Philosophen dieser Periode dem Aristoteles widerwillig das lassen, was des Aristoteles ist, aber freudig dem Augustinus lassen, was des Augustinus ist - und die Dinge des Augustinus sind die, die zählen.

Eine Zeit von moralisch Gemäßigten ist immer eine historische Übergangsperiode, ein Vorspiel zu einer Zeit des moralischen Extremismus, da das dominante Element dieses Kompromisses an Stärke gewinnt. Das Haus dieser Moraltheoretiker war auf Sand gebaut und wartete nur auf das Erscheinen des Extremisten.

Der Moraltheoretiker, der ihnen nicht erlaubte, das menschliche Ego zu behalten und es auch zu opfern, war Kant. Kant setzte der Aufklärung in der Ethik ein Ende, so wie er es auch in der Erkenntnistheorie getan hatte. Seine Methode bestand darin, den Kodex der

---

[82] *Ebd.*, S. 383.

Selbstopferung in seiner reinsten Form loszulassen und die letzten Überreste des griechischen Einflusses zu tilgen.

Hitler profitierte nicht von der menschlichen Unmoral oder Amoral - sondern davon, dass die Deutschen der Moral des führenden Moralphilosophen *gehorchten*.

Kant zufolge besitzt Moral *intrinsische* Würde; moralische Handlung sei kein Mittel zum Zweck, sondern ein Selbstzweck. Moralisch gesehen seien die Konsequenzen einer Handlung irrelevant. Daher habe Tugend nichts mit dem Streben nach irgendwelchen Belohnungen zu tun. Der Gutwillige achte die Gesetze der Moral, so Kant, „ohne irgend einen andern dadurch zu erreichenden Zweck oder Vorteil..."

Aus diesem Grund verdürben jene Philosophen die Moral, die „ruhmredige Hochpreisungen der Vorteile... der Glücksseligkeit" anbieten und behaupten, dass Moral ein Mittel zu deren Erlangung sei. Viele falsche ethische Theorien seien Kants Meinung nach aufgestellt worden, aber „das Prinzip der eigenen Glückseligkeit [ist] am meisten verwerflich, nicht bloß deswegen, weil es falsch ist... sondern, weil es der Sittlichkeit Triebfedern unterlegt, die sie eher untergraben und ihre ganze Erhabenheit zernichten..."

Meistens hatten Kants Vorgänger angenommen, dass der Mensch vom Verlangen nach Glück motiviert werde. Kant gesteht dies zu. Alle Menschen hätten „schon von selbst die mächtigste und innigste Neigung zur Glückseligkeit" und zwar aufgrund einer „Naturnotwendigkeit". Trotzdem habe Moral nichts mit der Natur zu tun. Der Grund moralischer Verpflichtung müsse „nicht in der Natur des Menschen, oder den Umständen in der Welt, darin er gesetzt ist, gesucht werden". Ungeachtet der Natur sei daher der „echte Zweck" eines Wesens wie des Menschen nicht „seine Erhaltung, sein Wohlergehen, mit einem Worte seine Glückseligkeit..."[83]

Dies bedeutet nicht, dass Moral auf göttlichen Geboten beruht. Die Philosophie, so Kant, müsse „ihre Lauterkeit... als Selbsterhalte-

[83] Immanuel Kant: *Grundlegung zur Metaphysik der Sitten*, 2. Abschnitt §68; 1. Abschnitt §6; 2. Abschnitt § 74; 1. Abschnitt § 12; 1. Abschnitt §5.

rin" moralischer Gesetze zeigen, selbst wenn sie „weder im Himmel, noch auf der Erde, an etwas gehängt, oder woran gestützt wird."

Moralgesetze sind Kant zufolge eine Reihe aus Erlassen, die der Mensch von einer nicht-himmlischen, nichtirdischen Entität (die ich später behandeln werde) bekommt, eine Reihe von unbedingten Geboten oder „kategorischen Imperativen" - im krassen Gegensatz zu bloßen „Ratschlägen der Klugheit". Dies sind Regeln, die einem sagen, wie man sein eigenes Wohlergehen am besten erreicht; solche Regeln haben für Kant keine moralische Bedeutung. Im Gegensatz dazu erklärt ein kategorischer Imperativ eine Handlung für „an sich gut", egal wie das Resultat aussieht und „welche[r] schlechterdings und ohne alle Triebfedern für sich gebietet..."

Unbedingter Gehorsam gegenüber solchen Imperativen, die „*Unterordnung* meines Willens unter einem Gesetze, ohne Vermittelung anderer Einflüsse auf meinen Sinn" sei die edelste Tugend der Menschen, die „viel würdiger[e] Absicht ihrer Existenz... als oberster Bedingung, [der] die Privatabsicht des Menschen größtenteils nachstehen muß."

Der Name für einen solchen Gehorsam lautet *Pflicht*. „Die Notwendigkeit meiner Handlungen aus reiner Achtung fürs praktische Gesetz sei [dasjenige], was die Pflicht ausmacht, der jeder andere Bewegungsgrund weichen muß..."[84]

Kant zieht einen fundamentalen Unterschied zwischen Handlungen, die von Anreiz oder Wunsch motiviert werden und die man persönlich ausführen *will*, um ein Ziel zu erreichen (diese nennt er Handlungen aus „Neigung"), und Handlungen, die aus Pflichterfüllung begangen werden. Erstere sind ihm zufolge aufgrund ihrer Natur ohne moralischen Wert, welcher ausschließlich den letzteren gehöre. Es sei nicht genug, dass ein Mensch das Richtige tue, dass seine Handlungen „im Einklang" mit der Pflicht stünden; der moralische Mensch müsse *aus* Pflicht handeln; er müsse seine Pflicht tun, nur *weil* sie seine Pflicht sei.

---

[84] *Ebd.*, 2. Abschnitt §38; *ebd.*; 2. Abschnitt §23; 2. Abschnitt §16; 2. Abschnitt §36; 1. Abschnitt §16, Fußnote; 1. Abschnitt §6; 1. Abschnitt §19.

Kant behauptet, theoretisch verdiene ein Mensch moralische Würdigung für eine Handlung, die aus Pflicht begangen werde, selbst wenn sie seiner Neigung entspräche - aber nur soweit diese zufällig sei und keine Rolle in seiner Motivation spiele. Aber wenn die beiden in der Praxis zusammentreffen, so Kant, könne niemand *wissen*, ob er dem Einfluss der Neigung entkommen sei. Bei allen praktischen Zielen dürfe ein moralischer Mensch also kein privates Interesse daran haben, wie das Ergebnis seiner Handlungen aussieht; er dürfe weder ein persönliches Motiv haben noch einen Profit oder Gewinn erwarten.

Doch selbst dann könne er sich nicht sicher sein, nicht doch „insgeheim" von einem Rest an Wunsch motiviert worden zu sein. Man könne nur ungefähr wissen, dass man moralisch ist, wenn die eigenen Wünsche der Pflicht entgegenstehen und man *entgegen* seiner Wünsche handelt. Kant illustriert:

> „Dagegen, sein Leben zu erhalten, ist Pflicht, und überdem hat jedermann dazu noch eine unmittelbare Neigung. Aber um deswillen hat die oft ängstliche Sorgfalt, die der größte Teil der Menschen dafür trägt, doch keinen innern Wert, und die Maxime derselben keinen moralischen Gehalt. Sie bewahren ihr Leben zwar pflichtmäßig, aber nicht aus Pflicht. Dagegen, wenn Widerwärtigkeiten und hoffnungsloser Gram den Geschmack am Leben gänzlich weggenommen haben; wenn der Unglückliche, stark an Seele, über sein Schicksal mehr entrüstet, als kleinmütig oder niedergeschlagen, den Tod wünscht, und sein Leben doch erhält, ohne es zu lieben, nicht aus Neigung, oder Furcht, sondern aus Pflicht: alsdenn hat seine Maxime einen moralischen Gehalt."[85]

Und diese Motivation soll einen Menschen dazu bringen, die Wahrheit zu sagen, seine Versprechen zu halten, seine Talente zu entwickeln usw. Und sie soll ihn auch zur Ausübung einer weiteren Tugend bringen: Dienst an anderen. Dies ist Kant zufolge keine fundamentale Tugend, sondern nur eine von vielen gleichwertigen. Sie sei jedoch Pflicht und solle als solche ausgeübt werden. Es gibt, so Kant,

[85] *Ebd.*, 1. Abschnitt §10.

„manche so teilnehmend gestimmte Seelen, daß sie, auch ohne einen andern Bewegungsgrund der Eitelkeit, oder des Eigennutzes, ein inneres Vergnügen daran finden, Freude um sich zu verbreiten..." Nach Kants Meinung hat jedoch

> „dergleichen Handlung... keinen wahren sittlichen Wert... Gesetzt also, das Gemüt jenes Menschenfreundes wäre vom eigenen Gram umwölkt, der alle Teilnehmung an anderer Schicksal auslöscht... und nun, da keine Neigung ihn mehr dazu anreizt, risse er sich doch aus dieser tödlichen Unempfindlichkeit heraus, und täte die Handlung ohne alle Neigung, lediglich aus Pflicht, alsdenn hat sie allererst ihren echten moralischen Wert."[86]

Kant erkennt an, dass die pflichtmäßigen Handlungen, die er befürwortet, Handlungen sind „an deren Tunlichkeit sogar der, so alles auf Erfahrung gründet, sehr zweifeln möchte..."[87] Für ihn ist das jedoch kein Problem.

Die Erfahrung informiere den Menschen nur über das *phänomenale* Reich, die Welt der Dinge, wie sie dem Menschen mit der verzerrenden Struktur seiner kognitiven Fähigkeiten erscheine. Sie sage nichts über die Wirklichkeit, das noumenale Reich, die Welt der Dinge an sich, die unerkennbar sei. Bei der Entwicklung dieser Dichotomie ist Kant konsequenter als alle seine skeptischen Vorgänger. Er wendet sie nicht nur auf das Objekt der Wahrnehmung an, sondern auch auf das Subjekt. Das Ich eines Menschen sei Teil der Realität - es sei auch Etwas an sich - und wenn die Wirklichkeit unerkennbar sei, *dann eben auch das menschliche Selbst*. Ein Mensch kann Kant zufolge nur sein *phänomenales* Ego kennen, sein Selbst, wie es ihm (durch Introspektion) erscheine; sein noumenales Ego, sein Ego, „wie es an sich ist", könne er nicht erkennen.

Der Mensch ist also eine Kreatur in einem metaphysischen Konflikt. Er ist sozusagen ein metaphysischer Zweibeiner mit einem (irrealen) Bein in der phänomenalen Welt und einem (unerkennbaren) Bein in der noumenalen Welt.

---

[86] *Ebd.*, 1. Abschnitt §11.
[87] *Ebd.*, 2. Abschnitt §3.

Und das noumenale Bein ist der Ursprung der Moral, der Schöpfer der menschlichen Pflichten, die Entität, die kategorische Imperative herausgibt und unbedingten Gehorsam verlangt. Die irdische Vernunft des Menschen, so erklärt Kant, könne für Moral keine Grundlage liefern; der irdische Wille des Menschen werde vom Gesetz des Strebens nach Glück geleitet. Wenn der Mensch „sich in Gedanken in eine gänzlich andere Ordnung der Dinge versetze", fände er die Lösung für all diese Probleme. Er werde erkennen, dass der Mensch „gewissen Gesetzen unterworfen"[88] sei, aber doch „als Ding oder Wesen an sich unabhängig" sein könne. Er werde erkennen, dass die reine Vernunft des Menschen mit moralischen Geboten vollgestopft und sein wahrer Wille frei sei - frei, die überlegene Autorität dieser Gebote anzuerkennen und ihnen zu gehorchen.

Daher sei der Mensch verpflichtet, die kategorischen Imperative der Moral zu befolgen. Er sei dazu verpflichtet, wie auch immer der Widerstand der eigenen Wünsche aussehen möge, weil man selbst - das wirkliche Selbst, man selbst an sich - sie hervorbringe. „Weil aber die [noumenale] Verstandeswelt... in Ansehung meines Willens (der ganz zur Verstandeswelt gehört) unmittelbar gesetzgebend ist, und also auch als solche gedacht werden muß, so werde ich... folglich die Gesetze der Verstandeswelt für mich als Imperativen und die diesem Prinzip gemäße Handlungen als Pflichten ansehen müssen."[89]

Man muss daran erinnern, dass die noumenale Welt (einschließlich des noumenalen Selbst) Kant zufolge unerkennbar ist - und dass die Kategorie der Kausalität auf sie nicht anwendbar ist. Die Frage ergibt sich also: Wie kann der Mensch auf irgendeine Weise durch die Diktate des noumenalen Selbst beeinflusst werden, zu dem er weder kognitiven noch kausalen Zugang hat? Mit anderen Worten: Wie ist es für den Menschen auf der Erde überhaupt möglich, Interesse für (die von Kant konstruierte) Moral zu zeigen? Dass man „ein unbedingtes praktisches Gesetz (dergleichen der kategorische Impe-

---

[88] *Ebd.*, 3. Abschnitt §19; 3. Abschnitt §25.
[89] *Ebd.*, 3. Abschnitt §17.

rativ sein muß) seiner absoluten Notwendigkeit nach nicht begreiflich machen kann", hält Kant nicht für einen Fehler in seinem System; es sei dies vielmehr „ein Vorwurf, den man der menschlichen Vernunft überhaupt machen müßte".[90]

Obwohl er ein anerkannter Erneuerer in der Erkenntnistheorie ist, bemerkt Kant, dass er in der Moral „ohne... im mindesten etwas Neues zu lehren", lediglich den „einmal allgemein im Schwange gehenden Begriff der Sittlichkeit"[91] entwickelt habe. In Bezug auf die Fundamente seiner Ethik trifft dies zu. Kant ist der Erbe und Fortführer der Jahrhunderte des Christentums, die den Menschen zu einem ständigen Kampf gegen die „Versuchung" im Namen des Gehorsams gegenüber der Pflicht angehalten hatten. (Kant selbst wuchs in einer solchen moralischen Atmosphäre auf, die von einer Sekte puritanischer Protestanten bis ins Extrem getrieben wurde.)

Aber Kant ist nicht nur ein Kind seiner Vorgänger. In gewissem Sinne *ist* er ein Erneuerer.

Kant ist der erste Philosoph, der die Selbstopferung zum philosophischen *Prinzip* erhebt - ausdrücklich, selbstbewusst und kompromisslos, ohne irgendwelche Überbleibsel des selbstbejahenden griechischen Standpunkts.

Obwohl Kant glaubte, dass der pflichtgemäße Mensch mit Glück nach dem Tode belohnt werde (und dass dies richtig sei), sagt er, dass der Mensch, der von solch einem Gedanken motiviert werde, unmoralisch sei (da er immer noch nach seiner Neigung handele, wenn auch nach einer übernatürlich orientierten). Zudem erlaubt Kant dem pflichtgemäßen Menschen nicht, auch nur vom Wunsch nach moralischer Selbstbestätigung motiviert zu werden. „Eine Handlung, die nur wegen dieses Gefühls unternommen wird, wäre eine ichbezogene Handlung ohne moralischen Wert", schreibt ein britischer Kantianer (H.J. Paton). „Es ist immer eine Absage an die

---

[90] *Ebd.*, 3. Abschnitt §35.
[91] *Ebd.*, 1. Abschnitt §20; 2. Abschnitt, § 80.

Moral, wenn man sie befolgt und man etwas von ihr zu gewinnen hat...", erklärt Paton.[92]

Die Hauptströmung vorkantischer Moralisten hatte die Menschen dazu angehalten, bestimmte Handlungen auszuführen, um ein bestimmtes Ziel zu erreichen. Sie hatten die Menschen dazu angehalten, das Gute (wie auch immer es verstanden wurde) zu lieben und es zu erlangen, selbst wenn die meisten dieses Streben in das nächste Leben verlagerten. Sie baten die Menschen darum, Tugenden als Mittel zur Erlangung von *Werten* auszuüben. Kant trennt Tugend vom Streben nach Zielen ab. Er spaltet sie vom Interesse an Objekten oder der Liebe dazu ab, d.h. *er spaltet Moral von Werten, von allen Werten, von Werten an sich ab.* „...die Lossagung von allem Interesse beim Wollen aus Pflicht [ist] das spezifische Unterscheidungszeichen des kategorischen... Imperativs." Kant erklärt, dies unterscheide ihn von seinen Vorgängern, die die Moral nicht entdeckt hätten: „Denn man bekam niemals Pflicht, sondern Notwendigkeit der Handlung aus einem gewissen Interesse heraus."[93]

Aus dem gleichen Grund seien sie auch nie zu einer korrekten Auffassung moralischer Perfektion gekommen. Ein perfekter (oder göttlicher) Wille erfordere moralische Prinzipien zu seiner Anleitung, aber nicht die Einschränkung von Imperativen und Pflichten, weil er aufgrund seiner Natur dem Moralgesetz ohne ablenkende Neigungen gehorche, so Kant. Solch ein Wille sei frei von Konflikten, nicht weil er von einer verzehrenden Leidenschaft nach Moral bewegt werde, sondern weil er eben von keiner Leidenschaft oder Liebe bewegt werde, nicht einmal von der Liebe zum Guten. Seine Perfektion bestehe genau daraus, von keinerlei Interesse an irgendetwas beschmutzt zu sein. „Ein Interesse... findet also nur bei einem abhängigen Willen statt, der nicht von selbst jederzeit der Vernunft ge-

---

[92] Immanuel Kant: *The Categorical Imperative*, London [4]1963, S. 50, 258.

[93] Ders.: *Grundlegung*, 2. Abschnitt § 50. 2. Abschnitt, § 53. Kant gesteht zu, dass selbst der moralische Mensch ein Interesse oder einen Anreiz braucht, um zu handeln; das einzige Interesse, das Kant für moralisch hält, ist jedoch das Interesse am Handeln aus Pflicht, d.h. ein Interesse an Handlungen ohne Ziel.

mäß ist; beim göttlichen Willen kann man sich kein Interesse gedenken."[94]

So sieht Kants Auffassung von moralischer Perfektion aus: Perfektion als Gehorsam ohne Liebe oder Wünsche, Perfektion als nicht bloß uneigennützige, sondern *desinteressierte* Unterwerfung unter das Gesetz, Perfektion als Selbstlosigkeit, Selbstlosigkeit im tiefsten und allumfassenden Sinne. Dieses Konzept liegt Kants Menschenbild und seiner Auffassung der Belange des menschlichen Lebens zugrunde. Moralische Imperative und Pflichten, so Kant, existieren für einen „nicht absolut guten Willen", d.h. für ein „Wesen, das Wünschen und Neigungen unterliegt", d.h. für ein W*esen, das persönliche Werte hat*. Und diese persönlichen Werte verurteilt Kant nicht als böse, sondern als „subjektive Unvollkommenheit" der niederen, phänomenalen Natur des Menschen - nicht als abscheulich, sondern als geringschätzig und sogar „verachtenswert". Für Kant verdient ein Wunsch - jeder Wunsch - keinerlei moral*ische* Achtung. Ich kann einer bestimmten Neigung zustimmen, bemerkt Kant, aber „eben so kann ich für Neigung überhaupt, sie mag nun meine oder eines andern seine sein, nicht Achtung haben..."[95]

Das Gegenteil von Perfektion - das Gegenteil von Nicht-Interesse, Nicht-Wunsch, Nicht-Wert - ist Kant zufolge *Eigenliebe*. Christliche Moralisten waren immer gegen Eigenliebe, aber niemand hatte vor Kant je seine diesbezügliche Gründlichkeit erreicht. Die fundamentale ethische Alternative kann Kant zufolge kurz und bündig formuliert werden: entweder das Gesetz der Moral *oder* das Prinzip der Eigenliebe. Ersteres leite sich vom noumenalen Charakter des Menschen ab, letzteres von seiner „Naturanlage".[96] Ersteres führt zu kategorischen Imperativen, letzteres zu klugen Ratschlägen. Ersteres, „von aller Beimischung des Sinnlichen und allem unechten Schmuck des Lohns, oder der Selbstliebe, entkleidet" hat „einen Wert, der meiner Selbstliebe Abbruch tut".[97] Letzteres ist „die Quelle eines un-

---

[94] *Ebd.*, 2. Abschnitt §13, Fußnote.
[95] *Ebd.*, 1. Abschnitt §15.
[96] *Religion innerhalb der Grenzen der bloßen Vernunft*, 1. Stück §12.
[97] *Grundlegung*, 2. Abschnitt §39, Fußnote; 1. Abschnitt §16, Fußnote.

absehlich großen Widerstreits gegen die Sittlichkeit", „die Quelle alles Bösen."[98]

Dies bedeutet nicht, dass Eigenliebe an und für sich böse ist; sie ist bloß amoralisch. Das Böse bestehe aus der Liebe zur Eigenliebe; das Böse bestehe daraus, der Eigenliebe im Herzen Priorität vor Moral zu geben.

> „Folglich ist der Mensch (auch der beste) nur dadurch böse, daß er die sittliche Ordnung... umkehrt: das moralische Gesetz zwar neben dem der Selbstliebe in dieselbe aufnimmt, da er aber inne wird, daß eins neben dem andern nicht bestehen kann, sondern eins dem andern, als seiner obersten Bedingung untergeordnet werden müsse, er die Triebfeder der Selbstliebe und ihre Neigungen zur Bedingung der Befolgung des moralischen Gesetzes macht, da das letztere vielmehr als die oberste Bedingung der Befriedigung der ersteren in die allgemeine Maxime der Willkür als alleinige Triebfeder aufgenommen werden sollte."[99]

Es nützt auch nichts, dass die Handlungen eines solchen Menschen unanfechtbar sein mögen, „da dann der empirische Charakter gut, der [noumenale] aber immer noch böse ist."

Kant zufolge befleckt diese Kapitulation zugunsten der Eigenliebe, diese „Bosheit (des menschlichen Herzens)..., die mit seelenverderbenden Grundsätzen die Gesinnung insgeheim untergräbt"[100], jeden Menschen.

> „Ich will aus Menschenliebe einräumen, daß noch die meisten unserer Handlungen pflichtmäßig sein; sieht man aber ihr Tichten und Trachten näher an, so stößt man allenthalben auf das liebe Selbst, was immer hervorsticht, worauf, und nicht auf das strenge Gebot der Pflicht, welches mehrmalen Selbstverleugnung erfordern würde, sich ihre Absicht stützet."[101]

---

[98] *Religion*, 1. Stück §38, Anm. 2. In dieser Anmerkung erlaubt Kant das, was er „moralische Selbstliebe" nennt – „das innere Prinzip einer... uns möglichen Zufriedenheit" durch „unnachlaßlichen" Gehorsam zur Pflicht. *Ebd.*

[99] *Religion*, 1. Stück §26.

[100] *Ebd.*, §27; 2. Stück §2.

[101] *Grundlegung*, 2. Stück §2.

„Folglich ist der Mensch (auch der beste)… böse." Wir können es „das radikale… Böse in der menschlichen Natur" nennen - eine „angeborne Verderbtheit der Menschen für alles Gute".[102] (Dies ist Kants Version der Erbsünde.)

Die Entstehung der menschlichen Bösartigkeit ist Kant zufolge unbegreiflich. Sie könne sich nicht aus dem noumenalen Wesen des Menschen herleiten, das den Menschen zum Guten veranlagt, oder aus der Tatsache seiner Neigungen (der Mensch könne für ihre Existenz nicht verantwortlich gemacht werden, so Kant). Das Böse ist Kant zufolge aufgrund seiner Natur *gewollt* und deswegen müsse die Bösartigkeit des Menschen in einer „Verstimmung unserer Willkür" bestehen - eine Verstimmung, die angeboren sei und doch von den freien Entscheidungen produziert werde; eine Verstimmung, die „durch menschliche Kräfte nicht zu vertilgen", jedoch „von uns selbst zugezogen", kurz gesagt „unerforschlich" sei.[103]

„Wie es nun möglich sei, daß ein natürlicherweise böser Mensch sich selbst zum guten Menschen mache, das übersteigt alle unsere Begriffe; denn wie kann ein böser Baum gute Früchte bringen?"[104] Dennoch sei es möglich. Es sei die Verpflichtung des Menschen, seine angeborene Bösartigkeit zu überwinden und sich selbst moralisch zu erneuern - etwas genauso Mysteriöses wie die Herkunft der menschlichen Bösartigkeit, aber keineswegs mysteriöser.

Kants Rezept für die moralische Wiedergeburt des Menschen offenbart, dass Kant mit seiner Ethik noch in anderer Hinsicht alle seine Vorgänger schlägt.

Der Pfad zur moralischen Wiedergeburt liegt nicht in der Auslöschung von Eigenliebe und ihrer Neigungen. Kant ist kein orientalischer Mystiker; er will nicht, dass man zu fühlen aufhört. Der Mensch sei teils ein phänomenales Wesen, so Kant; als solches müsse und solle der Mensch Wünsche für die Dinge dieser Welt hegen. Die Bösartigkeit des Menschen bestehe nicht darin, dass er wünscht,

---

[102] *Religion*, 1. Stück §26; §22; §43.
[103] *Ebd.*, 1. Stück §36; §28; §22; §36.
[104] *Ebd.*, 1. Stück §38.

sondern dass er seine Wünsche nicht opfert, wenn die Pflicht es verlange. Seine Bösartigkeit bestehe nicht darin, dass er Bedürfnisse hat, deren Erfüllung „uns doch das Leben allein wünschenswert machen [können]", sondern dass er seine Bedürfnisse nicht enttäuscht, dass er sein Leben weiterhin wünschenswert macht, d.h. „wenn wir ihrem Genusse ... einem Gesetze zuwider nachhängen sollten..." Die Neigungen des Menschen stellten ein gewisses Problem dar: Sie „erschweren... die Ausführung der entgegengesetzten guten Maxime..."; aber „das eigentliche Böse... besteht darin: dass man jenen Neigungen, wenn sie zur Übertretung anreizen, nicht widerstehen *will...*"[105]

Da die menschlichen Neigungen die natürliche Begierde nach Glück reflektierten, d.h. das unausweichliche Gesetz der Eigenliebe, erfahre der Mensch solche Versuchungen ständig und heftig. Und doch ist dies nach Kants Meinung kein Hindernis für seine spirituelle Wiedergeburt; im Gegenteil, es könne eine Hilfe sein. „Denn der Mensch kann sich keinen Begriff von dem Grade und der Stärke einer Kraft, dergleichen die einer moralischen Gesinnung ist, machen, als wenn er sie mit Hindernissen ringend, und unter den größtmöglichen Anfechtungen, dennoch überwindend sich vorstellt."[106]

Kant bietet dem Menschen keinen inneren Frieden an, keine überirdische Gelassenheit oder ätherische Beschaulichkeit, sondern Krieg - einen blutigen, unablässigen Krieg gegen leidenschaftliche, unermüdliche Versuchungen. Es sei das Los des moralischen Menschen, gegen die seiner Natur innewohnenden unpflichtgemäßen Gefühle anzukämpfen - und je intensiver er fühlt und je verzweifelter er kämpft, umso größer sei sein Anspruch auf Tugend. Es sei das Los des moralischen Menschen, vor Verlangen zu brennen und es dann aus Prinzip - dem Prinzip der Pflicht - zu hintertreiben. Das Aushängeschild des moralischen Menschen bestehe aus Leiden.

Kant versucht nicht, diesen Aspekt seines Standpunktes zu minimieren. Der ideale Mensch ist ihm zufolge jemand, „der nicht al-

---

[105] *Ebd.*, 1. Stück §42; *ebd.*, 1. Stück §41; 2. Stück §2, Fußnote.
[106] *Ebd.* 2. Stück §8.

lein alle Menschenpflicht selbst auszuüben..., sondern auch, obgleich durch die größten Anlockungen versucht, dennoch alle Leiden bis zum schmählichsten Tode um des Weltbesten willen, und selbst für seine Feinde, zu übernehmen bereitwillig wäre." Für das Christentum, so Kant, war die Erlösung der Menschheit ein für allemal durch die Leiden Jesu erledigt. Nach Kants Meinung ist dies aber nur eine symbolische Darstellung der Wahrheit. In Wahrheit müsse *jeder* moralische Mensch Leiden ertragen, „jenes Leiden, was der neue Mensch indem er dem alten abstirbt, im Leben *fortwährend* übernehmen muß..."[107] (Letzte Hervorhebung von mir.)

Sollte der neue Mensch einwenden, dass sein Leiden angesichts seiner aufrichtigen Bekehrung zur Tugend ungerecht sei, kann er Folgendes lesen: „Dagegen der Mensch, der nie von Schuld frei ist, wenn er auch dieselbe Gesinnung [wie Jesus] angenommen hat, die Leiden, die ihm, auf welchem Wege es auch sei, treffen mögen, doch als von ihm verschuldet ansehen kann."[108] Sollte sich der neue Mensch beklagen, dass er nicht verstehen könne, wie es für ihn möglich sei, ohne jegliche Belohnung in seinem Kampf gegen die Angriffe der persönlichen Wünsche zu bestehen, kann er lesen, dass diese „Unbegreiflichkeit" für ihn eine Inspiration sein sollte. Die Unbegreiflichkeit „dieser eine göttliche Abkunft verkündigenden Anlage muß auf das Gemüt bis zur Begeisterung wirken, und es zu den Aufopferungen stärken, welche ihm die Achtung für seine Pflicht nur auferlegen mag."[109] (Man muss daran denken, dass der neue Mensch ein solches Dasein erträgt, um diesem Moralkodex zu gehorchen - obwohl Kant es unbegreiflich findet, wie ein Mensch sich dafür interessieren kann.)

„Ein Opfer" - ich zitiere Ayn Rand, die das genaue Gegenteil von Kant ist,

> „ist die Preisgabe dessen, was ihr wertschätzt... Es ist kein Opfer, auf Dinge zu verzichten, die ihr nicht wollt. Es ist kein Opfer, euer Leben für andere hinzugeben, wenn ihr zu sterben wünscht. Um

[107] *Ebd.*, 2. Stück §8; 2. Stück §18.
[108] *Ebd.*, 2. Stück §7.
[109] *Ebd.*, 1. Stück §42.

> der Tugend der Opferbereitschaft willen müsst ihr leben wollen, müsst ihr euer Leben lieben, müsst ihr in Leidenschaft für diese Erde und all ihre Pracht entbrannt sein - ihr müsst den Schmerz spüren, mit dem eure Wünsche Stück für Stück von euch abgeschnitten werden und die Liebe aus eurem Körper entweicht. Was die Opfermoral euch als Ideal vermittelt, ist nicht einfach der Tod, sondern ein langsamer Foltertod."[110]

In genau diesem Sinne ist Opfer - Opfer, nicht Apathie oder Gleichgültigkeit, sondern ständige, schmerzliche Opfer - die Kernaussage von Kants moralischen Ratschlägen für lebendige Menschen.

Wenn der Mensch ein solches Leben führen würde, wie Kant es verlangt - wer oder was würde dann etwas davon zu gewinnen haben? Nichts und niemand. Der Begriff „Gewinn" ist aus der Moral getilgt worden. Für Kant besteht Tugend aus pflichtgemäßen Opfern an sich; das Wohlergehen irgendeines Empfängers ist moralisch gesehen ein Zufall. Tugend ist für Kant nicht der Dienst an einem Interesse - weder am eigenen noch an dem Gottes oder dem anderer. (Ein Mensch kann demzufolge keine moralische Würdigung in Anspruch nehmen, weil *andere* davon profitieren, sondern nur, weil *er selbst* verliert.)

Nach 2.000 Jahren kommt die Kernaussage und der Höhepunkt der Opfermoral in der westlichen Welt hier philosophisch endlich voll zum Ausdruck: Deine Interessen - wie auch immer sie aussehen mögen, einschließlich des Interesses, moralisch zu sein - sind ein Zeichen von moralischer Unvollkommenheit, *weil* sie Interessen sind. Deine Wünsche verdienen ungeachtet ihres Inhalts keine Achtung, *weil* sie Wünsche sind. Tue deine Pflicht, die du zu erfüllen hast, *weil* du Wünsche hast und die erhaben ist, *weil* sie nicht vom Stigma des Gewinns befleckt ist und Verlust, Schmerz, Konflikte und Qual bereitet. Opfere das, was dein Wunsch ist - ohne übernatürliche oder gesellschaftliche Nutznießer. Opfere deine Werte, dein Eigeninteresse, dein Glück, dein Selbst, *weil* sie deine Werte, dein Eigeninteresse, dein Glück und dein Selbst sind. Opfere sie der Moral,

[110] Ayn Rand: *Der Streik*, S. 1113f.

d.h. der noumenalen Dimension, d.h. dem, was für den Menschen unerkennbar und unbegreiflich ist, d.h. wenn es um Menschen geht, die hier auf der Erde leben, opfere sie *dem Nichts*.

Das Moralgebot lautet: Du sollst opfern, opfern um des Opferns willen, *als Selbstzweck*.

Hier ist eine Moral, die mit den Worten von Jung, „die Selbstaufgabe des Egos" auf eine Weise fordert, die alles in der westlichen Geschichte übertrifft.

Die Konsequenz von Kants Ethik reflektiert die Konsequenz seiner Erkenntnistheorie. Die Griechen hatten sowohl die Kraft des Intellekts als auch den Wert des Glücks bejaht. Die Christen hatten der Vernunft die Rolle des Schiedsrichters verweigert, hatten ihr aber eine gewisse Gültigkeit als Hilfsmittel zum Wissen eingeräumt und dem Streben nach persönlichen Wünschen dementsprechend ein wenig Gültigkeit zugestanden. Kant geht in beiden Bereichen aufs Ganze: Wenn die Sinne des Menschen oder die Vernunft am Erkennen eines Objekts beteiligt sind, sei dieses Objekt eben darum nicht real; wenn die Wünsche eines Menschen ihn zu einer Handlung motivieren, dann sei diese Handlung zu diesem Ausmaß nicht moralisch. Somit werden der Geist und das Ego des Menschen zusammen vernichtet und aus dem Gebiet der Philosophie hinausgeworfen.

Kant hat nicht Nationalsozialismus gepredigt. Aber auf einer fundamentalen Stufe hat er dem westlichen Menschen zum ersten Mal seine Vorbedingung entgegengeschleudert: „Du bist nichts."

„Dein Volk ist alles" kam wenig später. Die meisten Philosophen des 19. Jahrhunderts akzeptierten Kants Philosophie und Moral im Wesentlichen, außer der Idee einer unerkennbaren Dimension. Sie benannten einen Ersatz für das noumenale Selbst – eine Macht, die das Ego verschluckt, Pflichten auferlegt und Opfer verlangt. Diese Macht lag voll im Trend der christlichen Entwicklung seit der Renaissance: Es war der Nächste (oder die Gesellschaft oder die Menschheit).

Das Resultat war ein neues moralisches Glaubensbekenntnis, das die Zirkel der Romantiker seit den ersten Nach-Kantianern in Europa überschwemmte und bis heute weiter die westlichen Intellektuellen beherrscht. Der Mann, der diesem Glaubensbekenntnis seinen Namen gab, heißt Auguste Comte. Der Name, den er prägte, lautet *Altruismus*.

Die mittelalterliche Anbetung Gottes, so Comte, müsse nun in die Anbetung einer neuen Gottheit verwandelt werden, der „Göttin" Menschheit. Opfer für den Herrn zu erbringen sei altmodisch; Opfer für andere müssten an diese Stelle treten. Und diesmal müsse der Mensch wirklich selbstlos sein; er müsse nicht nur auf das Element des Egoismus verzichten, das die Renaissance bejaht hatte, sondern auch auf den „exorbitanten Egoismus", der das mittelalterliche Streben nach Errettung charakterisiert habe.[111]

Der neue Glaube besteht kurz gesagt aus säkularisiertem Christentum – und dank Kant ohne das griechische Element.

„Altruismus" besagt, dass andere Menschen Vorrang vor dem Selbst haben müssten und dass die größte Tugend aus Selbstopferung zu ihren Gunsten bestehe. (Altruisten sind sich nicht zwangsläufig einig darüber, für welche anderen man sich opfern muss – ob nun für die Menschheit als Ganzes oder nur für Teile davon.) „Altruismus" bedeutet nicht Freundlichkeit, Gutmütigkeit, Sympathie oder ähnliches, was alles auch für Egoisten möglich ist. Der Begriff bedeutet „für andere" und besagt, dass das Wohlergehen von anderen zum höchsten Wert und zum beherrschenden Ziel für alle Menschen werden müsse.

In Deutschland, dem Zentrum von Kants Einflussbereich, erreichte diese Idee ihren leidenschaftlichsten Ausdruck. Anstelle der schüchternen oder zähneknirschenden Bejahung des Eigeninteresses hämmerten die deutschen Philosophen Folgendes in jedes deutsche Ohr, jeden Kopf, jede Schule und jedes Gewissen:

„Wer auch nur überhaupt an sich als Person denkt, und irgend ein Leben und Seyn, und irgend einen Selbstgenuss begehrt, ausser *in* der Gattung und *für* die Gattung, der ist im Grunde und Boden,

---

[111] *The Positive Philosophy of Auguste Comte: Freely Translated and Condensed by Harriet Martineau*, Bd. 2, London [2]1875, S. 239.

mit welchen anderweitigen guten Werken er auch seine Missgestalt zu verhüllen suche, dennoch nur ein gemeiner, kleiner, schlechter und dabei unseliger Mensch." (Fichte)

„Das edelmütige Bewusstsein… verhält… sich negativ gegen seine eigenen Zwecke, seinen besonderen Inhalt und Dasein, und läßt sie verschwinden. Es ist der Heroismus des Dienstes… Die wahre Aufopferung des Fürsichseins ist daher allein die, worin es sich so vollkommen als im Tode hingibt…" (Hegel)

Ein Mensch dürfe „keinerlei Belohnung für seine Werke" wünschen, ob sie nun „direkt oder indirekt, unmittelbar oder entfernt" sei, selbst wenn er „seine eigene Vollkommenheit ausarbeiten" will – weil Moral „Eigeninteresse im weitesten Sinne des Wortes" ausschließt. „Die Abwesenheit jeglicher egoistischer Motivation ist daher das Kriterium einer Handlung mit moralischem Wert." (Schopenhauer)

„Das Bedürfnis oder der Genuß" würden eines Tages „ihre egoistische Natur" verloren haben, nachdem wir die vom Privateigentum geschaffene Gesinnung weggefegt hätten, die jede menschliche Tradition „in dem eiskalten Wasser egoistischer Berechnung ertränkt" hätte „und kein anderes Band zwischen Mensch und Mensch übriggelassen [hat] als das nackte Interesse, als die gefühllose ‚bare Zahlung'" (Marx).[112]

Die deutschen Denker stritten über viele Dinge, aber nicht über Fundamentales. Sie konnten sich keinen nicht-kantischen Ansatz zu Philosophie und keinen nicht-altruistischen Ansatz zu Moral vorstellen und sie formten den deutschen Geist dementsprechend.[113]

---

112 Johann Georg Fichte: *Die Grundzüge des gegenwärtigen Zeitalters*, Dritte Vorlesung; Hegel: *Phänomenologie des Geistes*, a. a. O., S. 379; Arthur Schopenhauer: *On the Basis of Morality*, Indianapolis 1965, S. 165, 139ff.; Karl Marx: *Ökonomisch-philosophische Manuskripte aus dem Jahre 1844*, Berlin 2014, S. 73; *Manifest der kommunistischen Partei*, S. 6.

113 Nietzsche ist eine Ausnahme im altruistischen Trend. Aber typischerweise vertritt er die Opferung von anderen zugunsten des Selbst. Obwohl dieser Standpunkt eine Form von Egoismus ist, bestreitet er nicht die grundlegende Idee Kants, dass der Mensch ein Opfertier ist. Nietzsches Idee wurde von den Nazis schnell für ihre eigenen Zwecke angepasst (s. Kap. 2). Eine Theorie des Egoismus, die die Idee von Opferung in keiner Weise akzeptiert, wird später erläutert (Kap. 16).

Als die Deutschen in unserem Jahrhundert Folgendes hörten, waren sie daher bereit, respektvoll zuzuhören.

Die christliche Ethik sei eine „Ethik der Selbstrettung, d.h. des Egoismus... Die christliche Ethik stellt das Ego in die Mitte des Denkens. ‚Eine deutsche völkische Ethik lehrt den Menschen, das Volk in die Mitte des Denkens zu stellen.'" (Professor Ernst Bergmann, ein Nazi-Intellektueller).

„Das Dritte Reich hat nicht Glück auf seinem Banner stehen, sondern Tugend" (Kurt Gauger).

„Erziehung zum vorbildlichen Leben ist Erziehung zur Pflichterfüllung" - was „den Unterschied ausmacht zwischen dieser [Nazi-]Welt aus heroischer Selbstopferung und der liberalistischen Krämerwelt" (Friedrich Beck).

„Im Jagen nach dem eigenen Glück stürzen die Menschen aus dem Himmel erst recht in die Hölle. Ja selbst die Nachwelt vergißt der Männer, die nur dem eigenen Nutzen dienten, und rühmt die Helden, welche auf eigenes Glück verzichteten... Gerade unsere deutsche Sprache aber besitzt ein Wort, das in herrlicher Weise das Handeln nach diesem Sinne bezeichnet: Pflichterfüllung; das heißt, nicht sich selbst genügen, sondern der Allgemeinheit dienen." *(Mein Kampf).*[114]

In den Jahren der Weimarer Republik gab es viele Gegner Hitlers, die ihre eigene Version von Ethik gegen die seine stellen wollten - Männer, die Opfer nicht für die Rasse, sondern für eine andere Gruppe forderten. Keiner von ihnen stellte die grundlegende Prämisse der deutschen Ethik in Frage: Die Pflicht, für andere zu leben, das Recht dieser anderen, für sie leben zu müssen. Von Anfang an waren die Gegner der Nazis daher entwaffnet: Da sie Selbstlosigkeit mit Tugend gleichsetzten, mussten sie zugestehen, dass Nationalsozialismus eine (wenn auch fehlgeleitete) Form von moralischem Idealismus sei.

---

[114] Kolnai, a. a. O., S. 89; der letzte Satz stammt von Ernst Bergmann. Der Vortrag von Kurt Gauger in Bad Nauheim von 1934 wird zitiert nach Mosse: *Nazi Culture*, S. 223; Friedrich Beck: *Die Erziehung im dritten Reich,* Dortmund u.a., 1936, zit. n. Murphy et al., a. a. O., S. 68; *Mein Kampf*, S. 329, 328.

Die Meinung, dass Hitler fehlgeleitet sei, kostete ihn nicht viele Stimmen; das zeigte nur einen politischen Disput an. Die Meinung, dass er ein Idealist sei, half ihm dabei, das Land für sich zu gewinnen; dies war eine moralische Billigung, die er in einer anderen Zeit niemals bekommen hätte. Von allen Gruppen, die sich auf Moral beriefen, waren die Nazis die glühendste. Der Nationalsozialismus, so der Historiker Koppel Pinson,

> „war tatsächlich die einzige große politische Bewegung in Deutschland, die (wenngleich pervers fehlgeleitete) echte idealistische Opfer beschwor... All dieser idealistische Wille zu Opfern schien auf der Rechten konzentriert zu sein. Dies gab der Bewegung nicht nur intern Stärke, sondern diente auch zur Anziehung einer breiteren Anhängerschaft."

Pinson schreibt: „Der Nationalsozialismus mit all seinem moralischen Nihilismus wusste auch, wie man an den idealistischen Impuls nach Opfern appellierte."[115] Das wusste er wirklich.

* * *

Die Nazis ermahnen nicht einfach alle zur Selbstopferung. Sie akzeptieren auch alle signifikanten Konsequenzen und jeden Ausdruck der von den modernen Philosophen vertretenen altruistischen Ethik.

Einer davon ist die Erhöhung der Gruppe zum moralischen Gesetzgeber – eine Lehre, deren Primärquelle Hegel ist.

Kant und Fichte hatten gesagt, dass ein Mensch Gut und Böse durch sein eigenes Urteil entdecken könne, unabhängig von den Meinungen der Gesellschaft. Hegel weist diese Idee als zu individualistisch zurück. Die Prinzipien der Moral müssen ihm zufolge nicht durch einen individuellen Verstand bestimmt werden, sondern durch sein „wirkliches Selbst", die Gemeinschaft oder den Staat – deren Traditionen und Gesetze nach Hegels Meinung den wahren Maßstab von Gut und Böse darstellen. Im moralischen Menschen seien die letzten Überbleibsel von Egoismus verschwunden: „Die Ei-

[115] Pinson, a. a. O., S. 491.

genwilligkeit und das eigene Gewissen des Einzelnen, das für sich wäre..., [ist] verschwunden..."[116]

Moderne Altruisten übernahmen das Prinzip der Selbstopferung aus dem Mittelalter. Sie vertrieben Gott aus der Position des obersten Eintreibers und ersetzten ihn durch „andere Menschen". Hegels Denkansatz geht noch einen Schritt weiter und verlangt nicht nur Dienst an anderen, sondern auch Gehorsam. Andere (die Gruppe) werden zugleich zum höchsten Wert und zum Ursprung von Werten, empfangen die Opfer des Individuums und bestimmen seine Pflichten. Andere werden zum letztendlichen Nutznießer und zur unanfechtbaren moralischen Autorität und übernehmen somit vollständig die ethische Rolle, die einst für Gott reserviert war.

Es gab immer schon Denker, die gesellschaftliche Konformität mit einem zynischen oder gleichgültigen Achselzucken vertreten hatten, mit der Begründung, dass Moralprinzipien unpraktisch oder unerkennbar seien. Jedoch erst in der Ära des modernen Altruismus fingen die Philosophen damit an, selbstgerecht und eifrig Konformität zu predigen – nicht weil Moral unerkennbar sei, sondern weil die Gesellschaft ihr Ursprung sei; nicht als zweckdienlichen Ratschlag, sondern als Tugend der Selbst-Unterordnung unter andere.

Da Hegel zufolge nicht alle Menschen die gleichen moralischen Empfindungen haben, erließe jede Gruppe (jede Nation) ihren eigenen Moralkodex, dem die eigenen Mitglieder gehorchen müssten, wenngleich dieser Kodex nicht bindend für andere Gruppen sei. Dies ist die Doktrin des gesellschaftlichen Subjektivismus in der Ethik. In der Zeit vor Kant beschränkte sich der ethische Subjektivismus auf gelegentliche Skeptiker; seit Kant beherrscht er die Philosophie. Die Wurzeln dieser modernen Verlagerung sehen wie folgt aus: In der Erkenntnistheorie herrscht die romantische Idee, dass Gefühle der Vernunft überlegen seien, und in der Ethik herrscht die altruistische Idee, dass andere dem Selbst überlegen seien. Das Resultat ist eine Moral, in der der beherrschende Maßstab aus den Gefühlen der Anderen besteht.

[116] *Grundlinien der Philosophie des Rechts,* § 152.

Aus beiden Gründen akzeptieren die Nazis die moderne Sichtweise aus vollem Herzen – in einer rassistischen Version. Moral, so behaupten sie, sei ein Produkt des Rasseinstinkts oder des nationalen Charakters: „Sitten unterscheiden sich nach Völkern, und daher siegt die nationale Idee im Bereich der Moral". Ethische Ideen hätten (wie alle anderen) keine Objektivität. So etwas wie „die Wahrheit" gebe es in der Ethik nicht, nur „unsere Wahrheit", d.h. die Wahrheit für eine bestimmte Rasse. Das Individuum könne moralische Fragen daher gar nicht alleine beurteilen; es müsse herausfinden, was seine „Rassenseele" sage und dementsprechend handeln. „Richtig", so erklärt Rosenberg, „ist das, was die Arier richtig finden; falsch ist das, was sie ablehnen."[117]

Umgekehrt könne kein „Fremder" irgendeine deutsche Tat kritisieren oder sie einem unparteiischen, universell anwendbaren Moralkodex unterziehen. Alles sei richtig, richtig für die Deutschen, wenn das Volk es bestimme. Als Ursprung der Richtigkeit komme das Volk vor moralischen Prinzipien und dürfe von ihnen nicht eingeschränkt werden.

Und auch von den eigenen früheren moralischen Verlautbarungen dürfe es nicht eingeschränkt werden. Die Hauptlinie der griechischen und christlichen Philosophie hatte behauptet, dass grundlegende Moralprinzipien unveränderlich seien. Die Post-Kantianer fegten eine solche Idee hinweg: Die Gesellschaft sei hochgradig veränderlich – und eine veränderliche Autorität könne keinen unveränderlichen Kodex hervorbringen. Und wenn die Dekrete der Gesellschaft nun einmal die Moral erschaffen, dann verändere sich eben auch die Moral ständig. Es könne keine Moralprinzipien geben, die die Gesellschaft nicht modifizieren, aufheben oder ersetzen könne.

Die Nazis stimmen zu. Auch sie lehnen jeden unveränderlichen Wertekanon, jede feststehende Theorie über das Wesen von Gut und Böse, über Tugend und Untugend ab. Sie sagen, dass ethische Prinzipien (einschließlich der eigenen) nie für immer gültig seien. Es ge-

---

[117] Wilhelm Stapel zit. nach Kolnai, a. a. O., S. 54; Rosenberg zit. nach Robert A. Brady: *The Spirit and Structure of German Fascism*, New York 1937, S. 116.

be keine moralischen Absolute. Wie für alles gelte auch in der Ethik: Die Wahrheit sei flexibel, anpassungsfähig und relativ.

Der ethische Relativismus der Nazis wird noch von einem weiteren Aspekt ihrer Ideologie verstärkt: ihrem Pragmatismus.

Dem Pragmatismus zufolge ist der Maßstab für Wahrheit (in der Moral wie in der Wissenschaft) die Zweckdienlichkeit. Ethische Ideen müssten wie alle anderen nur so lange akzeptiert werden, wie sie „funktionieren". Somit hat „Du sollst nicht töten [oder Massenmord begehen]" den gleichen Status wie „Zwei mal zwei ist vier": Beides gilt nur, solange es nützlich ist. Ethik sei daher also veränderlich; Tugend und Untugend seien wie Wahrheit und Unwahrheit nicht „feststehend", sondern relativ; was zähle, sind nicht abstrakte Prinzipien, sondern „Resultate". Wieder einmal gibt es keine moralischen Absolute.

Die Nazis übernahmen die gesellschaftliche Version des Pragmatismus. Das Richtige sei das, was „funktioniert", nicht für ein Individuum, sondern für die Gesellschaft; was im öffentlichen Interesse liegt, nicht im privaten, was das Wohlergehen der Gemeinschaft fördert. Nach dieser Interpretation ist es die Pflicht des pragmatischen Individuums, seine persönlichen Interessen hintanzustellen, um seinen Mitmenschen zu dienen, d.h. es sei seine Pflicht, so zu leben, wie die altruistische Theorie ihn leben lässt.

In seiner gesellschaftlichen Version ist ethischer Pragmatismus eine Form des Altruismus - eine dezidiert relativistische, „praktische" Form. Als Altruisten erklären die Nazis: Opfere dich für dein Volk - als Pragmatiker erklären sie: Richtig ist das, was die Ziele des Volkes erreicht. Beide Ideen schreiben den gleichen grundlegenden Verhaltenskodex vor - und die Nazi-Parole „Richtig ist das, was für das deutsche Volk gut ist" kann man abwechselnd als Ausdruck von beidem werten.

Der Mann, der festlegt, was für das deutsche Volk gut ist (und was ihre Rassenseele vorschreibt), ist der Mann, der sein Führer ist. Für den Nationalsozialismus werden das Richtige und das Wahre an dem gleichen Maßstab gemessen. *„Ich habe kein Gewissen"*, sagte Göring, als er mit Himmler, Frick und anderen den Reichstagsbrand diskutierte. „*Mein Gewissen ist Adolf Hitler.*“[118]

Für die Menschen, die aber ein Gewissen haben und die sich weigern, Hitlers Befehle auszuführen (seien sie nun deutsch oder nichtdeutsch, Nazi-Gegner, un- oder apolitisch), gibt es den Nazis zufolge nur eine richtige Behandlungsmethode. Die Befürwortung dieser Methode als formelle ethische Theorie ist der Schlussstein der Nazi-Moral, der letzte ihrer zentralen Leitsätze, der offensichtlichste (und am wenigsten verstandene) Ausdruck der Nazi-Gesinnung.

Die Methode lautet: Zwang, Gewalt, Verschleppung, d.h. körperliche Gewalt, in jeder Abstufung von Drohungen bis hin zur Abschlachtung ganzer Völker.

Wenn die Nazis den Arier unablässig als Exponenten von „Stärke“ oder „Kraft“ verherrlichen, meinen sie nicht intellektuelle Stärke oder unnachgiebige Integrität (was in ihren Augen asoziale Eigenschaften sind); sie meinen wörtliche, brutale Stärke - die Kraft der Zerstörung, von Muskeln, Armeen und Pistolen - die Macht, massive körperliche Gewalt effektiv gegen Menschenmassen auszuüben. „Nur Gewalt herrscht“, sagte Hitler 1926. „Auf der Erde und im Universum entscheidet allein Gewalt“, sagte er 1928. „Wenn der Mensch je ein Ziel erreicht hat, verdankt er es seiner Originalität und seiner Brutalität.“[119]

Wie er in der Praxis bewies, meinte Hitler das, was er sagte; eine solche Äußerung drückte keine vorübergehende Laune oder kurzfristige Politik aus, sondern eine permanente Lebensweise. Die Wurzeln dieser Idee liegen in der Erkenntnistheorie und der Ethik der Nazis.

Es gibt nur zwei fundamentale Methoden, wie Menschen miteinander umgehen können: durch Vernunft oder durch Gewalt, durch intellektuelle Überzeugung oder durch körperliche Gewalt, indem man mit einem Argument auf den Kopf eines Gegenüber zielt - oder

---

[118] Rauschning, *Gespräche*, S. 77.

[119] Ansprachen in Essen (22. 11. 1926) und Chemnitz (2. 4. 1928) zit. n. Carl Cohen (Hg.): *Communism, Fascism and Democracy*, New York 1962, S. 406, 409.

mit einer Pistole. Da die Nazis die Vernunft grundlegend ablehnen, ist ihr einziges Gegenmittel die zweite dieser Methoden. Die Nazi-Ethik vollendet die Anbetung der nackten Gewalt: Der Altruismus verleiht der Anwendung von Gewalt eine moralische Billigung und macht sie nicht nur zu einer unausweichlichen Konsequenz, sondern auch zu einer positiven Tugend, zu einem Ausdruck von militanter Rechtschaffenheit.

Ein Mensch sei moralisch gesehen das Eigentum anderer, es sei seine Pflicht, diesen Anderen zu dienen, argumentieren Fichte, Hegel und der Rest, entweder explizit oder durch Implikation. Als solcher habe ein Mensch kein moralisches Recht, anderen die geforderten Opfer zu verweigern. Wenn er es versuche, bringe er andere um das, was rechtmäßig ihnen gehöre, er verletze die Rechte dieser Menschen, nämlich ihr Recht auf seine Dienste – und die Moral wird dann durchgesetzt, indem andere gewaltsam intervenieren und ihn zwingen, seine Verpflichtungen zu erfüllen. „Soziale Gerechtigkeit" *erlaubt* demzufolge nicht nur die Ausübung von Gewalt gegen das nicht-opfernde Individuum, sondern *verlangt* sie sogar; sie verlangt, dass andere diesem Übel ein Ende bereiten. Somit ist moralische Leidenschaft an die Herrschaft durch nackte Gewalt gebunden und verwandelt sie von einem Verbrechen zum beherrschenden Prinzip menschlicher Beziehungen. (Die religiösen Vertreter der Selbstopferung akzeptieren diesen Standpunkt, nennen aber Gott als die Entität, deren Wünsche durchgesetzt werden müssten, nicht die Gruppe).

An der Wurzel vertreten die Nazis zwei Dinge: Unvernunft und Menschenopfer, was die Herrschaft der Brutalität entfesselt. Sie entfesseln Brutalität zu Hause und im Ausland – als Diktatur im Inland und als Krieg im Ausland.

Dieses Muster beschränkt sich nicht auf die Nazis. Dieselbe Ursache hat in der gesamten westlichen Geschichte dasselbe Resultat produziert, egal wie sehr sich die verschiedenen Formen auch unterschieden haben mögen – ob die Menschen ihre spezielle Unvernunft nun „ekstatische Einheit mit Gott", „göttliche Offenbarung", „dialektische Logik" oder „arischen Instinkt" nennen; ob sie die Opfer im

Namen der Formen, im Namen Gottes, der ökonomischen Klasse oder der Herrenrasse fordern; ob sie von einem Philosophenkönig, einem mittelalterlichen Inquisitor, der Diktatur des Proletariats oder den Gauleitern und der Gestapo tyrannisiert werden; ob die Untertanen den militaristischen Zuständen von Sparta nacheifern, einen Kreuzzug gegen die Ungläubigen führen, den nächsten Krieg der „Volksbefreiung" oder den nächsten Krieg um Lebensraum und rassische Reinheit führen sollen.

Die meisten dieser Menschen und Bewegungen behaupten, dass sie Gewalt nur vorübergehend befürworteten. Gewalt, so sagen sie, sei jetzt notwendig. Aber in einer anderen Dimension - in einer nichtmateriellen Realität, in tausend Jahren, irgendwann, in der klassenlosen Gesellschaft - würden die Menschen frei und friedlich leben und die Gewalt werde verschwinden. Keiner erklärt jedoch, wie (außer durch den Tod) seine Utopie erreicht werden soll oder wie ihre Harmonie mit den Prämissen aus Unvernunft und Menschenopfern, die alle nicht nur vorübergehend, sondern ständig vertreten, möglich sein soll. In dieser Frage sind die Nazis expliziter als der Rest: Sie entschuldigen sich nicht dafür, offen zu predigen, was die anderen auch tun, aber nicht offen zugeben. Die Nazis holen die Leiche aus dem Keller der Jahrhunderte und prahlen damit. Gewalt, so erklären sie, werde *immer* nötig sein, da sie in der Natur des Menschen liege (was zutrifft, wenn man ihr Menschenbild akzeptiert).

Wenn ein Mensch moralisch ist, sagt Hitler, werde er sich freiwillig den Anweisungen jener Exponenten der „Stärke" unterwerfen, denen er dienen müsse. Hitler schrieb: „[Idealismus] allein führt die Menschen zur freiwilligen Anerkennung des Vorrechtes der Kraft und der Stärke und läßt sie so zu einem Stäubchen jener Ordnung werden, die das ganze Universum formt und bildet." Aber wenn Menschen oder Nationen nicht freiwillig zu solchen Staubkörner werden wollen, dann gilt: „Was der Güte verweigert wird, hat eben die Faust sich zu nehmen."[120]

---

[120] *Mein Kampf*, S. 328, 153.

Es wurde behauptet, dass die Kernaussage der ethischen Gesinnung der Nazis schwer zu definieren sei. Einige Beobachter schlossen aus der Intensität des Nazi-Altruismus, dass die Nazis im Wesentlichen eine Partei aus leidenschaftlichen moralischen Idealisten und fanatische Apostel der Pflicht gegenüber der Gemeinschaft seien. Andere wiederum schlossen aus den subjektivistisch-pragmatisch-relativistischen Aspekten der Nazi-Ethik und der offenen Vertretung von Gewalt, dass die Nazis im Wesentlichen eine Bande aus ethischen „Realisten" seien, d.h. aus zynischen, machiavellistischen Amoralisten, die nach dem Evangelium der prinzipienlosen Zweckdienlichkeit leben und Ideale und Moralgesetze verachten.

Das ist eine künstliche Debatte. Im Wesentlichen sind *beide* Standpunkte korrekt, weil beide Elemente der Nazi-Ethik einander nicht ausschließen. Sie sind verschiedene, aber einträchtige Aspekte eines einzigen Glaubensbekenntnisses: die Anbetung der Gruppe.

Bei den Nazis ist der Unterschied zwischen beiden nur eine Sache des Nachdrucks, eine Art von Arbeitsteilung. Das altruistische Element legt das Fundament der Nazi-Ethik und bestimmt das Endziel: das Wohlergehen einer bestimmten Gruppe; und die primäre Tugend: Opfer für die Gruppe. Das Prinzip des Altruismus ist jedoch kein vollständiger Moralkodex. Es besagt nicht, *worin* das Wohlergehen der Gruppe besteht, anhand welcher Kriterien es bemessen oder durch welche Opfer es zu welcher Gelegenheit erreicht werden soll. Das altruistische Element lässt also die spezifischen Mittel offen, durch die es in die Praxis umgesetzt werden soll.

An diesem Punkt übernehmen die verschiedenen Abkömmlinge des Altruismus und erklären: Das Wohlergehen der Gruppe bestehe aus dem, was die Gruppe will (Subjektivismus); was sie heute will und morgen widerrufen kann (Relativismus); die Opfer, die heute funktionieren, können morgen versagen (Pragmatismus); alle Optionen müssen offen bleiben, alles ist erlaubt (einschließlich Brutalität). Kurz gesagt: Altruismus setzt die Ziele, und der Rest stellt einen Blankoscheck auf die Mittel zu diesem Zweck aus. Die eine Idee etabliert die leidenschaftliche Pflichterfüllung und die andere die prinzipienlose machiavellistische Realpolitik.

In der einen Hinsicht strahlen die Nazis die Aura des „Idealisten“ und in der anderen die des Amoralisten aus. Aber in Wahrheit appellieren die Nazis an die spezielle Natur ihres Ziels, um die Mittel zu diesem Zweck abzuleiten und zu rechtfertigen. Die Wahrheit, die ganze Wahrheit, über die Nazi-Ethik ist die Einheit dieser beiden: Der „Idealismus“ definiert das Gute auf abstrakte Weise, wie die Nazis es sehen; der Amoralismus ermöglicht es ihnen, die Abstraktion in spezifische Handlungen umzusetzen. Der „Idealismus“ rechtfertigt den Amoralismus; der Amoralismus ist die Anwendung des „Idealismus“.

In ihrer Formulierung der beiden Elemente machen die Nazis typischerweise widersprüchliche Aussagen: Opferungen sind absolute Pflicht - es gibt nichts Absolutes; Nationalsozialismus steht für soziale Gerechtigkeit - Gerechtigkeit ist ein Märchen; der Nazi ist der einzig moralische Mensch - nieder mit dem Gewissen, die Partei muss praktisch sein usw. Genau wie in der Ethik liegen auch in der Erkenntnistheorie diese Widersprüche nur an der Oberfläche. Der Widerspruch läuft darauf hinaus: Die Nazi-Ideologie erklärt, dass es keine moralischen Prinzipien zum Schutze des Individuums gibt; wir können jeden opfern, den wir opfern wollen, weil wir im Namen des einzig wirklichen Moralprinzips handeln - dem Wohlergehen der Gruppe. Der Amoralismus der Nazis erklärt: Es gibt keine Moralprinzipien zum Schutze des Individuums; wir können opfern, wen wir opfern wollen - weil die Gruppe, die wir repräsentieren, über allen Moralprinzipien steht. Die Auswirkungen sind in beiden Fällen identisch, genau wie die grundlegende, maßgebliche Moralphilosophie.

In der Erkenntnistheorie gibt es keinen fundamentalen Widerspruch zwischen Dogmatismus und Pragmatismus; auf ähnliche Weise gibt es in der Ethik keinen fundamentalen Widerspruch zwischen Altruismus und Amoralismus. In der Erkenntnistheorie ermöglicht die Kombination dem Führer Unfehlbarkeit und „Flexibilität" zu vereinen; in der Ethik leistet sie Ähnliches: Sie ermöglicht ihm, Rechtschaffenheit und Nihilismus zu vereinen.

In der Erkenntnistheorie ist der letztendliche praktische Zweck jedes Elements derselbe. Und auch in der Ethik ist der Zweck derselbe: die Möglichkeit intellektueller Unabhängigkeit zu eliminieren und somit Gehorsam zum Führer sicherzustellen.

Aus welchen moralischen Gründen könnte jemand, der die Nazi-Ethik akzeptiert hat (und sei es nur in der Privatsphäre seiner Gedanken), gegen irgendein von der Verkörperung des Volkes herausgegebenes Dekret protestieren, wie brutal oder monströs es auch sein mag? Weil dieses Dekret seine persönlichen Werte, seine Ziele, seine Ambitionen, sein Glück und sein Leben zerstört? Als Altruist ist er darauf trainiert, zu glauben, dass *er* lernen müsse, für andere Opfer zu bringen. Weil dieses Dekret anderen unschuldigen Menschen Leid, Elend und Tod bringt? Als Altruist ist er darauf trainiert, zu glauben, dass *sie* lernen müssten, für andere Opfer zu bringen. Weil dieses Dekret sein Gewissen, sein unabhängiges moralisches Urteil verletzt? Als gesellschaftlicher Subjektivist ist er darauf trainiert, zu glauben, dass moralisches Urteil nicht sein Vorrecht, sondern das der Gesellschaft sei. Weil dieses Dekret seine Prinzipien verletzt? Als Pragmatiker ist er darauf trainiert, zu glauben, dass das, was nach dem Urteil des Führers funktioniert, richtig sei. Weil dieses Dekret etwas absolut Böses anordnet, dass man bis zum Äußersten bekämpfen muss? Als Relativist ist er darauf trainiert, zu glauben, dass es nichts Absolutes gebe.

Der wahre Nazi, der Mann, der von all diesen Lehren philosophisch vorbereitet wurde, versteht seine Funktion. Er soll sich nicht ausdrücken, sondern seine Pflicht tun; nicht seine Wünsche verteidigen, sondern sie opfern; nicht moralische Fragen aufwerfen, sondern die ihm gegebenen Antworten akzeptieren; nicht an moralischen Prinzipien hängen, sondern sich der ständig verändernden Stimme des Kollektivs anpassen, die den Zweck seines Lebens und jedes Mittel zu diesem Zweck bestimmt. Im Bereich der Moral besteht die primäre Verpflichtung des Nazis aus Verzicht, Verzicht auf sein

Selbst - in der vollen, wörtlichen Bedeutung des Wortes: im Namen der Gesellschaft auf seine Werte; im Namen der Autorität auf sein Urteil und im Namen der Flexibilität auf seine Überzeugungen.

Die Metaphysik und die Erkenntnistheorie der Nazis predigen die Opferung des Verstandes und schaffen dem Führer somit Tatsachen und Denken (d.h. Realität und Vernunft) aus dem Weg. Die Nazi-Ethik vollendet die Sache: Durch das Predigen von Selbstopferung räumt sie ihm die Moral aus dem Weg. Als Resultat ist jede Möglichkeit von individueller Selbstbehauptung zerstört. Der Absolvent der Nazi-Erkenntnistheorie fragt: „Wer bin ich denn schon? Woher soll ich das wissen?" Sein Kollege in der Ethik fragt: „Woher soll ich wissen, was richtig ist?" Beide geben die gleiche Antwort - die einzig absolute Antwort ihrer anti-absoluten Gesinnung: „Niemand ist eine Insel. Das Volk und der Führer wissen es am besten."

SS-Hauptsturmführer Josef Kramer, die Bestie von Bergen-Belsen, wurde bei den Nürnberger Prozessen gefragt, was er an einem bestimmten Tag im August 1943 gefühlt hätte, als er im Lager Natzweiler persönlich 80 Frauen ausgezogen und vergast hatte, worauf er antwortete: „Ich habe bei der Ausführung dieser Dinge kein Gefühl gehabt, weil ich den Befehl erhalten hatte, diese 80 Insassen auf diese Weise zu töten... Übrigens bin ich auf diese Weise erzogen worden."[121]

Wenn man Kramers Antwort vollständig versteht (in einer Weise, die Kramer selbst vielleicht nicht versteht), wenn man „erzogen worden" versteht - trainiert im Kern seiner Person, d.h. *philosophisch* erzogen -, dann muss man nicht weiter nach einer Erklärung für den Nationalsozialismus suchen. Welches andere praktische Resultat kann man von einem Menschen oder einer Kultur erwarten, die bis zur Wurzel hin von jeder nur denkbaren Variante einer entmenschlichenden Philosophie, die den Verstand und das Ego tötet, geformt worden ist?

Wer Kants Philosophie (und besonders seiner Ethik) zum ersten Mal begegnet, findet sie unvorstellbar - eine pervertierte Theorie, die

[121] Zit. in Shirer, a. a. O., S. 982.

niemand ernst meinen, nach der niemand leben und die man niemals umsetzen kann. Und darum wird auch der Nationalsozialismus – die konkrete Praxis des Nationalsozialismus in Deutschland, in Polen und in der Welt – für unvorstellbar gehalten.

Aber Minus mal Minus ergibt Plus – und in einer Kultur ergeben zwei „Unvorstellbarkeiten", wenn man sie in Beziehung zueinander sieht, ein leuchtend klares Bild.

Die Nazis nahmen das Unvorstellbare in der Theorie und wendeten es in der einzig möglichen Weise auf die menschliche Existenz an. Sie nahmen die Perversion auf dem Gebiet der Ideen und verwandelten sie zu Verbrennungsöfen in der Realität. Nichts anderes kann die Nazi-Ideologie erklären. Und nichts Geringeres kann die Nazi-Praxis erklären.

Er sei ein treuer Kantianer, sagte Adolf Eichmann seinen Richtern in Israel. In seiner ganzen blutigen Karriere habe er nur zweimal einem Juden geholfen und er entschuldige sich für diese Ausnahmen. „Diese kompromisslose Haltung bei der Verrichtung seiner mörderischen Pflichten", schreibt Hannah Arendt,

> „belastete ihn natürlich in den Augen des Gerichts mehr als alles andere, vor sich selbst aber fühlte er sich gerade durch sie gerechtfertigt, und es ist kein Zweifel, dass das Bewusstsein, Ausnahmen nicht geduldet zu haben, in ihm, was immer an Gewissen bei ihm noch übrig geblieben sein mochte, zum Schweigen brachte. Keine Ausnahmen, keine Kompromisse – das war der Beweis dafür, dass er stets gegen die ‚Neigung' – Gefühle oder Interessen – der Pflicht gefolgt war."

Die meisten Deutschen, so Arendt, „haben wohl die Versuchung gekannt, *nicht* zu morden, *nicht* zu rauben, ihre Nachbarn *nicht* in den Untergang ziehen zu lassen… Aber sie hatten, weiß Gott, gelernt,… der Versuchung zu widerstehen."[122]

Eine Nation, der man im Namen der Moral beigebracht hat, das Streben nach Werten abzulehnen, kann kein anderes Ende nehmen. Menschen ohne Werte sind Zombies oder Marionetten – oder Nazis.

---

[122] Arendt, *Eichmann in Jerusalem*, S. 233f., 249.

* * *

Das Fußvolk der Nazis bestand aus hirnlosen Aktivisten und nicht-ideologischen Schreihälsen, aber ohne es zu wissen, handelten und schrien sie im Dienste einer Philosophie, der die Parteiführer immer die Treue hielten.

Auch die Parteiführer waren anti-intellektuell. Sie sagten (im Privaten), dass die Nazi-Ideologie nur ein Instrument zur Kontrolle der Massen sei, aber sie gaben dieses Instrument nie auf und veränderten nie seine Natur. In Bezug auf Ideen waren sie „pragmatisch", eklektisch und launenhaft - und durch nichts davon abzubringen. Teils geleitet durch ein klares Verständnis der Fragen, aber größtenteils durch unidentifizierte Gefühle, waren sie bereit, alles außer den Fundamenten ihres Glaubens zu verändern.

Die Nazi-Führer schrieben die Theorie des arischen Rassismus ständig neu und gingen dabei während des Krieges soweit, neben der Herrenrasse auch die Japaner darin einzuschließen. Aber sie dokterten nie am Kern ihrer rassistischen Theorie herum: der Anbetung der Gruppe. Und etwas fand in keiner Variante ihrer Theorie Platz: das unabhängige Individuum. Sie präsentierten sich den Deutschen als Monarchisten oder, als es opportun erschien, als Radikale, Konservative oder Revolutionäre - aber immer als Vertreter von Macht, der Staatsmacht, von *mehr* Staatsmacht. Sie waren Theisten oder Skeptiker, Idealisten oder Materialisten, Dogmatiker oder Pragmatiker - aber in jeder Version waren sie bekennende Feinde der Vernunft. Sie verlangten Selbstopferung für den Führer, die Rasse, die Armen oder die ledigen Mütter - aber sie verlangten sie immer.

„Die Vorsehung", sagte Hitler zu Rauschning,

> „hat mich zu dem größten Befreier der Menschheit vorbestimmt. Ich befreie den Menschen von dem Zwange eines Selbstzweck gewordenen Geistes; von den schmutzigen und erniedrigenden Selbstpeinigungen einer Gewissen und Moral genannten Chimäre

> und von den Ansprüchen einer Freiheit und persönlichen Selbständigkeit, denen immer nur ganz wenige gewachsen sein können."[123]

Hier nennt er, wenn auch nicht in der richtigen Einschätzung, zumindest die richtige Reihenfolge und die Kernaussage der Nazi-Philosophie in der Erkenntnistheorie, in der Ethik und der Politik.

Um die Menschheit von der Intelligenz zu befreien, zählte Hitler auf die Lehren des Irrationalismus. Um die Menschen vom Gewissen zu befreien, zählte er auf die Moral des *Altruismus*. Um die Welt von der Freiheit zu befreien, zählte er auf die Idee des *Kollektivismus*.

Diese drei Theorien zusammen bilden die Kernaussage der Nazi-Philosophie, die sich vom Anfang bis zum Ende der Bewegung nie veränderte.

Man sagt, dass Nationalsozialismus keine Philosophie, sondern die Lust an der Zerstörung sei. Zerstörung kann ohne eine bestimmte Philosophie und als deren Ausdruck jedoch nicht mit der Konsequenz der Nazis betrieben werden. Man sagt, dass Nazis keine Ideologen, sondern nur machtgierig seien. Tatsächlich sind sie machtgierige Menschen, deren Macht von einer bestimmten Ideologie abhängt. Man sagt, dass die Nazis keine Denker, sondern Kriminelle seien. In Wahrheit sind sie Kriminelle, die von Denkern produziert wurden, d.h. philosophisch produzierte Kriminelle – was ihnen die welthistorische Rolle verlieh, die jedem normalen Kriminellen versagt bleibt.

Die heutigen Intellektuellen sind (wie zu Hitlers Zeiten) ein Produkt desselben philosophischen Trends. Die meisten von ihnen verurteilen Hitlers Handlungen, vertreten aber die gleichen Grundideen wie er (wenn auch in anderen Varianten). Solche Menschen können den Nationalsozialismus weder verstehen, sein Aufkommen erklären noch ihn bekämpfen. Sie geben vor, die Wurzeln des Nationalsozialismus in allem Möglichen zu finden – in jeder praktischen Krise oder bei jedem wirren Ideologen im hintersten Winkel der deutschen Geschichte – in allem außer fundamentalen philosophischen Ideen, die überall offen verkündet werden und die sie selbst teilen. Und

[123] Rauschning, *Gespräche*, S. 212.

dann müssen sie zugeben, dass der Aufstieg des Nationalsozialismus durch die eigene Darstellung nicht zu erklären ist.

Einer dieser Gelehrten präsentierte den Nationalsozialismus als eine irre Version einer unbedeutenden politischen Theorie des 19. Jahrhunderts (Sozialdarwinismus) und schließt wie folgt: „Aber dass solch eine Ansammlung von Ideen die Gefolgschaft von Millionen von rationalen Menschen gewinnen konnte, wird vielleicht immer ein Mysterium bleiben."[124] Wenn seine Darstellung der Nazi-Ideologie wahr wäre, wäre der Erfolg des Nationalsozialismus mehr als „ein Mysterium" - er wäre absolut unsinnig.

Der Nationalsozialismus wurde nicht von einer wirren kulturellen Anomalie produziert. Keine verrückte intellektuelle Randgruppe hat auf wundersame Weise ein zivilisiertes Land überwältigt. Die moderne Philosophie - nicht irgendeine Randgruppe, sondern ihr Mainstream - verwandelte die Deutschen in ein Land aus Mördern.

Das Land der Dichter und Denker wurde von seinen Dichtern und Denkern zerstört.

Zweimal in unserem Jahrhundert kämpfte Deutschland darum, seine Kultur der Welt aufzuzwingen und sie zu beherrschen. Es verlor beide Kriege. Aber auf einer tieferen Stufe erreicht es sein Ziel trotzdem. Es ist dabei, den philosophischen Krieg gegen den Westen zu gewinnen, mit allem, was das impliziert.

Die Ideen der deutschen Philosophie haben seit langem nationale Grenzen übersprungen und sind zum Trend des Westens geworden. Halb Europa ist bereits von diesen Ideen versklavt. Der Rest des Kontinents steht unter ähnlicher Führung kurz vor dem Zusammenbruch.

Es gibt nur noch ein Land, welches, obwohl es gegenwärtig gelähmt ist, der deutschen Übernahme noch widerstehen kann. In der gesamten Geschichte ist dieses Land der unwahrscheinlichste Kandidat für eine solche Übernahme, wenn es seine eigenen Ideen und seine eigene Selbstachtung rechtzeitig wiedergewinnen kann.

Die letzte Schlacht dieses Krieges findet gerade statt - in der letzten großen, unbesiegten Nation, die es auf Erden noch gibt.

---

[124] A. James Gregor: *Contemporary Radical Ideologies,* New York 1968, S. 214.

5.
Die Nation der Aufklärung

Seit dem goldenen Zeitalter in Griechenland gab es in den 23 Jahrhunderten der westlichen Philosophie nur ein einziges Zeitalter der Vernunft. In den letzten Jahrzehnten dieser Ära entstanden die Vereinigten Staaten von Amerika als unabhängiger Staat. Dies ist der Schlüssel zu ihrer Natur, ihrer Entwicklung und ihrer Einzigartigkeit: Die Vereinigten Staaten *sind die Nation der Aufklärung*.

Die Wiederentdeckung von Aristoteles durch Thomas von Aquin war der Anfang – der Anfang vom Ende des Mittelalters, der Anfang vom Anfang des Zeitalters der Vernunft.

Die Renaissance führte von Aquins Errungenschaft fort. Die schwindende Macht der Religion; die Revolte gegen die Autorität der Kirche; der Zusammenbruch des feudalen Kastensystems; die Übernahme des Denkens der heidnischen Antike; die brillanten Erfindungen, die Erforschungen, die Kunst, die den Menschen verherrlicht; die ersten riesigen Schritte der modernen Wissenschaft – all das bedeutet, dass man endlich die Realität und die Verheißungen dieser Erde, des Menschen und des menschlichen *Geistes* wiederentdeckt hatte.

Das 17. Jahrhundert trug den Fortschritt durch zwei Errungenschaften noch weiter: in der Wissenschaft die triumphalen Entdeckungen von Newton, und in der Philosophie (durch Descartes, Locke und andere) die Entwicklung der ersten modernen Systeme, die ersten Versuche, dem westlichen Menschen ein umfassendes Weltbild zu bieten, das die neuen Entdeckungen der modernen Wissenschaften umfasste. Trotz all ihrer Irrtümer proklamieren diese Systeme doch ein gemeinsames programmatisches Manifest: Lasst uns die Fehler der Vergangenheit hinwegfegen und von vorne anfangen; das Universum ist verständlich; es gibt nichts, das außerhalb des menschlichen Begriffsvermögens liegt, wenn man die richtige Methode zum Wissen anwendet; diese Methode ist die *Vernunft*.

Die Entwicklung von Thomas von Aquin über Locke bis zu Newton repräsentiert mehr als 400 Jahre schleppenden und quälenden Aufwand, um den westlichen Geist zu säkularisieren, d.h. den Menschen aus seinen mittelalterlichen Fesseln zu befreien. Es war die Ouvertüre zu einem Höhepunkt: dem 18. Jahrhundert, dem *Zeitalter der Aufklärung*. Zum ersten Mal in der modernen Geschichte wurde der authentische Respekt für die Vernunft zum Zeichen einer gesamten Kultur. Der Trend, der im jahrhundertelangen Kampf einer Handvoll Erneuerer implizit war, fegte nun *ausdrücklich* durch den Westen, wo er Menschen auf allen Gebieten erreichte und inspirierte. Die Vernunft, die so lange die Hoffnung der Zukunft gewesen war, wurde zur belebenden Kraft der Gegenwart. Der verzweifelte Kampf war anscheinend endlich entschieden: Die Wissenschaft hatte gewonnen; Unwissenheit, Aberglaube und Glaube (d.h. die Religion) hatten verloren. Das Versprechen der früheren Jahrhunderte war nun anscheinend erfüllt worden. Die Philosophen und Wissenschaftler hatten dieses Versprechen erfüllt und die Menschen waren berauscht – nicht nur von einem Programm und einem Potential, sondern von der bewiesenen Kraft und den faktischen Errungenschaften des menschlichen Geistes.

Wie zum Höhepunkt der klassischen Zivilisation hielten die Denker des Westens die Überlegenheit der Vernunft wieder einmal für *unkontrovers*. Für sie war die Ausübung des Intellekts keine verbotene Sünde, kein zu tolerierendes Stubenmädchen oder auch nur eine behutsam zu behandelnde atemberaubende Entdeckung, sondern eine *Tugend*, die Norm, das Selbstverständliche.

Diese Einstellung hielt nur wenige Jahrzehnte an. Sie überlebte nicht.

Da die philosophischen Systeme des 17. Jahrhunderts in jedem fundamentalen Zweig und in jeder Frage fehlerhaft waren, ebneten eben die Denker, die die Vorkämpfer der Vernunft waren, (unwissentlich) den Weg für ihre letztendliche Verbannung von der philosophischen Szene. Sie begingen all die katastrophalen Fehler, die erst Hume, dann Kant und dann der Revolte gegen das Denkvermögen die Tür öffneten. In der Akte des menschlichen Aufstiegs aus der Hoffnungslosigkeit ist die Aufklärung der Höhepunkt und der letzte Eintrag. Viele großartige existentielle und kulturelle Ausdrucksformen der Aufklärung reichten bis ins 19. Jahrhundert und darüber hinaus: in der Wissenschaft, in der Entwicklung der romantischen Kunst, in der Industriellen Revolution. Aber als dauerhafte *philosophische* Kraft endete das Bekenntnis zur Vernunft im 18. Jahrhundert.

Am Höhepunkt der Aufklärung hatte der Westen sie verraten und im Stich gelassen. Sie war für den Westen nur eine flüchtige Atempause, eine kurze Ruhepause von der Herrschaft des Mystizismus, eine zerbrechliche Oase des befreiten Intellekts, eingeschlossen von der Wüste der Dunklen Zeitalter und des Mittelalters (und den durchmischten Übergangsjahrhunderten, die dort hinausführten) auf der einen Seite und vom Dschungel des post-kantischen Irrationalismus auf der anderen Seite.

Diese Oase ist seit langem versiegt, aber eine Nation ist immer noch ihr Denkmal: die Vereinigten Staaten von Amerika.

Fast ausnahmslos schulden alle Nationen der Welt ihre Existenz nichtideologischen Faktoren: Kriegen, Bürgerkriegen, der Geografie, der Sprache, Gebräuchen usw. Die Vereinigten Staaten sind die erste Nation, die auf der Basis von Ideen geschaffen wurde. Ihre Gründerväter waren keine Stammeshäuptlinge, machthungrige Eroberer oder Priester; sie waren Denker - gebildete, ausdrucksstarke und von den Ideen ihrer Zeit inspirierte Denker der Aufklärung. Verspottet von den Traditionalisten auf beiden Seiten des Atlantiks wollten diese Männer eine Nation schaffen, deren Institutionen ohne Beispiel waren - und zwar auf der Grundlage einer Theorie: einer abstrakten Theorie über das Wesen des Menschen und des Universums. Die

Vereinigten Staaten, so entschieden sie, sollten das erste Land der Geschichte sein, das für etwas stehen sollte. Es sollte das erste Land mit einer erklärten *philosophischen* Bedeutung sein.

So wie der Mensch immer von irgendeiner Philosophie beeinflusst wird, doch die Historiker die Geburt der Philosophie (ihren Ursprung als wissenschaftliche Disziplin) zu Recht dem antiken Griechenland zuschreiben, so gilt dies auch für Nationen: Auch sie werden immer von irgendeiner Philosophie beeinflusst, doch vor den Vereinigten Staaten hat die Philosophie als ausdrückliches Ideensystem kein Land erschaffen. Die Griechen entdeckten die Philosophie. Die Amerikaner waren die ersten, die eine Nation auf dieser Entdeckung bauten.

Obwohl sich die Aufklärung quer durch Europa verbreitete und überall dort, wo ihre Ideen ernst genommen wurden, einen befreienden Einfluss hatte (besonders in England und Frankreich), so gab es kein europäisches Land, in dem diese Ideen bis zur Wurzel durchgedrungen wären. In Europa war die Aufklärung mehr eine intellektuelle Mode, die von entgegengesetzten und verkrusteten soziopolitischen Strukturen überlagert wurde. Aber die Vereinigten Staaten waren ein neues Land, ein neues Land in einer neuen Welt, und es gab keine etablierten Strukturen, mit denen man sich hätte abfinden müssen. Zum ersten und einzigen Mal wurden die Ideen der Aufklärung zum Fundament der politischen Institutionen eines Landes.

Das ist die große historische Leistung der Vereinigten Staaten, der Ursprung des einzigartigen amerikanischen Charakters und die Ursache der spektakulären, beispiellosen Leistungen dieses Landes.

Aber darin liegt auch der Schlüssel zur Tragödie der Vereinigten Staaten. Eine Nation, die auf einer Philosophie basiert, kann den Zusammenbruch dieser Philosophie nicht auf ewig überleben. Als die europäische Aufklärung zusammenbrach, gab es keine amerikanischen Denker von Format, die ihre Prinzipien hätten verteidigen und aufrechterhalten können.

Obwohl es das von der Philosophie geschaffene Land ist, hat Amerika keinen großen Philosophen hervorgebracht. Die Gründerväter waren Denker, aber keine philosophischen Erneuerer. Sie übernahmen ihre Grundideen von europäischen Intellektuellen; sie nahmen zusammen mit dem Rest ihrer Zeitgenossen an, dass diese Ideen nun unanfechtbar und sogar selbstverständlich seien und sie wendeten ihre Aufmerksamkeit der dringlichen Aufgabe zu, diese Ideen in die Praxis umzusetzen.

Die amerikanische Philosophie war von ihren kolonialen Anfängen bis heute immer nur ein Spiegelbild der europäischen. Fundamental betrachtet ist das amerikanische Denken ein komplett abgeleitetes Phänomen, ein treues Stubenmädchen der europäischen Moden und Trends.

Als Europas Ideen sich veränderten, war das Land der Aufklärung daher hilflos. Es hatte keine Verteidigung und keine philosophischen Ressourcen, um dem kantischen Dauerbeschuss zu widerstehen. Seit Anbeginn des 19. Jahrhunderts wandten sich Amerikas Intellektuelle zunehmend gegen alle amerikanischen Ideen und Ideale und folgten fügsam den europäischen Anführern. Während das Volk am Aufbau einer überragenden Industrie arbeitete, arbeiteten die Intellektuellen daran, das System zu untergraben, seine Prämissen zu diskreditieren, sein Selbstvertrauen zu erschüttern, seine Institutionen zu zerfressen und die Vereinigten Staaten nach dem Bilde des europäischen Irrationalismus neu zu schaffen.

Das Resultat ist das Amerika von heute: Ein Land mit Überbleibseln seiner unverwechselbaren Bedeutung und Institutionen, die unter mehr als einem Jahrhundert aus intellektuellen Trümmern verschüttet sind; ein Land, das sich einen unsterblichen Teil seiner ursprünglichen Seele bewahrt hat, aber seinen Verstand kampflos den feindlichen Ideen der Gegenaufklärung überlassen hat; ein intellektuell am Boden liegendes Land, das geplagt wird von einem durchdringenden, undefiniertem Gefühl der Unruhe, des Unheils und des nationalen Selbstbetrugs; ein Land, zerrissen von einem tiefen Konflikt, ohne Führung oder Richtung, das unfähig ist, seinen Gründervätern zu folgen oder abzuschwören.

* * *

Philosophisch hatte die noch zu gründende Nation keinen besonders guten Start. Seit ca. einem Jahrhundert bestand der dominierende intellektuelle Einfluss in den Kolonien der Neuen Welt aus den schlimmsten Ideen der Alten Welt: dem frommen Calvinismus *der Puritaner*.

Gott als rachsüchtiger Herrscher des Universums; Glaube als primäre Wissensgrundlage; das Leben als Pilgerfahrt durch ein fremdartiges Reich; der Mensch als ein von der Erbsünde beschmutztes Wesen; das Seelenheil als unerklärlich gewährtes oder vorenthaltenes Wunder der Vorsehung; Moral als Schlinge, aus der man seinen Hals nicht herausziehen kann; Vergnügen als Ablenkung, Stolz als Kardinalsünde, Stärke oder Erfolg als erbärmliche Täuschung; Selbstopferung als Tugend, eine „Hingabe unseres Körpers und Geistes an Gott" (und „eine Welt der Selbstverleugnung" zugunsten des Nächsten) - dies sind die zentralen Themen der Religion, die die einflussreichsten Siedler aus Europa mit an die Atlantikküste brachten.[125]

Die Gesinnung des Augustinus war auf einen jungfräulichen Kontinent verpflanzt worden. Es war die Periode des amerikanischen Mittelalters.

Die Puritaner argumentierten wie folgt: Da der Mensch von Geburt an sündig sei, brauche man eine Diktatur der Erwählten, um seine bösen Impulse zu beschneiden und die Gebote des Herrn durchzusetzen. Da Reichtum wie alle anderen Werte ein Geschenk des Himmels sei, seien die Reichen nicht die Eigentümer ihres Reichtums, sondern nur Treuhänder einer göttlichen Schenkung und dürften allen ökonomischen Kontrollen unterworfen werden, die die Er-

---

[125] Urian Oakes in Cambridge 1677, zit. nach P. Miller (Hg.): *The American Puritans*, Garden City, N.Y. 1956, S. 206. Vgl. Cotton Mather: *Durable Riches*, Boston 1695, zit. in G. N. Grob und R. N. Beck (Hg.): *Ideas in America*, New York 1970, S. 49. Vgl. Cotton Mather: *Essays to Do Good*, 1710, zit. in Miller, a. a. O., S. 219.

wählten für nötig halten. Gott beherrsche die Natur, und seine Bevollmächtigten beherrschten daher die Menschen.

Man hört oft (besonders von Analphabeten und Konservativen), dass der Glaube an Gott die Grundlage des amerikanischen Systems sei und dass die Vereinigten Staaten das Produkt christlicher Frömmigkeit seien. Tatsächlich war die religiöse Gesinnung nicht der Ursprung der unverkennbaren Institutionen dieses Landes, sondern ihr grundlegendes Hindernis. So lange wie die Idee von Gott *ernst genommen wurde,* war die Idee von Amerika, vom Amerika der Gründerväter, unmöglich.

Den Übergang aus der puritanischen Zeit läuteten die Puritaner teilweise selbst ein, und zwar durch ihre Zwiegespaltenheit. Die aus dem späten 16. Jahrhunderts stammende puritanische Anschauung zeichnet sich nicht nur durch ihr mittelalterliches Denken aus, sondern auch (wenngleich weniger deutlich) durch das moderne Bemühen, wieder hier auf dieser Erde zu leben.

Da sie die Erde endlich wiederentdeckt hatten, wollten die Menschen (einschließlich der Puritaner) ihre Entdeckung auch verwerten. Und es dauerte nicht lange, bis sie begriffen, dass man dazu intellektuelle Ausbildung, persönliche Initiative und produktiven Unternehmungsgeist braucht und nicht Aberglaube, Passivität, Armut usw. Dies waren neue Werte in der modernen Welt, die man in Europa überall dort, wo man vom Geist der Renaissance beflügelt wurde, in gewissem Ausmaß bewunderte.

In Amerika waren diese Werte als praktische Notwendigkeit tiefer verwurzelt als in Europa. In den Siedlungen der Puritaner trafen die Notwendigkeiten des Daseins mit dem Geist der Renaissance zusammen. In der Wildnis heißt es: entweder menschliches Denken und Tatkraft – oder Barbarei und Tod.

Wenn man die Bewunderung von produktivem Unternehmungsgeist „puritanische Ethik" nennt, ist dies eine Fehlbezeichnung, wenn sie impliziert, dass eine solche Bewunderung ein religiös inspiriertes Phänomen ist. Was die Puritaner (und ihre Äquivalente) zur neuen Werte-Orientierung beitrugen, war nicht ihre Kernaussage, sondern ihre Verstrickung in den Überbleibseln des Mittelalters. Die Behauptung, dass das Streben nach irdischem Erfolg eine von einem rachsüchtigem Gott verhängte Pflicht sei; dass der Wunsch nach der Verwertung der Natur ein Kampf um die Seelenrettung sei; dass Arbeit selbstlos ausgeübt werden müsse, um Gott und dem Nächsten zu dienen - all dies ist der mittelalterliche Geist, der versucht, den gegenteiligen Geist zu zähmen.

Puritanismus in Amerika bedeutet eine Religion, die versucht, einen Kompromiss mit dem Leben auf der Erde zu schließen. Sie ist ein instabiler Kompromiss aus zwei entgegengesetzten philosophischen Ansichten. Mit der Zeit sollten sich beide weiterentwickeln.

Das Element der Renaissance entwickelte sich zuerst. In den ersten Jahrzehnten des 18. Jahrhunderts kam die Aufklärung aus Europa nach Amerika.

In jedem Bereich repräsentiert die amerikanische Aufklärung eine Umkehr der philosophischen Prioritäten der Puritaner. Das Vertrauen in die Kraft des Menschen ersetzte die Abhängigkeit von der Gnade Gottes - und es entstand jene seltene intellektuelle Orientierung, die der Schlüssel für den Geist der Aufklärung auf allen Gebieten der Philosophie ist: *Säkularismus ohne Skeptizismus.*

In der Metaphysik bedeutete dies eine fundamentale Veränderung des Schwerpunktes: von Gott hin zu unserer Welt; hin zu der Welt aus Einzeldingen, in der der Mensch lebt, hin zum Reich der *Natur*. Seit Jahrhunderten war die Natur ein nebliger Widerschein einer transzendentalen Dimension - der wahren Realität. Nun dachte der Mensch (trotz aller Zugeständnisse an die frühere Gesinnung), dass die Natur ein autonomes Reich sei, das feststehend, ewig und *real* ist. Seit Jahrhunderten hielt man die Natur für ein Reich der Wunder, das von einer persönlichen Gottheit manipuliert werde; ein Reich, dessen Bedeutung aus den Absichten des Schöpfers abgeleitet wurde. Nun bestand die Überzeugung, dass die Natur ein Reich sei, in dem wissenschaftliche Gesetze herrschen, die keine Wunder zulassen und die auch ohne das Übernatürliche Sinn ergeben. Wenn die Menschen sich nun die Natur ansahen, sahen sie keine launische

Intervention von oben (oder unerklärlichen Zufälle), sondern Ordnung, Stabilität, „ewige und unverletzliche" Prinzipien, d.h. das absolute und unpersönliche Prinzip von Ursache und Wirkung.

In solch einem Universum bestand das fundamentale erkenntnistheoretische Prinzip aus der Überlegenheit der menschlichen Vernunft. Seit Jahrhunderten hatte der Mensch die Wahrheit in Offenbarungen gesucht und sich demütig den angeblichen Überlieferungen einer übernatürlichen Autorität gefügt oder einen Kompromiss zwischen dem Reich des säkularen Intellekts und dem Reich des Glaubens gesucht. Nun besagte die vorherrschende Überzeugung, dass der rationale Verstand die einzige Wissensgrundlage sei. Glaube, Offenbarung, mystische Einsichten und der gesamte Apparat aus christlichen Dogmen, Mysterien und Sakramenten - all dies fegten die Wortführer der Aufklärung als nutzloses Erbe einer primitiven Vergangenheit beiseite. Ethan Allen drückte diese weit verbreitete Ansicht in seinem Werk *Reason the Only Oracle of Man* aus. „Setze die Vernunft fest auf ihren Platz", so schreibt Allen an einen Neffen, „und rufe jede Tatsache und jede Meinung vor ihr Tribunal. Hinterfrage kühn selbst die Existenz eines Gottes; denn wenn es einen gibt, muss er die Hommage an die Vernunft eher gutheißen als blinde Angst."[126]

Die Vernunft, so lautete die charakteristische Auffassung der Aufklärung, erlangt Wissen auf der Basis von Sinneseindrücken; es gibt keine göttlich inspirierten eingeborenen Ideen. Sie ist ein Vermögen, das bei korrekter Anwendung überall erklärende Prinzipien entdecken und Gewissheit über sie erlangen kann. Da diese Prinzipien absolute Wahrheiten darstellen, die Tatsachen der Natur wiedergeben, sind sie für alle Menschen bindend, wie auch immer ihre Nationalität oder ihre Gefühle aussehen mögen; d.h. Wissen ist *objektiv*. Die Aufklärung pries nicht himmlische Erleuchtung, skeptischen Zweifel oder subjektive Gefühle („Enthusiasmus", d. h. irrationale Leidenschaft wurde als erkenntnistheoretische Hauptsünde angese-

[126] *The Writings of Thomas Jefferson*, Bd. VI, Washington, D.C. 1903, S. 258.

hen); sie pries die Ausübung des faktischen *Intellekts* - des logischen, bedachten, leidenschaftslosen und mächtigen Intellekts.

Die Konsequenz dieser Einstellung war das legendäre erkenntnistheoretische Selbstvertrauen dieser Periode - die Überzeugung, dass es keine Grenzen für den triumphalen Fortschritt der Wissenschaft gibt. „Die Stärke des menschlichen Verstehens ist unermesslich, die Schärfe seiner Einsicht würde letztendlich jeden Teil der Natur durchdringen, wenn es ihm erlaubt würde, mit uneingeschränkter Freiheit zu agieren", schreibt Elihu Palmer, ein militanter amerikanischer Wortführer dieser Zeit. „Es ward bis dahin als Verbrechen angesehen, zu denken...", schreibt er; aber endlich seien die Menschen aus der „langen und trüben Nacht" der christlichen Herrschaft, ihrem „Wahnsinn", ihrem „religiösen Fanatismus" und ihrem „irren Enthusiasmus" entkommen. Endlich hätten die Menschen „die uneingeschränkte Macht der menschlichen Vernunft" begriffen - „die Vernunft, die jede übernatürliche Theologie verabscheut - Vernunft, die die Herrlichkeit unseres Wesens ausmacht..." Nun müsse „der Ausübung intellektueller Kräfte voller Spielraum eingeräumt werden, und der Mensch muss ein uneingeschränktes Vertrauen in seine eigenen Kräfte fühlen."[127]

Wer „die Herrlichkeit seines Wesens" entdeckt hat, kann sich nicht selbst als verkommenen Klumpen ansehen, dessen Pflicht aus selbsterniedrigendem Gehorsam gegenüber übernatürlichen Geboten besteht. Nach Jahrhunderten, in denen der Mensch sich in Erbsünde und gedankenloser Unterwürfigkeit gesuhlt hatte, wehte nun eine Welle aus moralischem Selbstvertrauen durch die westliche Welt, um das neue erkenntnistheoretische Selbstbewusstsein zu reflektieren und zu komplettieren. So wie es keine Grenzen für das menschliche Wissen gebe, so sagten viele Denker, so gebe es auch keine Grenzen für die moralische Vervollkommnung des Menschen. Wenn der Mensch noch nicht perfekt ist, so sei er zumindest perfektionierbar. So wie es objektive Naturgesetze in der Wissenschaft gibt, gebe es auch objektive Naturgesetze in der Ethik; und der Mensch

[127] Elihu Palmer: *Principles of Nature*, New York 1801, zit. n. Grob/Beck, *Ideas*, S. 81, 83f.

sei in der Lage, diese Gesetze zu entdecken und in Übereinstimmung mit ihnen zu handeln. Er sei nicht nur fähig, seinen Intellekt zu entwickeln, sondern auch, danach zu *leben*. (Dies war zumindest das Versprechen und das ethische Programm der Aufklärung.)

Wie unschlüssig oder zweifelnd einzelne Denker auch gewesen sein mögen, so stellte der überwiegende Trend ein neues Menschenbild dar: der Mensch als unabhängiges, rationales Wesen und somit als grundsätzlich gut, als potentiell edel, als *Wert*.

Seit Jahrhunderten hatten die vorherrschenden Moralisten gesagt, dass der Mensch seine Erfüllung nicht auf der Erde suchen dürfe; dass er den Freuden seines Lebens entsagen müsse, ob nun als sich selbst geißelnder Mönch oder als enthaltsamer Arbeiter, für Gott, seine Seelenrettung und das Leben nach dem Tod. Mit dem neuen Menschen- und Weltbild konnte dies nicht länger ernst genommen werden. Nun schob sich eine neue Auffassung des Guten nach vorn. Der Sinn des Lebens bestand darin, sein Leben hier auf der Erde zu leben und es zu genießen. Die Menschen weigerten sich, noch länger zu warten. Sie wollten ihr Glück hier und jetzt und als Selbstzweck erreichen.

Seit Jahrhunderten hatten die Denker des Mittelalters trotz all ihrer Beschäftigung mit der individuellen *Seele* den individuellen Menschen verschmäht oder nie entdeckt. In der Philosophie hatten die Platoniker seine Wirklichkeit abgestritten; in der Praxis hatte das Feudalsystem (implizit) die Gruppe (die Kaste, die Gilde usw.) als entscheidende gesellschaftliche Einheit behandelt. Später, im nachmittelalterlichen Europa, wurde das Individuum allmählich respektiert, nämlich von zwei verschiedenen Bewegungen: der Renaissance und der Reformation. Nun wurde dieser allgemeine Respekt besonders in Amerika zur vorherrschenden Überzeugung.

Da die Realität aus Einzeldingen bestehe, so sagten die Denker nun, sei das Individuum vollständig real; das Potenzial und der Wert des Menschen, des rationalen Wesens, sei das Potenzial und der Wert des Individuums, das seine Vernunft ausübt. Wenn die Aufklärung daher das Streben nach Glück vertrat, bedeutete das (wenn man christliche Widersprüche für den Moment beiseitelässt): das Streben jedes Menschen nach seinem eigenen Glück, erlangt durch seine eigene unabhängige Anstrengung - durch Eigenständigkeit und Selbstverwirklichung, die zu Selbstachtung und selbstgemachtem irdischen Erfolg führen.

Die Führer der amerikanischen Aufklärung verwarfen die Idee des Übernatürlichen nicht vollständig. Typischerweise waren sie Deisten, die glaubten, dass Gott als ferner, unpersönlicher Schöpfer der Welt und Quelle der Naturgesetze existiere. Aber, so sagten sie, nachdem er diese Dinge vollführt hat, ziehe sich Gott in die Rolle eines passiven, unparteiischen Zuschauers zurück. Diese Idee (zusammen mit dem anhaltenden Glauben an ein Leben nach dem Tode) ist ein Überbleibsel des Mittelalters, dessen eigentlicher Einfluss auf diese Zeit minimal ist. Die Gefahr für die „göttliche Religion" liege in der „Gleichgültigkeit" und der „Verlachung", wie ein besorgter Prediger damals bemerkte. Die Menschheit sei „in großer Gefahr, die Religion auszulachen..."[128]

In jedem Zweig der Philosophie brachten die Ideen der Aufklärung ein Gefühl der Befreiung. „Es liegt in unserer Macht, die Welt noch einmal von vorne zu beginnen", sagte Thomas Paine. „Eine Situation wie die heutige hat es seit den Tagen Noahs nicht gegeben. Die Geburt einer neuen Welt steht bevor..."[129]

Der Vater dieser neuen Welt war ein einziger Philosoph: Aristoteles. In zahllosen Fragen weichen die Ideen von Aristoteles von denen der Aufklärung ab. Aber was die Fundamente angeht, ist die Philosophie des Aristoteles die Philosophie der Aufklärung. Der Vorrang der irdischen Welt; die Gesetzmäßigkeit und Sinnhaftigkeit der Natur; die Realität der Einzeldinge und daher der Individuen; die unumschränkte Kraft der menschlichen Vernunft; die Ablehnung von eingeborenen Ideen; die Bejahung von Gewissheit, Objektivität und Absolutem; das erhabene Menschenbild; der Wert der intellektuellen

---

[128] Charles Backus: *A Sermon Preached in Long-Meadow at the Publick Fast*, Springfield 1788, zit. n. Grob/Beck, *Ideas*, S. 133f.

[129] Thomas Payne: *Life and Works*, Bd. 2, New Rochelle 1925, S. 179f.

Entwicklung als Mittel zu Selbstverwirklichung und persönlichem Glück auf der Erde - die Summe all dessen ist durch und durch aristotelisch und entstammt nicht dem Mystizismus der platonischen Tradition und dem selbsterklärten Bankrott der Skeptiker. Wenn der Schlüssel zur Aufklärung Säkularismus ohne Skeptizismus ist, so heißt das: Der Schlüssel ist Aristoteles.

Im tiefsten philosophischen Sinn hat Aristoteles das Fundament für die Vereinigten Staaten von Amerika gegossen. Die Nation der Aufklärung ist die Nation des Aristotelismus.

Aristoteles stellte das Fundament zur Verfügung, aber er wusste nicht, wie man es politisch umsetzen sollte. In der modernen Welt entwickelte eine Reihe von Denkern unter dem Einfluss des vorherrschenden neuen Klimas eine neue Auffassung über das Wesen von Regierungen. Der wichtigste dieser Männer und der mit dem größten Einfluss auf Amerika war John Locke. Die politische Philosophie, die Locke den Gründervätern hinterließ, gab der neuen Nation ihre unverkennbaren Institutionen. Diese politische Philosophie ist die gesellschaftliche Umsetzung des aristotelischen Geistes.

In der Geschichte war der Staat entweder implizit oder explizit der Herrscher über das Individuum - eine überlegene Körperschaft (mit oder ohne übernatürlichem Mandat), eine Autorität, die logisch gesehen vor dem Bürger komme und der er sich unterordnen müsse. Die Gründerväter bekämpften diese urzeitliche Idee. Ihre Prämisse war die Souveränität des Individuums. Das Individuum komme logischerweise vor der Gruppe oder der Institution des Staates. Ob es irgendeine gesellschaftliche Organisation gibt oder nicht, so habe doch jeder Mensch bestimmte individuelle Rechte. Und „unter diesen sind Leben, Freiheit und das Streben nach Glück“ - oder in den Worten eines Staatsdokuments aus New Hampshire: „unter denen sind: Leben und Freiheit zu genießen und zu verteidigen; Eigentum zu erwerben, zu besitzen und zu schützen; in einem Wort: Glück zu suchen und zu erlangen.“[130]

---

[130] Vgl. die vorläufige Verfassung des Staates New Hampshire von 1766 in: Joseph L. Blau: *Men and Movements in American Philosophy*, Englewood Cliffs, N.J. 1952, S. 44.

Diese Rechte hielt man nicht für eine bunte Mischung, sondern für eine Einheit, die ein einziges fundamentales Recht ausdrückten. Die Menschenrechte, so Samuel Adams, den man oft den Vater der amerikanischen Revolution nennt, „sind offensichtlich Zweige und nicht Ableitungen der Pflicht zur Selbsterhaltung, im Allgemeinen das erste Naturgesetz genannt." Die Menschenrechte seien *natürlich*, d.h. ihre Vollmacht seien die Gesetze der Realität, nicht irgendwelche willkürlichen menschlichen Entscheidungen; und sie seien *unveräußerlich*, d.h. sie seien absolut und von keiner Gruppe oder Person aufheb- und einschränkbar. Rechte, so John Dickinson, „sind uns nicht durch Pergament oder Siegel gegeben… Sie werden mit uns geboren, existieren mit uns und können uns von keiner menschlichen Macht genommen werden, ohne uns auch unser Leben zu nehmen. Kurz gesagt haben sie ihr Fundament auf den unverletzlichen Maximen von Vernunft und Gerechtigkeit."[131]

Und „zur Wahrung dieser Rechte [werden] Regierungen unter den Menschen eingesetzt, die ihre gerechten Vollmachten von der Zustimmung der Regierten herleiten…" Die Macht von Regierungen sei daher begrenzt, nicht bloß de facto oder durch Unterlassung, sondern aus Prinzip: Der Staat dürfe die Rechte der Menschen nicht einschränken. Es sei verboten, weil, wie John Adams es ausdrückt, „das große Ziel einer bürgerlichen Regierung… aufgrund ihrer Natur die Aufrechterhaltung, der Schutz und die Verteidigung ebendieser Rechte ist…"[132]

Dieser Auffassung nach ist der Staat der Diener des Individuums. Er ist kein Herrscher, dem man zu gehorchen hat, sondern ein Beauftragter mit delegierten Aufgaben und einer spezifischen Funktion, der abberufen und neu gebildet werden kann, wenn er seinen zugewiesenen Bereich übertritt. Der amerikanischen Auffassung nach ist der Staat nicht der Herrscher über die Menschen. Er existiert, um die

---

[131] John Adams: *Report of the Committee of Correspondence to the Boston Town Meeting, 20. 11. 1772*, zit. n. Grob/Beck, *Ideas*, S. 107. Dickinson: *An Address to the Committee of Correspondence in Barbados*, Philadelphia 1766, in: Bernard Bailyn: *The Ideological Origins of the American Revolution*, Cambridge 1967, S. 187.

[132] Zit. n. Grob/Beck, *Ideas*, S. 108.

Spaltung der Menschen in Herrscher und Beherrschte *zu verhindern*. Nach Lockes Worten existiert der Staat, damit das Individuum „frei ist von jeder höheren Gewalt auf Erden und nicht dem Willen oder der gesetzgebenden Gewalt eines Menschen untersteht, sondern allein das Gesetz der Natur zu seinem Rechtsgrundsatz erhebt."[133]

„Ich habe jeder Tyrannei gegen den menschlichen Geist ewige Feindschaft geschworen."

Jefferson und die anderen Gründerväter meinten, was sie sagten. Sie beschränkten sich nicht auf den Kampf gegen Theokratie und Monarchie. Sie kämpften aus denselben Gründen und nach dem Prinzip der individuellen Rechte *gegen* Demokratie, d.h. gegen das System unbeschränkter Mehrheitsherrschaft. Sie erkannten, dass die Sache der Freiheit nicht dadurch vorangebracht wird, dass man die Zahl der Despoten vermehrt, und sie wollten nicht eine Handvoll Autokraten durch die Tyrannei des Mobs ersetzen.

Wir müssten daran denken, so Jefferson, dass der Wille der Mehrheit, „um rechtens zu sein, vernünftig sein muss; dass die Minderheit gleiche Rechte besitzt, die gleiche Gesetze schützen müssen und die zu verletzen Unterdrückung wäre."[134] In einer reinen Demokratie, so schreibt Madison in einem berühmt gewordenen Abschnitt,

> „gibt es nichts, womit man die Opferung der schwächeren Partei oder eines unbeliebten Individuums in Schach halten könnte. Daher kommt es, dass solche Demokratien immer ein Schauspiel von Unruhe und Streit waren, immer unvereinbar mit persönlicher Sicherheit und Eigentumsrechten waren und ihr Leben im Allgemeinen so kurz war wie ihre Tode blutig."[135]

Als die Väter der amerikanischen Republik vom „Volk" sprachen, meinten sie keinen kollektiven Organismus, von dem ein Teil den Rest auffressen durfte. Sie meinten eine Summe von Individuen, von denen jedes, ob stark oder schwach, ob arm oder reich, seine unverletzlichen individuellen Rechte behält.

---

[133] John Locke: *Über die Regierung*, Stuttgart 1974, S. 19. Diese Passage und andere von Locke wurden von Samuel Adams in *Report of the Committee* zitiert.

[134] *The Writings of Thomas Jefferson*, Bd. III, Washington, D.C. 1903, S. 318.

[135] C. Rossiter (Hg.): *The Federalist Papers*, New York 1961, No. 10, S. 81.

„Wir stimmen überein", so John Adams,

> „dass ‚das Ziel aller Regierungen das Wohl und die Ruhe des Volkes ist, das seine Rechte ohne Unterdrückung genießen kann'; aber man muss auch bedenken, dass die Reichen ebenso wie die Armen zum Volk gehören; dass sie so wie die anderen auch Rechte haben; dass sie das klare und heilige Recht auf ihren großen Besitz haben wie andere auf ihren kleinen; und dass Unterdrückung für sie ebenso möglich und bösartig ist wie für andere."[136]

Die Genialität der Gründerväter bestand aus ihrer Fähigkeit, die revolutionären Ideen ihrer Zeit nicht nur zu begreifen, sondern ein Mittel zu ersinnen, mit dem diese Ideen in die Praxis umgesetzt werden konnten - ein Mittel, sie aus dem Reich der philosophischen Abstraktion in das der soziopolitischen Realität umzusetzen. Indem sie detailliert die Gewaltenteilung im Staat und die dazugehörigen Verfahren definierten, einschließlich des brillanten Mechanismus von *Checks and Balances*, etablierten sie ein System, dessen Funktion und Integrität so weit wie möglich unabhängig vom moralischen Charakter seiner jeweiligen Amtsträger war - ein System, das so weit wie möglich unzugänglich war für den Umsturz durch einen aufstrebenden Diktator oder die augenblickliche Stimmungslage.

Die Heldentat der Gründerväter bestand darin, dass sie die einmalige Gelegenheit erkannten, zum ersten Mal in der Geschichte ein freies Land mit individuellen Rechten zu erschaffen - und dass sie alles riskierten: die neue Nation und ihr „Leben, Vermögen und [ihre] heilige Ehre." Wenn Freiheit die prinzipielle Anerkennung und praktische Umsetzung von individuellen Rechten benötigt, dann hatte Lord Acton recht als er sagte, dass Freiheit das sei, „was es bis zum letzten Viertel des 18. Jahrhunderts... *nicht* gab."[137]

Die amerikanische Idee von Freiheit basierte jedoch auf der Philosophie der Aufklärung - primär auf der Einstellung zur *Vernunft* und zu *Werten*, d.h. auf ihrer Erkenntnistheorie und ihrer Ethik. Und

---

[136] John Adams: *Defence of the Constitution*, zit. n. Robert C. Whittemore: *Makers of the American Mind*, New York 1964, S.131f.

[137] Zit. nach Isabel Paterson: *The God of the Machine*, New York 1943, S. 22.

in Bezug auf Philosophie verließen sich die Amerikaner der Revolutionszeit auf Europa.

Die Amerikaner unternahmen keinen Versuch, die Ideen der Aufklärung systematisch auszuformulieren, und sie befassten sich kaum mit den zu ihrer Verteidigung notwendigen Fragen. Die amerikanischen Denker betätigten sich in einer intellektuellen Atmosphäre, die sie für selbstverständlich hielten und die aus generalisierten europäischen Trends bestand, die ggf. ohne bestimmte Reihenfolge in Form von Briefen, Flugblättern, Aufsätzen usw. beschworen wurden. Diese Ära wurde von Männern der Tat dominiert, die zwar philosophisch interessiert waren, die aber darauf brannten, ihre abstrakten Prinzipien auf die Politik anzuwenden; von Männern, die annahmen, dass europäische Denker die philosophischen Fundamente ihrer Prinzipien bereits unstrittig gelegt hätten.

Die Amerikaner zählten auf etwas, das es nicht gab. In Europa gab es kein solches Fundament. In jedem fundamentalen Bereich war das Denken der europäischen Aufklärung mit unbeantworteten Fragen erfüllt, von Widersprüchen zerrissen und in vielerlei Hinsicht angreifbar.

In der Erkenntnistheorie waren die europäischen Vorkämpfer des Intellekts nicht in der Lage, eine haltbare Auffassung über das Wesen der Vernunft zu formulieren oder ihr Vertrauen darauf zu rechtfertigen. Als Resultat befand sich die Philosophie, die Vernunft vertrat, seit Beginn des 18. Jahrhunderts (und sogar früher) in einem Zustand der allmählichen Auflösung.

John Locke - der während der Aufklärung als führender europäischer Philosoph und maßgeblicher Vertreter der Vernunft und der neuen Wissenschaften angesehen wurde - ist hierfür ein repräsentatives Beispiel. Seine Philosophie ist eine widersprüchliche Mischung, teils aristotelisch, teils christlich, teils cartesisch, teils skeptisch; kurz gesagt ein eklektisches Durcheinander, das jeden Berkeley oder Hume in der Gegend beinahe dazu einlädt, sie in Stücke zu reißen. Der Philosoph, den man für den Verteidiger der Natur hielt, konnte ihre Wirklichkeit nicht beweisen. Der Philosoph, den man für den Verteidiger wissenschaftlicher Gesetze hielt, konnte den Begriff der Kausalität nicht begründen und dachte, dass der Mensch grundlegende Ursachen nicht begreifen könne und sagte ausdrücklich, dass eine „Wissenschaft der Körper" (d.h. eine Wissenschaft der materiellen Entitäten) unmöglich sei. Der Philosoph, den man für den Vorkämpfer der Sinne hielt, verkündigte alle Lehrsätze, die deren Wirksamkeit bestritten. Der Philosoph, den man für den Vertreter der grenzenlosen Macht des menschlichen Verstandes hielt, verkündete (in etwa), dass der für die menschliche Erkenntnis zugängliche Bereich eine kleine, von einem Meer des Ungewissen, des Subjektiven, des Unsinnigen und des Unerkennbaren umgebene Insel sei.

Als die Männer der Aufklärung zu ihrer intellektuellen Verteidigung auf Locke (und andere) zählten, zählten sie auf eine Philosophie der Vernunft, die sich im Zustand der Selbstzerstörung befand.

Die gleiche Zerstörung ereignete sich auf dem Gebiet der Ethik. Auch wenn Locke und andere eine rationale, beweisbare, wissenschaftliche Ethik versprachen, konnte keiner dieses Versprechen erfüllen. Niemand konnte eine solche Ethik definieren. In der Zwischenzeit erklärten europäische Stimmen immer lauter, dass die Prinzipien der Ethik letztendlich nicht auf Vernunft, sondern auf *Gefühl* basierten.

James Wilson, einer der renommiertesten Rechtsphilosophen der amerikanischen Aufklärung, ein Mann, der sowohl die Unabhängigkeitserklärung als auch die Verfassung unterzeichnete, bekennt sich ausdrücklich zu dieser Idee. Beeinflusst von Hume (und anderen) erklärt Wilson: „Die *letztendlichen* Ziele menschlicher Handlungen können nie, in keinem Fall, von der Vernunft ausgewiesen werden. Sie empfehlen sich völlig den Gefühlen und Neigungen der Menschen, unabhängig von den intellektuellen Fähigkeiten." Moral, so schreibt er, leite sich vom „moralischen Gefühl", „dem Instinkt" oder dem „Gewissen" ab. Was die Gültigkeit dieser Fähigkeiten angeht, so schreibt er: „Ich kann nur sagen: ‚Ich *fühle*, dass dies meine Pflicht ist.' Und hier muss meine Nachforschung enden..."[138] Jefferson und andere hatten ähnliche Ansichten. Aber wer nun formell in dieser Frage mit Wilson übereinstimmte oder nicht - Tatsache ist, dass er für sie alle sprach: Kein Amerikaner hatte die Basis einer rationalen, wissenschaftlichen Ethik identifiziert; alle verließen sich, zugegebenermaßen oder nicht, als ethische Grundlage auf das, was sie als moralisch *empfanden*.

Und was sie empfanden, war jene Mischung, die sie von ihren europäischen Mentoren erbten: die Mischung aus aristotelischer Selbstbehauptung und selbstverleugnender christlicher Liebe - wobei letzteres moralischen Vorrang genoss.

Das egoistische Element ging in Amerika tiefer als in Europa. Es wurde implizit in den Fundamenten des Landes angelegt. Es war eine Voraussetzung des neuen, individualistischen Systems, welches das Recht jedes Menschen auf den Schutz seines Lebens und das Streben nach seinem eigenen Glück betonte. Aber die Amerikaner identifizierten diese ethische Frage nicht auf diese Weise. Der allgemeine Tenor ihrer (unsystematischen) Äußerungen über Ethik, der dominante Zeitgeist, findet sich z.B. bei Jefferson.

Die Philosophen der alten Welt, so schreibt er, verstanden es „wirklich großartig, Regeln aufzustellen, die hauptsächlich für uns selbst gelten... [Aber darin], unsere Pflichten gegenüber anderen auszugestalten, waren sie nur mangelhaft." Sie vertraten nicht „Wohltätigkeit und Nächstenliebe" oder „Wohlwollen für die gesamte Menschheitsfamilie". Jesus habe den Menschen die Prinzipien „der vollkommensten und erhabensten" Ethik geschenkt - die Ethik der „universellen Philanthropie, nicht nur gegenüber Verwandten und Freunden, Nachbarn und Landsleuten, sondern gegenüber der Menschheit"; die Ethik, die anerkenne, dass es „in unserer Brust eine Nächstenliebe, ein Pflichtgefühl, kurz gesagt einen moralischen Ins-

---

[138] *Lectures on Law* (1790-91), in: *Documents in the History of American Philosophy*, hg. v. M. White, New York 1972, S. 83, 92f.

tinkt gegenüber anderen gibt, der uns unwiderstehlich dazu bringt, ihre Not zu spüren und ihr abzuhelfen…"[139]

Die Amerikaner waren politische, nicht aber *ethische* Revolutionäre. Auch wenn sie das Prinzip des ethischen Egoismus teilweise (und meistens implizit) akzeptierten, so blieben sie doch ausdrücklich der europäischen Tradition verhaftet und beschworen ihre Treue gegenüber einem Moralkodex, der philanthropischen Dienst und gesellschaftliche Pflichten betonte. Dies war der amerikanische Konflikt: leidenschaftliche Politik, die die eine Art von Ethik voraussetzte, in einer kulturellen Atmosphäre, die die Erhabenheit einer genau entgegengesetzten Ethik vorgab.

Die Zeichen dieses Konflikts und der Tribut, den sie vom unverwechselbar amerikanischen Politikverständnis forderten, waren von Anfang an offensichtlich. Sie waren offensichtlich in Jeffersons Forderung nach einem kostenlosen staatlichen Bildungswesen; in Paines Befürwortung einer Reihe von staatlichen Wohlfahrtseinrichtungen; in Franklins Ansicht, dass ein Individuum kein Recht auf seinen „überflüssigen" Besitz habe, über den die Öffentlichkeit verfügen dürfe „wenn das Allgemeinwohl es so verlangt" usw.[140]

Die amerikanische Aufklärung endete gleich der europäischen sehr abrupt. „Ihre Ideen wurden bald verworfen oder korrumpiert", schreibt Herbert Schneider, „ihre Zukunftspläne wurden begraben und auf dem Fuße folgte eine gründliche und leidenschaftliche Reaktion gegen ihre Ideale und Annahmen."[141] Diese Reaktion hatte die Aufklärung durch ihre eigenen philosophischen Unzulänglichkeiten selbst vorbereitet, durch die Saat, die sie genährt hatte und sprießen ließ – die Saat eines Irrationalismus, den sie nicht bekämpfen konnte und eines Altruismus, den sie vorwiegend unterstützte.

---

[139] Briefe an Benjamin Rush (21.4.1803) und Thomas Law (13.6.1814), zit. n. Paul Kurtz (Hg.): *American Thought Before 1900. A Sourcebook from Puritanism to Darwinism,* New York 1966, S. 157f., 160f.

[140] Franklin zit. nach Whittemore, a. a. O., S. 79.

[141] Herbert W. Schneider: *A History of American Philosophy,* New York 1963, S. 30.

Philosophisch wurde Amerika als eine Anomalie geboren: eine solide politische Struktur, errichtet auf einem schwankenden Fundament.

Die Gründerväter wussten nicht, dass die Ära, in der sie lebten, kämpften und planten, kurz davor stand, ihr Gegenteil hervorzubringen. Sie wussten nicht, dass sie ein Land im letzten Augenblick vor dem Mühlstein der Geschichte gerettet hatten. Sie wussten nicht, dass während ihres Kampfes um die Existenz ihres neuen Landes seine philosophischen Totengräber bereits am Werk waren: Im selben Jahrzehnt, als die Gründerväter ihre folgenschweren Dokumente veröffentlichten, veröffentlichte Kant seine.

Symbolisch gesehen ist dies der philosophische Konflikt Amerikas, der sich durch die gesamte nachfolgende Geschichte zieht. Der Konflikt lautet: Entweder die Unabhängigkeitserklärung und alles, was sie voraussetzt - oder die *Kritik der reinen Vernunft* und alles, wozu sie führt.

6.
Kant gegen Amerika

Die erste kantische Invasion bestand aus einer Bewegung, die im 19. Jahrhundert den Verlauf der amerikanischen Philosophie dominierte: deutscher metaphysischer Idealismus.

Den Anstoß zu dieser Bewegung war der Wunsch, die Religion vor den Angriffen der Wissenschaft und des aufklärerischen Denkens zu retten. Generationen von amerikanischen Intellektuellen fegten die Philosophie der revolutionären Ära hinweg und gruben jede altmodische Form ihrer Antithese aus, einschließlich Platonismus, Orientalismus und puritanischem Mystizismus. Aber ihre Hauptinspiration bekamen sie aus der neuesten Mode, die aus Deutschland herüberschwappte.

Die erste Welle, der *Transzendentalismus* von Ralph Waldo Emerson und seinen Anhängern, repräsentiert eine eklektische, „literarische" Version der deutschen Romantik. Als diese Version nach dem Bürgerkrieg langsam verschwand, kamen andere Ideen in die Hochschulen und wurden zu akademischen Lehren; jahrzehntelang, bis etwa zur Jahrhundertwende, war *Hegel* die bestimmende Kraft in unseren Philosophieseminaren.

Ein Jahrhundert lang teilten sich die Idealisten die gleiche Idee über die Realität: Die Realität sei eine übersinnliche, „organische" Dimension, d.h. Gott, ein „universeller Geist", eine „Überseele", ein „absolutes Selbst" usw. Die physische Natur sei bloße „Erscheinung" und im Wesentlichen irreal, so lehrten diese Professoren und Literaten - und auch Individuen seien nicht separate Entitäten, sondern nur Fragmente eines einzigen kosmischen Bewusstseins.

Um solche Behauptungen zu verteidigen, benutzten die Transzendentalisten die Standardmethode der Romantiker. Sie priesen Intuition, Instinkt, Glaube, Gefühl, das Herz, mystische Einsicht usw., und beschimpften die Sinne, den Intellekt, Logik, Stetigkeit und Wissenschaft. Ihre akademischen Nachfolger versuchten es anders. Wie Hegel stellten sie sich als Vorkämpfer der Rationalität hin und entwarfen gleichzeitig komplizierte Gebilde, die jedes wesentliche Element und jede Prämisse des aristotelischen Vernunft-begriffs untergruben (wie z.B. die Sinne, die Wissenschaft, das Endliche und mehr). Dies war auf seine Weise ein noch gründlicherer erkenntnistheoretischer Angriff, als alles, was die Seher aus Neu-England geschafft hatten.

Als praktische Handlungsanleitung gaben die Idealisten den Amerikanern die christliche Liebe, wie sie in Königsberg und Heidelberg konstruiert wurde, und verurteilten jede Form des Egoismus. Wir müssten immer „den fundamentalen und immerwährenden Unterschied zwischen der Idee der Pflicht und der Idee des Interesses" im Auge behalten, schreibt ein führender Transzendentalist; der „Lohn der moralischen Billigung" gehöre vor allem den Menschen, „die sich selbst einem Pflichtgefühl geopfert haben." Wenn ein Mensch absolut loyal „einer gesellschaftlichen Sache dient, die viele zu einer Einheit verbindet", könne er „Selbsterfüllung durch Selbstaufgabe erreichen, wenn er freiwillig das Streben nach dem eigenen Glück aufgibt"[142], so Josiah Royce, der führende amerikanische Hegelianer jener Zeit.

Die kollektivistische Tendenz des Transzendentalismus wurde oft mit einer individualistischen Tünche versehen, die aber eben nur Tünche ist. (Emersons berühmte Lehre der „Eigenständigkeit" verlangt z.B., dass ein Mensch sich nicht auf sein oberflächliches Selbst, sondern auf sein wirkliches Selbst, den „universellen Geist" verlassen solle. „Alles kommt von Gott. … Das Individuum hat immer un-

[142] George Ripley, Buchbesprechung, in: *The Christian Examiner*, Januar 1833; White, a. a. O., S. 137, 124. Josiah Royce: *The Philosophy of Loyalty*, New York 1908; Kurtz, a. a. O., S. 366, 373.

recht" - und das von Emerson, dem angeblichen Vorkämpfer des Individualismus.) Die Hegelianer, philosophischer als die Transzendentalisten, brauchten eine solche Tünche im Allgemeinen nicht. Individualismus, so Royce, sei „die Sünde gegen den heiligen Geist". „Wir sind gezwungen worden, die Idee der *ausschließlichen* Individualität aufzugeben", erklärt James Edwin Creighton, der erste Präsident der *American Philosophical Association*, „und anzuerkennen, dass Individuen nur dann Realität und Bedeutung haben,... wenn sie das Leben und den Zweck eines größeren gesellschaftlichen Ganzen verkörpern und ausdrücken, deren Mitglieder sie sind."[143]

Einige amerikanische Hegelianer verbreiteten das Prinzip des Kollektivismus philosophisch, ohne Bezug zu ihren politischen Implikationen. Andere befürworteten einen langsamen Umbau in Richtung Dirigismus, während sie ihre Treue zum amerikanischen System bekräftigten. Andere waren nicht so zurückhaltend. Einer verlangt, dass der Staat sämtliches Eigentum kontrollieren solle und erklärt, dass wahre Freiheit „auf der Entscheidung des Staates beruht", und dass individuelle Freiheit, die weit von wahrer Freiheit entfernt sei, eigentlich „hoffnungsloseste Knechtschaft" sei. Ein weiterer befürwortet „Bürgerkommunismus" und betont, dass „der Staat das wahre Selbst des Menschen ist, welches sonst nicht wirklich, unwahr und ohne objektive Gültigkeit in der Welt" sei. Ein weiterer erklärt, dass der Staat „absolute, unbegrenzte, universelle Macht über das Individuum und alle Vereinigungen der Untertanen..." habe.[144]

Im 19. Jahrhundert wurde es erst zur Mode und dann zur Regel, dass amerikanische Studenten, besonders jene der Philosophie und Theologie, ein Jahr oder mehr in Deutschland verbrachten und die neueste deutsche Kultur absorbierten. Eine ganze Armee aus ameri-

---

143 Ralph Waldo Emerson: *Essay II. Experience*, in *Essays, Second Series*, Boston 1844, S. 75f. Vgl. Blau, a. a. O., S. 123. Royce zit. n. Schneider, a. a. O., S. 423. James Edwin Creighton: *Studies in Speculative Philosophy*, New York 1925, S. 49f.

144 Laurens Perseus Hickok: *Moral Science*, Schenectady, N.Y. 1853, zit. n. Schneider, a. a. O., S. 379f.; Denton J. Snider: *Social Institutions*, St. Louis 1901, zit. n. ebd., S. 167; Ders.: *The State, specially the American State, Psychologically Treated, zit. n.* Whittemore, a. a. O., S. 281f.; John W. Burgess zit. n. Edward R. Lewis: *A History of American Political Thought from the Civil War to the World War*, New York 1937, S. 187.

kanischen Studenten absorbierte sie. Sie kamen nach Hause und wiederholten, was sie gelernt hatten. Sie wiederholten es überall in dem Land, das auf den Idealen eines aufgeklärten Verstandes und der unveräußerlichen Menschenrechte gegründet worden war.

Während die Kollektivisten ihre Hauptinspiration in Deutschland fanden, suchten ihre Gegner - die Verteidiger des amerikanischen Systems: Kapitalismus - hauptsächlich in England nach Antworten. Während der Wendejahre zwischen dem Bürgerkrieg und der Jahrhundertwende verließen sie sich auf die philosophische Unterstützung zweier Bewegungen: der klassischen Ökonomie und der Evolutionsbiologie.

Der philosophischste Repräsentant der Ersteren ist John Stuart Mill, den amerikanische Konservative damals wie heute zitieren. Mill, der in den meisten fundamentalen philosophischen Fragen ein müder Agnostiker ist, verteidigt den Kapitalismus mit der Ethik des *Utilitarismus*.

Utilitarismus ist eine Vereinigung von Hedonismus und Christentum. Ersterer sagt, dass man Vergnügen lieben soll; zweiteres, dass man seinen Nächsten lieben soll. Die Vereinigung sagt, dass man das Vergnügen seines Nächsten lieben soll. Genauer gesagt lehren die Utilitaristen, dass eine Handlung moralisch sei, wenn ihr Ergebnis das Glück der Menschen im Allgemeinen maximiere. Diese Theorie sagt, dass es die Pflicht des Menschen sei, zu dienen - nach einem rein quantitativen Wertmaßstab. Er müsse nicht dem Wohlergehen der Nation oder der ökonomischen Klasse dienen, sondern „dem größten Glück für die größte Anzahl", egal, wer in welcher Frage dazu gehöre. Was das eigene Glück angeht, so Mill, müsse der Mensch „unparteiisch" und „streng unvoreingenommen" sein; er müsse daran denken, dass er nur einer von Dutzenden oder Millionen Menschen sei, die von seinen Handlungen betroffen würden. „Alle Ehre für die, die ihrem persönlichen Vergnügen entsagen können", so Mill, „wenn sie durch einen solchen Verzicht die Menge an Glück in der Welt vermehren..."[145]

---

[145] John Stuart Mill: *Utilitarianism*, London 1863, S. 23.

Mill erkennt an, dass der Kapitalismus nicht auf dem Wunsch nach Verzicht oder Opferung beruht; er basiert auf dem Wunsch nach eigennützigem Gewinn. Trotzdem stelle das kapitalistische System sicher, dass das Resultat des Strebens nach individuellem Profit meistens das Glück der Gesellschaft als Ganzes sei. Daher solle das Individuum nicht durch staatliche Vorschriften gegängelt werden. Seine Freiheit solle nicht etwas Absolutes sein (es gebe nichts Absolutes, so Mill), aber unter den gegebenen Umständen sollte er frei sein - nicht aufgrund seiner unveräußerlichen Rechte (die es Mill zufolge nicht gibt), sondern aufgrund der gesellschaftlichen Nützlichkeit.

Im Kapitalismus, so die erleichterte Schlussfolgerung eines zeitgenössischen amerikanischen Ökonomen, „lässt der Herr den Egoismus der Menschen für das materielle Wohl seiner Mitmenschen arbeiten." Wie ein Kommentator bemerkte, lautet die Kernaussage dieses Arguments, dass Kapitalismus durch seine Fähigkeit, die „Niedertracht" der Menschen in „edle Ziele" zu verwandeln, gerechtfertigt wird. „Niedertracht" bedeutet hier *Egoismus*; „edel" bedeutet Altruismus. Und die Rechtfertigung von individueller Freiheit durch ihren Beitrag zum Wohl der Gesellschaft bedeutet *Kollektivismus*.[146]

Mill versuchte (zusammen mit Smith, Say und den anderen klassischen Ökonomen), ein individualistisches System dadurch zu verteidigen, dass er die fundamentalen moralischen Ideen seiner Gegner akzeptierte. Es dauerte nicht lange, bis Mill seine Widersprüche begriff und er seine politischen Ansichten entsprechend änderte. Am Ende nannte er sich einen „gemäßigten Sozialisten".

Herbert Spencer, der von den Konservativen seiner Zeit am meisten bewunderte Denker, versuchte den Kapitalismus zu verteidigen, indem er wie Kant behauptete, dass die Realität unerkennbar sei und dann die „phänomenale" Welt nach der Evolutionstheorie interpretierte.

---

146 Sidney Fine: *Laissez Faire and the General-Welfare State: A Study of Conflict in American Thought, 1865-1901*, Ann Arbor 1964, S. 54. Der zitierte Ökonom ist Edward Atkinson: *The Industrial Progress of the Nation*, New York 1890.

Spencer zufolge wird jeder Aspekt der Natur (und nicht nur der Ursprung der Spezies) durch die Evolution beherrscht; die niederen Lebensformen werden somit zum metaphysischen Modell, durch die das menschliche Leben verstanden werden soll. Die niederen Formen existieren, indem sie um eine begrenzte Menge an Nahrung konkurrieren; daher gebe es der Evolutionstheorie zufolge einen unausweichlichen „Kampf ums Dasein", in dem die weniger Angepassten verschwinden müssten. Spencer schließt daraus (während er die Tatsache ignoriert, dass der Mensch eine andere Art von Entität ist – dass er durch Produktion überlebt und ständig mehr Wohlstand schafft), dass das „Überleben des Stärkeren" auch das Gesetz des menschlichen Überlebens sei.

Mit der Zeit, so Spencer, werde der Evolutionsprozess die Schwachen aussondern, die Starken perfektionieren und das Glück der Menschheit garantieren; aber dies werde nur geschehen, wenn der Mensch sich nicht einmische, d.h. nicht durch ökonomische Vorschriften, den Sozialstaat oder durch unzulässige Wohltätigkeit die Starken behindere oder die Schwachen durchfüttere. Daher solle die Regierung eine Politik von Laissez-Faire betreiben.

Spencer akzeptiert das Prinzip individueller Rechte, aber es ist nicht Teil seines eigenen Standpunkts. Seiner Theorie nach ist die Freiheit der Starken nicht etwa gerechtfertigt, weil der Mensch Rechte hat, sondern weil eine solche Freiheit letztendlich das Wohlergehen der Spezies fördern werde. Um dieses Ziel zu erreichen, dürften die Schwachen auch verenden. In beiden Fällen ist der Wertmaßstab nicht das Leben des Individuums, sondern „die weitere Evolution der Menschheit", „die Schaffung des Menschen", das „Leben der Gattung".[147]

Genau wie Mill verteidigt Spencer den Individualismus mit der Prämisse des Kollektivismus und mit dem ihm zu Grunde liegenden Moralkodex.

Spencer sagt, die menschliche Natur sei zurzeit in einem vergleichsweise niedrigen Zustand, werde sich aber langsam verbes-

[147] Herbert Spencer: *The Principles of Ethics*, Bd. 2, Appleton, N.Y. 1893, S. 433.

sern. Im Verlauf von Äonen der Evolution werde der Egoismus verkümmern. Irgendwann werde der Mensch eine Stufe an Altruismus erreichen, wo „Fürsorge für das Glück anderer ein tägliches Bedürfnis wird - eine Stufe, auf der die primitiven egoistischen Bedürfnisse ständig untergeordnet werden..." In dieser Utopie würden die Menschen darauf brennen, sich für ihre Mitmenschen zu opfern; sie würden so begierig darauf sein, „dass die Impulse, die einen selbst betreffen,... kaum noch wahrgenommen werden."[148]

So sieht das moralische Ideal aus, das der Vorkämpfer des auf dem Profitmotiv basierenden Systems seinen Anhängern hinterließ. Die Amerikaner hörten zu. Moralisches Verhalten sei „uneigennütziger Dienst an der Gemeinschaft", schreibt John Fiske, Spencers wichtigster philosophischer Jünger in den Vereinigten Staaten; unmoralisches Verhalten sei „wenn man seine egoistischen Interessen denen der Gemeinschaft vorzieht"; die „wichtigste Betrachtung" sei „das Wohlergehen der Gemeinschaft, selbst wenn es mit dem des Einzelnen unvereinbar ist..."[149]

William Graham Sumner, der bekannteste Sozialdarwinist Amerikas, steht für eine andere Entwicklung von Spencers Ideen. Sumner respektierte die traditionellen individualistischen Tugenden und predigte nicht Altruismus. Aber da er Soziologe und nicht Philosoph ist, bot er keine philosophische Verteidigung der Lebensweise an, die er bewunderte und die er oft unwissentlich untergrub. Er bestritt das Konzept von natürlichen Rechten und proklamierte, dass Laissez-Faire keine „wissenschaftliche Norm" sei, sondern eine Sache bloßer Zweckdienlichkeit. Er endete als Skeptiker und sagte, dass es keine objektiven moralischen Maßstäbe gebe und dass „eine absolut wahre und richtige Philosophie... eine Illusion" sei.[150]

---

148 *Ebd.*, Bd. 1, S. 243, 256.

149 John Fiske: *Outlines of Cosmic Philosophy*, Cambridge 1902; Kurtz, a. a. O., S. 390.

150 William Graham Sumner: *Laissez Faire*, in: A. G. Keller und M. R. Davie (Hg.): *Essays*, New Haven 1934, zit. n. Fine, a. a. O., S. 88; Ders.: *Folkways: A Study of the Sociological Importance of Usages, Manners, Customs, Mores, and Morals*, Boston 1907, zit. n. R. E. Dewey u.a (Hg.): *Problems of Ethics*, New York 1961, S. 31.

Die amerikanischen Verteidiger des Kapitalismus hatten den Ideen aus Deutschland nichts entgegenzusetzen, in keinem Zweig der Philosophie und besonders nicht auf dem Gebiet der Ethik. Im Regelfall kämpften sie darum, die sie konfrontierenden Fragen nicht zu lösen, sondern ihnen auszuweichen. Die Ökonomen waren gewohnt zu sagen, dass der Mensch (der „ökonomische Mensch") von Natur aus egoistisch sei und dass der kapitalistische Status Quo daher unveränderbar sei, egal wie die moralischen Träume der Visionäre auch aussehen mögen; nebenbei bemerkt sei der moralische Status des Kapitalismus keine Frage für Ökonomen, für die Fragen von Gut und Böse irrelevant seien. Die Anhänger von Spencer waren sogar noch leidenschaftlicher deterministisch. Sie glaubten, der Mensch müsse seine gegenwärtig niedrige moralische Statur akzeptieren, Jahrtausende dasitzen und auf seine Rettung warten. Ein amerikanischer Spencerianer fasst diese konservative Gesinnung in die Worte: „Sie und ich können [in Bezug auf gegenwärtige soziale Probleme] überhaupt nichts unternehmen... Wir können nur auf die Evolution warten. In vier- oder fünftausend Jahren hat die Evolution den Menschen vielleicht aus diesem Zustand hinausgeführt. Aber *wir* können nichts tun."[151]

Die Verteidiger des Kapitalismus verbrachten ihre Zeit damit, Schuld und Hoffnungslosigkeit zu verbreiten. Implizit oder explizit sagten sie: Intelligenz kann den Weg der Gesellschaft nicht beeinflussen, Menschen sind ihren Trieben hilflos ausgeliefert, Laissez-Faire spricht das Böse im Menschen an, aber dagegen könne der Mensch nichts machen.

Die Vereinigten Staaten wurden von Männern gegründet, die überzeugt waren, dass der Mensch *nicht* ohnmächtig ist. Einst hatte diese Überzeugung in Verbindung mit dem Wertekanon der Aufklärung die Amerikaner dazu geführt, sich gegen eine Tyrannei aufzulehnen. Nun kehrte diese Überzeugung ihre historische Rolle um: Aufgegeben von den Verfechtern des Kapitalismus wurde sie von den aufkeimenden dirigistischen Gruppen des späten 19. Jahrhun-

[151] Edward Livingston Youman, Gespräch mit Henry George, zit. n. Fine, a. a. O., S. 44.

derts aufgenommen. Diese Gruppen wurden zur Bugwelle der amerikanischen Zukunft. Sie hatten zwei unschätzbare Werte auf ihrer Seite: Sie wendeten die fundamentalen Ideen, die die führenden Intellektuellen des Landes seit Jahren akzeptiert hatten, auf die praktische Politik an; und sie trafen nirgendwo auf *moralischen* Widerstand.

Einige neue dirigistische Gruppen beriefen sich auf Religion (z.B. die Social Gospelers). Andere beriefen sich auf eine romantische Lesart der Wissenschaft (z.B. die Reformdarwinisten). Einige verlangten Blutvergießen und Sozialismus. Die meisten forderten friedliche „Reformen", d.h. einen Kompromiss zwischen Laissez-Faire und Sozialismus. Aber alle bezogen ihre Stärke aus dem gleichen Credo. Sie sagten: Der Mensch ist *doch* der Herr seiner sozialen Umwelt; er ist in der Lage, *jetzt* gut zu sein; ein System, dessen Antriebskraft die Antithese von Tugend ist, kann nicht länger hingenommen werden. Und wie „gut" zu definieren sei, wussten diese Reformer ganz gewiss. „Opfer, nicht Eigennutz, ist das Leben des Individuums, der Gesellschaft und der Nation", sagte einer. Das „existierende Wettbewerbssystem ist durch und durch egoistisch...", sagte ein anderer. Individualismus „ist das Kennzeichen der Barbarei", sagt ein Dritter – und Laissez-Faire müsse durch „eine neue Auffassung über die Aufgaben der Regierung und die dementsprechende Ausweitung ihrer Kompetenzen und ihres Wirkungsbereichs" ersetzt werden.[152]

Das ursprüngliche amerikanische System konnte, obwohl es behindert und zunehmend in sein Gegenteil verkehrt wurde, weiter operieren, da es noch Reste des Geistes der Aufklärung im amerikanischen Denken gab. Es waren die Überbleibsel einer Philosophie, die nie ein ordentliches Fundament hatte und die durch jahrzehntelange philosophische Angriffe weiter untergraben worden war. Diese Überbleibsel konnten jedoch nicht unendlich lange durchhalten.

---

[152] George D. Herron: *The Message of Jesus to Men of Wealth*, Rede, 22. 9. 1890, zit. n. Fine, a. a. O., S. 194; Josiah Strong an Richard T. Ely, 8. 8. 1889, in: *ebd.*, S. 173; Lyman Abbott: *Reminiscences*, Boston 1915, zit. n. *ebd.*, S. 174; ders.: *Christianity versus Socialism*, in: *North American Review*, April 1889, zit. n. *ebd.*, S. 182.

Gegen Ende des Jahrhunderts wurde die schwere Artillerie der Dirigisten in Stellung gebracht. Der Angriff auf die Erkenntnistheorie der Aufklärung, der bereits von einer Handvoll Intellektueller geführt worden war, begann nun mit unvergleichlicher Heftigkeit. Der Name des neuen Bombardements lautete *Pragmatismus*.

In Europa war Pragmatismus bloß ein Element des post-kantischen Trends; in Amerika wurde er zu seiner Hauptform, die mehr als irgendeine andere die Intellektuellen und dann das Land mitriss. Unter europäischen Denkern blieb der Pragmatismus eine lose Tendenz; in Amerika nahm er Formen an und entwickelte sich zu einer ausgewachsenen Philosophie. Wenn man pragmatische Politiker reden hört, hört man nur Parolen, die ein Resultat sind; wenn man William James und John Dewey liest, entdeckt man die abstrakten Theorien, denen solche Resultate zu Grunde liegen.

Amerikanischer Pragmatismus ist eine Fortsetzung der zentralen Ideen von Kant und Hegel. Er besteht aus *deutschem metaphysischen Idealismus* für Aktivisten.

Der Mensch könne keine Tatsachen erkennen, die dem Verstand „vorangehen", erklären James und Dewey, aber das sei kein Problem, da es nicht die Aufgabe des Verstandes sei, solche Tatsachen zu erkennen. Der Verstand, so Dewey, sei *kein* „Zuschauer". Wissen – jegliches Wissen, ob nun in der Wissenschaft oder in der Ethik – sei keine „Enthüllung der Realität, einer Realität die der Erkenntnis vorangeht und von ihr unabhängig ist..." „Es ist nicht Aufgabe des Denkens", meint er, „sich den Merkmalen anzupassen, welche die Gegenstände schon besitzen, oder sie zu reproduzieren..."[153]

Kant hatte gesagt, die Aufgabe des Denkens bestehe darin, aus den erhaltenen Daten ein eigenes Universum zu schaffen – die physische (phänomenale) Welt. Hegel hatte gesagt, die Aufgabe des Denkens (des absoluten Denkens) bestehe darin, ein Universum aus sich selbst, aus der eigenen Funktion zu produzieren. Der Kern des Geistes, so folgerten beide, bestehe nicht darin, die Realität wahrzunehmen, sondern die Realität zu *schaffen*. Das ist der Kern des deut-

[153] John Dewey: *Die Suche nach Gewissheit*, Frankfurt a. M. 1998, S. 47, 140.

schen Idealismus und das ist auch der Kern der pragmatischen Metaphysik.

Der Mensch empfange einige Daten, mit denen sein Denken operiere - das gestehen selbst Pragmatiker zu. Diese Daten, die die Pragmatiker „Erfahrungen" nennen, repräsentierten jedoch keine feste, „vorangehende" Realität, die vom Menschen identifiziert werde, sondern ungeformtes Material, das vom Menschen geformt und *verändert* werden solle. Die Funktion des Denkens bestehe nicht darin, „zuzuschauen", sondern - um Deweys Begriff zu verwenden - dieses Material aktiv „wiederherzustellen", d.h. ihm einen spezifischen Charakter aufzuzwingen und so eine bestimmte Realität zu erschaffen.

Die Idealisten haben dem Pragmatismus zufolge unrecht: Es gebe nicht nur Denken, sondern noch eine andere Realität. Aber die Nicht-Idealisten hätten auch unrecht: Diese Realität sei nichts Spezifisches. Die Realität, so die Pragmatiker, sei nicht „an sich feststehend und fertig"; sie sei nicht an sich „vorgefertigt"; sie sei „unfertig", „plastisch", „formbar", „unbestimmt".[154] An sich sei die Realität eine Ausdehnung von Etwas *ohne Identität*; Etwas, das nichts im Speziellen ist.

Diese Ausdehnung sei nicht unendlich formbar. Manchmal erwiesen sich die empfangenen Daten als widerspenstig, und der Mensch scheitere bei seinem Versuch, die Realität „wiederherzustellen", so beobachten die Pragmatiker. Warum das so sein sollte - wie es für dieses Nichts-im-Besonderen möglich ist, widerspenstig zu sein -, sagt der Pragmatismus nicht. (Jede Erklärung müsste sich auf das Wesen einer „vorangehenden" Realität beziehen, ein Konzept, das der Pragmatismus ablehnt.) Und wann man beim Umbilden der Realität Erfolg hat oder nicht, könne niemand vorhersagen. In jeder Situation könne man nur versuchen und abwarten. Denken sei „experimentell", so behaupten die Pragmatiker, und der Kern dieses Experiments bestehe daraus, ob sich das formbare Material den menschlichen Wünschen beugt oder nicht.

---

[154] *Ebd.*, S. 23; Vgl. John Dewey: *Logic: The Theory of Inquiry*, New York 1938, S. 104 ff.

Kant und Hegel hatten jeder für sich dem Geist bestimmte Beschränkungen auferlegt; sie hatten gesagt, dass obwohl der Geist die Realität erschaffe, er trotzdem ein eigenes Wesen und feststehende Funktionsprinzipien habe, denen er gehorchen müsse. Der Pragmatismus ist anderer Meinung. Er verzichtet auf „Festigkeit", auf Prinzipien und alle notwendigen Gesetze der Realität und des Geistes. Er verkündet den Höhepunkt der idealistischen Ansicht: Der Mensch habe die Freiheit, in Übereinstimmung mit seiner eigenen unbegrenzten Entscheidung seine eigenen Denkmuster zu wählen; er habe die Freiheit, mit jeder Form des Denkens, die er sich vorstellen könne, zu „experimentieren" und habe deswegen die Freiheit, jede beliebige Realität zu erschaffen.

Bei der Auswahl dieser Denkmuster gibt es dem Pragmatismus zufolge jedoch eine Richtschnur, der der Mensch folgen könne: das *Handeln.*

Dewey führt aus, dass der Mensch im Regelfall nicht denke und nicht zu denken brauche; er handele bloß – aus Gewohnheit, aus Routine, aus gedankenlosen Impulsen. Aber in bestimmten Situationen setze sich das formbare Material der Realität plötzlich durch und die Gewohnheit erweise sich als ungenügend: Der Mensch sei unfähig, seine Ziele zu erreichen, seine Handlungen träfen auf Hindernisse und er erlebe Frustration und Probleme. An diesem Punkt solle der Mensch auf das „Instrument" des Denkens zurückgreifen. Und das Ziel des Denkens bestehe nicht darin, Tatsachen oder die Realität zu erkennen, sondern die Situation „wiederherzustellen" und den Problemen auszuweichen, die Hindernisse zu umgehen und den normalen Prozess ungehinderter (gedankenloser) Handlung wieder aufzunehmen.

Zu diesem Zweck formuliere der Geist eine „Idee" – was Dewey zufolge nur ein „Schlachtplan einer bestimmten Handlungsweise zum Lösen einer spezifischen Situation" sei. Wenn der Plan nach erfolgter Handlung die Frustration beseitigt; wenn der Umbau der Realität erfolgreich ist; wenn, in Deweys Worten, „Existenzen sich in der von der Idee gewollten Weise anpassen" – dann sei die Idee wahr, pragmatisch wahr; wenn nicht, dann sei die Idee (pragmatisch) falsch. Der beherrschende erkenntnistheoretische Maßstab besteht daher aus den Konsequenzen von Handlungen. „Die aktive, dynamische Funktion [einer Idee] ist das wichtigste an ihr", schreibt Dewey, „und in der von ihr induzierten Qualität der Handlung liegt all ihre Wahrheit oder Unwahrheit."[155]

Da Konsequenzen von Handlungen die Wahrheit bestimmten (und da der Erfolg von „Experimenten" zur Umformung der Realität nicht vorhergesagt werden könne), könne die Wahrheit einer Idee auch nicht *vor* einer Handlung bekannt sein. Der Pragmatiker erwartet nicht, vor einer Handlung zu wissen, ob sein „Schlachtplan" funktionieren wird. Er akzeptiert „die fundamentale Idee..., dass unsere Erkenntnis auf das Handeln und seine Ergebnisse folgt."[156]

Aristoteles und die Aufklärung, die aus seiner Philosophie stammte, hatte behauptet, dass die Realität an erster Stelle und unabhängig von menschlichem Denken existiere und menschliches Denken menschlichem Handeln vorausgehe. Aristoteles hatte gesagt, dass der Mensch zuerst die jeweiligen Tatsachen der Realität kennen müsse; auf dieser Grundlage könne er dann die Ziele und den Verlauf seiner Handlungen festlegen. Der Pragmatismus repräsentiert eine totale Umkehrung dieser Abfolge. Für den Pragmatiker lautet die Reihenfolge: Der Mensch handelt; er erfindet Denkformen, um die Bedürfnisse seiner Handlungen zu befriedigen, und die Realität passt sich dementsprechend an (außer, wenn sie es aus unerklärlichen Gründen nicht tut). Erstens Handlung - zweitens Denken - drittens Realität.

Dieser Ansicht nach gibt es nichts (im Denken oder in der Realität), was dem Verlauf menschlicher Handlungen irgendein festes Muster auferlegt. Dem Pragmatismus zufolge sind menschliche Handlungen in jeder Hinsicht ständiger Veränderung unterworfen, wenn der Mensch es so entscheidet - und ebenso das Denken, eben-

---

[155] Das erste und dritte Zitat stammt aus Deweys *Reconstruction in Philosophy*, zit. n. Brand Blanshard: *The Nature of Thought*, Bd. 1, New York 1939; S. 347. Das zweite Zitat aus seinen *Essays in Experimental Logic*, Dover, N.Y., o. D., S. 310.

[156] Dewey, *Gewissheit*, S. 276.

so die Wahrheit und ebenso die Realität. Der Mensch erschaffe die Realität nicht nur; erst erschaffe er sie - und wenn die Anforderungen seiner Handlungen sich ändern, erschaffe er sie nach einem neuen Muster, bis er dieses Muster wieder verwirft und mit einem neuen Modell „experimentiert" usw.

In dem wirbelnden heraklitären Strudel, aus dem das Universum der Pragmatiker besteht, gibt es nichts Absolutes. Es gibt keine Tatsachen, keine feststehenden Gesetze der Logik, keine Gewissheit, keine Objektivität.

Es gebe keine Tatsachen, nur provisorische „Hypothesen", die das menschliche Handeln kurzfristig erleichterten. Es gebe keine feststehenden Gesetze der Logik, nur formbare „Konventionen" ohne jegliche Grundlage in der Realität. (Die Logik des Aristoteles habe in früheren Kulturen so gut funktioniert, dass ihre Auswechslung nun überfällig sei, so Dewey.) Es gebe keine Gewissheit - auch schon die Suche danach sei eine fundamentale Verirrung, eine „Perversion", so Dewey. Es gebe keine Objektivität - das Objekt werde vom Denken und der Handlung des Subjekts erschaffen. Die einzige diesbezügliche Frage lautet für einen Pragmatiker: Welche Version des Subjektivismus soll ich annehmen?

Typischerweise nimmt William James die persönliche Version an, wenn auch nicht konsequent. Menschliche Handlungen und Ziele, so behauptet er, variierten von Individuum zu Individuum, und deswegen auch die Wahrheit. John Dewey lehnt diesen Ansatz als Vertreter des dominanten Flügels ab; sein gesellschaftlicher Subjektivismus repräsentiert seine Treue zu den Ideen Hegels (dessen Jünger Dewey am Anfang seiner Laufbahn war). So etwas wie ein autonomes Individuum gibt es Dewey zufolge gar nicht: Die Intelligenz eines Menschen sei fundamental vom kollektiven Denken anderer Menschen konditioniert; der Geist sei kein „privates", sondern ein gesellschaftliches Phänomen. Der pragmatische „Rekonstrukteur" der Realität sei nicht das Individuum, sondern die Gesellschaft. Pragmatische Wahrheit sei dementsprechend das, was für die Gruppe funktioniere. Die Wahrheit sei wie das Denken „öffentlich"; sie bestehe aus jenen Hypothesen, die die Handlungen und Ziele der Gemeinschaft als Ganzes erleichterten.

Auch auf dem Gebiet der Ethik bekennt James freimütig seinen Subjektivismus. Werturteile könnten nur auf Gefühlen basieren - auf willkürlichen Wünschen oder Forderungen. „Jeder Wunsch", schreibt er in einem Aufsatz, „ist zum Ausmaß seiner Größe zwingend; er *macht* sich selbst gültig durch die Tatsache, dass er überhaupt existiert." Daher *„ist die Wesenheit des Guten einfach die Befriedigung von Verlangen* - das Verlangen nach allem Möglichen."[157]

Dem sei nicht so, erklärt Dewey. Bevor der Mensch einem Wunsch zufolge handelt, müsse er die erforderlichen Mittel zu dessen Erlangung einschätzen und die Konsequenzen, die die Handlung (wahrscheinlich) hat. Welcher Maßstab soll diese Einschätzung leiten? Es gebe nichts Absolutes, antwortet Dewey; in jeder einzelnen Situation müsse der Mensch den fraglichen Wunsch durch Bezugnahme zu Werten einschätzen, die er zu dieser Zeit nicht hinterfragen wolle, auch wenn jeder dieser Werte in der nächsten Situation hinterfragt und verworfen werden könne. Der Maßstab eines Wunsches sei seine Kompatibilität nicht mit der Realität, sondern mit dem Rest aller Wünsche des jeweiligen Augenblicks. Der Maßstab sei daher das Gefühl. Auf diese Weise läuft Deweys ethische Einstellung auf die von James hinaus, auch wenn er dies heftig bestreitet. (Dewey sieht seine Version der pragmatischen Ethik als Methode an, in Hinsicht auf Werturteile „intelligent", „wissenschaftlich" und „objektiv" zu sein.)

Wenn Pragmatiker behaupten, dass Handlung der philosophische Grundsatz ist, meint diese Behauptung eigentlich: *Gefühle* sind der Grundsatz, das metaphysische Bollwerk, auf dem das pragmatische Universum errichtet ist, der unreduzierbare, alles kontrollierende Faktor, der Handlungen und somit das Denken und somit die Realität bestimmt. Im Kern des pragmatischen Universums liegt das Gefühl oder (in der traditionellen Terminologie) „der Wille" - roh, hirnlos und blind.

---

[157] Castell, a. a. O., *The Moral Philosopher and the Moral Life*, S. 73, 77.

Der Pragmatismus akzeptiert den voluntaristischen Irrationalismus der Romantiker des 19. Jahrhunderts vollständig. Der typische Romantiker lehnte die Vernunft zugunsten von Gefühlen ungeniert ab. Der Pragmatismus geht noch einen Schritt weiter: Er drängt zur gleichen Ablehnung, nennt sie aber „eine neue Version von Vernunft".

Für sich genommen, als unterscheidbare Theorie, ist die pragmatische Ethik ohne Inhalt. Sie mahnt den Menschen, „Praktikabilität" zu verfolgen, spezifiziert aber keinen „festen" Wertekanon, der zur Definition dieses Begriffes dienen könnte. Als Resultat sind Pragmatiker trotz ihrer Ablehnung aller Moralsysteme dazu gezwungen, sich auf Werte von anderen, nicht-pragmatischen Moralisten zu verlassen, wenn sie ihren ethischen Ansatz überhaupt umsetzen wollen. In der Regel eignet sich der Pragmatiker diese Werte an, ohne sie anzuerkennen; er akzeptiert sie durch einen Prozess der Osmose und absorbiert die kulturellen Ablagerungen der moralischen Theorien seiner Vorgänger - und kritisiert doch gleichzeitig die Nutzlosigkeit all dieser Theorien.

Der dominierende, buchstäblich der einzige Moralkodex, den die modernen Intellektuellen in Europa und in Amerika vertreten, ist irgendeine Variante des Altruismus. Und somit predigen ihn auch die meisten amerikanischen Pragmatiker. Typischerweise kämpfen sie aber nicht dafür (da es nichts Absolutes gibt) und vertreten ihn auch nicht systematisch (da es kein System gibt). Sie halten ihn nur für selbstverständlich, wann immer ihnen danach ist - was bei ihrer kantisch-hegelschen Schulbildung 90 Prozent der Zeit (oder mehr) ausmacht.

In der Politik präsentiert sich der Pragmatismus auch als Gegner von „Starrheit", von „Dogmen", von „Extremen jeglicher Art" (ob nun kapitalistisch oder sozialistisch); er bekennt offen, dass er relativistisch, „gemäßigt" und „experimentell" ist. Wie in der Ethik so gilt auch hier: Der Pragmatiker wird gezwungen, irgendeinen Maßstab anzuwenden, nach dem man die Resultate seiner gesellschaftlichen Experimente beurteilt, einen Maßstab, den er, wenn man sich seine selbstverursachte Leerstelle ansieht, von anderen, nicht-pragmatischen Trendsettern absorbieren muss. Dewey gesteht dies quasi ein, wenn er erklärt, dass „die echte Arbeit der intellektuellen Klasse in jeder Zeit“ nicht daraus bestehe, Maßstäbe oder Ideale hervorzubringen, sondern „die aufkeimenden Bewegungen ihrer Zeit aufzuspüren und zu formulieren“[158] – was bedeutet: die Maßstäbe und Ideale zu übernehmen und zu propagieren, die bereits von früheren Intellektuellen gestartet wurden.

Die „aufkeimende Bewegung“, das politische Prinzip, das aus Deutschland importiert und in alle Richtungen verbreitet wurde, als Dewey schrieb, war *Kollektivismus*.

Die Aufklärung, so Dewey, habe unrecht. Die traditionellen Liberalen (einschließlich Locke und die Gründerväter) hätten unrecht mit ihrer „starren Lehre natürlicher Rechte, über die Individuen unabhängig von ihrer gesellschaftlichen Organisation verfügen“. Sie hätten unrecht, wenn sie behaupten, dass das Individuum „Denk- und Handlungsfreiheiten [hat]..., deren Sicherung die einzige Aufgabe des Staates ist.“ Sie hätten unrecht, wenn sie glauben, dass ein ausufernder Staat „der große Feind der individuellen Freiheit“ sei. All diese Ideen seien einst „relevant“ gewesen, aber sie seien keine „unverletzlichen Wahrheiten, die überall und immer gut“ seien; und heute, so behauptet er, seien diese „negativen“ Ideen veraltet. Heute müssten wir die „seltsame Idee persönlicher Freiheit“ aufgeben: „Atomistischer Individualismus“, Laissez-Faire-Kapitalismus, privater Profit und „pekuniäre Ziele“, das „Regime individueller Initiative und Unternehmungen für privaten Gewinn“ – all dies müsse nun verworfen werden.[159]

Dewey sagt, Intelligenz sei kein „individuelles Eigentum“, sondern „gesellschaftliches Vermögen“, das „mit einer so allgemeinen Funktion bekleidet ist, wie sein Ursprung...“ Daher seien „Eigentum und Gewinn“ nicht „intrinsisch individuell“. Da die Köpfe von Wissenschaftlern und Industriellen eine kollektiv geschaffene gesell-

---

[158] John Dewey: *Liberalism and Social Action*, New York 1963, S. 12.

[159] *Ebd.*, S. 4f., 32. John Dewey: *Philosophy and Civilization*, Minton, N.Y. 1931, S. 322f. Ders.: *Authority and Social Change*, 1936, zit. n. William Ebenstein: *Modern Political Thought*, New York 1960, S. 649.

schaftliche Ressource seien, gelte das eben auch für den Wohlstand, den diese Köpfe geschaffen haben. Was Amerika nun brauche, so Dewey, sei „organisierte Handlung zugunsten des Allgemeinwohls.“, „organisierte Planung“ der Wirtschaft - kurz gesagt „eine Art von Sozialismus.“[160]

Er lehne Individualismus nicht ab, so Dewey, nur die Konzepte eines unabhängigen Individuums und individueller Rechte. Er nennt seine Theorie einen „neuen Individualismus.“

Der Prozess, eine Philosophie durch freie Diskussion unter denkenden Erwachsenen zu verbreiten, ist langwierig und komplex. Von Plato bis heute ist es der Traum aller Gesellschaftsplaner gewesen, diesen Prozess zu umgehen und stattdessen eine kontroverse Ideologie direkt in die plastischen, ungeformten Köpfe von Kindern zu injizieren - indem man sich das Bildungssystem eines Landes unter den Nagel reißt und es in ein Vehikel zur Indoktrination verwandelt. Auf diese Weise kann man eine gesamte Generation ohne intellektuellen Widerstand einfangen, in einem einzigen *coup d'école*.

Selten (wenn überhaupt) hat eine freie Nation angesichts einer solchen Forderung so schnell, so umfassend und so elendig kapituliert wie Amerika. Als das Land seine öffentlichen und privaten Bildungseinrichtungen von der Vorschule an aufwärts auf unzählige Weise direkt und indirekt aufgab und sie an die Legionen von progressiven Pädagogen überreichte, die von Dewey herangezüchtet wurden, lieferte es seine Jugend in die Hände der Philosophie des Pragmatismus aus, um nach dem pragmatischen Menschenbild „umgeformt“ zu werden. Diese Entwicklung hatte nach einigen wenigen Jahrzehnten ein neues intellektuelles Establishment in Amerika geschaffen. Im Land der Aufklärung war dies die Amtseinführung für die formelle Herrschaft von Kant und Hegel, nicht bloß bei einer Handvoll Intellektueller, sondern in allen Bereichen des amerikanischen Lebens.

---

[160] Dewey: *Liberalism*, S. 65, 67. Ders.: *Individualism Old and New*, New York 1962, S. 75, 95, 119.

Das Ziel der Progressiven bestand nicht darin, dem Schüler ein bestimmtes Ideensystem aufzuzwingen, sondern seine Fähigkeit zu zerstören, *irgendwelche* Ideen zu irgendeinem Thema zu vertreten.

Die Theorie der Progressiven Bildung beginnt mit einem Angriff auf den traditionellen, Realitäts-orientierten Bildungsansatz. Für die Pragmatiker ist Bildung kein Prozess, in dem jungen Menschen Wissen über eine „vorausgehende" Realität vermittelt wird, das bereits akkumuliert und logisch organisiert wurde. Die Funktion von Bildung, so schreibt Dewey, bestehe nicht daraus, „ein gebrauchsfertiges Universum an Wissen" zu vermitteln. Eine Schule sei nicht primär ein Ort, um „intellektuelle Lektionen" zu lernen. „Die Heftklammer eines Lehrplanes" solle nicht aus akademischen Themen bestehen, nicht aus „Tatsachen, Gesetzen und Informationen", nicht aus „verschiedenen Fächergruppen mit der Aufschrift Geografie, Arithmetik, Grammatik usw."[161]

Den Progressiven zufolge soll Bildung nicht themenzentriert, sondern Kind-zentriert sein. („Wir lehren nicht Geschichte, wir lehren Johnny.") Bildung müsse „relevant" sein, relevant für die „wirklichen Interessen" des Kindes - vor allem für sein Interesse an Selbstverwirklichung. Sein Selbst bedeutet in diesem Kontext seine „Instinkte" und seine „spontanen Impulse", die sich durch Tun ausdrückten.

Für den Pragmatismus ist das Kind (so wie der Erwachsene, zu dem es wird) nicht primär ein denkendes, sondern ein handelndes Wesen. Es lerne nicht primär durch Zuhören oder durch Lesen; es „lernt durch Handeln" („Learning by doing"). Da ihm kein „gebrauchsfertiges" Wissen vermittelt wurde, soll es „experimentieren". Wie der erwachsene Pragmatiker lernt es, Denken als ein „praktisches Instrument" zu sehen, das es ihm ermöglicht, den Problemen des Augenblicks zu entkommen, wenn sie unerklärlicherweise auftauchen - und dieses Instrument wieder fallen zu lassen, wenn die Dinge seinen Gefühlen zufolge wieder „funktionieren". Da Handlung an sich konkret ist, drehen sich die Aktivitäten des Kindes um zusammenhangslose Projekte, die alle Grenzen traditioneller aka-

[161] John Dewey: *The School and Society*, Chicago 1956, S. 100ff.

demischer Fächer überschreiten und kurz und zufällig alle Themen streifen, von denen der Lehrer (oder die Klasse) fühlt, sie seien für den Augenblick relevant.

Wenn es das Kind fertigbringt, nach dieser Methode doch einige Brocken an Informationen aufzunehmen, so dürften diese aber nicht als Gewissheiten präsentiert oder akzeptiert werden. Der Lehrer und die Schüler dürften nicht „autoritär" sein, sie müssten „provisorisch" und „flexibel" sein.

Außer in einem Punkt. Da die Wünsche der Gruppe ein metaphysischer Grundsatz sind, besteht die Funktion der Schule nicht daraus, einen Sinn für die Realität oder die Intelligenz zu entwickeln, sondern einen Sinn für das „Soziale". Da „der Geist nicht als individuelles, monopolistisches Eigentum gesehen werden kann", bestehe die Funktion der Schule darin, eine Art von Kartellamt zu sein: Jeden aufkommenden solchen Monopolisten (jeden intellektuell unabhängigen Schüler) zu konditionieren, indem man ihn in Deweys Worten darauf trainiert „das soziale Gewissen zu teilen", d.h. seinen Verstand den Forderungen der Gruppe unterzuordnen. Für Dewey ist das fundamentale Ziel von Bildung „die Entwicklung eines Gefühls für soziale Kooperation und gemeinschaftliches Leben..." Das Ziel bestehe darin, die „soziale Fähigkeit" des Kindes zu fördern - indem man es unter anderem „mit dem Geist des Dienens erfüllt..."[162]

Trotz ihres Relativismus haben die Progressiven etwas Absolutes, eine Gewissheit, einen eisernen Faden, der sich durch alle Aktivitäten und Projekte des Kindes zieht: die Gesellschaft und der Imperativ, sich ihr unterzuordnen. Sich dem Leben anzupassen bedeutet für diese Bewegung, sich der Gesellschaft anzupassen. Die Schule soll sich um das Kind drehen - und das Kind soll sich um das Kollektiv drehen. Dies ist der „neue Individualismus" in der Erziehung.

Und dies ist ein weiterer Grund, warum das Kind sich nicht auf Tatsachen und Wahrheiten konzentrieren solle. „Die bloße Aufnahme von Tatsachen und Wahrheiten", so Dewey, „ist eine so aus-

---

[162] *Ebd.*, S. 99, 16, 91, 29. Der zweite Auszug stammt aus Deweys *My Pedagogic Creed*, New York 1897; zit. in Fine, a. a. O., S. 288.

schließlich individuelle Sache, dass sie natürlich dazu tendiert, sich zu Egoismus zu entwickeln. Es gibt kein offensichtliches soziales Motiv für das Lernen, es liegt kein sozialer Gewinn darin."[163] In der progressiven Schule lernt das Kind etwas, das Tatsachen, Wahrheiten und Egoismus übersteigt. Klein-Fritzchen kann vielleicht nicht mehr lesen, schreiben, rechnen oder denken, aber er lernt zu dienen, anderen zu dienen, sich anderen anzupassen und ihren Sprechern zu gehorchen. Er nimmt kein „gebrauchsfertiges Universum aus Wissen" auf. Stattdessen nimmt er eine „gebrauchsfertige" Verachtung für Wissen (und für Vernunft) auf, zusammen mit einer „gebrauchsfertigen", „praktischen" Philosophie: Altruismus, Kollektivismus, Dirigismus.

Größtenteils machten sich die amerikanischen Intellektuellen, die die Philosophie des Pragmatismus akzeptiert hatten, keine Illusionen über ihre Bedeutung oder Konsequenzen. Sie wussten, was sie taten. Dies galt jedoch nicht für die Allgemeinheit, einschließlich der Unternehmer. Das amerikanische Volk nahm die pragmatische Philosophie nicht wegen ihres eigentlichen theoretischen Inhalts an (von dem es damals wie heute nichts weiß), sondern wegen der Methode, mit der ihm dieser Inhalt präsentiert wurde. In seiner Ter*minologie und seinen Versprechungen* ist der Pragmatismus eine Philosophie, die kalkuliert auf ein amerikanisches Publikum abzielt.

Die Methode, die besonders von den Anhängern Deweys perfektioniert wurde, besteht daraus, die Philosophie falsch herum zu beschreiben. Die Pragmatiker übernehmen die traditionelle Sprache der Wissenschaft und der Philosophie; sie stellen die lang etablierten, wertbeladenen Worte zur Schau, die Ideen benennen, die die meisten Amerikaner bewundern. Und sie tun dies, während sie die Bedeutung dieser Worte verwerfen oder sogar *umkehren*. Somit posieren sie als Vorkämpfer eben jener Ideen, die ihre eigene Philosophie systematisch angreift.

Die Amerikaner, Nachfahren der Ära der Aufklärung, wollten eine Philosophie für diese Erde; die Deweyiten verwerfen Übernatürli-

---

[163] Dewey, *The School*, S. 15.

ches und Religion und betonen die „Natur" - und konstruieren den Begriff dann so, dass er einen Strudel ohne Identität bezeichnet, der von den Wünschen der Gruppe geformt werden kann. Die Amerikaner wollten eine auf Vernunft basierende Philosophie; die Deweyiten betonen „wissenschaftliche Methoden" und „Intelligenz" - und legen dann einen voluntaristischen Irrationalismus vor, der dem Geist die Fähigkeit abspricht, die Realität, Prinzipien oder feststehende, kausale Gesetze zu begreifen. Die Amerikaner wollten eine auf Tatsachen basierende Philosophie; die Pragmatiker betonen „Erfahrung" - und streiten ab, dass sie Informationen über Tatsachen liefert. Die Amerikaner hatten wenig Sympathie für das Suhlen in Emotionen; die Deweyiten prangern „Sentimentalismus" an - während Gefühle aber philosophischen Vorrang bekommen. Die Amerikaner bewunderten menschliches Selbstvertrauen; die Pragmatiker betonen menschliche „Kraft" - nicht die Kraft, die Realität zu *erkennen,* sondern sie zu erschaffen.

Die Amerikaner wollten eine für das Leben relevante Moral; das wollten sie auch, sagen die Pragmatiker, während sie einen zynischen Amoralismus verbreiten. Die Amerikaner bewunderten Individualismus; sie auch, sagen die Deweyiten, eine „neue" Art von Individualismus, die gesellschaftliche Konformität als fundamentalen Imperativ lehrt. Die Amerikaner verachteten passives Festhalten an Tradition und waren für neue Ideen offen; in jedem Zweig der Philosophie betonen die Pragmatiker „Experimente", „Innovation" und „Fortschritt" und käuen dann die traditionellen Theorien wieder, die zur ältesten Politik von allen führen: Dirigismus. Die Amerikaner konnten den offenen Mystizismus der nach-kantischen deutschen Achse nicht verdauen; die Pragmatiker präsentieren sich als die Vertreter einer speziell „amerikanischen" Idee, die daraus besteht, die Grundprämissen dieser deutschen Achse zu verehren und alle fundamentalen Ideen, von der Metaphysik bis zur Politik, auf denen Amerika gegründet wurde, abzulehnen. Vor allem wollten die Amerikaner Ideen, die auf dieser Erde zu etwas gut waren, die einen greifbaren, praktischen Sinn hatten; und die Pragmatiker betonen

„Praktikabilität", die nach ihren Lehren zufolge daraus besteht, ohne Denken und Realität zu handeln.

Die Pragmatiker betonen den „Geldwert" von Ideen. Aber die Amerikaner kannten den „Geldwert" jener pragmatischen Ideen nicht. Sie wussten nicht, dass Pragmatismus das Versprechen von irdischem Erfolg nicht erfüllen kann, weil er an der Wurzel eine Philosophie ist, die nicht an diese oder irgendeine Welt glaubt.

Als die Amerikaner sich um den Pragmatismus scharten, glaubten sie, dass sie damit für *ihr* Weltbild und *ihr* Lebensgefühl kämpften. Sie wussten nicht, dass sie in die entgegengesetzte Richtung geführt wurden, dass der Kampf aus einem diametral entgegengesetzten Zweck geführt wurde und dass der Feind, zu dessen Zerstörung sie getrieben wurden, sie selbst waren.

Der Pragmatismus ist die einzige Philosophie des 20. Jahrhunderts, die in den Vereinigten Staaten eine landesweite Anhängerschaft gewann. Er ist die letzte philosophische Bewegung unserer Zeit, die vorgibt, den Amerikanern praktische Anleitung und ein umfassendes Weltbild zu liefern. Seine Nachfolger haben seit zwei Generationen nun selbst diese Täuschung aufgegeben; sie repräsentieren keine neue Philosophie, sondern ihren Zusammenbruch und ihre Auflösung. Diese Auflösung hat zwei Formen angenommen, die beide aus Europa kommen.

Eine (die analytische oder britische Achse) legt sich auf keinerlei Ideen fest, nicht einmal auf skeptische oder mystische. Philosophie hat ihrer Ansicht nach kein bestimmtes Thema und keinen praktischen (oder theoretischen) Zweck. Sie bestehe nicht aus dem Studium von Tatsachen oder Werten; sie könne weder das Universum beschreiben noch das Gute definieren. Sie sei ein linguistischer Zeitvertreib, der auf willkürlichen Regeln basiere (und mit mathematischen Symbolen vollgestopft ist) – ein Reservat für Akademiker oder ein Spiel, das ohne Bezug zur Realität oder irrelevant für das Leben sei.

Die andere Form der Auflösung, die nichtanalytische oder kontinentale Achse, hält den analytischen Standpunkt für den unausweichlichen, sterilen Ausdruck der *Vernunft*. Diese Achse glaubt, dass Philosophie sich mit der Realität und mit den wichtigen Problemen des menschlichen Lebens befassen muss, indem man die Vernunft aufgibt.

Die bekannteste Version dieser Einstellung, der Existentialismus der 50er und 60er Jahre, sagte, dass die Realität absurd sei und dass irrationale Leidenschaft die einzige Wissensgrundlage darstelle. In solch einer Welt, so Sartre, sei der Mensch der Kontrolleur seines Schicksals, außer dass er es nicht kontrollieren könne, weil sein Verstand hilflos sei; also sei Freiheit ein „Fluch" und das menschliche Schicksal bestehe aus Angst und Übelkeit – woraus es keinen Ausweg gebe, da Denken eine Selbsttäuschung sei, Systematik Selbsttäuschung sei und eine rationale Ethik auch Selbsttäuschung sei. Man könne sich nur blind irgendeiner Sache verpflichten oder den Zen-Buddhisten beitreten, um mit einer höheren Dimension zu verschmelzen, oder Fidel Castro als Helden des Jahrhunderts preisen oder irgendetwas anderes tun, wonach man sich gerade fühlt. (Und dies beschreiben die Existentialisten als „Individualismus".)

Heute ist die akademische Philosophie aus Amerika verschwunden. Sie hat die Sackgasse der kantischen Dichotomie zwischen Denken und Realität erreicht. Ihre Fachleute sind geteilt zwischen absurder Wort-Seziererei und wortreicher Verehrung von Absurditäten, und sie hat den vollständigen Rückzug abgeschlossen; einen Rückzug, bei dem die eine Gruppe keine signifikanten Fragen mehr stellt und die andere Gruppe keine mehr beantwortet. Die Allgemeinheit hat sich demzufolge von der formellen Philosophie zurückgezogen und verachtet sie.

Heute suchen Amerikaner philosophische Anleitung nicht länger bei Philosophen, sondern bei denen, die deren freigewordenen Stellen haben: Politiker, Ökonomen, Psychologen, Gurus usw. Solche Menschen bringen jedoch keine philosophischen Ideen hervor und verändern keine philosophischen Trends. Sie vermitteln bloß die Ideen, die sie gelernt haben und bringen sie näher an ihren Endpunkt.

Unser Zeitalter und unser Land wird noch immer von jenen Männern beherrscht, die fundamentale Ideen hervorgebracht und den heutigen Trend erschaffen *haben*: den Philosophen des vergangenen Jahrhunderts - besonders Kant und Hegel. Der Beweis ihrer Macht sind die toten Ideen, die heute noch in Amerika durch Unterlassung leben und herrschen - nicht, weil es heute noch leidenschaftliche Philosophen gibt, sondern weil es sie *nicht* mehr gibt.

Im Kampf zwischen der *Kritik* und der Unabhängigkeitserklärung gewinnt die *Kritik* bis jetzt mühelos.

Teil 2:

Praxis

7.
Geeint verlieren

Weil Philosophie sich mit umfassenden Abstraktionen befasst, halten die meisten Menschen sie für lebensfern. Sie sehen sich Philosophie an, wie sie sich ein Wahlprogramm ansehen würden – als eine Reihe von schwebenden Generalisierungen, die keinen praktischen Bezug haben und die teils aus ritualisierter Frömmigkeit, teils aus schöngefärbten Rationalisierungen und rhetorischer heißer Luft bestehen.

Was, so fragen die Leute sich, haben diese Allgemeinheiten mit dem wirklichen Leben zu tun, mit den Themen die wichtig und praktisch sind: mit der erbitterten Debatte im Senat zwischen den Liberalen und den Konservativen, der Wirtschaftskrise, der Krise im Bildungssystem, der Stimmung unter den Studenten oder der erbitterten Kontroverse um den neuesten, schockierenden Film oder Roman, dem neuesten Theaterstück, Gemälde oder der neuesten Methode in der Psychotherapie?

Die Leute können sich die Entwicklungen auf den für sie interessanten Gebieten nicht erklären, weil sie den Ursprung dieser Entwicklungen nicht kennen. Auf jedem Gebiet kommen sie aus den Entscheidungen, die letztendlich auf bestimmten Grundlagen beruhen. Wissentlich oder nicht kommen diese Entscheidungen aus den Grundideen und -werten der Menschen. Und die Wissenschaft der grundlegenden Ideen ist die Philosophie.

Wer skeptisch ist, ob die Philosophie etwas mit dem wirklichen Leben zu tun hat, sollte Philosophiebücher beiseitelegen. Er sollte den Elfenbeinturm der Theorie verlassen und sich in das Reich der Praxis stürzen. Er sollte die konkreten Ereignisse des *kulturellen* Lebens seiner Gesellschaft beobachten – ihre Politik, ihre Ökonomie, ihr Schulwesen, ihre Jugendbewegung, ihre Kunst, Religion und Wissenschaft. Er sollte in jedem Bereich die Hauptentwicklungen entdecken und dann fragen: Warum ist das so?

Auf jedem Gebiet werden die Hauptdarsteller selbst die Antwort geben. Sie liefern sie selten in Form philosophischer Reden. Häufig geben sie moralische Erklärungen ab. Vorwiegend liefern sie jedoch Randbemerkungen, vage Implikationen und beiläufige Kommentare, die jedenfalls beiläufig erscheinen, außer, dass sie sie nicht vermeiden können und auf sie zählen. Diese Bemerkungen sind die Spitze des Eisbergs: Sie enthüllen die Grundprämissen, die eine bestimmte Entwicklung verursachen.

Wenn man entdeckt, dass diese Kommentare auf jedem Gebiet dieselben Fundamente enthüllen, wenn man sieht, dass dieselben Abstraktionen für jede Handlung, jede Frage, jede Alternative und jeden Wendepunkt gelten, dann wird man die Kraft erkennen, die die konkreten Ereignisse des menschlichen Lebens integriert und die menschliche Geschichte bewegt.

Um den Zustand einer Gesellschaft zu verstehen, muss man entdecken, wie sehr eine bestimmte Philosophie den Geist und die Institutionen dieser Gesellschaft durchdringt. Auf dieser Basis kann man dann den Zusammenbruch einer Gesellschaft erklären – oder, wenn sie noch eine Chance hat, ihre Zukunft vorhersagen.

Und somit kann man die Tatsache von Hitlers Aufstieg und die Möglichkeit von Amerikas Zusammenbruch sinnvoll erklären.

* * *

Am 6. Februar 1919 um 15.15 Uhr wurde in Weimar eine historische Nationalversammlung, bestehend aus 423 frei gewählten Abgeordneten, formell einberufen. Ihr Ziel war es, das kaiserliche Regime der Hohenzollern, das nach der Niederlage im Ersten Weltkrieg zusammengebrochen war, durch eine neue deutsche Regierung zu ersetzen, die in Übereinstimmung mit einer neuen republikanischen Verfassung agieren sollte, die von den Abgeordneten zu verabschieden war.

Die Abgeordneten wussten um die Bedeutsamkeit ihrer Versammlung. Sie wussten: Das Ergebnis ihrer Debatte würde keine Formsache sein, sondern ein Dokument, das das politische System und somit die Zukunft ihres Landes bestimmen würde.

Die Führer der Interimsregierung (die Sozialdemokraten) hatten entschieden, die Versammlung nicht in Berlin abzuhalten, da das Risiko von Ausschreitungen dort zu groß war: Die Kommunisten hatten sich geweigert, an einem parlamentarischen Prozess teilzunehmen und waren mit dem Ruf „Alle Macht den Räten" auf die Straße gegangen. Außerdem wollte die Regierung den Wunsch unterstreichen, „frei von Berlin" zu sein, d.h. von der Herrschaft Preußens.

Preußen, der größte und mächtigste deutsche Staat - eine halbfeudale, militaristische Tyrannei voller Verbote -, hatte die Geschicke der Nation seit der Reichseinigung von 1871 beherrscht. Das neue Deutschland, so schworen seine Anführer, werde nicht nach dem Bilde Potsdams, sondern nach dem Weimars geprägt werden. Weimar war die Heimat und das Symbol einer unpreußischen Tradition: der Tradition von Goethe und Schiller, des klassischen Humanismus und des politischen Liberalismus. Weimar war quasi das Symbol der deutschen Aufklärung.

Die deutsche Aufklärung unterschied sich grundlegend von der englischen, der französischen oder der amerikanischen. Ihr Unterschied lässt sich an einer einzigen Tatsache zusammenfassen: Wie groß die künstlerischen Repräsentanten oder wie groß ihre Freiheitsliebe (im Falle Schillers) auch gewesen sein mag - der maßgebliche Philosoph der deutschen Aufklärung, der angebliche Vorkämpfer des Humanismus, der Vernunft und der Freiheit, der einflussreichste Denker der „Weimarer Tradition" war Immanuel Kant.

In diesem schicksalhaften Frühling von 1919 hatten die streitenden Parteien der Weimarer Versammlung wenig Zeit, sich mit Philosophie oder mit Kant zu befassen. Sie befassten sich mit Politik und mit Marx. Die Hauptkontrahenten waren die Sozialdemokraten - eine offiziell marxistische Gruppe, die aus den Nachkriegswahlen als stärkste Partei hervorgegangen war - und verschiedene Gruppen aus konservativen Nationalisten, die die Bildung einer Republik ablehnten.

Die Sozialdemokraten setzten alle langjährigen Traditionen ihrer Partei fort und rekrutierten sich im Allgemeinen aus nur einem Segment der Wählerschaft: dem „Proletariat", d.h. den Arbeitern in den Städten. Das Ziel der Partei war „die Vereinigung der Stärke des Proletariats im Kampf gegen den gemeinsamen Feind: den Kapitalismus und die Reaktion."[164]

Das Ziel dieses Kampfes, so sagten die sozialdemokratischen Anführer den Arbeitern, sei ein einziges Ideal: der Sozialismus. Sozialismus, sagten sie, bedeute Allgemeinbesitz an den Produktionsmitteln, das Ende der Herrschaft der geldgierigen Bourgeoisie, eine selbstlose, egalitäre, klassenlose Gesellschaft, in der alle Menschen für das Wohl der Allgemeinheit leben würden. Bis der Staat verschwunden sei, so fügten die Anführer hinzu, bedeute Sozialismus auch einen starken Staat. Wir müssen gegen die „Nachtwächterfunktion" des Staates kämpfen, um „das jungfräuliche Feuer der Zivilisation, den Staat, gegen die [liberalen] Barbaren zu schützen", sagte Ferdinand Lasalle, der einflussreichste Sozialdemokrat des 19. Jahrhunderts und „die größte Persönlichkeit der Parteigeschichte." „Der Staat ist die Einheit der Individuen als moralische Gesamtheit...", sagte Lasalle. „Der Zweck des Staates besteht daher nicht im Schutz der persönlichen Freiheit und des Privateigentums, das das Individuum nach Ansicht der Bourgeoisie mit in den Staat einbringt."[165]

Die deutlichste Darstellung des sozialdemokratischen Weltbilds liefert *Die Weber*, ein Stück des berühmten Dramatikers Gerhart Hauptmann. *Die Weber*, das Hauptmann zum „Idol der sozialistischen Massen" machte, spielt um 1840 in der deutschen Textilindustrie. Das Drama stellt eine Masse unterdrückter Arbeiter dar, „flachbrüstige, hustende Kreaturen mit aschgrauen Gesichtern... gebrochen, gequält, ausgelaugt", unterwürfig und von Hunger gequält.

[164] Pinson, a. a. O., S. 358, zit. eine am 14. 11. 1918 in München von einer Arbeiterversammlung der Bayerischen Mehrheitssozialisten und den Gewerkschaften verabschiedete Resolution.

[165] *Ebd.*, S. 201, 203, zit. eine Ansprache von Lassalle vom 12. 4. 1862.

(Ein alter Mann muss seinen Hund essen, um nicht zu verhungern.) Die Ursache dieses Elends seien die Kräfte des Establishments - vor allem die fetten, habgierigen „Fabrikantenteufel", die in Palästen leben, sich die Bäuche vollschlagen und ihre Babys in Wein und Milch baden. Solche Männer, so schreien die Weber, seien „Henker und... Satansbrut... Ein jeder kennt schon euer Ziel, 's ist der Armen Haut und Hemde." Am Ende erheben sich die Weber im Namen der sozialen Gerechtigkeit, plündern die Häuser der Kapitalisten, zerstören deren Eigentum und marschieren dann los, um ein für alle Mal den Hauptfeind der Arbeiter zu zerschlagen: „Von hier aus geh mer... zu Dittrichen, der de mechan'schen Webstihle hat. Das ganze Elend kommt von a Fabriken."[166]

Die Weber vermittelt perfekt die Grundemotion und den Emotionalismus, der die deutschen Marxisten beider Lager, Sozialdemokraten und Kommunisten, bewegte. In ihren bitteren, umfassenden Verleumdungen des „Klassenfeindes" und den feurigen Vorhersagen ihres „revolutionären" Umsturzes waren sich die beiden Gruppen trotz all ihrer Differenzen über die jeweilige Taktik einig.

In der Praxis waren die Sozialdemokraten aber gegen die Plünderung von Häusern und die Zerstörung von Fabriken - und ihr Kampf wandte sich nicht in erster Linie gegen Klassenfeinde, sondern gegen kommunistische Gewehre. Die Sozialdemokraten waren gegen Gewalt, einen proletarischen Putsch und das bolschewistische Russland - nicht gegen seine Ziele, die sie für edel hielten, sondern gegen seine Methoden, die sie für unzivilisiert und brutal hielten. Der Sozialismus müsse in Deutschland rechtmäßig eingeführt werden, durch parlamentarische Entscheidung, was für sie einen langsamen, evolutionären Prozess bedeutet, da die Mehrheit des deutschen Volkes antimarxistisch sei und erst umerzogen werden müsse.

In der Zwischenzeit würden sie mit dem traditionellen Eifer der Partei weiter marxistische Ideen predigen, sich im Reichstag aber auf ein „Reformprogramm" beschränken. „Reformen" bedeuten in die-

[166] *Ebd.*, S. 458. Norris Houghton (Hg.): *Seeds of Modern Drama*, New York 1963; Gerhart Hauptmann: *Die Weber*, S. 29, 55.

sem Zusammenhang den Ausbau des Sozialstaats-Dirigismus. Sie meinten eine Politik innerhalb eines halbsozialistischen, halbkapitalistischen „Mischsystems", um die Verabschiedung weiterer arbeiterfreundlicher Programme sicherzustellen, einschließlich der Ausweitung der Macht der Gewerkschaften, den 8-Stunden-Tag, Mindestlöhne, Arbeitslosenversicherung, Sozialwohnungen, ein staatliches Gesundheitswesen, staatliche Kontrolle über die Industrie und höhere Steuern auf hohe Einkommen und Unternehmensgewinne.

Die Partei, so ihre marxistische Rhetorik, lehne diese sozialstaatlichen Maßnahmen ab, die Bismarck in der Kaiserzeit eingeführt hatte und mit denen nur Zeit gewonnen werden solle - Maßnahmen, die nur die kommende Revolution verzögerten und untergrüben. Aber die reformistische Praxis der Partei sagte, solche Maßnahmen seien genau das, wofür die Partei kämpft.

Wir stehen mit den gemäßigten bürgerlichen Parteien für die Verteidigung des republikanischen Systems, welches die Bürgerrechte und die Freiheiten aller Menschen schützt, sagte das demokratische Gesicht der Sozialdemokratie. Diese „kapitalistische" Republik sei bloß eine Übergangsphase, ein notwendiges Übel auf dem Weg zu einer wirklich moralischen Gesellschaft, in der die Menschen etwas Größeres als Freiheit genießen würden: ökonomische Gleichheit - so das soziale Gesicht der Sozialdemokratie. „An einem Staat", schreibt August Bebel, der Vorkriegs-Parteivorsitzende, „in dem die politische Freiheit bloß der Zweck ist, hat der Arbeiter wenig Interesse... Was nutzt ihm die politische Freiheit, wenn er dabei hungert?"[167]

Nieder mit der Scheinfreiheit des Kapitalismus, so die leidenschaftlichen Rufe auf Parteiversammlungen. Aber nicht jetzt, baten dieselben Männer am nächsten Morgen; zuerst müssen wir den Kapitalisten eine Chance geben, das Land nach dem Krieg wieder aufzubauen: „Es scheint uns unmöglich, die Industrie in den Allgemeinbesitz zu überführen, wenn die Produktivkräfte des Landes fast

[167] August Bebel: *Unsere Ziele*, Berlin [10]1893, zit. n. Pinson, a. a. O., S. 217.

erschöpft sind. Verstaatlichung ist unmöglich, wenn es kaum etwas zu verstaatlichen gibt."[168]

„Herr, gib mir Keuschheit und Enthaltsamkeit, aber noch nicht jetzt!", sagte Augustinus in einem berühmt gewordenen Gebet und drückte damit die Qual eines tiefen inneren Konflikts aus. Übertragen auf die politische Arena war dies der Konflikt und die Qual der führenden deutschen Partei.

Buchstäblich alle Kommentatoren fanden die Sozialdemokraten halbherzig. Die übliche Erklärung lautet, dass der moralische Charakter der Parteiführung, ihre Erfahrung oder ihre Strategie unzureichend gewesen sei. Tatsächlich war die Unzulänglichkeit der Partei nicht personell oder taktisch; sie war ideologisch. Mit ihren marxistischen Idealen waren die Sozialdemokraten Erben der zentralen, kollektivistischen Tradition in Deutschland. In ihren republikanischen Methoden klammerten sie sich an die Überbleibsel einer anderen (und in Deutschland nur schwach ausgebildeten) Tradition: das Weltbild der Aufklärung. Das Resultat war eine Partei, die aufgrund ihrer Natur unfähig war, eine Nation entschlossen zu führen, eine Partei, die von Anfang an unter einem fundamentalen Widerspruch litt.

Es dauerte nicht lange, bis die ersten Witze die Runde machten. Sie drehten sich um Revolutionäre, die Ruhe und Ordnung wollten; militante Proletarier, die mit der Bourgeoisie kollaborierten; Sozialisten, die sich weigerten, zu verstaatlichen.

So sahen die Männer aus, die die deutschen Konservativen damals für Vertreter eines wissenschaftlichen Lebensentwurfs hielten.

Die Konservativen, die größtenteils der Deutschnationalen Partei angehörten, wollten eine Wiedereinsetzung der Monarchie (oder eine Militärjunta). Diese Gruppen umfassten den Großteil des kaiserlichen Establishments wie z.B. reiche Junker, das mächtige Offizierscorps und viele prominente Richter, Bürokraten und Industrielle. Besonders zwei Gruppen waren beim Missionieren für den konservati-

---

[168] So ein von der neuen bayerischen Übergangsregierung eingereichtes Programm vom 15. 11. 1918, zit. n. *ebd.*, S. 359.

ven Standpunkt erfolgreich. Eine war die größte Religionsgruppe des Landes, die evangelische Kirche, die treu zu den Ideen ihres Gründers stand und daher seit langem ein Bollwerk des Preußentums war. Die andere bestand aus dem Berufsstand, der junge Menschen erziehen und ausbilden sollte - dem Bildungsestablishment und den Professoren, die aus der Kaiserzeit nahtlos in die Republik übergegangen waren und bis zum Ende loyal zum Kaiser standen.

Was der Sozialismus für die Linken war, war der Nationalismus für die Konservativen: ihre Ideologie, ihr politisches Ideal, ihr gemeinsames Band. „Nationalismus" bedeutet in diesem Kontext der Glaube an die Überlegenheit der „deutschen Seele" gegenüber „westlicher Dekadenz" und daraus folgend der Glaube an die historische Mission des Vaterlandes, die minderwertigen Völker der Welt zu führen (oder zu beherrschen).

Die Konservativen versuchten nicht, die angeborene Überlegenheit der Deutschen zu beweisen. Sie *fühlten* sie, und das reichte ihnen. Sie sagten, die deutsche Seele entziehe sich der intellektuellen Analyse: Sie funktioniere durch Instinkt. Sie entziehe sich den mühseligen Debatten von „isolierten" Individuen einer parlamentarischen Regierung. Stattdessen verlange sie „organische Einheit" und „das Autoritätsprinzip". Sie lehne all das Gerede über Menschenrechte als „westlichen Egoismus" ab. Sie preise Pflichterfüllung und Selbstopferung für das Vaterland.

Die meisten Konservativen waren religiöse Menschen, deren grundlegende Ideen in einer christlichen Lebenseinstellung lagen. Typischerweise drehen sich die öffentlichen Äußerungen dieser Menschen um Themen wie den Wert des Glaubens, die Übel des Atheismus, die Bedeutung von Kirche und Familie und wie wichtig es sei, dass religiöse Schulen die Jugend gegen radikale Thesen immunisierten. Ob sie sich nun auf die Religion beriefen oder nicht, so überhäuften die Konservativen „die rationale Republik" jedoch mit Schmähungen. Dies war jedoch nicht sarkastisch gemeint - ihrer Meinung nach war die Republik rational. Bei diesem Thema waren alle mit Luther einer Meinung. „Es gibt auf der Erde nichts Gefährlicheres als einen reich ausgestatteten und scharfen Verstand", sagte Luther. „Die Vernunft muss getäuscht, geblendet und zerstört werden."[169]

In der Wirtschaft, in der Philosophie und der Politik standen die Konservativen für Tradition - die deutsche Tradition.

Deutschland war als eines der wenigen westlichen Länder nie in die Ära des klassischen Liberalismus eingetreten und stand treu zu seinen vorherrschenden Ideen aus dem 19. Jahrhundert; in verschiedenen Formen und Abstufungen wurde die Wirtschaft immer vom Staat geregelt. Im von Preußen dominierten Kaiserreich hatten Bismarck und seine Nachfolger viele neue Vorschriften eingeführt, einschließlich der Verteilung von besonderen Gefälligkeiten der Reichsregierung an die Großgrundbesitzer und die Industriellen - Subventionen, Schutzzölle usw. Zusätzlich hatte Bismarck in den achtziger Jahren des 19. Jahrhunderts die aufkommende Arbeiterbewegung besänftigen wollen und in Deutschland den ersten Sozialstaat der Welt geschaffen, bestehend aus Programmen für gesetzliche Kranken-, Unfall-, Renten- und Berufsunfähigkeitsversicherung.

Bismarcks konservative Anhänger, einschließlich der Professoren und der evangelischen Kirche, hatten solche Programme als einen natürlichen Ausdruck preußischer Bevormundung, Fürsorge und preußischen Pflichtgefühls enthusiastisch gefeiert. Die Grundlage von Bismarcks Politik stammt von den sogenannten Kathedersozialisten, einer Gruppe aus einflussreichen Sozialwissenschaftlern an deutschen Universitäten. Die Ideen dieser Männer, so Ludwig von Mises, „waren fast mit denen identisch, die später von den britischen Fabians und den amerikanischen Institutionalisten vertreten wurden..."[170] Die Protestanten folgten Männern wie Pastor Adolf Stoecker; sie hatten Kapitalismus als bösartige jüdische, mit dem christlichen Geist unvereinbare Idee abgelehnt. „In keinem anderen Land hatte die Idee sozialer Reformen die Menschen so sehr ergrif-

[169] Luther zit. n. Walter Kaufmann: *The Faith of a Heretic*, Garden City, N. Y. 1963, S. 75.
[170] von Mises: *Omnipotent Government*, S. 158.

fen wie in Deutschland…", fasst ein Historiker die Lage zusammen (ohne den Versuch zu machen, diese Tatsache zu erklären).[171]

Die Weimarer Konservativen folgten ihren Bismarck'schen Mentoren. Sie befürworteten alle kaiserlichen Vorschriften, Programme und Steuern und lehnten zwei Dinge ab. Eines war freier westlicher Kapitalismus (den sie oft als Plutokratie, Pazifismus oder „jüdische Geldgier" beschrieben); das andere waren „radikale Experimente", d.h. irgendein *neues* Regierungsprogramm, das die Waage zugunsten der Arbeiter neigen sollte. Anstelle dieser beiden Dinge verlangten die Konservativen Privateigentum „im deutschen Sinne". Dieses kombinierte die Anerkennung von Privateigentum (in einigen Bereichen) mit dem Prinzip, dass Eigentum dem von den Staatsorganen festgelegten Wohl der Nation dienen müsse.

Staatsfeind Nummer Eins, so die Konservativen, sei der Sozialismus. Ihre Definition von Sozialismus lautete: staatliche Kontrolle der Wirtschaft zugunsten der niederen Klassen. Sie empörten sich dagegen und forderten stattdessen die staatliche Kontrolle der Wirtschaft zugunsten der *oberen* Klassen.

Die Deutschnationalen (und eine ähnliche Gruppe, die Christliche Volkspartei) wurden in Deutschland als die politische Rechte angesehen. Der Begriff „rechts" hatte in Deutschland nichts mit klassischem Liberalismus, individuellen Rechten, einer Marktwirtschaft oder Kapitalismus zu tun. Er stand für das Gegenteil dieser Ideen. Er stand, in der Wirtschaft und der Politik, für eine Version des *Dirigismus*.

Im Jahre 1919 wussten die Konservativen, dass es noch zu früh war, ihre gesellschaftlichen Ziele umsetzen zu können. Sie wussten, dass sie der neuen Regierung eine Chance geben mussten. Sie entschieden sich dazu, abzuwarten und zu schauen, was die Verteidiger der „rationalen Republik" tun würden.

Diese Verteidiger bestanden nicht nur aus Marxisten. Die Sozialdemokraten hatten zwei unverzichtbare „bourgeoise" Verbündete, ohne die weder die neue Verfassung noch die Republik möglich ge-

---

[171] Gustav Stolper: *The German Economy*, New York 1967, S. 43f.

wesen wären. Diese beiden Verbündeten waren die Zentrumspartei und die Deutsche Demokratische Partei.

Die Zentrumspartei (die regelmäßig fast 20 Prozent der Wählerstimmen bekam) war 1870 gegründet worden, um als politischer Arm der katholischen Kirche zu dienen.[172]

Bei all ihren Differenzen in anderen Fragen waren die Zentristen stolz darauf, eine vereinte moralische Kraft gegen die Verbreitung der Dekadenz im Nachkriegsdeutschland zu sein. Die moralischen Werte, die die Parteiführung vertrat, umfassten Glaube an Gott, eine Rückkehr zu den Geboten des traditionellen Christentums und Gehorsam - nicht nur religiösen, sondern auch politischen Gehorsam (da sich für Katholiken politische Macht von Gott herleitet). Die Hauptursache des geistigen Verfalls des Landes sei der moderne Trend zum Säkularismus und zum Freidenkertum. Freidenkertum bedeutete für diese Männer nicht bloß Atheismus, sondern unabhängiges Denken in philosophischen Fragen. Ein Mitglied des Reichstages erklärte einmal: „Es ist mir unmöglich, die moralische Grundlage einer Handlung anzuerkennen, wenn ich sie nicht verstehe." Die anwesenden Zentristen riefen daraufhin: „Materialismus! Materialismus!"[173]

So wie ihre Kollegen im Ausland verließen sich die Zentristen nicht auf die Methode der Überzeugung, um ihre Ideen zu verbreiten. Sie wollten ihren Moralkodex dem Rest des Landes per Gesetz aufzwingen und forderten Maßnahmen wie das Verbot von Abtreibungen, von bestimmten Sexualpraktiken, die Zensur von Pornographie und ein Gesetz, das die deutsche Jugend vor „Schmutz- und Schundliteratur" schützen sollte.[174] Die Partei verlangte außerdem die staatliche Finanzierung katholischer Schulen.

Über nichtreligiöse Fragen gab es unter den Zentristen oft Differenzen. Einige waren Konservative, die das neue deutsche System ablehnten; andere waren Liberale, die es begrüßten. („Jede Regie-

---

172 Einschließlich der für die Bayerische Volkspartei abgegebenen Stimmen.
173 Rudolf Virchow, 17. 1. 1873, zit. n. Pinson, a. a. O., S. 193.
174 Erich Eyck: *A History of the Weimar Republic*, Bd. 2, Cambridge MA 1967, S. 92.

rung genießt Gottes Segen, ob nun monarchistisch oder republikanisch", sagte ein Parteisprecher in der Weimarer Versammlung.)[175] In einer politischen Grundfrage stimmten jedoch alle ihre Splittergruppen überein: Die Partei lehnte sowohl Kapitalismus als auch Sozialismus ab.

Der Kapitalismus, so die Katholiken, sei ein gottloses System. Der Kapitalismus repräsentiere einen säkularen Lebensansatz, der auf den Intellekt des Menschen zähle und sein Streben nach materiellem Erfolg belohne. Er repräsentiere auch einen unmoralischen Ansatz: Er beanspruche das Recht eines Menschen, nach seinem eigenen Urteil zu handeln, was eine „sündige Toleranz" von sexuellen und politischen Fragen impliziere. Vor allem aber „läuft das Motiv des Eigeninteresses und der Anreiz zu Wettbewerb dem katholischen Glauben zuwider, der keine individuelle, sondern eine gesellschaftliche Ethik unterstützt. Die Gesellschaft war ein *corpus christi mysticum* [mystischer Leib Christi] und das Individuum durfte nicht als ein isoliertes Phänomen wahrgenommen werden", so der Historiker Koppel Pinson.[176]

Den Sozialismus lehnten die Zentristen aus einem fundamentalen Grund ab: Sozialismus sei unpraktischer Idealismus; Marx' Vision einer perfekten, egalitären Gesellschaft auf der Erde sei edel, aber unmöglich. Sie sei unmöglich wegen der Erbsünde, die den Menschen trotz all seiner Sehnsüchte zu Habgier und Scheitern verurteile. „Leiden und dulden ist einmal der Anteil unseres Geschlechtes", hatte Papst Leo XIII. gesagt; „und so große Anstrengungen man auch zur Besserung des Daseins machen mag, die Gesellschaft wird niemals frei von großer Plage werden."[177]

Da Kapitalismus böse und Sozialismus zu gut für den Menschen sei, sei ein Kompromiss nötig, so die Partei. „Einerseits", so ein prominenter deutscher Katholikenführer im Jahre 1848, „sehen wir ein striktes Festhalten am Recht auf Eigentum, und auf der anderen Seite

175 Adolf Gröber, 13. 2. 1919, zit. n. *ebd.*, Bd. 1, S. 59.
176 Ebd., S. 181.
177 Enzyklika *Rerum Novarum*, §14.

sehen wir eine ebenso entschlossene Leugnung aller Eigentumsrechte, und wir wollen unbedingt zwischen diesen beiden Extremen vermitteln."[178] Die „Vermittlung", die er (und die Zentrumspartei) fand, war die Idee, dass der Mensch das Recht auf Eigentum habe, aber dass dieses Recht nicht unbegrenzt sei: Es sei bedingt durch die vordringliche moralische Verpflichtung, sein Eigentum in einer Weise einzusetzen, die dem Allgemeinwohl diene.

Da jede deutsche Gruppe Individualismus ablehnte, bedeutete „Zentrismus" in der Weimarer Republik einen Mittelweg, nicht zwischen Sozialismus und Kapitalismus, sondern zwischen *marxistischem* Dirigismus (zugunsten der unteren Klassen) und *konservativem* Dirigismus (zugunsten der oberen Klassen).

In den frühen Nachkriegsjahren waren sowohl konservative Zentristen als auch Monarchisten im ganzen Land relativ kleinlaut, und der linke Parteiflügel war auf dem aufstrebenden Ast. Dieser Flügel wollte unbedingt eine Koalition mit den Sozialdemokraten eingehen.

Das letzte Mitglied der „Weimarer Koalition" war die Demokratische Partei, eine 1918 gegründete liberale Gruppe mit einer Reihe von berühmten Namen aus der akademischen Welt und dem Geschäftsleben, wie sie keine andere Gruppe vorzuweisen hatte. Diese Partei war, in Pinsons Worten, „den Idealen einer demokratischen Republik am tiefsten verpflichtet und richtete sich größtenteils an jene Deutsche, die wirklich demokratisch und sozial waren, die aber alle Ideen einer Klassenpartei ablehnten..."[179]

Bei den Wahlen im Januar 1919 erlangte sie eine beeindruckende Unterstützung für diesen Ansatz (über 5 Millionen Stimmen, was fast 19% der Stimmen ausmachte).

In der Weimarer Versammlung erklärte Friedrich Naumann, der erste Parteivorsitzende, den Demokratischen Standpunkt. Die neue Republik solle „einen Kompromissfrieden zwischen Kapitalismus und Sozialismus" repräsentieren.[180] Solch ein Kompromiss bedeute

[178] Bischof Wilhelm Emanuel von Ketteler: *Die großen sozialen Fragen der Gegenwart*, Predigt in Mainz, Advent 1848, zit. n. *ebd.*, S. 182.
[179] *Ebd.*, S. 394.
[180] Zit. n. Eyck, a. a. O., Bd. 1, S. 76.

die Anerkennung individueller Rechte - und eines mächtigen Staates, der stark genug sei, um sicherzustellen, dass die Bürger ihre Rechte im Dienste an der Gemeinschaft ausübten. Er bedeute die Unantastbarkeit von Privateigentum und die Verstaatlichung von Monopolen. Er bedeute die Ablehnung von Egalitarismus und eine groß angelegte Einkommensumverteilung zugunsten der Armen.

Mitte der 20er Jahre zeigte ein Wahlplakat diesen erfrischenden Standpunkt deutlich. Das Plakat, welches auch für alle anderen republikanischen Parteien geeignet gewesen wäre, zeigte einen entschlossen aussehenden, muskulösen Olympioniken, der ein Banner hielt mit der Aufschrift: „Nichts wird uns vom Mittelweg abbringen."

Im Allgemeinen hielt es die Demokratische Partei nicht für notwendig, ihre Politik durch eine abstrakte Theorie zu verteidigen, wie z.B. dialektischen Materialismus oder religiöse Dogmen. Wenn die Kernaussage des modernen Liberalismus aus „durch Ideologie unbelastetem sozialen Gewissen" besteht, dann war die Demokratische Partei der beste Repräsentant des Liberalismus in der Weimarer Republik.

Aber selbst diese Einstellung basiert auf einer impliziten philosophischen Basis, die gelegentlich von bestimmten Parteimitgliedern geäußert wurde. Dank dieser Männer kann man sagen, dass Deutschlands „säkulare, bürgerliche Liberale" doch für etwas Bestimmtes standen. Wofür sie standen, drückte der federführende Sozialwissenschaftler Max Weber, einer der berühmtesten Gründungsmitglieder der Demokratischen Partei, ein Jahr von seinem Tod aus.

Eine durch die Debatten der Weimarer Versammlung angeregte Gruppe von Studenten der Münchner Universität war erschüttert von der Gewalt im Lande und hatte Weber zu einem Vortrag eingeladen. Die Studenten wollten Leitlinien; sie wollten von diesem berühmten Gelehrten hören, welche Rolle die Wissenschaft bei der Suche nach der Wahrheit spielt. „Weber wusste, was in ihnen vorging", schreibt Frederic Lilge. „Er wusste auch, welches Misstrauen gegen rationales Denken bereits vorhanden war, ein Gefühl, das jederzeit alarmierende Ausmaße annehmen konnte... Er entschied sich daher, seinem jungen Publikum von Anfang an die Dringlichkeit von nüchternem Denken vor Augen zu führen..."[181]

Man dürfe sich nicht von religiösen Dogmatikern oder irrationalen Scharlatanen der Rechten oder Linken vereinnahmen lassen, die so täten, als hätten sie Lösungen für die Probleme der Welt, so Weber zu den Studenten. Tatsache sei, es gebe keine Lösungen. Gewissheit sei für den Menschen unerreichbar, Wissen sei provisorisch, Werte seien relativ, Gelehrte seien bloß Spezialisten, die Arbeiten verrichteten, die mit dem Leben nichts zu tun hätten. Die Wissenschaft habe über Moral oder Politik nichts zu sagen - und, wie Lilge es zusammenfasst,

> „es sei daher ein Fehler von Seiten der Studenten, von ihren akademischen Lehrern positive moralische Führung und Entscheidungen zu verlangen, die z.B. die Frage beantworten würden, was denn der Sinn des Lebens sei. Solch eine Antwort zu versuchen, würde nicht nur ihre Arbeit als Wissenschaftler übersteigen; es wäre auch eine Verletzung des Liberalismus, den Weber verteidigen wollte."

Liberalismus bedeutet Weber zufolge ein Ende aller Illusionen, einschließlich der „Illusion" des menschlichen Fortschritts und die „Geduld, die Zerstörung aller Absolute zu ertragen, ohne die sentimentale Rückwendung oder die überstürzte Annahme neuer Glaubensbekenntnisse - nur die Stärke, in der radikalen, wenn auch freudlosen Aufrichtigkeit eines geläuterten Verstandes auszuhalten."

Über das richtige Vorgehen sagte Weber der versammelten Zuhörerschaft, dass jeder Mensch selbst entscheiden müsse, welche Ideale „für ihn" richtig seien. Da nur die Frage nach Mitteln und nicht die nach Zwecken in den Bereich der Wissenschaft falle, müssten die Zwecke subjektiv gewählt werden, durch Bezugnahme auf Gefühle.[182]

---

[181] Frederic Lilge *The Abuse of Learning*, New York 1948, S. 133.
[182] *Ebd.*, S. 137, 139.

Die Liberalen à la Weber setzten Absolutismus mit Fanatismus gleich und glaubten, dass die Vorbedingung für Freiheit Skeptizismus sei. Um gewalttätige Banden in Schach zu halten und um der Vernunft Respekt zu verschaffen, müsse man dem Pöbel sagen, dass die Vernunft hilflos sei und dass der Mensch nach Gefühl handeln müsse. Um den Vormarsch des absoluten Staates zu verlangsamen, sei es richtig, ihn prinzipiell zu befürworten, solange man hinzufüge, dass man nicht aus Prinzip handeln, d.h. zu Extremen greifen solle. Um die totalitäre Diktatur in Misskredit und den lautstarken Ruf danach zum Schweigen zu bringen, solle man einem verzweifelten Land sagen, dass rationale Menschen keine Ahnung hätten, was man tun solle und sie auch nie haben würden.

So sah also der Wettstreit in der Weimarer Versammlung aus: die romantisch-nationalistischen Gruppen (zusammen mit der Übergangspartei der Unabhängigen Sozialisten, die eine Diktatur des Proletariats wollte) gegen die als Exponenten der Vernunft identifizierten Gruppen. Diese Exponenten bildeten eine Koalition aus halbherzigen Marxisten, dogmatischen Katholiken und zitternden Skeptikern.

Die Verfassungsdebatte begann am 24. Februar 1919. Die Endfassung wurde mit 262 zu 75 Stimmen am 31. Juli verabschiedet und trat am 14. August als Grundgesetz in Kraft. Die konservativen Parteien (und die Unabhängigen Sozialisten) stimmten gegen den Entwurf, da er dem Land ihrer Meinung nach zu viel Freiheit einräumte. Die Mitglieder der Weimarer Koalition stimmten einstimmig mit ja. Sie sahen in dem Dokument keinen parteipolitischen Standpunkt, sondern die gemeinsame Basis, auf der die deutschen Republikaner im Kampf um die Unterstützung des Volkes stehen würden.

Die Weimarer Verfassung ist keine traditionelle westliche Charta bürgerlicher Freiheiten. Sie ist ein unverwechselbares Dokument des 20. Jahrhunderts.

Allein Artikel 7 überträgt z.B. der Reichsregierung unbegrenzte Macht über zwanzig Bereiche: über „das Pressewesen… das Gesundheitswesen… das Arbeitsrecht… das Enteignungsrecht… den Handel... das Börsenwesen... den Verkehr mit Nahrungs- und Genußmitteln sowie mit Gegenständen des täglichen Bedarfs... das Gewerbe und den Bergbau... das Versicherungswesen... die Eisenbahnen... das Theater- und Lichtspielwesen." In nachfolgenden Artikeln werden dem Staat weitere Machtbefugnisse verliehen, u.a. kann „das Reich... im Wege der Gesetzgebung Grundsätze aufstellen für die Rechte und Pflichten der Religionsgesellschaften, das Schulwesen einschließlich des Hochschulwesens... das Wohnungswesen und die Bevölkerungsverteilung"; weiterhin das Recht auf „Reinerhaltung, Gesundung und soziale Förderung der Familie" und „Das gesamte Schulwesen steht unter der Aufsicht des Staates."[183]

Nachdem die Grundeinstellung zum Staat feststeht, schlägt die Verfassung nun traditionellere Töne an und garantiert den Schutz der Grundrechte. Sie verspricht, die Redefreiheit, die Vertragsfreiheit, die Bewegungsfreiheit, das Recht auf Auswanderung, das Recht auf Eigentum, die Unverletzlichkeit der Wohnung und andere Rechte zu schützen. In allen Fällen macht das Dokument jedoch seine Prioritäten deutlich: Der Staat behält sich das Recht vor, Bedingungen an die Ausübung dieser Rechte zu knüpfen. An das Recht auf Freizügigkeit schließt sich z.B. der Satz an: „Einschränkungen bedürfen eines Reichsgesetzes." Das Briefgeheimnis endet mit den Worten: „Ausnahmen können nur durch Reichsgesetz zugelassen werden." „Eine Zensur findet nicht statt", so die Verfassung - außer bei Filmen oder „zur Bekämpfung der Schund- und Schmutzliteratur..." Die Erziehung der Kinder sei „natürliches Recht der Eltern" - aber „über deren Betätigung [wacht] die staatliche Gemeinschaft." „Die Freiheit der Person ist unverletzlich", besagt Artikel 114, und fährt fort: „Eine Beeinträchtigung oder Entziehung der persönlichen Freiheit durch die öffentliche Gewalt ist nur auf Grund von Gesetzen zulässig."[184]

Die berühmteste Formulierung dieser Art ist Artikel 48, auf den sich 1930 die deutsche Regierung berief, um die Einführung einer

---

[183] *Die Verfassung des Deutschen Reiches* vom 11. 8. 1919, Artikel 7, 9, 119, 144.
[184] *Ebd.,* Artikel 111, 117, 118, 120, 114.

Präsidialdiktatur zu rechtfertigen: „Der Reichspräsident kann, wenn im Deutschen Reiche die öffentliche Sicherheit und Ordnung erheblich gestört oder gefährdet wird, die zur Wiederherstellung der öffentlichen Sicherheit und Ordnung nötigen Maßnahmen treffen, erforderlichenfalls mit Hilfe der bewaffneten Macht einschreiten. Zu diesem Zwecke darf er vorübergehend die in den Artikeln 114, 115, 117, 118, 123, 124 und 153 festgesetzten Grundrechte ganz oder zum Teil außer Kraft setzen."

Die Gründerväter der Vereinigten Staaten sagten *unveräußerliche* Rechte zu. Sie sagten, dass der Staat kein Gesetz erlassen dürfe, das die Freiheit des Individuums einschränkt. Die Gründerväter der Weimarer Republik lehnten diesen Ansatz als starr und asozial ab. Der Staat dürfe, so ihr Dokument, kein Gesetz erlassen, das die Freiheit des Individuums einschränkt - außer wenn sie meint, dass es im öffentlichen Interesse liege.

Die gemäßigten Deutschen glaubten, in der Regel arbeite *politische* Freiheit zugunsten der Allgemeinheit und sollte daher nur selten eingeschränkt werden. Nebenbei gelte solch eine Freiheit ja hauptsächlich für das innere Leben oder die geistigen Belange des Menschen, die man beruhigt den Entscheidungen des Individuums überlassen könne.

Keiner dieser Punkte gelte ja in vergleichbarem Umfang für *wirtschaftliche* Freiheit, so dachten sie. Ein Unternehmer arbeite für das eigene Wohlergehen, nicht für das der Allgemeinheit. Außerdem stecke er bis zum Hals in „materialistischen Bestrebungen". Und dies sei ein Bereich, der die schlimmsten menschlichen Seiten beinhalte, die von den Behörden streng kontrolliert werden müssten, so die religiösen Republikaner. Die Skeptiker spürten, dass dies ein Bereich sei, der für den Menschen überlebenswichtig ist und in dem es keine Entschuldigung - nicht einmal Skeptizismus - für die Inaktivität der Regierung gebe. Die Marxisten sagten, dass dies der Bereich sei, der historisch relevant sei und der daher dem Volk gehöre.

In den Debatten der Weimarer Versammlung zogen die Abgeordneten nie die Möglichkeit in Betracht, der Produktion und dem

Handel Freiheit zu gewähren. Die Gemäßigten verlangten, dass der Staat (den Großteil) der kaiserlichen Kontrollen über den Geist der Bürger aufgibt, hielten es aber für selbstverständlich, dass der Staat nie den Würgegriff um die wirtschaftlichen Aktivitäten der Bürger aufgeben sollte.

Das kaiserliche Deutschland war keine rein dirigistische Wirtschaft gewesen, sondern eine Mischung aus Kontrollen und einigen freiheitlichen Elementen, wobei die Kontrollen die Oberhand hatten. Die Sozialdemokraten wollten 1919 eben solch einen Kompromiss als Übergangslösung. Die Liberalen der verschiedenen Gruppen wollten ihn als Selbstzweck. Die Konservativen wollten ihn im Namen der Tradition. Trotz aller Differenzen lautete der Konsens: Wir wollen keinen Sozialismus (wenigstens jetzt noch nicht); wir wollen keinen Kapitalismus (niemals); wir wollen eine Misch-ökonomie. Sie bekamen sie, mit allem, wozu sie führt.

Der Kernpunkt des Weimarer Wirtschaftssystems steht in Artikel 151:

> „Die Ordnung des Wirtschaftslebens muß den Grundsätzen der Gerechtigkeit mit dem Ziele der Gewährleistung eines menschenwürdigen Daseins für alle entsprechen. In diesen Grenzen ist die wirtschaftliche Freiheit des Einzelnen zu sichern. Gesetzlicher Zwang ist nur zulässig zur Verwirklichung bedrohter Rechte oder im Dienst überragender Forderungen des Gemeinwohls..."

„Das Eigentum wird von der Verfassung gewährleistet", sagt Artikel 153, aber „Eigentum verpflichtet. Sein Gebrauch soll zugleich Dienst sein für das Gemeine Beste." Eigentum dürfe also enteignet werden: „Eine Enteignung kann nur zum Wohle der Allgemeinheit und auf gesetzlicher Grundlage vorgenommen werden." Aus dem gleichen Grund wird auch „die Verteilung und Nutzung des Bodens... von Staats wegen... überwacht". Zusätzlich kann die Regierung „für die Vergesellschaftung geeignete private wirtschaftliche Unternehmungen in Gemeineigentum überführen", und sie darf auch die Verschmelzung solcher Unternehmungen „zum Zwecke der Gemeinwirtschaft" verlangen.

Die Weimarer Verfassung endet mit der Festschreibung der sozialstaatlichen Programme und dem Versprechen, dass der Staat besondere Schritte unternehmen werde, um die Interessen des „selbständigen Mittelstands" und der „gesamten arbeitenden Klasse" zu schützen.[185]

Man hat die deutsche Republik „die freieste Republik der Geschichte" genannt. Sie wird oft beschrieben als ein freiheitliches Experiment, das tragisch gescheitert ist. Wenn dem so ist, war es ein Experiment, das sich als Schrittmacher für den Rest der Welt erwiesen hat.

Die deutsche Republik war ein Experiment aus politischer Freiheit, die mit wirtschaftlicher Gängelung kombiniert und durch die Ethik des Altruismus verteidigt wurde.

Die Republikaner wollten sich nicht zwischen Freiheit und Altruismus entscheiden. Sie dachten, dass sie beides haben könnten. „Jeder Deutsche hat unbeschadet seiner persönlichen Freiheit die sittliche Pflicht, seine geistigen und körperlichen Kräfte so zu betätigen, wie es das Wohl der Gesamtheit erfordert", sagt Artikel 163. Es geht aber nur eines von beiden, und die Gemäßigten mussten sich entscheiden - und wofür sie sich entschieden, steht überall in ihrer Gründungsurkunde.

Der Übergang von Urkunde zu Realität ließ nicht lange auf sich warten.

* * *

Während der Wettstreit zwischen Sozialisten und Nationalisten in Weimar in Form feierlicher Debatten ablief, spielte sich derselbe Streit auf andere Art in den Straßen von Berlin, München und anderen deutschen Städten ab. In dieser Arena waren die Teilnehmer die Kommunisten und die Freikorps.

Während des Krieges hatte sich eine Gruppe junger Marxisten von den Sozialdemokraten abgespalten, da sie die Bewilligung der Kriegskredite für Verrat am Klassenkampf hielten. Sie gründeten

---

185 *Ebd.*, Artikel 153, 155, 156, 164, 162.

den Spartakusbund (benannt nach dem Anführer des römischen Sklavenaufstands) und reorganisierten die Gruppe nach dem Krieg als Kommunistische Partei Deutschlands. Die Anhängerschaft der Partei kam aus zwei Gruppen: einer militanten Minderheit aus Arbeitern und einer einflussreichen Elite von Berliner Intellektuellen.

Die Kommunisten hatten im Gegensatz zu den Sozialdemokraten, die sie als „Sozialfaschisten" diffamierten, keine ideologischen Konflikte auszutragen; sie erlagen nicht der Versuchung, ihre fundamentalen Ideen durch Reste eines gegenteiligen Standpunkts zu verwässern. In der Frage individueller Rechte schwankten sie nicht; sie verwarfen das Konzept als Rationalisierung zur Rechtfertigung „bourgeoiser Privilegien". Sie versuchten nicht, gleichzeitig Freiheit und ökonomische Gleichheit zu verteidigen; sie lehnten die Idee der Freiheit rundheraus ab. Bis wir die klassenlose Gesellschaft erreichen, könne es so etwas wie eine Gesellschaft ohne Herrscher nicht geben; bis der Staat sich auflöst, sei der absolute Staat etwas Absolutes - und jetzt seien die Arbeiter an der Reihe. Wie Lassalle sagten sie: Die Arbeiter böten der Nation eine „soziale Diktatur, im Gegensatz zum Egoismus der bürgerlichen Gesellschaft."[186]

Anders als ihre früheren Kollegen unter den Sozialdemokraten waren die Kommunisten nicht willens, die sozialistische Revolution aufzuschieben; sie wollten ihr Ideal *jetzt* haben. Es sei sinnlos, so die Parteiführer, sich mit der Umerziehung oder der Überzeugung des „Klassenfeinds" aufzuhalten. Da das menschliche Denken ein bloßes Nebenprodukt seiner ökonomischen Faktoren und proletarische Logik für die Bourgeoisie nicht verständlich sei, könnten feindliche Ideen nicht mit Argumenten oder Diskussionen beantwortet werden; man könne sie effektiv nur durch den gewaltsamen Umsturz des existierenden Gesellschaftssystems beantworten. Aus demselben Grund weigere sich die Partei auch, in irgendeiner parlamentarischen Regierungsform mitzuwirken, sei es auch nur als Übergangsmaßnahme. Die angebliche politische Gleichheit unter solch einer Regierung, so Rosa Luxemburg, sei „nichts als Lügen und Unwahr-

[186] Lassalle an Bismarck, 8. 6. 1863, zit. n. Pinson, a. a. O., S. 202.

heiten, so lange wie die wirtschaftliche Macht des Kapitals noch existiert." „Der Gedanke, den Sozialismus ohne Klassenkampf, durch parlamentarischen Mehrheitsbeschluss einführen zu können, ist eine lächerliche kleinbürgerliche Illusion."

„Sozialismus", so Rosa Luxemburg, „heißt nicht, sich in ein Parlament zusammensetzen und Gesetze beschließen, Sozialismus bedeutet für uns Niederwerfung der herrschenden Klassen mit der ganzen Brutalität, die das Proletariat in seinem Kampfe zu entwickeln vermag."[187]

Die russischen Bolschewisten, die Moskau damals zum Zentrum der marxistischen Ideologie ausbauten, unterstützten begierig alle, die ihre Ansichten teilten. Sie versorgten ihre deutschen Kollegen freigiebig mit allem Notwendigen, einschließlich trainierten Organisatoren, strategischer Anleitung, Literatur, Geld und Waffen.

Die erste Forderung der deutschen Kommunisten nach dem Krieg lautete: „Alle Macht den Räten", d.h. nicht einer repräsentativen Nationalversammlung, sondern den (nicht gewählten) Arbeiter- und Soldatenräten, die nach der Abdankung des Kaisers überall in Deutschland aus dem Boden geschossen waren. Ein Sozialdemokrat schrieb damals:

> „Die Radikalen kommen von der Straße herein und halten uns Plakate unter die Nase: ‚Alle Macht den Arbeiter- und Soldatenräten'. Gleichzeitig geben sie dir aber zu verstehen: Wenn du nicht tust, was wir wollen, setzt es was... Sie können nur eine wirkliche Kraft darstellen, solange sie die Mehrheit der Maschinengewehre in den Händen halten."[188]

Im Dezember 1918 trat eine Generalversammlung dieser Räte in Berlin zusammen. Die Delegierten unterstützten mit großer Mehrheit die Forderung nach einer parlamentarischen Republik und lehnten die Idee einer Arbeiterdiktatur ab. Der Wille „des Volkes" schien unmissverständlich klar zu sein. Die Spartakisten hatten aber ihren He-

---

[187] *Ebd.*, S. 379. Das erste und dritte Zitat stammen aus einer Erklärung einer USPD-Versammlung in Berlin am 15. 12. 1918. Das zweite ist vom 20. 11. 1918.

[188] Philipp Scheidemann beim ersten Kongress der Arbeiter und Soldatenräte im Dezember 1918, zit. n. *ebd.*, S. 370.

gel gut gelernt und ließen sich nicht abschrecken: Sie verstanden, dass das Volk nicht weiß, was es will.

Sechs Monate lang, bis zum Sommer 1919, spielten die Kommunisten weiter die Rolle der Speerspitze des Volkes: Die Partei zettelte eine landesweite Gewaltwelle an, die einen Bürgerkrieg herbeiführen und die Republik umstürzen sollte. Während dieser Monate gab es laufend von Kommunisten angezettelte Ausschreitungen, Aufstände, Putsche, Hausbesetzungen, erbitterte Streiks und blutige Straßenkämpfe – alles zusammen eine Orgie aus Anarchie und Mord. Das Chaos im Land kann man an der Tatsache ablesen, dass Bayern im April 1919 gleichzeitig drei Regierungen hatte: Eine gewählte, die durch eine von linken (nicht-kommunistischen) Intellektuellen ausgerufene „Räterepublik" abgesetzt wurde, welche wiederum von einer kommunistischen „Räterepublik" angefochten wurde.

Die von den Sozialdemokraten geführte Reichsregierung war über die Gewaltausbrüche entsetzt. Sie hörte nicht auf, die revolutionären Thesen des Marxismus zu predigen, die bei ihr zum Inventar gehörten, ermahnte ihre Millionen Anhänger aber gleichzeitig, die Waffen gegen die Kommunisten zu ergreifen. „Wollt ihr die deutsche sozialistische Republik?... Dann helft uns, eine Volksfront für die Regierung aufzustellen, die ihre Würde, ihre Entscheidungsfreiheit und Handlungsfähigkeit gegen Angriffe und Putsche verteidigen kann... Eine Regierung,... die sich nicht durchsetzen kann, hat auch kein Existenzrecht."[189]

Der Aufruf der Regierung fiel in der Arbeiterschaft auf taube Ohren. Die treuen Parteigenossen waren keine Kommunisten, aber sie nahmen die Parolen der Sozialdemokraten ernst. Sie *wollten* den Sozialismus und sie hörten, dass auch die Kommunisten ihn forderten. Wie sehr die Arbeiter Gewalt auch abgelehnt haben mögen, so konnten sie sich nicht dazu durchringen, aktiven Widerstand dagegen zu leisten; sie weigerten sich, gegen Männer zu kämpfen, die – den Ansprachen ihrer eigenen Führer zufolge – Mitproletarier, Genossen und Geistesverwandte waren. (Die Arbeiter waren jedoch zu ent-

[189] *Vorwärts* vom 27. 12. 1918, zit. n. *ebd.*, S. 364.

schlossenem Handeln gegen einen Feind von rechts fähig: Ein Jahr später wurde ein nationalistischer Putsch von einem massiven Generalstreik niedergeschlagen.)

Die sozialdemokratische Führungsspitze zeigte selbst auch Anzeichen einer ähnlichen Ambivalenz. Dieselbe Partei, die daran arbeitete, die Rebellen niederzuschlagen, konnte sogar gelegentlich mit der unruhestiftenden Taktik der Rebellen kooperieren. Im März 1919 z.B. riefen die Kommunisten einen Generalstreik aus und brüllten Parolen wie „Nieder mit der Nationalversammlung" und „Die Revolution kommt nur über die Gräber der Sozialdemokraten". Die Sozialdemokraten in Berlin waren zuerst gegen den Streikaufruf und entschieden dann abrupt, selbst den Streikkomitees beizutreten (und zogen sich letztlich nach Drohungen wieder zurück). Die Gemäßigten schlossen sich trotz der Rufe nach ihrer Vernichtung an, hauptsächlich wegen der sogenannten „Rivalität des Radikalismus". Die anderen linken Gruppen mussten die Spartakisten in ihrem revolutionären Eifer noch übertreffen. Solche Gruppen mussten ihre Existenz rechtfertigen; sie mussten sich selbst und ihren Anhängern beweisen, dass man auch auf *ihr* moralisches Feuer und ihre politischen Aktionen zählen konnte - wie es der Philosophie entsprach, die all diese Gruppen teilten.[190]

Als Republikaner wollten die Sozialdemokraten nicht, dass die Kommunisten gewinnen. Als Marxisten wollten sie nicht, dass die Kommunisten verlieren. Das Resultat war eine Partei, die während einer folgenschweren nationalen Krise wenig anderes tun konnte als zu beschwichtigen, auf Zeit zu spielen und zu hoffen, dass jemand anderes etwas unternehmen würde.

Die Sozialdemokraten fanden jemand anderen. In einem schicksalhaften Schritt wandte sich die Parteiführung an die eine Gruppe, die in der Lage und bereit war, die Kommunisten niederzuschlagen: an die Überbleibsel der kaiserlichen Armee und des alten Offizierskorps - und bat sie, das Land zu retten. Diese Männer waren offene Feinde der Republik, aber aus taktischen Gründen zogen sie sie ei-

[190] *Ebd.*, S. 381ff.

nem kommunistischen Staat vor. Eine Republik würde ihnen Zeit verschaffen, bis die Umstände die Einführung eines wirklich „deutschen" Regierungssystems begünstigten.

Auf diese Weise - durch die Unterlassung und die Entscheidung der gemäßigten Linken - ging die Initiative und die Verantwortung für die Zukunft Deutschlands auf die nationalistischen Kräfte über - besonders auf jene Truppen, die man damals *Freikorps* nannte.

Die Freikorps waren Banden bewaffneter Abenteurer - hauptsächlich verbitterte junge Frontsoldaten -, die keine Arbeit fanden oder finden wollten, im Land umherstreunten und nach ihren Gefühlen handelten; in vielen Fällen wurden sie von ehemaligen Offizieren angeführt. Auch wenn die meisten aus der Mittelklasse stammten, hassten diese Soldaten den gleichen Feind wie die Kommunisten: die bourgeoise Mentalität und Lebensweise (einige nannten sich sogar „rechte Bolschewisten"). Anstelle des geldgierigen bourgeoisen Systems brauche Deutschland „Idealismus", Vaterlandsliebe, einen Führer und vor allem Taten, so sagten sie. Selten wurden sie deutlicher. „So konnten wir auch nicht antworten auf die Frage, die so oft vom jenseitigen Rande der Schlucht [d.h. von der Mittelklasse] zu uns herüberschallte, auf die Frage: Was wollt ihr eigentlich?"

> „Wir konnten nicht antworten, denn wir verstanden die Frage nicht, und jene hätten die Antwort nicht verstanden.... Denn drüben ging es um Besitz und Bestand... Uns ging es ja nicht um System und Ordnungen, um Parolen und Programme. Wir wirkten ja nicht nach Plan und festumrissenem Ziel. Wir wirkten nicht, es wirkte in uns... Was uns den Glauben dennoch gibt, fragst du? Nichts anderes als unser Tun."[191]

Als ein alter Monarchist fragte, was der Sinn ihrer Taten wäre, antwortete er: „Im Wagnis lag der Sinn! Der Marsch ins Ungewisse war uns Sinn genug; denn er entsprach den Forderungen unseres Blutes."

---

[191] Ernst von Salomon: *Die Geächteten*, Berlin 1930, zit. n. Robert G.L. Waite: *Vanguard of Nazism*, New York 1969, S. 269.

Ihr Blut führte diese Kämpfer - die sich trotzig „Freibeuter", „Vogelfreie" und „Nihilisten" nannten - zu Plünderungen und Zerstörung. Sie bekämpften den „roten Terror" der Spartakisten durch einen eigenen „weißen Terror". Sie kämpften gegen die Versuche des Staates, ihre Einheiten aufzulösen mit einem erfolglosen Umsturzversuch (der Kapp-Putsch). Im Namen der „deutschen Ehre" verhängten sie in Femegerichten geheime Todesurteile und vollstreckten sie in mehreren Wellen politischer Morde. Wofür die Freikorps standen, fasste ein enthusiastisches Mitglied zusammen: „Raub und Plünderung, Brandstiftung und Mord - eine Mischung aus Leidenschaft und dämonischer Wut."[192]

Die Freikorps bestanden nicht nur als Soldaten. „Neben den Kriegsveteranen bildeten Studenten die größte Gruppe der Freikorps. Größtenteils waren sie junge Idealisten, die Frieden und Geldscheffeln" ablehnten, so ein Historiker. „Neben rassistischen Offizieren", so Ernst Röhm, der Führer der SA über seine Freikorpszeit, „stärkte uns vor allem die Aggressivität und die Loyalität der Studenten."[193]

So sahen die Männer aus, die in einer Serie aus (beidseitig) brutalen bewaffneten Auseinandersetzungen die kommunistische Bedrohung zerschlugen - und dadurch auf Kosten der Gemäßigten das Prestige von Nationalhelden erlangten. Seitdem waren die Kommunisten trotz ihrer Ideologie gezwungen, die Macht durch Wahlen an sich zu bringen. „Die deutsche Nation", so Ludwig von Mises, „bekam seine parlamentarische Regierung aus den Händen von Feinden der Freiheit, die auf eine Gelegenheit warteten, ihr Geschenk zurückzunehmen."[194]

Ideologisch gesehen war der Konflikt zwischen Kommunisten und Freikorps ein Konflikt zwischen den Vorkämpfern eines all-

---

[192] Nach von Salomon: *Die Geächteten*, S. 56, handelte es sich um *„verlorene Haufen"*. Vgl. Waite, a.a.O., S. 164.

[193] *Ebd.*, S. 42f. bzw. 209. Waite bezieht sich auf Edgar Jung: *Die Tragik der Kriegsgeneration*, München 1930, und Ernst Röhm: *Geschichte eines Hochverräters*, München [7]1934.

[194] Ludwig von Mises: *Socialism versus European Democracy*, in: *American Scholar* (Spring 1943), S. 220–31

mächtigen Staates und den Vorkämpfern eines allmächtigen Führers; zwischen Aktivisten für ein selbstloses (sozialistisches) Deutschland, und Aktivisten für ein „idealistisches" (nicht-kapitalistisches) Vaterland; zwischen nackter Gewalt, die man mit ökonomischem Determinismus rechtfertigte, oder nackter Gewalt, die man mit dem „Ruf des Blutes" und „dialektischer Logik" rechtfertigte.

Der Konflikt war nur eine Spielart der grundlegenden Alternative, die die Nation aus den Sitzungen der Weimarer Versammlung kannte.

Wohin die Deutschen sich auch wandten - nach Links, nach Rechts, zur Mitte, zu den anständigen Stimmen im Parlament oder zur Gosse voller Blut - sie hörten die gleichen fundamentalen Ideen. Sie waren gleich in der Politik, gleich in der Ethik, gleich in der Erkenntnistheorie.

Auf diese Weise formt die Philosophie das Schicksal ganzer Nationen. Wenn es unter den führenden philosophischen Köpfen des Landes keinen Dissens in Bezug auf Grundprinzipien gibt, dann regieren diese Prinzipien jede gesellschaftliche und politische Gruppe. Die Gruppen können den Umständen entsprechend verschiedene Varianten verbreiten und sich heftige Auseinandersetzungen um Anwendungen und Strategien liefern; aber sie streiten sich nicht um die Fundamente. In solch einem Fall bietet sich dem Land eine Vielzahl von Alternativen - zwischen Äquivalenten, die alle in dieselbe Richtung zielen.

Die Historiker kritisieren im Allgemeinen die „Uneinigkeit" der Weimarer Republik, die die antifaschistischen Gruppen im Land angeblich davon abhielt, die Bedrohung durch Hitler effektiv zu bekämpfen. Tatsächlich aber waren die Deutschen vereint - und dies war ihr Fluch: die Art ihrer Einigkeit, ihre Einigkeit in allem, was geschichtlich zählt, d.h. in allen Ideen.

Die Wirkung dieser Einheit wurde weltweit sichtbar. Die Ursache jedoch war schwerer zu sehen.

Sie bestand nur aus einigen tödlichen Kritzeleien, die eine entschlossene Gestalt einhundertfünfzig Jahre zuvor in der friedlichen kleinen Stadt Königsberg zu Papier gebracht hatte.

8.
Die emotionale Republik

So wie die politischen Bewegungen in Deutschland trotz all ihrer oberflächlichen Differenzen durch eine einzige Idee vereint waren, so waren es auch die kulturellen Bewegungen. Sie waren vereint in Bezug auf Fragen, die für die monolithische Politik des Landes verantwortlich waren. Ein fundamentales Prinzip war überall auf dem aufsteigenden Ast – bei Jung und Alt, Künstlern und Erziehern, Radikalen und Traditionalisten.

Für ein Land, das von solch einem Prinzip regiert wird, gibt es viele mögliche Namen.

Die „rationale Republik" ist nicht darunter.

*　*　*

Die Kunst ist mehr als jede andere menschliche Ausdrucksform das Barometer für das Weltbild, das Lebensgefühl und das Menschenbild einer Zeit. Ein Kunstwerk reflektiert die (bewussten oder unterbewussten) fundamentalen Ideen und Werturteile seines Schöpfers. Da die meisten Künstler keine unabhängigen Theoretiker sind und sie ihre grundlegenden Ideen aus dem vorherrschenden Konsens (oder aus einer seiner Splittergruppen) absorbieren, werden ihre Werke zu einem Mikrokosmos, der die Ideen dieses Konsenses verkörpert und verbreitet.

Besonders in den frühen Jahren der Weimarer Republik war der Expressionismus die tonangebende Kunstrichtung. Er war das Produkt einer Jugendbewegung aus der Mittelklasse, die sich seit der Jahrhundertwende stetig ausgebreitet hatte. Diese Schule, die ihren Anhängern und Gegnern zufolge ihren größten Einfluss nach dem

Kriege hatte, war die perfekte kulturelle Verkörperung des neuen antimonarchistischen Geistes.

Was der Expressionismus ausdrückte, war ein offener Bruch mit dem Intellekt, der materiellen Realität und dem gesamten Spektrum von „Mittelklassewerten" - von der Arbeitsmoral, persönlichem Erfolg, industrieller Zivilisation, Geld und der Wirtschaft bis hin zu sexuellen Normen, Recht und Gesetz.

Ein Kunstkritiker schrieb 1969 in der *New York Times*:

> „Der umfassende Widerwille gegen die Mechanisierung des Lebens, der groß angelegte Angriff auf die bürgerliche Moral, die Betonung von Nacktheit und sexueller Zügellosigkeit, der Affinität zu anarchistischen Taktiken, die Suche nach exotischen Geisteszuständen und Kleidern, die Sehnsucht nach ländlicher Freiheit, Gemeinschaftsleben und Generationensolidarität und vielleicht vor allem der Kult des Irrationalen... - all diese Gesichtspunkte der Revolte, derer wir nun Zeuge werden, waren für das Programm der Expressionisten lebensnotwendig."[195]

Einige der expressionistischen Rebellen waren apolitisch, andere waren gemäßigte Sozialisten und wieder andere flirteten mit den Nazis. Die meisten zog es aber zu einer anderen Gruppe. Sie waren entweder Mitglieder der Kommunistischen Partei oder zumindest Sympathisanten oder Mitläufer.

Der Kernpunkt des neuen Kunstansatzes stand in Weimar jeden Abend auf der Bühne: Die Expressionisten übernahmen die Theater und machten daraus ihr kontroversestes und am meisten publiziertes Vorzeigeobjekt.

Die in den neuen Theaterstücken dargestellten Themen waren das lähmende „Gefängnis" des bürgerlichen Lebens; die Gefahren des Maschinenzeitalters für Religion und Seele; der gequälte Schrei des Herzens vor dem Abgrund des Nichts; die quälende Einsamkeit und Frustration des modernen Menschen; sein Bedürfnis nach Liebe; sein Ekel vor „dem System" und der älteren Generation. Ein Lieb-

---

[195] Hilton Kramer: *E.L. Kirchner: Art vs. Life*, in: *New York Times*, 6. 4. 1969.

lingsmotiv dieser Werke war die Leidenschaft der neuen Jugend, ihre Eltern umzubringen.

Diese Themen wurden dem Publikum nicht in Form von zusammenhängenden Äußerungen dargeboten, sondern häppchenweise, in einem Strom aus unartikulierter Raserei. Die Dramatiker erklärten, Kunst müsse ein Mittel zur Kulturrevolution sein. Sie müsse die Bourgeoisie schockieren und sie aus ihrer „Selbstzufriedenheit" aufrütteln. Sie müsse die altmodische Lüge der „Schönheit" verwerfen und die Wahrheit über den Menschen sagen: dass er ein Häufchen Elend in einem apokalyptischen Universum ist, verurteilt zum Dasein in Qual, Angst und Niederlagen. Vor allem dürfe ein Theaterstück keine Konzessionen an das 19. Jahrhundert machen: Es müsse dem „Intellektualismus" abschwören, mit dem Nicht-Objektiven „experimentieren" und das Unverständliche zur Schau stellen.

Da sie die Idee einer Handlung ablehnten, boten führende Dramatiker wie Georg Kaiser dem Publikum Kollagen aus zufälligen Episoden und Stimmungen ohne Abfolge, Struktur oder auch nur ausreichende Beleuchtung – dafür aber absichtliche Absurditäten. (In Kaisers berühmtesten Stück *Von morgens bis mitternachts* von 1916 weigert sich ein Mann, ein Schweinskotelett zu essen, woraufhin seine Mutter tot umfällt; ein anderer Mann, der eine Frau mit einem Holzbein trifft, begießt dieses ständig mit Sekt usw.) Da sie Charakterisierungen ablehnten, präsentierten die Expressionisten namenlose Figuren, z.B. „Kassierer", „Frau", „dicker Mann", die zwar keine individualisierenden Eigenschaften oder verständliche Absichten, aber eine unmissverständliche Aura haben: kreischende Hysterie, Verbitterung oder totale Verwirrung. Da sie „schöne Sätze" und Deutlichkeit ablehnten, spezialisierten sich die Expressionisten auf Stücke voll wirrer Dialoge, rasender Bekenntnisse, zusammenhangslosem Anschreien des Publikums und wirren Wortsalaten wie z.B.: „Einsamkeit ist Raum. Raum ist Einsamkeit. Kälte ist Sonne, Sonne ist Kälte. Fiebernd blutet der Leib. Fiebernd friert der Leib. Felder öde. Eis im Wachsen. Wer entrinnt? Wo ist der Ausgang?" Diese neuen Sprachmodi wurden als „Befreiung" der Sprache gepriesen, als Befreiung aus den Fesseln der Grammatik, der Syntax und der Logik.[196]

Die expressionistischen Stücke wurden als Schrei von Herz zu Herz dargeboten und übergingen jeden Vermittler, wie z.B. das Gehirn. Sie wurden als Ausdruck reinen Gefühls dargeboten - von Gefühlen, die sich ihn ihrer vorsätzlichen Subjektivität suhlten, die vor Angst über die eigene Hilflosigkeit strotzten, über die Bestürzung des Publikums kicherten und die nach dem moralischen Ideal bettelten, das als mystische Union mit Gott, der Gemeinschaft oder der Menschheit aufgefasst wurde. Man betete das Unaussprechliche an - und zeigte den „spießbürgerlichen" Alten eine lange Nase.

Fühlen sei menschlich; Gefühle der Vernunft vorzuziehen sei Philosophie - eine besondere Art von Philosophie, die den Deutschen seit über einem Jahrhundert beigebracht worden war.

Die deutschen Konservativen hassten das neue Theater und seine Gegenstücke in allen anderen Künsten. Sie hassten jedes andere Symptom, das ihrer Meinung nach ein Produkt der Nachkriegskultur war, wie z.B. Pornographie, Prostitution, öffentliche Nacktheit, die steigende Jugendkriminalität oder offen zur Schau gestellte Homosexualität. Sie verfluchten all das als „Kulturbolschewismus". Dies ist ein unbestimmter Begriff, der vermitteln soll, dass man gegen jede Innovation ist, gegen die pro-kommunistische Politik der Avantgarde oder gegen das, was ein wütendes Segment der Bevölkerung in diesen neuen Manifestationen erkannte: dass eine monströse Verirrung, etwas Dekadentes, Liederliches, Anarchistisches und Degeneriertes das Land überrennt.

Diese Verirrung, so die konservativen Intellektuellen, sei der Preis, den Deutschland für den Abfall von den preußischen Traditionen, von Luther und vom deutschen Herzen zugunsten von Freiheit, Säkularismus und dem westlichen Intellekt bezahle. Diese modernen Perversionen seien das Produkt der *Vernunft*.

Nach der Vernunft könne der Mensch eben nicht leben, sagten sie. Das Leben, so Oswald Spengler, der weltberühmte nationalisti-

[196] Georg Kaiser: *Von morgens bis mitternachts*, Schauspiel, 1912.

sche Historiker, „hat kein System, kein Programm, keine Vernunft…" Es könne nicht nach intellektuellen Prinzipien analysiert oder „seziert" werden. „Die tiefe Ordnung, in der es sich verwirklicht, läßt sich nur schauen und fühlen…"[197]

Die politische Linke verlangte in der Kunst das Neue, das Jugendorientierte, das Radikale. Die Rechte hingegen verehrte Tradition und scharte sich um die angesehenen Künstler einer früheren Zeit. Einer ihrer Lieblinge war Richard Wagner, was das Wesen ihrer „Intuition und Gefühle" andeutet.

Wagner berauschte die Nationalisten durch die Wiederbelebung alter teutonischer Mythologie – in Shirers bewegender Beschreibung, „einer irrationalen, heroischen, mystischen Welt, voll von Verrat und Gewalttat, ertränkt in Blut und kulminierend in der Götterdämmerung, in der Walhalla, von Wotan nach all seinen Schicksalsschlägen angezündet, in Flammen aufgeht, in einer Orgie selbstgewollter Vernichtung…" Hier war ein Lebensentwurf, der den kühnsten Träumen der deutschen Chauvinisten entsprach. Sie wussten, welche Alternative sie der liederlichen Dekadenz des „Kulturbolschewismus" vorziehen würden. Es war die liederliche Barbarei der wilden Nibelungen.[198]

Wagner verlieh seinem Lebensentwurf einen entsprechenden musikalischen Ausdruck. Durch seine beispiellose Verwendung von chromatischen Tonleitern und Dissonanzen wurde er zur wichtigsten Übergangspersönlichkeit, die von der traditionellen Harmonielehre zur modernen Atonalität führte. Somit war der Prophet von Wotan nicht nur das Vorbild von Goebbels und Hitler, sondern auch von Arnold Schönberg.

Auch die Weimarer Konservativen bewunderten bestimmte zeitgenössische Künstler – z.B. den sehr einflussreichen Dichter Stefan George. George, das Idol der rechten Literaten und Zentrum eines überaus produktiven Zirkels, der in abgedunkelten Salons „Séancen" abhielt, wollte in seinen Werken Werte wie spartanische Aris-

[197] Oswald Spengler: *Preußentum und Sozialismus*, München 1920, S. 81.
[198] Shirer, a. a. O., S. 100.

tokratie, deutsche Gemeinschaft, katholische Kommunion und den „Edelmut“ der Gewalt vereinen.

Was die deutsche Jugend von George lernte, kann man von einem seiner Jünger erfahren, dem einflussreichen Psychologen und Graphologen Ludwig Klages. Der Intellekt ist Klages zufolge eine „feindliche Macht, der den ursprünglich intuitiven und prophetischen Geist des Urmenschen und der Urkultur erstickt.“ Der für die Psychologie richtige Weg sei also „sich von rationalistischen und kausalen Verfahren abzuwenden und sich der Urstufe zuzuwenden“, die durch „Weissagung“ begriffen werden solle.[199]

Zwischen 1929 und 1932 veröffentlichte Klages sein dreibändiges Meisterwerk *Der Geist als Widersacher der Seele*. Der Titel ist eine eloquente Aussage über das kulturelle Credo der deutschen Konservativen – und über ihre Todfeinde.

Der „Übergang von der realistischen zur nichtobjektiven Ebene“ sei ein Übergang „von der logischen zur unlogischen“, schrieb der moderne Maler Wassily Kandinski, ein Jünger von Madame Blavatski und eine Hauptfigur des Bauhauses, dem Zentrum der deutschen linken Avantgarde. „In dieser Welt“, so Paul Klee, ein weiterer führender Expressionist, „bin ich absolut unbegreiflich.“[200]

Die Aufgabe der bildenden Künste ist den Expressionisten zufolge nicht die Abbildung von physischen Objekten, sondern einer „unsichtbaren Realität“, die aus Emotionen, dem Übernatürlichen oder dem Unaussprechlichen besteht. Einige Künstler setzten diesen Standpunkt durch einen streifigen, schmierenden Stil um, der flache, verschwommene (aber noch erkennbare) Objekte, unzusammenhängende räumliche Beziehungen und eine absichtlich primitive Technik darstellt. Diese Bilder stellen typischerweise verzerrte menschliche Gestalten dar, die von unheilvollen, wirbelnden Hintergründen

---

[199] Diese Zusammenfassung von Klages Positionen stammt von Frederick Wyatt und Hans Lukas Teuber: *German Psychology Under the Nazi System 1933-1940*, in: *Psychological Review*, Vol. LI (1944), S. 230f.

[200] Kandinski zit. nach T.H. Robsjohn-Gibbings: *Mona Lisa's Mustache*, New York 1947, S. 168. Klee zit. in Laqueur, *Weimar*, S. 174.

überragt werden, Gestalten mit gesichtslosen Köpfen, gequälten, blinden Augen oder bösartigen Schweineschnauzen.

Die „emanzipierteren" Künstler folgten dem Beispiel von Kandinski und Klee und verwarfen die Abbildung von physischen Objekten an sich im Namen einer Welt aus Nicht-Objekten, die der Künstler angeblich durch formlose „abstrakte" Kleckse oder willkürliche Gegenüberstellungen von Stichen und Kreisen oder Kollagen aus Papier, Pappe, Holz und Straßenbahnfahrscheinen darstellte.

In der Musik nahmen die Komponisten um Arnold Schönberg, der den Angriff auf das Konzept der Tonalität vorantrieb, diese Ideen auf. Die musikalischen Expressionisten verwarfen Tonarten, Modulation, Harmonie und Melodien. Stattdessen boten ihre „atonalen" Kompositionen dem Zuhörer eine unintegrierbare Serie von fahrigen, dissonanten Klängen – apokalyptisches Hämmern, gedämpftes Hecheln und hysterisches Geblöke. Die neue Musik, so Schönberg, „behandelt Dissonanzen wie Konsonanzen." Sie ist nicht schön, sagten die damaligen Fans, aber sie ist tiefgründig. Sie ist tiefgründig, weil sie grässlich ist, weil das Publikum sie hasst und weil sie unverständlich ist. „Man kann mich nicht verstehen", schrieb Schönberg 1924 in einem Brief, „und ich gebe mich mit Respekt zufrieden."[201]

Für den gebildeten Deutschen gab es in den 20er Jahren kein Entrinnen. Überall traf er auf Ableger des expressionistischen Weltbilds oder verwandte Entwicklungen, die den gleichen Geist widerspiegelten. Wenn er eine Zeitung zur Hand nahm, überfielen ihn die Horror-Cartoons von George Grosz, die verstümmelte Veteranen, Prostituierte und schweinsköpfige Industrielle abbildeten, um, wie Grosz es ausdrückte, „die Welt zu überzeugen, dass sie hässlich, krank und heuchlerisch ist."[202] Wenn der Deutsche sich die neuen Bauwerke ansehen wollte, sah er – als neue Alternative zur willkürlichen, klassizistischen Ornamentierung – den Internationalen Stil,

---

[201] Arnold Schönberg: *Style and Idea,* New York, 1950, zit. n. Harold C. Schonberg: *The Lives of the Great Composers*, New York 1970, S. 568; Arnold Schönberg an Paul Bekker, zit. n. Laqueur, *Weimar*, S. 159.

[202] Zit. in Robsjohn-Gibbings, a. a. O., S. 160.

d.h. karge Strukturen mit Flachdächern ohne jegliches Ornament. Wenn er ins Kino ging, konnte er der Welle von Horrorfilmen wie „Das Kabinett des Dr. Caligari" kaum entgehen. Wenn er sich einen ruhigen Augenblick gönnte, um die neue Poesie zu lesen, wurde er von Bildern aus Schmutz, Irrsinn, Ratten, stinkenden Sonnen, verwesenden Leichen oder seitenweise Neologismen angegriffen.

Wenn er all dem entkommen wollte, wenn er ein anderes Menschenbild als das des Horror-Freaks oder der teutonischen Bestie suchte, wenn er sich zu den zivilisierteren der konservativen Schriftsteller flüchtete, so wurde ihm ein Menschenbild geboten, auf das jene sich spezialisiert hatten. Sie hatten sich auf die Präsentation von religiösen Mystikern spezialisiert und auf Menschen, die auf der Suche nach Gott waren und diese Welt verschmähten.

Manchmal waren die Helden der konservativen Schriftsteller nicht auf der Suche nach Gott, sondern nach der „Natur". Wenn der Deutsche sich nichts aus der sogenannten „Asphaltliteratur" der modernen Schriftsteller machte, da sie nach Genitalien, Joyce und Sozialismus stank, bestand seine Alternative darin, sich der romantischen „Bodenliteratur" zuzuwenden, die alle menschlichen Leistungen einschließlich Maschinen, Wohlstand und Städte verächtlich abtat und stattdessen das einfache, stumpfsinnige bäuerliche Leben pries.

Obwohl die deutsche Linke Zweifel am Prozess der Industrialisierung hatte, waren die meisten Marxisten der 20er Jahre nach wie vor Vorkämpfer der Technologie. In diesem Punkt waren die Konservativen ihrer Zeit voraus. Die Alte Rechte aus Deutschland kam Amerikas Neuer Linken um fünfzig Jahre zuvor: Sie nahm den „Boden" ernst. Die Industrielle Revolution und all ihre Produkte, so einige der lautesten Rechten, sei säkulares, seelenloses kapitalistisches (und besonders amerikanisches) Teufelszeug, das durch eine Rückkehr zur Natur ersetzt werden müsse, durch unmechanisiertes bäuerliches Dahinsiechen am Existenzminimum.

Ein Leben ohne Technologie fördere vielleicht nicht den Komfort, die Bequemlichkeit oder den Genuss der Menschen – das gaben sie zu. Aber Glück sei eben nicht das Los des Menschen. Leben sei per se Krieg, Leid und Tod – nach Spenglers Worten „de[r] Tod des einzelnen, de[r] Völkertod, de[r] Tod einer Kultur."[203]

Beide Seiten des deutschen Kulturkampfes erhoben Gefühle über die Vernunft. Und beide Seiten empfanden das gleiche Gefühl. Die Linke nannte es Entfremdung oder die Angst vor dem Nichts. Die Rechte nannte es Götterdämmerung oder Schopenhauer. Der gemeinsame Nenner lautet: Wir sind zum Untergang verurteilt.

Dieses Gefühl ist auf beiden Seiten verständlich. Ein Mensch ohne Verstand *ist* zum Untergang verurteilt.

Die gleiche erkenntnistheoretische Ursache hat letztendlich die gleichen gesellschaftlichen Wirkungen. Die linken Kulturschaffenden nannten ihr politisches Ideal „Sozialismus". Die Rechten nannten ihres „Preußentum". Aber wie Spengler in seinem einflussreichen Werk *Preußentum und Sozialismus* aufzeigte, gibt es keinen grundlegenden Unterschied zwischen diesen beiden Begriffen. „Die Macht gehört dem Ganzen. Der einzelne dient ihm. Das Ganze ist souverän... Jeder erhält seinen Platz. Es wird befohlen und gehorcht." Spengler schließt daraus: Der erste bewusste Sozialist war nicht Marx, sondern Friedrich Wilhelm I.[204]

Wie ihre Vorbilder beider Seiten brannte auch die Jugend darauf, „dem Ganzen" zu dienen – und aus den gleichen Gründen. Dies galt besonders für die organisierten Jugendgruppen, von denen die meisten (dank des Chauvinismus der deutschen Schullehrer) begeisterte Nationalisten waren. (Vor dem Ersten Weltkrieg hieß die deutsche Jugendbewegung „Wandervogel"; in der Weimarer Zeit waren die „Bünde" ihr Gegenstück.)

Da ihre bourgeoisen Lehrer sie gelehrt hatten, die Bourgeoisie zu verachten, zettelte die Jugend auf ihr Stichwort hin eine Rebellion an. Bereits in den 1890er Jahren fingen die Kinder im Alter zwischen 11 und 20 an, die Ablehnung ihrer Eltern, die Verpflichtung zu „deutschen" Werten und ihr Bedürfnis nach fundamentalen gesell-

---

[203] Spengler, *Preußentum und Sozialismus,* S. 84.
[204] *Ebd.,* S. 15.

schaftlichen Veränderungen zu bekunden. Die jungen Rebellen repräsentierten eine Elite: Zum größten Teil waren sie gebildete protestantische Hochschüler aus der städtischen Mittelklasse.

Die deutschen Schuljungen hielt man für freundliche, wenn auch seltsame Idealisten, als sie die ihnen beigebrachten Ideen in die Tat umsetzten. Wann immer sie konnten, flüchteten sie aus den „kalten, mechanistischen" Städten, die sie hassen gelernt hatten, um rastlos herumzuwandern, zu campieren, deutsche Volkslieder zu singen, altehrwürdige Ruinen zu besuchen usw. Den Worten eines Beobachters nach waren die Anhänger des Wandervogels „langhaarige, schmutzige Bacchanten…, die auf ihren Gitarren die kollektive Revolte gegen bürgerliche Achtbarkeit schrammeln."[205]

Dieselben Ideen, die zum Aufstieg der expressionistischen Kunst und dem mittelalterlichen Wotan-Kult in Deutschland geführt hatten, führten auch zum Aufstieg einer ganzen Armee von Hippies – ein halbes Jahrhundert vor Haight-Ashbury.

Wie ihre Eltern lehnten auch die Jugendlichen „die Hure der Aufklärung" ab, wie viele von ihnen ihr Vernunftvermögen nannten. Wie ihre Eltern wollten auch sie ein bestimmtes Gefühl empfinden („warm", „vital", „spontan"), ein Gefühl, welches in primitiven Gesellschaften, der primitiven Natur oder im Orient zu finden war – wenn man die eigene Individualität aufgibt und mit einer „organischen" Jugendgruppe verschmilzt. Eine solche Verschmelzung braucht einen Anführer, einen Mann, den die Gruppenmitglieder akzeptieren, respektieren und dem sie gehorchen. Im Regelfall waren die auserwählten Anführer drei bis sechs Jahre älter als die Mitglieder – alt genug, um Autorität zu besitzen, aber jung genug, um Teil der Kampagne gegen die Erwachsenen zu sein. Die Bewegung beschrieb diese Taktik als „Jugend führt Jugend".

Im Großen und Ganzen war die deutsche Jugendbewegung sozialistisch, aber antipolitisch. Den „deutschen Instinkten" verpflichtet und begierig darauf, den Restriktionen der Ideologie zu entkom-

[205] Walter Laqueur: *Young Germany*, New York 1962, Einleitung von R. H. S. Crossman, S. XVIII. Laqueur schildert die Ansichten und Ziele der Jugendbewegung im Detail.

men, waren die Mitglieder nicht sehr an der Theorie oder der Praxis des Sozialismus interessiert; typischerweise stellten sie ihre Verachtung für politische Parteien und Programme zur Schau. „Unser Mangel an Zielen ist unsere Stärke", hieß es oftmals.

Diese Jugendgruppen wollten Taten, aber in den Worten eines Beobachters waren es besondere Taten: „Taten ohne bewusstes Ziel, ohne irgendein Ziel… ‚Es wäre schwierig, in irgendeiner Gesellschaft einen „reineren" Typ irrationaler sozialer Taten zu finden.' Diese ‚ziellose' Aktivität, die mehr durch Gefühl als durch Denken motiviert wird, wurde durch die Leiter noch bestärkt."[206]

Die Jugend wurde in Wirklichkeit nicht von der Jugend, sondern von den Erwachsenen geführt. Die Gruppenleiter folgten bloß dem nationalen Trend. Sie taten ihren unfertigen Mündeln das an, was die belesenen Professoren tagtäglich ihren Studenten antaten - und was die neuen Dramatiker allabendlich ihrem Publikum antaten.

Die Jugendgruppen, besonders die Verhaltensweisen dieser antipolitischen Wanderer, verstörten den Rest der Bevölkerung. Als z.B. Walther Rathenau im Jahre 1922 von den Freikorps ermordet wurde, wurden die Gräber der Mörder, die Selbstmord begangen hatten, mit Blumen überhäuft und von den Jugendlichen regelmäßig ehrfürchtig als Heiligtum verehrt.

Die Sozialdemokraten und ihre Verbündeten wussten, dass sie irgendwie eine andere Jugend produzieren mussten. Da das Schul- und Universitätssystem in den Händen der nationalistischen Professoren lag, gab es nicht viel, was die Sozialisten im Zuge einer Erziehungsreform unternehmen konnten, aber sie unternahmen einige Versuche, die *ihre* Ideen zu diesem Thema andeuteten.

Vor allem versuchten die Sozialisten, die Progressive Erziehung zu verbreiten.

Die deutschen Progressiven gaben vor, in den Schulen Sanftmut und Toleranz und nicht die Härte der preußischen Disziplin zu fördern. So wie die nicht-objektiven Künstler sprachen sie nicht von Tradition, sondern von Innovation und Experiment; nicht von den

[206] Howard Becker: *German Youth: Bond or Free*, London 1946, zit. n. Waite, a. a. O., S. 20.

(wie sie es nannten) erstickenden Dogmen des 19. Jahrhunderts, sondern von freier Selbstverwirklichung; nicht vom blutrünstigen Nationalismus der regulären Schulen, sondern von friedlichen, humanitären Werten.

Die Progressiven bedienten sich zur Erlangung dieser Ziele folgender Methode: Sie erklärten, dass Erziehung nicht Themenzentriert, sondern Kind-zentriert sein solle, dass das Kind nicht durch Denken, sondern durch Fühlen und Tun lerne; dass die Schulen sich verabschieden müssten von „der Einseitigkeit einer öden intellektuellen Kultur". Nicht der Verstand oder „die logische Entwicklung eines Schulfachs" zähle, sondern „das gesamte Kind", besonders sein Herz (oder seine „Seele"). „Das Höchste ist nicht Lernen oder Lernstoff, sondern die menschliche Seele!", so der prominente Pädagoge Alfred Lichtwark, der in Hamburg die radikale Lichtwark-Schule gründete.[207]

Diese Worte hätten ebenso von Spengler, vom Nazi-Pädagogen Hans Schemm oder von den Lehrern des Bauhaus stammen können.

Während die Schulen der Rechten ihren Studenten die Tugend des ungezügelten „Instinkts" mit preußischen Methoden einbläuten, versuchten die Progressiven, die Flut aufzuhalten, indem sie die Tugend ungezügelter „Spontaneität" lehrten. Die Progressiven bläuten jedoch nichts ein; ihre Methode bestand darin, sämtliche Einschränkungen, d.h. alle erzieherischen Maßstäbe und Erfordernisse, abzuschaffen. In vielen Schulen, so bemerkten zwei bewundernde amerikanische Beobachter im Jahre 1929, „wurden Stundenpläne abgeschafft... Vorgeschriebene Lehrpläne verschwanden... Fächer wurden ausradiert... Die Kinder durften ihre eigenen Lehrer wählen, ihre eigene Arbeit leiten und ihr eigenes Verhalten steuern."

„Das unmittelbare Ergebnis", so diese Beobachter, „war Chaos. Nicht in jeder Schule, denn es gab viele, die ihre Freiheiten nur langsam ausweiteten, aber in jenen, die Anarchie als ersten Schritt zu

[207] Zu Robert von Erdbergs „10 Geboten" für Volkshochschulen in Preußen (1919) vgl. R. H. Samuel und R. Hinton Thomas: *Education and Society in Modern Germany*, London 1949, S. 141; Thomas Alexander und Beryl Parker: *The New Education in the German Republic*, New York 1929, S. 172. Lichtwark zit. n. *ebd.*, S. 102.

Freiheit sahen, gab es eine ‚wilde' Periode." Die neuen Schulen setzten der Wildheit jedoch bestimmte Grenzen.

> „Doch heutzutage wird das Individuum nicht überbetont. Es wird nicht von seinen Verbindungen mit der Gruppe getrennt, als ob es eine Entität wäre, sondern man betrachtet es im Allgemeinen als jemanden, dessen Entwicklung und Interessen eng mit denen der Gesellschaft verbunden sind. Raum für individuelle Variation wird gestattet, aber das Wohl der Gruppe setzt der persönlichen Freiheit Grenzen."[208]

In der berühmtesten progressiven Institution der Weimarer Zeit, der Karl-Marx-Grundschule in Berlin, wurde die Gruppe nicht nur zum Schiedsrichter über Freiheit, sondern auch über Moral und Wahrheit. Objektive Leistungsmaßstäbe wurden fallen gelassen. „Das Urteil der Gruppe ist der Maßstab, nach dem die Arbeit und das Betragen des Individuums gemessen wird." Und die Abweichler sollten bald entdecken, wie viel „friedliche Toleranz" sie von ihren Klassenkameraden erwarten konnten. In der Karl-Marx-Schule, so E.A. Mowrer, „wurde alles außer radikalem Sozialismus von den anderen Schülern jahrelang mit Gewalt und Boykott bestraft."[209]

Der Plan der Sozialisten, das erzieherische Establishment zu untergraben, bestand daraus, die eine Garnitur von hegelianischen Jüngern durch eine andere zu ersetzen: brutale, hirntötende Autorität à la Bismarck durch sanftmütigen, hirntötenden Subjektivismus à la Dewey zu bekämpfen; elitäre Romantik durch „demokratische" Anti-Intellektualität; den leidenschaftlichen Kollektivismus (nationalistischer Machart) durch leidenschaftlichen Kollektivismus (sozialistischer Machart) auszulöschen.

Während die zu Gehorsam erzogenen Kinder des bürgerlichen Establishments aufs Land fuhren und herumwanderten, lernten die Kinder der progressiven Einrichtungen, die „wild" und „frei" sein sollten, wie man sich sozial anpasste, d.h. wie man gehorchte. Ungeachtet der Absichten ihrer Lehrer wurden beide Gruppen vorberei-

---

208 Alexander/Parker, a.a.O., S. 5, 133, 358.

209 *Ebd.*, S. 172. Edgar E. Mowrer: *Germany Puts the Clock Back*, New York 1933, S. 155.

tet. Sie wurden austauschbar auf die Unlogik von Kandinski, die „Befreiung“ von Schönberg und die Befehle Hitlers vorbereitet. Die Wildheit der Kinder erwies sich nur als eine Phase - der Gehorsam blieb.

In den 20er Jahren waren die Jugendlichen (links wie rechts) die Speerspitze der Rebellion gegen die Weimarer Republik. Die Jugendlichen rebellierten gegen das Establishment im Namen jeder fundamentalen Idee, die ihnen alle einflussreichen Wortführer ebendieses Establishments beigebracht hatten. Ihre Eltern und Lehrer versuchten die üblichen Schlagworte der deutschen Ideologie zu predigen, während sie noch einige Überbleibsel des Geistes der Aufklärung im Leben und den Institutionen des Landes zuließen. Die Kinder lehnten diesen Versuch als heuchlerisch ab. Sie bestanden darauf, dass die Erwachsenen ihre Parolen auch lebten.

In den 1890er Jahren waren die Zeichen dessen, was Deutschland durch die unverdünnte Herrschaft deutscher Philosophie bevorstand, kaum wahrnehmbar. In den 1920er Jahren waren die Zeichen auf beiden Seiten des kulturell-politischen Grabens unverkennbar geworden.

So sah der Zeitgeist in einer Zeit aus, in der es in Deutschland zum ersten Mal nach Generationen der Autokratie vergleichsweise viel Freiheit gab.

In jeder Kultur kann es jedoch Ausnahmen vom dominanten Trend geben. Die relative Freiheit der Weimarer Republik gebar auch authentische Talente, die der Periode im Rückblick trotzdem Glanz und Leben verleihen. Es gab einen Überfluss an großen Namen und Leistungen in den Naturwissenschaften und den darstellenden Künsten. Es gab die berühmten Berliner Cafés und das sprichwörtliche Berliner Nachtleben - teils dekadent, teils fantasievoll und bunt. Es gab die schwindenden aber herausragenden Überbleibsel einer früheren, stilvollen Kunst und eines erhebenden Menschenbildes, z.B. die Regiearbeit von Fritz Lang und Jo May und die Operetten von Franz Lehar und Emmerich Kalman.

Solche Elemente waren das Produkt einer brillanten, aber zum Untergang verurteilten Minderheit. Sie waren das Produkt von Menschen ohne intellektuelle Basis und ohne Hoffnung in ihrer Kultur; von Menschen, die nicht die deutsche Zukunft, sondern die westliche Vergangenheit repräsentierten, weil sie keine Waffen hatten, mit denen sie dem dominanten Trend entgegentreten konnten - dem Irrationalismus, der sich selbst Preußen oder „Fortschritt" nannte.

Die europäische Avantgarde klammerte sich nicht immer an den Begriff „Fortschritt". Einige Gruppen, wie z.B. die Dadaisten in Frankreich und Deutschland, waren da deutlicher.

Die Dadaisten erklärten im Jahre 1919, ihr Ziel bestehe darin, das Sinnlose zu kultivieren, indem man dem Publikum jede nur erdenkliche Version des Unverständlichen, des Widersprüchlichen und des Absurden vorsetzt. „Dadaismus ist gegen alles, selbst gegen Dada", sagten selbst seine Vertreter. Er sei gegen jede Form der Zivilisation und der Kunst.

„Kunst ist Scheiße", sagten sie - eine Maxime, die wahrheitsgemäß umgesetzt wurde durch Bilder einer Mona Lisa mit Schnurrbart, durch Collagen aus Essensresten oder durch Ausstellungen wie die von Max Ernst im Jahre 1920. Man betrat die Ausstellung durch eine öffentliche Toilette, um u.a. einen Holzklotz zu betrachten, auf den die Besucher einhacken sollten, ein Aquarium voller zusammengewürfelter Dinge in einer blutigen Flüssigkeit und einem jungen Mädchen, das in einem Kommunionkleid obszöne Gedichte rezitierte.[210]

Dadaismus ist ein konsequentes Extrem im kulturellen Trend dieser Zeit. Er ist die Stimme der Unvernunft in der Kunst, die schadenfroh die Form von Irrsinn annimmt. Ein prominenter amerikanischer Philosoph bezeichnete diese Bewegung vor einigen Jahren als „einen der wirkungsvollsten Ausbrüche des Irrationalen in diesem

---

[210] Horst de la Croix/ Richard G. Tansey: *Gardner's Art Through the Ages*, Bd. 2, New York [6]1975, S. 736. Die Aussage über Kunst wird zit. in Laqueur: *Weimar*, S. 119.

Jahrhundert"[211], und die deutsche Avantgarde pries sie damals als wagemutig, witzig und anti-Mittelklasse.

Wenn Kunst das Barometer einer Gesellschaft ist, dann deutet Irrsinn in der Kunst bestimmte existentielle Konsequenzen an. Letztendlich werden die Äquivalente eines solchen Irrsinns jedes Gebiet durchdringen und übernehmen, da sie aus der gleichen fundamentalen Ursache stammen

In Deutschland musste man auf ökonomischem Gebiet nicht lange warten. Im Jahre 1923 erschütterte eine solche Entwicklung die ganze Nation.

* * *

Die Kultur der Weimarer Republik befürwortete irrationale Emotionen. Die Wirtschaft verlangte sie. Sie stellte Bedingungen, die niemandem eine andere Funktionsweise erlaubten.

Die Republik war eine Mischökonomie, die von Bismarck eingeführt und von der neuen Verfassung verlangt wurde. Es gab ein Element wirtschaftlicher Freiheit und es gab auf allen Gebieten der Wirtschaft zunehmende staatliche Kontrollen - direkt oder indirekt; von Seiten der Staats-, der Landes- oder der Kommunalregierungen. Die Kontrollen erstreckten sich über Geschäftsbetriebe, die Arbeiterschaft, das Bankenwesen, die Versorger, die Landwirtschaft, das Bauwesen und viele andere. In der Regel gewährte jedes neue Gesetz einer bestimmten deutschen Gruppe bestimmte Vorteile - zu einem bestimmten Preis. Der Preis wurde von anderen Gruppen übernommen, deren erzwungenes Opfer für die Vorteile bezahlte. Und diese Gruppen reagierten vorhersagbar.

Als sich die amerikanischen Kolonisten vor einhundertfünfzig Jahren den steigenden britischen Steuern gegenübersahen, entschieden sie sich nicht dazu, ihre Lobby am englischen Hof aufzupeppen; sie verkündeten die Menschenrechte und entschieden sich, das Joch abzuschütteln. Solche Ideen gab es in der Weimarer Republik nicht. Die Deutschen hinterfragten den Opferkodex oder das Prinzip des

---

211 William Barrett: *Irrational Man*, Garden City N.Y. 1958, S. 40.

Dirigismus nicht. *Diese* Ideen, so hatte ihre Kultur ihnen gesagt, bestimmten, wie der Mensch leben solle und leben *müsse*. Sie stellten das Moralische und das Praktische dar.

Die Deutschen praktizierten sie daher. Um nicht von der nächsten Gesetzgebungswelle lebendig gefressen zu werden, trat buchstäblich jeder einer Gruppe bei und identifizierte sich mit ihr (da ein isoliertes Individuum keine Chance gegen große, lautstarke Blöcke hat). Und jede Gruppe kannte nur eine Politik: neue ökonomische Vorteile und/oder neue legislative Sanktionen gegen die anderen Gruppen fordern.

Feindliche Blöcke standen sich gegenüber: große Firmen gegen kleine, Importeure gegen inländische Produzenten, Arbeitgeberverbände gegen Gewerkschaften, Angestellte gegen Arbeiter, die Beschäftigten gegen die Arbeitslosen, Industrielle gegen Junker, Junker gegen Bauern, Bauern gegen Städter, Gläubiger gegen Schuldner, die unteren Klassen gegen die Mittelklasse, die untere Mittelklasse gegen die obere Mittelklasse, die mittlere gegen die obere Mittelklasse. Der Appell, den all diese Gruppen an den Reichstag richteten, war eine Kakophonie aus Widersprüchen, wie z.B. höhere Importzölle/mehr Freihandel; mehr Subventionen/weniger Einmischung; straffe Geldpolitik/schnelle Kreditvergabe; längere Arbeitszeiten/kürzere; höhere Preise/niedrigere; höhere Gewinne/niedrigere; mehr Wettbewerb/weniger; mehr Arbeitsbeschaffungsmaßnahmen/weniger; mehr öffentliches Eigentum/weniger; höhere Löhne/gebt uns Arbeit; mehr Sozialausgaben/stoppt die Inflation; was ist mit uns?/senkt die Steuern.

Die Autoren der Weimarer Verfassung hatten geglaubt, dass eine kontrollierte Wirtschaft in den Händen einer demokratischen Regierung die friedliche Kooperation der Menschen fördern würde, anders als der ihrer Meinung nach „rücksichtslose Wettbewerb“ und „der Krieg aller gegen alle“ des freien Marktes. Was die Mischökonomie stattdessen produzierte, war ein rücksichtsloser Wettbewerb zwischen Gruppen, ein *kollektiver* „Krieg aller gegen alle“.

Es ginge ihm nicht um seinen eigenen, egoistischen Vorteil, sagte der Arbeiter, der Unternehmer oder der Bauer, während er darum kämpfte, anderen Gruppen gesetzliche Beschränkungen oder Opfer aufzuerlegen, sondern um das Wohlergehen seiner Gruppe: den Lebensunterhalt der Arbeiter, den Fortschritt der Industrie, die Bewahrung der Landwirtschaft. Seine Gruppe verdiene es aufgrund der Dienste, die sie einer übergeordneten Entität geleistet habe: der Nation als Ganzes. Die Deutschen marschierten unter dem gleichen Banner in die Zukunft, während sie darum kämpften, es an sich zu reißen. Auf dem Banner stand: Opfert für das Volk - für das Vaterland, für das öffentliche Interesse oder das Allgemeinwohl.

Die politischen Parteien, die diese Auffassung 1919 formell angeordnet hatten, überlebten dadurch, dass sie daraus Kapital schlugen. Im Austausch gegen Wählerstimmen verteilten sie wirtschaftliche Gefälligkeiten an ihre Wählerschaft.

Weder die kriegführenden Gruppen noch die Parteien, die sie umwarben, wussten, wann oder auf wessen Kosten man welche Gefälligkeiten fordern oder wann man den Forderungen der Gegner nachgeben sollte, die ja auch überleben mussten. Aufgrund der Natur dieses Systems gab es kein Prinzip, dem man hätte folgen können: Niemand konnte einen rationalen Weg aufzeigen, wie man eine Nation in Segmente aufteilt, die sich gegenseitig auffressen oder einen gerechten Weg, wie man das Auffressen organisieren sollte. Jede Gruppe wechselte also zwischen der Rolle des Nutznießers und der des Opfers hin und her, je nach der Laune, den Tränen, den Ängsten, den Allianzen, den Schlagzeilen, den Absprachen in Hinterzimmern und der Zweckdienlichkeit des Augenblicks.

Das Leben, so Spengler, habe „kein System, kein Programm, keine Vernunft." Das ist nicht zwangsläufig wahr für das Leben an sich, aber für das Leben in der deutschen Mischökonomie traf es ganz sicher zu.

So ein Leben hat Konsequenzen. Im Jahre 1923 entdeckten die Deutschen eine davon.

Seit 1914 brauchten die deutschen Regierungen riesige Geldsummen - weit mehr, als die Staatsführung durch Steuern einzutreiben wagte - und zwar aus folgenden Gründen: teils um die anwachsenden staatlichen sozioökonomischen Programme zu bezahlen, teils um den Krieg oder kriegsbezogene Ausgaben zu decken. (In den Weimarer Jahren kamen noch die Reparationszahlungen dazu.) Um mit diesen finanziellen Bedürfnissen umzugehen, hatte das kaiserliche Kabinett beim Ausbruch des Krieges bestimmte neue monetäre und fiskalische Maßnahmen eingeführt. Dieselben Maßnahmen führte die Republik nach dem Krieg fort.

Beide Regimes häuften riesige Defizite an. Sie wollten sie im Wesentlichen durch Schulden und letztendlich durch die Druckerpresse finanzieren.

Sowohl kaiserliche als auch republikanische Minister weigerten sich, ihre Ausgaben zu kürzen. Die staatlichen Programme könnten nicht deutlich gekürzt werden, so wiederholten sie; die Programme seien notwendig, um die Armen zu retten, den Arbeitern zu helfen, die Industrie zu schützen oder das Vaterland zu verherrlichen; sie seien Ausdruck von christlichem Mitleid, von einem fortschrittlichen Gewissen, von deutscher Tradition oder Vaterlandsliebe.

Die Minister fühlten, dass ihre Ziele edel waren, sie fühlten, dass diese Ziele für ihr eigenes politisches Überleben unerlässlich waren und sie fühlten, dass andere Gesichtspunkte daher nicht berücksichtigt werden müssten. Ziele, so hatte man ihnen seit langem beigebracht, würden nicht durch Vernunft oder Logik festgelegt, sondern durch Instinkt und Gefühl.

Und bezüglich der Mittel hatte man ihnen beigebracht, es gebe nichts Absolutes. Die kaiserliche Führungsschicht war in dieser Hinsicht altmodischer gewesen und zweifelte daran, dass eine Regierung ungestraft das ausgeben könne, was sie nicht besaß; diese Männer wollten eines Tages die Bücher ausgleichen, indem man den Krieg gewänne. Die Republikaner hatten nicht einmal diese Chimäre. Viele von ihnen hatten kein Verlangen danach, die Bücher auszugleichen. Sie glaubten, dass eine ständige Defizitpolitik und die Ausweitung des Geldangebots zu ihrem Vorteil arbeiten würden. Wie die modernen Künstler und Erzieher brannten auch sie darauf, „mit dem Nichtobjektiven zu experimentieren" - was in diesem Fall hieß, das Land mit Papiergeld ohne Deckung durch irgendeinen objektiven Wert oder irgendwelche Sachwerte zu überschwemmen.

Im Juli 1914 war ein Dollar 4,20 deutsche Mark wert. Im Juli 1920 waren es 39,50 Mark. Im Juli 1922 betrug der Kurs 493,20 Mark.

Trotz solcher Zahlen hinterfragten die Gemäßigten der Weimarer Regierung weder ihre Zwecke noch ihre Mittel dazu. Sie machten sich anscheinend weder über die Resultate ihrer Politik Sorgen, noch über Ursache und Wirkung. Sie hörten mit ihrer Ausgabenorgie nicht auf. Sie druckten einfach immer mehr und mehr Geld. 1923 „liefen in 150 Druckereien Tag und Nacht 2.000 Pressen, um die Reichsbanknoten zu drucken."[212]

Wenn die Politiker das Gesetz der Kausalität ignorierten und der Realität trotzten, so erwarteten sie offensichtlich, damit durchzukommen. Kausalität und Realität seien nur subjektive menschliche Ideen oder „Kategorien", so hatte Deutschlands Lehrer seinen Landsleuten versichert. Die Realität sei bloß ein kapitalistischer Begriff, so fügte einer seiner Jünger damals verächtlich hinzu.[213]

Obwohl Kant das Gegenteil behauptet hatte, blieb die Realität auch 1923 real. Die Deutsche Mark fiel weiter - und zwar stündlich.

> „Mitte des Jahres 1923 war das gesamte Land im Delirium. Wer einen Arbeitsplatz hatte, wurde jeden Tag bezahlt, üblicherweise am Mittag, und dann rannte er mit einem Sack voll Geld zum nächsten Geschäft, um irgend-etwas zu jedem Preis zu kaufen. In ihrer Panik bezahlten Menschen Millionen und sogar Milliarden für Kuckucksuhren oder Schuhe, die nicht passten - einfach alles, was man gegen etwas anderes tauschen konnte."[214]

Im November 1923 erreichte die große Inflation ihren Höhepunkt. Die Mark sank auf ihr endgültiges Tief: Für einen Dollar musste man

[212] Stolper, a. a. O., S. 85.
[213] Laqueur, *Weimar*, S. 68. Der Autor bezieht sich auf Gottfried Benn.
[214] Otto Friedrich: *Before the Deluge*, New York 1972, S. 124.

4.200.000.000.000 Mark bezahlen. Wer sich auf Geldwerte oder ein festes Einkommen verlassen hatte - auf Ersparnisse, Versicherungen, Anleihen, Hypotheken, Renten usw. - war ruiniert. „Die intellektuelle und produktive Mittelklasse, die traditionell das Rückgrat des Landes bildete, wurde für ihre totale Selbstopferung während des Krieges bezahlt, indem man ihr das gesamte Eigentum raubte und man sie proletarisierte", so Gustav Stresemann, der damalige Vorsitzende der Volkspartei.[215]

Die Deutschen konnten kaum glauben, was mit ihnen geschah. Viele waren desorientiert oder sogar verstört und zweifelten seitdem an ihrem Verstand.

> „Alle Werte waren verändert, und... Berlin verwandelte sich in das Babel der Welt... Selbst das Rom des Sueton hat keine solchen Orgien gekannt wie die Berliner Transvestitenbälle... Eine Art Irrsinn ergriff im Sturz aller Werte gerade die Bürgerlichen, in ihrer Ordnung bisher unerschütterlichen Kreise."[216]

„Die Barbarei herrschte", sagte der Maler George Grosz. „Auf den Straßen wurde es gefährlich... Wir duckten uns in Hauseingänge, weil aufgebrachte Leute, die nicht länger in ihren Häusern bleiben durften, auf die Dächer stiegen und wahllos auf alles schossen, was sich bewegte."[217]

Die deutschen Intellektuellen sahen keine Veranlassung mehr, „die Hure der Aufklärung" zu verfluchen. Ihre letzten Überreste waren verschwunden. Das Ideal, das sie statt ihrer gesucht hatten - der Übergang „vom Logischen zum Unlogischen" - war da. Nun konnten sie über *Dadaismus in der Ökonomie* meditieren, zusammen mit seiner Folge: einem Kugelhagel.

Die große Inflation war nicht bloß das Produkt einer praktischen Fehlberechnung. Ihre fundamentale Ursache lag nicht im Bereich der Finanzen, sondern in der Philosophie - besonders in der Erkenntnistheorie. Im Wesentlichen war die Inflation ein Ausdruck der grund-

---

215 Pinson, a. a. O., S. 447. Der Autor zitiert eine Äußerung vom 29. 6. 1927.
216 Stefan Zweig: *Die Welt von Gestern*, Berlin 1981, S. 333.
217 George Grosz: *A Little Yes and a Big No*, New York 1946, zit. n. Friedrich, *Deluge*, S. 126.

legenden Geisteshaltung der Weimarer Kultur auf ökonomischem Gebiet. Es gibt eine Grenze dafür, wie lange die Denker einer Nation das Widersprüchliche, das Irrationale und das Absurde predigen können; eines Tages erreichen sie es, auf jedem Gebiet.

Im November 1923 war die deutsche Regierung endlich zum Handeln gezwungen. Sie führte eine neue Währung ein, die Rentenmark, die in Dollar einlösbar war und sah danach davon ab, das Land damit zu überschwemmen.

Obwohl sie ökonomisch richtig war, kam diese Reaktion jedoch zu spät. Die grundlegende Ursache der Katastrophe blieb unverändert intakt. Und die Zeichen der politischen Zukunft des Landes wurden bereits unheilvoll sichtbar.

Ein Vorzeichen kam von den Gemäßigten. Am 13. Oktober 1923 verabschiedeten die Mitglieder des Reichstages mit 316 zu 24 Stimmen ein Gesetz, das die Inflationskrise beenden sollte. Das Gesetz verbot der Regierung nicht etwa die Defizitpolitik oder die Abwertung der Währung. Stattdessen autorisierte das neue Gesetz die Regierung „alle für notwendig erachteten Maßnahmen im Finanziellen, Ökonomischen und Sozialen durchzuführen. Sie konnte sogar, wenn sie es für nötig hielt, die in der Verfassung garantierten Grundrechte aufheben." Dafür verbot das Gesetz dem Kabinett, bestimmte Themen anzutasten, wie etwa den 8-Stunden-Tag oder die Wohlfahrtsprogramme.[218]

Freiheit sei entbehrlich, verkündeten die deutschen Demokraten dem Land, aber „Sozialgesetzgebung" sei etwas Absolutes.

Einige Wochen später, zum Höhepunkt der Inflation, hörte man von einer anderen deutschen Gruppe. Auch sie glaubte an die Überlegenheit der „Gesellschaft", wenn auch nicht an eine republikanische Regierungsform: „[Dies ist] ein Räuberstaat!... [Wir werden uns] nicht länger einem Staat... unterwerfen, der auf der betrügerischen Idee der Mehrheit gegründet [ist]". Sie wollte eine Diktatur.[219]

---

[218] Halperin, a. a. O., S. 267.
[219] Zit. in Shirer, a. a. O., S. 62.

Am Morgen des 9. November 1923 entschied sich der Anführer dieser Gruppe in München zum Handeln. Adolf Hitler unternahm einen Putschversuch.

Er kam ein wenig zu früh.

9.
Die Nazi-Synthese

Die deutsche Rechte verurteilte den Sozialismus, während sie den Sozialstaat unterstützte, die Überwachung der Wirtschaft durch den Staat forderte, und predigte, dass Eigentum zum Dienst am Vaterland verpflichte. Die deutsche Linke verurteilte den Nationalismus, während sie die Heldentaten des kaiserlichen Deutschlands pries, die siegreichen alliierten Kriegsgewinner verfluchte und die Wiedergeburt eines starken Vaterlandes forderte. (Selbst die Kommunisten ersetzten in ihren Manifesten „Proletariat" bald durch „Nation".)

Die Nationalisten waren im Herzen Sozialisten. Die Sozialisten waren im Herzen Nationalisten.

Die Nazis übernahmen die Kernaussagen beider Seiten und präsentierten die Synthese stolz als Kombination beider Standpunkte. Die Synthese lautet: Nationalsozialismus.

Hitler sagte (genau wie Denker von Fichte bis Spengler), Nationalismus bedeute, dass die Nation in jeder (auch wirtschaftlicher) Hinsicht Macht über das Individuum habe; d.h. Sozialismus. Sozialismus, so Hitler, bedeute die Herrschaft durch das Ganze, durch das größte aller Ganzen: Deutschland.

Die Ideologien der anderen Parteien richteten sich an eine bestimmte Wählerschaft, während sie den Rest des Landes gegen sich aufbrachten. Die marxistischen Parteien konnten sich effektiv nur an die Arbeiter richten; die Grundbesitzer fürchteten und hassten die marxistische Version des Sozialismus. Die konservativen Gruppen konnten nur auf die Unterstützer des kaiserlichen Regimes zählen; ihren Ruf nach „deutscher Tradition" sah man (besonders seitens der

Jungen und der Armen) nur als Versuch des früheren Establishments an, ihre alten Privilegien wiederzugewinnen. Die Zentrumspartei konnte aufgrund ihrer Natur nur für die Katholiken attraktiv sein. Und die liberalen Parteien, die den Mittelweg vertraten, hatten Probleme, überhaupt eine Wählerschaft an sich zu binden. Im Jahre 1920 waren die Demokraten bereits zu einer Splittergruppe verkommen; die Gegner des Marxismus aus der Mittelklasse hatten anhand der Beweislage entschieden, dass die Demokraten in der Praxis nicht von den Sozialdemokraten zu unterscheiden waren.

Die ideologische Synthese der Nazis betonte jedoch die Grundprinzipien aller Gruppen und diente somit als Entree für alle Teile der Bevölkerung, ob nun reaktionär oder radikal. Je nach Betonung konnte man mit einer solchen Ideologie den streng Gläubigen besänftigen und den Anhänger des Heidentums faszinieren, die Alten beruhigen und die Jungen berauschen, die „Habenden" in Sicherheit wiegen und den „Habenichtsen" einen Neuanfang bieten.

Der noch aus der langen feudal-autoritären Vergangenheit stammende Klassenkampf war eine unerlässliche Tatsache im Alltag. Wenn die unteren Klassen nach oben sahen, sahen sie die gehasste habgierige, privilegierte Oberschicht, die für die Justiz unantastbar war. Wenn die oberen Klassen nach unten sahen, sahen sie die verachteten habgierigen Proleten, die es darauf abgesehen hatten, die ordnungsgemäße gesellschaftliche Hierarchie umzustoßen. Jene ganz unten wollten die Spitze abschneiden; jene ganz oben wollten die ganz unten niederhalten; die Mitte konnte je nach Blickrichtung beides fühlen.

Die Nazis versprachen allen alles.

Und um die Widersprüche, die ein solcher Wahlkampf mit sich brachte, machte sich Hitler keine Sorgen.

* * *

In den 1920er Jahren war die deutsche Mittelklasse die Wählergruppe, die am schnellsten übernommen werden konnte. Diese Gruppe (Angestellte, Kleinunternehmer, Bürokraten, Akademiker usw.) war vom Krieg verheert und von der Inflation am schwersten gebeutelt worden. Millionen fühlten sich zerrieben zwischen den mächtigen, staatlich geschützten Kartellen oben und den mächtigen, staatlich geschützten Gewerkschaften unten. Auch die Mittelklasse wollte staatlich geschützt und unterstützt werden, doch sie hatte keinen mächtigen Vorkämpfer und keine effektive Organisation. Hitler begann seinen Aufstieg damit, diese Lücke zu füllen.

Im Februar 1920 gab die Nazi-Partei im Bemühen um öffentliche Unterstützung das Manifest heraus, das eins ihrer meistveröffentlichten Dokumente werden sollte, die „25 Punkte". Obwohl sich das Dokument an das ganze Land richtete und besondere staatliche Projekte für buchstäblich alle Gruppen forderte, war die Mittelklasse doch sein offensichtlichstes Ziel.

> „Wir fordern, daß sich der Staat verpflichtet, in erster Linie für die Erwerbs- und Lebensmöglichkeit der Staatsbürger zu sorgen... (Punkt 7). Wir fordern einen großzügigen Ausbau der Altersversorgung (Punkt 15). Wir fordern die Schaffung eines gesunden Mittelstandes und seine Erhaltung, sofortige Kommunalisierung der Groß-Warenhäuser und ihre Vermietung zu billigen Preisen an kleine Gewerbetreibende, schärfste Berücksichtigung aller kleinen Gewerbetreibenden bei Lieferung an den Staat, die Länder oder Gemeinden (Punkt 16). Wir fordern die Ausbildung besonders veranlagter Kinder armer Eltern ohne Rücksicht auf deren Stand oder Beruf auf Staatskosten (Punkt 20). Der Staat hat für die Hebung der Volksgesundheit zu sorgen... (Punkt 21)."[220]

Die Mittelklasse in Deutschland fürchtete den Kommunismus und verachtete wie der Rest des Landes die großen Konzerne. Von antikapitalistischen Parolen durchdrungen machte es für die Deutschen keinen Unterschied, ob Menschen durch produktive Leistungen oder durch politische Beziehungen reich geworden waren. Man sah Millionen hungernder Menschen, während bestimmte Firmen mit Kriegsverträgen, Inflationsprofiten, politisch diktierten Löhnen, Preisen und Subventionen ein Vermögen machten. Die Deutschen

---

[220] Die 25 Punkte des Programms der NSDAP, zit. n. Walther Hofer (Hg.): *Der Nationalsozialismus: Dokumente 1933-1945*, Frankfurt a. M. 1957.

schlossen daraus nicht, dass die Einmischung des Staates die Ursache der Ungerechtigkeit war. Sie sagten: Die Reichen, die Reichen an sich, sind der Feind.

Hitler prangerte den Kommunismus täglich als subversiv und undeutsch an. Er versicherte der Mittelklasse, dass er Enteignungen ablehne, zumindest in Bezug auf kleine Grundbesitzer. In Bezug auf Großgrundbesitzer verlieh er jedoch der Verbitterung des Landes eine Stimme. Wir fordern die „Abschaffung des… mühelosen Einkommens, Brechung der Zinsknechtschaft“ (Punkt 11). „Wir fordern daher restlose Einziehung aller Kriegsgewinne“ (Punkt 12). „Wir fordern die Verstaatlichung aller… Betriebe.“ (Punkt 13).

Hitler schrieb, die NSDAP „ist überzeugt, daß eine dauernde Genesung unseres Volkes nur erfolgen kann von innen heraus auf der Grundlage: Gemeinnutz vor Eigennutz“ (Punkt 24). Aber, so Hitler, Geschäftsleute folgten ja dem entgegengesetzten Prinzip; Kapitalismus richte sich an egoistische, „materialistische“ Interessen wie z.B. industrielle Produktion, ökonomischen Erfolg und den Zuwachs an Wohlstand. „Gold oder Blut“, sagten die Nazis, „Händler oder Helden“ - dies sei die Entscheidung, vor der Deutschland stehe.[221]

Als die Zeit reif war, sollte die Mittelklasse zur Avantgarde der Nazi-Basis werden. Der Rest des Landes lag jedoch nicht weit dahinter. Die meisten anderen Gruppen waren bereit für die gleichen (wenn auch entsprechend angepassten) Versprechungen und Hetzreden.

Den verschuldeten Kleinbauern, die unabhängige Landbesitzer werden wollten, wurde u.a. eine „Bodenreform, Schaffung eines Gesetzes zur unentgeltlichen Enteignung von Boden für gemeinnützige Zwecke, Abschaffung des Bodenzinses und Verhinderung jeder Bodenspekulation“ (Punkt 17) versprochen und die Junker, die großen Vieh- und Getreidehändler (die „städtischen Ausbeuter“) wurden angeprangert.

Den Fabrikarbeitern in den Städten, den Hochburgen der marxistischen Parteien, versprachen die Nazis „Gewinnbeteiligung an

[221] *Händler und Helden* ist der Titel eines Buches von Werner Sombart.

Großbetrieben" (Punkt 14), betriebliche Mitbestimmung und (in den 30er Jahren) ein Ende der Arbeitslosigkeit, während sie wütende Verleumdungen ausstießen gegen „das gierige Finanzkapital", die „Zinsknechtschaft", „internationale Bankiers" und den „egoistischen Schurken", der „durch unmenschliche und ausbeuterische Art seiner Betriebsführung die nationale Arbeitskraft missbraucht und aus ihrem Schweiße Millionen erwuchert".[222]

Man muss hier anführen, dass die Arbeiter nie in großer Zahl für die Nazis stimmten, zumindest nicht im gleichen Umfang wie die Mittelklasse und die Bauern. Die Gewerkschaften waren dafür zu mächtig: Sie kontrollierten den Arbeitsmarkt und hatten ein Monopol auf die Arbeitslosenunterstützung. Als Resultat daraus mussten die Arbeiter einer Gewerkschaft beitreten und bei Wahlen widerwillig für deren Kandidaten stimmen.

Sehen wir uns nun die „unmenschlichen Ausbeuter" selbst an, die gehassten Arbeitgeber oder Gläubiger aller dieser Gruppen, d.h. Deutschlands Großunternehmer.

Die meisten deutschen Industriellen waren vor 1933 keine Nazis; für sie war fast jedes Regime akzeptabel, auch die Republik. Auch die Spenden für die Nazis waren kein bedeutsamer Faktor für Hitlers Erfolg, der kein finanzielles, sondern ein ideologisches Phänomen ist. (Geld macht es leicht, Propaganda zu verbreiten, aber es kann nicht die zu propagierenden Ideen oder die Empfänglichkeit für sie bestimmen.) Walter Laqueur schreibt: „Die an Hitler gezahlten Summen waren vor 1933 nicht nur in absoluten Zahlen moderat, sie waren winzig im Vergleich zu dem, was die anderen Parteien bekamen. Die deutschen Industriellen hatten Hitler nicht ‚gemacht', sie liefen ihm erst zu, nachdem seine Partei zur führenden politischen Kraft geworden war, und es ist möglich, dass Hitler auch an die Macht gekommen wäre, wenn die Nazis nicht einen Pfennig von den Bankiers und Industriellen bekommen hätten."[223] Es gab jedoch be-

---

[222] Das letzte Zitat stammt aus *Mein Kampf*, S. 375.
[223] Walter Laqueur: *Fascism – The Second Coming*, in: *Commentary*, Vol. 61. Nr. 2, Feb. 1976, S. 58.

sonders gegen Ende der Republik führende Industrielle, die die Nazis unterstützen.

Den reichen Großindustriellen gegenüber stellten die Nazis es *im Privaten*, unter Ausschluss der Presse und des Landes, so dar, dass das unternehmerfeindliche Trommelfeuer bloße Rhetorik sei, um die radikalen Massen vom Kommunismus abzuhalten und dass die Unternehmer es nicht ernst nehmen müssten.

Einige der mächtigen Spender glaubten diese „pragmatische Wahrheit" nicht. Sie spendeten aus Angst vor terroristischen Repressalien oder aus Verzweiflung („Lieber Befehle von den Nazis als Kugeln von den Kommunisten"), oder sie gingen einfach auf Nummer Sicher und spendeten gleichzeitig an mehrere Parteien. Andere wiederum nahmen sie ernst. Hitler mag vielleicht keine Manieren haben, aber er wird unsere Interessen verfolgen; er ist ein Freund des Kapitalismus.

Profitstreben war in Deutschland noch nie als „wünschenswert oder ehrenwert angesehen worden. Die Bürokraten und die Armee gaben den Ton an; ihrer Meinung nach war Profitstreben etwas Verachtenswertes. Die kapitalistische Bourgeoisie hielt die Lebensweise dieser Gesellschaftsschichten für ein Ideal, nach dem sie sich richten wollte."[224] Solche „Kapitalisten" verstanden die Begriffe „Privateigentum" oder „freier Markt" nicht und wollten keines von beiden. Eigentum bedeutete für sie nicht Eigentum als Recht, sondern durch staatliche Erlaubnis; Kapitalismus bedeutete für sie nicht Laissez-Faire, sondern die Kontrolle durch den Staat, die traditionelle, kaiserliche Art von Kontrolle, bei der Absprachen in Hinterzimmern zwischen Politikern und Eigentümern getroffen wurden. Da sie solche Prämissen vertraten, glaubten viele Unternehmer, dass ein Diktator ein Verteidiger des Kapitalismus sein könne. Sie hatten die typische Gesinnung von Interessengruppen in einer Mischökonomie, die zu „Dienst an der Allgemeinheit" erzogen worden waren, taub gegenüber Prinzipien oder Ideologien waren und die einen Despoten wollten, der ihnen wohlgesonnen war.

---

[224] Stolper, a. a. O., S. 47.

Ein britischer Autor beschreibt diese Bankiers und Industriellen, die stolz auf ihre Unterstützung Hitlers waren, als „zu unschuldig für Politik". William Shirer sagt, dass sie „politisch naiv" waren. In Wirklichkeit war ihre „Unschuld" anti-intellektuell und ihre „politische Naivität" philosophischer Pragmatismus.[225]

Bereits vor 1933 boten die Nazis buchstäblich allen bedeutsamen Gruppen in Deutschland private Abmachungen und/oder Versprechungen an, einschließlich den Junkern, der Armee, den Kriegsveteranen, den Hochschülern, den Studenten, den Künstlern und selbst den unverheirateten Frauen. („Im Dritten Reich wird jedes deutsche Mädchen einen Mann finden", sagte Hitler in einer Rede.)[226] Und zu den materiellen Versprechungen kamen noch Schmeicheleien, die die unvergleichlichen Leistungen oder Traditionen jeder Gruppe betonten, ihre einzigartige Tugend preisten, die Leidenschaft der Klassen- (und Rassen-) Solidarität anfachten, während sie Klassenkampf als marxistisch und schädlich anprangerten. Hitler sagte seinem Publikum von Anfang an: Eure Tugend besteht nicht aus eurer Hingabe an persönlichen Erfolg oder „Klassengier", sondern an die Nation. Die gegenwärtige Regierung sei zu korrupt, um eure Opfer zu würdigen; aber im Dritten Reich werdet ihr großzügig belohnt werden, weil *euer* Wohlergehen für das Allgemeinwohl unerlässlich ist.

Wie konnte Hitler den verschiedenen rivalisierenden Gruppen all dies versprechen und trotzdem glaubwürdig bleiben? „Die Parole des Allgemeinwohls", so erklärt ein Historiker,

> „war vage genug, um alle ökonomischen Strömungen und widersprüchlichen Interessen unter einen Hut zu bringen… Man konnte leicht behaupten, dass die Öffentlichkeit diese oder jene Maßnahme brauche. Daher war es möglich, gleichzeitig die Profitinteressen der Industrie, die radikalen arbeitenden Massen und die entwurzelten Intellektuellen anzusprechen."[227]

[225] Alan Bullock: *Hitler: A Study in Tyranny*, New York 1964, S. 174. Shirer, a. a. O., S. 139.
[226] Zit. in *Ebd.*, S. 153.
[227] Stolper, a. a. O., S. 128.

Hinzu kommt noch die Tatsache, dass ein Wahlkampf, der „widersprüchliche Interessen" vertritt, kein Problem für eine Wählerschaft ist, die Geradlinigkeit für „nur logisch" hält.

Trotz seiner Angriffe auf die Logik war Hitler aber in einer Hinsicht *doch* geradlinig und verlangte Geradlinigkeit von seinen Anhängern. Wenn seine Versprechen erfüllt werden sollten, müsse Deutschland das Weimarer Mischsystem ablegen und die Überlegenheit des Ganzen in jedem Lebensbereich anerkennen. Die „25 Punkte" machten bereits im Jahre 1920 klar, welche Veränderungen das mit sich bringen würde.

Die wirtschaftlichen Punkte dieses Dokuments wurden von den sozialistisch-liberalen Kreisen und vielen nationalistischen Gruppen als hoch moralisch angesehen; jeder dieser Punkte hat ein entsprechendes Gegenstück in der Weimarer Verfassung. Die Nazis betrachteten diese Punkte als bloß *einen* Ausdruck eines umfassenderen Prinzips. Im gesamten Manifest finden sich noch zusätzliche Punkte, die mit den ökonomischen friedlich zusammenleben.

Die Punkte 1 bis 6, 8, 19 und 22 beschäftigen sich in erster Linie mit Außenpolitik (und mit Rassismus) und stellen mehrere nationalistische Ultimaten, einschließlich der Forderung nach Abschaffung des Versailler Vertrages, mehr Land und Boden, die Aberkennung der Staatsbürgerschaft für Juden, ein Ende von nicht-deutscher Zuwanderung und der Bildung eines „Volksheeres" statt der „Söldnertruppe".

Vier weitere Abschnitte beschäftigen sich mit einem anderen Thema: Sie ergänzen ökonomischen Dirigismus und außenpolitischen Nationalismus durch die Forderung nach innerstaatlicher Gedankenkontrolle. Punkt 20 befasst sich mit Erziehung und verlangt die Überarbeitung der Lehrpläne. „Das Erfassen des Staatsgedankens muß bereits mit dem Beginn des Verständnisses durch die Schule (Staatsbürgerkunde) erzielt werden." Punkt 23 verlangt die Schaffung einer „deutschen Presse" und schließt: „Zeitungen, die gegen das Gemeinwohl verstoßen, sind zu verbieten. Wir fordern den gesetzlichen Kampf gegen eine Kunst und Literaturrichtung, die einen zersetzenden Einfluß auf unser Volksleben ausübt, und die Schließung von Veranstaltungen, die gegen vorstehende Forderungen verstoßen." Punkt 24 verspricht die Freiheit aller religiösen Bekenntnisse „soweit sie nicht [den] Bestand [des Staates] gefährden oder gegen das Sittlichkeits- und Moralgefühl der germanischen Rasse verstoßen."

Punkt 18, der diesbezügliche Höhepunkt, umfasst lediglich zwei Sätze; sie legen dar, was „das Allgemeinwohl", wenn es erst einmal Eigentum und Freiheit vernichtet hat, in Bezug auf das Leben verlangt: „Wir fordern den rücksichtslosen Kampf gegen diejenigen, die durch ihre Tätigkeit das Gemeininteresse schädigen. Gemeine Volksverbrecher, Wucherer, Schieber usw. sind mit dem Tode zu bestrafen, ohne Rücksichtnahme auf Konfession und Rasse."

Ein Krimineller ist der Nazi-Philosophie zufolge nicht jemand, der individuelle Rechte verletzt; ein Krimineller ist, wer „das Gemeininteresse" verletzt. Für das schwerste Verbrechen - Tätigkeiten gegen „die Nation" - müsse ein solcher Mensch auch die schwerste Strafe erhalten. Die Nazis befanden es nicht für nötig, in einer weitgefassten, programmatischen Erklärung zu spezifizieren, welche Tätigkeiten unter diese Strafe fielen. Die Umrisse ihrer Antwort waren ja deutlich genug und allgemein akzeptiert: „Wucherer, Schieber *usw.*"

Kaum 25 Jahre später sollte dieses „usw." Millionen Menschen umfassen.

Gemäßigte Politiker bekundeten lautstark den altruistischen Kodex, wendeten ihn aber nicht konsequent und vollständig an, sondern hauptsächlich für die Ausweitung der wirtschaftlichen Kontrollen. Hitler berief sich auf denselben Kodex, ging aber aufs Ganze. Er wollte nichts davon hören, Selbstopferung nur auf das Gebiet der materiellen Produktion zu beschränken und Selbstbehauptung auf geistigem Gebiet zuzulassen. *Er wies die Dichotomie von wirtschaftlicher und politischer Freiheit empört zurück;* er war aus denselben Gründen gegen beides. Der Mensch müsse bereit sein, alles für andere aufzugeben: Er müsse Seele *und* Körper, Ideen *und* Wohlstand und das Leben selbst aufgeben.

„Ich habe vom Marxismus viel gelernt. Ich gestehe das ohne weiteres ein", sagte Hitler zu Rauschning.

> „Nur, ich habe damit Ernst gemacht, womit diese kleinen Krämer- und Sekretärseelen zaghaft angefangen haben... Ich brauchte nur das konsequent fortzuführen, was bei der Sozialdemokratie zehnmal gebrochen war, nämlich infolge des Umstandes, dass sie ihre Revolution im Rahmen einer Demokratie verwirklichen wollten. Der Nationalsozialismus ist das, was der Marxismus hätte sein können, wenn er sich aus der absurden, künstlichen Bindung mit einer demokratischen Ordnung losgelöst hätte."[228]

Den Sozialdemokraten und ihren Alliierten wurde (besonders von den Jugendlichen) oft vorgeworfen, edle Parolen zu verwenden, um ihre „Politik wie üblich" zu verschleiern; die Gemäßigten waren unfähig, das Land zu überzeugen, dass sie diese Parolen wirklich glaubten. Die selbstgerechte Konsequenz der Nazis in dieser Frage überzeugte die Leute jedoch, wenn auch nicht zu Anfang. In den frühen 20er Jahren waren die kompromisslosen moralischen und politischen Forderungen eine Belastung, und Hitler wurde von den meisten Deutschen nicht ernst genommen. Sie glaubten immer noch, dass man der Republik eine Chance geben müsse und dass hinhaltende Maßnahmen im Rahmen des neuen Systems noch funktionieren könnten.

Innerhalb eines Jahrzehnts konnten die Menschen die Resultate dieser Maßnahmen sehen.

* * *

Im Deutschland der Weimarer Zeit waren politische Bewegungen ohne Unterstützung einer bewaffneten Truppe zur Unfähigkeit verurteilt. Dies war von Anfang an offensichtlich, als die einzig wirksamen Truppen im Land die Freikorps-Soldaten und der spartakistische Rotfrontkämpferbund waren. Diese beiden Gruppen wurden

---

[228] Rauschning, *Gespräche*, S. 175.

bald von anderen nachgeahmt, die alle behaupteten, dass die Lösung für die deutschen Probleme nicht „Reden", sondern „Handlung", d.h. körperliche Gewalt sei.

Mitte der 20er Jahre hatten alle führenden politischen Parteien ihre eigenen Privatarmeen, entweder offiziell oder inoffiziell. Dies galt nicht nur für die Kommunisten und die Nationalisten, sondern auch für die Sozialdemokraten, die eine uniformierte Armee mit mehr als drei Millionen Arbeitern unterhielten: das Reichsbanner.

Hitler hatte nicht vor, dabei nur zuzusehen. Im Jahre 1921 formierte er seine eigene Armee, die er hauptsächlich aus arbeitslosen ehemaligen Freikorpskämpfern rekrutierte. Diese Armee hieß Sturmabteilung (SA). Im Jahre 1925 kam ein spezielles Elite-Korps hinzu, die Schutzstaffel (SS).

Einige Rekruten dieser Truppen waren stark ideologisch engagiert; viele aber auch nicht. „Wir waren junge Leute ohne politische Ideen", erinnerte sich einer von ihnen. „Warum sollten wir uns mit Politik belasten?... Wenn Hauenstein [ein Anführer der Freikorps] diesen Mann [Hitler] unterstützen wollte, reichte mir das."[229]

Wenn die deutschen Jugendlichen sich stark für eine Idee engagierten, dann standen die Chancen gut, dass sie bereit waren (oder bald sein würden), für Hitler zu kämpfen. Wenn sie sich nichts aus Ideen machten und sich in einer Gruppe verloren, folgten sie trotzdem den vorherrschenden Prinzipien des Landes, und sie waren umso bereiter. Ob nun durch bewusste Ideologie oder durch vorgebliche Anti-Ideologie, so war das Resultat doch dasselbe.

Die Nazi-Truppen waren darauf trainiert, Dampf abzulassen und Terror zu säen - gegnerische Versammlungen zu zerschlagen, sich zu prügeln, Straßenschlachten zu provozieren, Ausschreitungen anzuzetteln, Menschen zu verstümmeln und Schädel einzuschlagen. So sahen die Methoden aus, mit denen Hitler seinen Nationalismus, seinen Sozialismus und seine Versprechungen erfüllen wollte.

Die Methode bestand aus nackter Zerstörung, und von Anfang an präsentierten die Nazis sie als solche - ohne den Versuch zu machen,

[229] Friedrich Glombowski zit. n. Waite, a. a. O., S. 268.

sie zu entschuldigen oder zu verstecken. In dieser Hinsicht war Hitler selbst das eloquenteste Parteisymbol: Der irre Blick, wild gestikulierend, tobend, entstellt von der Lust, zu töten und stolz darauf.

Die Nazis versprachen dem Wahlvolk mehr als nur materielle Unterstützung. Sie versprachen den Deutschen die Befriedigung einer ganz besonderen Lust: Die Lust, ihre in- und ausländischen Feinde in Stücke zu reißen. In der emotionalen Republik war diese Lust das beherrschende Gefühl.

Die Armen hassten die Reichen, die Reichen hassten „den Pöbel", die Linken hassten die „Bourgeoisie", die Rechten hassten die Ausländer, die Traditionalisten hassten das Neue und die Jugendlichen hassten alles: die Erwachsenen, die Alliierten, den Westen, die Juden, die Städte, das „System".

Die Nazis versprachen jeder Gruppe die Vernichtung dessen, was sie hasste. So wie Hitler den Deutschen eine *Synthese aus Ideen* anbot, so bot er den Wählern in ihrem landes- und klassenübergreifendem Hass auch eine *Synthese aus Hass* an. Genau das wollten und bekamen die Wähler auch letztendlich.

10.
Die Kultur des Hasses

In der Weimarer Republik drückte eine Gruppe aus Humanwissenschaftlern, Wissenschaftlern, Schriftstellern, Sozialwissenschaftlern, Journalisten, Dramatikern und Künstlern ihre Abneigung gegen die tief verwurzelten Dogmen ihres Landes aus und unternahm den Versuch, ihren Landsleuten neue Ideen anzubieten. Im Großen und Ganzen waren diese Männer unabhängig vom politischen, religiösen und erzieherischen Establishment und niemandem sonst verpflichtet. Sie waren die „Freigeister" der deutschen Republik.

Sie brachten eine Mischung aus Kunst, Theorie, Werten und Verhaltensweisen hervor, die die Beobachter damals und seitdem als „Weimarer Kultur" gepriesen haben.

„Weimarer Kultur" bezeichnet in diesem Sinne nicht die kulturelle Gesamtsumme der Weimarer Republik, sondern hervorstechende Arbeiten und Trends, die die traditionellen Ansätze des jeweiligen Gebiets ablehnten und selbstbewusst das Neue, das Unorthodoxe und sogar das Revolutionäre vertraten. Größtenteils entstanden diese Trends bereits vor der Republik; trotz der lebhaften Opposition durch das kaiserliche Regime war z.B. der Expressionismus, die führende Kunstrichtung in der Weimarer Kultur, bereits vor dem Ersten Weltkrieg erwachsen geworden. Da die konservativen Kräfte sich im ungeordneten Rückzug befanden, blühten die neuen Trends nach dem Krieg in allen Bereichen auf. Obwohl es bittere Kontroversen gab, wurden sie in den avantgardistischen Kreisen leidenschaftlich bejubelt und waren im kulturellen Leben der Republik tonangebend.

Das Weimarer Weltbild wurde zum Schrittmacher für die anderen Länder des Westens. Das Weimarer Deutschland war in den Worten Walter Laqueurs „die erste wirklich moderne Kultur".

„Während der Kampf in Frankreich bei weitem nicht vorbei war und in den Vereinigten Staaten gerade erst begann, scheint Deutschland in den 20er Jahren ein Paradies für Maler, Bildhauer und Graphiker gewesen zu sein... Pro Kopf war die Akzeptanz der zeitgenössischen Kunst in Deutschland höher als irgendwo sonst", schreibt Bernard Myers.

„Wenn wir an Weimar denken", so Peter Gay, „denken wir an Modernität in der Kunst, in der Literatur und im Denken..."[230]

Dies wirft die Frage auf: Was ist „Modernität in der Kunst, in der Literatur und im Denken"? - eine Frage, die keiner dieser Autoren behandelt. Was ist der fundamentale Impuls, der die „Weimarer Kultur" definiert - das Grundprinzip, das die Werke von Kaiser, Kandinski und Schönberg mit denen von Thomas Mann, Karl Barth, Sigmund Freud und Werner Heisenberg vereint?

Und was macht dieses Prinzip mit den Menschen, die es jeden Tag einatmen müssen? Was macht es mit ihren Seelen, ihren Lungen, ihren Hoffnungen und ihrer Fähigkeit, zu hassen?

Wenn Kunst das Barometer einer Kultur ist, dann ist die Literatur, die expliziteste Kunstform von allen, das Barometer der Künste.

* * *

Die beiden herausragenden Figuren der Weimarer Literatur waren Gerhart Hauptmann und Thomas Mann. Beide waren schon vor der Republik berühmt und beide wurden in bestimmten Avantgarde-Kreisen dafür kritisiert nicht modern genug zu sein. Trotzdem sind diese beiden Männer ein gutes Indiz für den Geist der neuen deutschen Kultur.

Hauptmann war damals der angesehenere von beiden. Auch wenn sein Werk sich nicht auf eine bestimmte künstlerische Schule

[230] Laqueur, *Weimar,* Vorwort, S. IX. Myers: *The Modern Artist in Germany,* in: The American-German Review, Vol. XVI, Nr. 4, April 1940, S. 16, 30. Peter Gay: *Weimar Culture: The Outsider as Insider,* London 1968, Vorwort, S. XIII.

oder Literaturgattung beschränkte, basierte sein Ruf auf seiner Tätigkeit im Theater der 1890er Jahre. Er war der herausragende Vertreter des Naturalismus.

Hauptmann stellte „realistische“, „menschliche“ Charaktere dar, wie sie von seinem Welt- und Menschenbild diktiert wurden. Auch wenn seine Stücke typischerweise erbitterte soziale Proteste (aus einer marxistischen Perspektive) darstellen, werden die Charaktere nicht als zielstrebige Menschen dargestellt. Repräsentativ ist in dieser Hinsicht *Die Weber*. Trotz ihrer Wut gegen Ungerechtigkeiten sind die Weber keine starken proletarischen Riesen. Sie sind von wirtschaftlichen Faktoren determinierte Schachfiguren, die von gesellschaftlichen Kräften jenseits ihrer Kontrolle in Elend gehalten werden; sie sind verhärmte, übertrieben bescheidene, grüblerische, rücksichtslose und schwache „kleine Leute“, die zum Jammern, zu Wutanfällen, zum Trinken und zum Aberglauben neigen. Unter diesen Figuren gibt es keine herausragende Gestalt, kein Individuum, das die Handlung dominiert - genau genommen gibt es überhaupt keine ausgearbeitete Charakterisierung. Der Protagonist in *Die Weber* ist kein Mensch, sondern eine gesellschaftliche Klasse, die aus Horden austauschbarer Arbeiter besteht und nur als Masse agiert.

Als sozialer Determinist predigte Hauptmann, dass das Individuum nur eine Spielfigur der Gruppe sei; politisch handelte er dementsprechend. Er gab sein fundamentales Engagement für den Kollektivismus nie auf und er war die perfekte deutsche Wetterfahne darin, sie umzusetzen. 1914 schrieb er Gedichte, die den Krieg verteidigten; 1919 feierte er den Aufstieg der Republik; 1933 wählte „das Idol der sozialistischen Massen“ Hitler.

Im Vergleich zum leuchtenden Menschenbild anderer Schriftsteller wie Schiller (und in Frankreich Hugo) ist Hauptmanns Naturalismus der 1890er Jahre wirklich modern: Der unabhängige, stolze Mensch hat dem wimmernden sozialen Atom Platz gemacht. Hauptmann ist jedoch für den Weimarer Trend nicht absolut repräsentativ. Er ist fast ein altmodischer Menschenverherrlicher im Vergleich zur viel einflussreicheren literarischen Leitfigur des Landes: Thomas Mann.

Mann, ein Jünger von Schopenhauer, Nietzsche und Wagner, begann seine Laufbahn als autoritärer Chauvinist, der sich offen gegen die Vernunft und die Werte der westlichen Zivilisation stellte. Allmählich machte er aber seinen Frieden mit der Republik und wurde ein Anhänger des demokratischen Sozialismus. Als Hitler an die Macht kam, ging er ins Exil.

Was der Republikaner Mann über Philosophie und Kunst dachte, findet sich besonders deutlich in *Der Zauberberg* wieder, dem wichtigsten philosophischen Roman der Weimarer Zeit. Einem Beobachter zufolge hat das 1924 veröffentlichte Buch „eine wichtige symptomatische Bedeutung für Weimar"; einem anderen Beobachter zufolge „kann man es zu Recht die Saga der Weimarer Republik nennen".[231] Diese Aussagen sind wahr, wenn auch in einem anderen Sinn, als ihre Autoren sie meinten. „Der Zauberberg" *ist* ein wichtiges Symptom für den einzigartigen Zustand des 20. Jahrhunderts.

Der Roman spielt in einem Tuberkulose-Sanatorium in der Zeit vor dem Ersten Weltkrieg und beschreibt über einen Zeitraum von sieben Jahren detailliert die inneren Erfahrungen (Gedanken, Gefühle, Erinnerungen, Eindrücke) des Ingenieurs Hans Castorp, einem einfachen Durchschnittsmenschen, der den Sinn des Lebens entdecken möchte.

Hans Castorp ist ein durchschnittlicher junger Mann, wie Schopenhauer ihn sich in einer nekrophilen Periode ausgedacht haben könnte. Es ist nichts Unverwechselbares an Castorp, außer dass er langatmige abstrakte Diskussionen liebt und ihn Leiden, Krankheit und Tod hypnotisch faszinieren (z.B. leuchten seine Augen, als er das Husten eines tuberkulösen Patienten hört). Gegen Anfang des Buches sagt er, „dass ein Sterbender etwas Vornehmeres ist, als irgend so ein Lümmel, der herumgeht und lacht und Geld verdient und sich den Bauch vollschlägt!" [232]

[231] Gay, a. a. O., S. 123. Pinson, a. a. O., S. 458.
[232] Thomas Mann: *Der Zauberberg*, Frankfurt am Main 1952, S. 85.

Das größte Ereignis in Castorps Leben im Sanatorium ist die Begegnung mit Claudia, einer jungen Frau, in die er sich verliebt und die ihn aus einer Reihe von Gründen anzieht - unter anderem wegen der Tatsache, dass sie todkrank ist, ihre Augen und ihre Stimme ihn an einen Jungen erinnern, den er vor Jahren in der Schule gemocht hat und sie Türen zuschlägt - eine Handlung „die so intim mit ihrem Wesen und ihrem Krankheitszustand verbunden ist wie die Zeit mit der Bewegung von Körpern im Raum verbunden ist."

Nach reiflichem Zögern und Gewissenskampf erklärt Castorp Claudia seine Liebe seitenlang auf (nicht übersetztem) Französisch; er erklärt ihr, dass die französische Sprache verhindere, dass seine Aussagen für ihn völlig real würden und sie somit die Eigenschaft eines Traumes behielten. Aus seinem traumartigen Liebesschwur folgt aber nichts. Am nächsten Tag reist Claudia aus dem Sanatorium ab (sie kehrt später als Geliebte eines todkranken alten Mannes zurück und reist wiederum ab). Castorp bleibt jedoch „sein Andenken, sein Schatz", den er mit sich herumträgt und oft an seine Lippen drückt: ein Röntgenbild ihrer Lungen.

Am Ende steigt Castorp vom Berg herunter, um in den Krieg zu ziehen. Über sein Schicksal erfahren wir nichts.

Diese wenigen Ereignisse verteilen sich (zusammen mit einem Wühltisch aus zufälligen Erlebnissen) auf Hunderte Seiten; sie sind vergraben unter Bergen aus detailversessenen Trivialitäten (Berichte über das Wetter, die Landschaft, die Mahlzeiten, die Ärzte, die Vergnügungen, die Behandlung der verschiedenen Patienten usw.) und ähnlich detaillierten Unterhaltungen und erzählerischen Abhandlungen über eine Reihe von vermeintlich intellektuellen Themen (Leben, Natur, Physiologie, Liebe, Kunst, Zeit usw.).

In diesen Unterhaltungen kämpfen zwei Männer, die als die Sprecher verschiedener philosophischer Schulen dargestellt werden, um Castorps intellektuelle Gefolgschaft. Einer ist der „ätzend hässliche" Herr Naphta, der Verteidiger des Todes, ein leidenschaftlicher, buchstäblich verrückter Vorkämpfer von Schmerz, Krankheit, Opferung, religiösem Mystizismus, der Inquisition und der Diktatur des

Proletariats. Der andere ist der Freidenker Settembrini, der als Verteidiger des Lebens, der Gesundheit, der Wissenschaft, des Menschen, des Glücks und des liberalen Republikanismus dargestellt wird.

Es wird behauptet, dass Settembrini Manns Sympathie für die Republik dramatisiere und dass dieser Charakter mehr als irgendein anderer in der zeitgenössischen Literatur das Beste des deutschen republikanischen Geistes darstelle.

Mann beschreibt Settembrini als einen schäbig gekleideten Mann mit einem gezwirbelten Schnurrbart, der die allgemeine Erscheinung eines italienischen „Drehorgelmanns", das intellektuelle Betragen eines aufgeblasenen „Windbeutels" und die Interessen eines unweltlichen Einfallspinsels hat (um z.B. menschliches Leiden zu lindern, arbeitet er an einer „Enzyklopädie der Leiden"). Settembrini, ein selbsterklärter Vorkämpfer der Menschenwürde, unterbricht einmal einen Vortrag lateinischer Gedichte, um ein vorbeigehendes Dorfmädchen lüstern anzustarren und bringt es damit in Verlegenheit. Als bekennender Vorkämpfer der menschlichen Brüderlichkeit hat er eine überwiegende Emotion: Spott. Er liebt es, über die (echten oder vermeintlichen) Schwächen anderer Leute zu lachen - eine Gewohnheit, die er verteidigt, indem er Häme als „glänzendste Waffe der Vernunft gegen die Mächte der Finsternis und der Hässlichkeit" verteidigt. Als bekennender Vorkämpfer der irdischen Welt bewundert er den „großen Plotinus" dafür, dass er sich geschämt habe, einen Körper zu haben, und gibt mehrere Tiraden gegen die physische Natur ab, die „das böse, das teuflische Prinzip" sei, wegen ihrer Fähigkeit, den Intellekt (eine Fähigkeit, die sich angeblich in solchen Phänomenen wie Krankheiten und Erdbeben manifestiert) zu enttäuschen. Als bekennender Vorkämpfer für Frieden und Freiheit mahnt er Castorp gegen Ende des Buches: „Geh also [in den Krieg]. Kämpfe tapfer, dort, wo das Blut dich bindet! Mehr kann jetzt niemand tun."[233]

---

[233] *Ebd.*, S. 474, 87, 93, 320, 93, 324, 895.

Dieser Haufen aus Widersprüchen und Anmaßungen stellt nach Meinung des Autors eine klar umrissene Philosophie dar. Mann präsentiert Settembrini als Repräsentanten der Vernunft und der Aufklärung.

Der Wettstreit zwischen Naphta und Settembrini um Castorps Seele wird nicht durch ihre endlosen Argumente oder durch irgendein existentielles Ereignis aufgelöst, sondern durch einen Traum, den Castorp zufällig hat. Darin geht es um eine idyllische Gemeinschaft aus schönen Jungen (die das Leben repräsentieren sollen) und einen Tempel, in dem blutbesudelte Hexen ein Kind mit bloßen Händen zerstückeln (Tod). Ohne besondere Erklärung erkennt Castorp plötzlich intuitiv die Lösung für sein Dilemma. Zügellose Todesanbetung sei falsch, so entscheidet er, und ebenso die zügellose Lebensanbetung. Die Wahrheit liege auf dem goldenen Mittelweg „zwischen Durchgängerei und Vernunft... zwischen mystischer Gemeinschaft und windigem Einzeltum". „Der Mensch", so denkt Castorp, „ist Herr der Gegensätze, sie sind durch ihn und also ist er vornehmer als sie. Vornehmer als der Tod, zu vornehm für diesen... Vornehmer als das Leben, zu vornehm für dieses..." „Die Durchgängerei des Todes", so entscheidet er, sei im Leben, aber man müsse den eigenen Gedanken und Handlungen die Oberherrschaft verleihen - solange man immer daran denke, „dem Tode Treue [zu] halten in meinem Herzen..." Settembrini, so entscheidet er, sei *zu rational.* „Die Liebe steht dem Tode entgegen, nur sie, nicht die Vernunft, ist stärker als er. Nur sie, nicht die Vernunft, gibt gütige Gedanken."[234]

Wie diese Äußerungen andeuten, nimmt Mann, trotz der Fülle an abstrakten Unterhaltungen in diesem Buch, Ideen nicht ernst.

Im Abschnitt über Herrn Pieter Peeperkorn gibt er es fast freimütig zu. Peeperkorn ist ein zügelloser, unintellektueller und fast völlig unartikulierter Holländer. Er sagt Castorp, wir hätten eine „religiöse Verpflichtung zum Gefühl... Denn das Gefühl, junger Mann, ist göttlich." Diese unzusammenhängende Figur präsentiert Mann als stammelnden, oft lächerlichen Menschen und gleichzeitig als majes-

[234] *Ebd.*, S. 624f.

tätische Präsenz, die Castorps Bewunderung gewinnt und die die „Pädagogen" Naphta und Settembrini völlig überstrahlt, weil er eine Macht besitzt, die „das Gebiet der großen Konfusion" (d.h. intellektuelle Debatten) transzendiert. „Irgendwoher", so sagt Castorp zu Settembrini, „kommt ihm das Recht zu, sich über uns lustig zu machen..." Seine Persönlichkeit wäre ein Beispiel für „ein Mysterium, das über Dummheit und Gescheitheit hinausliegt ..."[235]

Thomas Mann, der größte philosophische Schriftsteller der Weimarer Republik, ist kein Denker. Dieser mäandernde Fluss aus Nicht-Ereignissen wird nur übertroffen von einem ähnlichen Fluss aus Nicht-Gedanken, d.h. aus Allgemeinplätzen, die angeblich kosmische Bedeutung haben sollen, aber nur auf eine Wirtshausdebatte mit pompösen Begriffen hinauslaufen.

Der Schlüssel zum Sinn des *Zauberbergs* ist, dass er keinen Sinn hat: Er legt sich nicht fest, weder auf Ideen noch auf Werte. Manns Methode besteht darin, seine Charaktere, ob nun „wissenschaftlich", verrückt, verkommen oder prosaisch, mit einer toleranten Distanziertheit und heimlichem Spott zu präsentieren; es ist keine offene Satire, sondern eine vornehme „Ironie", ein schüchternes, gepflegtes Spottlächeln, das sich gegen den Menschen, gegen Hoffnung und gegen Ideen richtet - gegen alle Ideen, einschließlich der Idee, dass Ideen nutzlos sind. Unter der Oberfläche - unter den verschwommenen Andeutungen, den betäubenden Details, den unentzifferbaren Symbolen (an denen sich posierende Literaten austoben können) - ist das Buch ein Vakuum, das nichts aussagt und für nichts steht.

Außer durch Implikation. Implizit liegt in seinem Ansatz und Stil - in seiner wohlerzogenen Dekadenz, seinem heimlichen Flirt mit Tod und Krankheit, seinem „ironischen" Zynismus, seiner Leere und seiner müden, gedämpften Verachtung für alle Standpunkte - eine Idee, die den Lesern folgendes vermitteln soll: die Nutzlosigkeit des Menschen, seiner Anstrengungen und seiner Intelligenz. In einem Jahrzehnt, das von Hysterie heimgesucht, von Ungewissheit, politischen Krisen, finanziellen Zusammenbrüchen, Gewaltausbrüchen

---

[235] *Ebd.*, S. 759, 748, 734.

und Zukunftsangst zerrissen wurde, lieferte der führende philosophische Romancier einem Land seinen Beitrag zu Vernunft und Freiheit: nämlich die lächelnde Bestätigung, dass es keine Antworten, nichts Absolutes, keine Werte und keine Hoffnung gibt.

Die Botschaft erreichte ihr Publikum. Das Buch war eine literarische Sensation, die allein im ersten Jahr zehntausende Exemplare verkaufte.

Thomas Mann war in Laqueurs Worten „einer der Hauptpfeiler der Republik".[236] Wenn dem so ist, dann konnte jeder das Gebäude mit einem Stiefeltritt zum Einsturz bringen.

Es gab noch andere moderne Schriftsteller in Deutschland, von denen jeder auf seine Weise den Trend seiner Zeit andeutete. Die Werke dieser Gruppe, die im Allgemeinen den Einfluss von Marx, Freud oder James Joyce reflektierten, haben weder Handlung noch Struktur. Die modernen Autoren der Avantgarde (besonders die Expressionisten im Theater) befassen sich mit grotesken Gegenüberstellungen von vorsätzlich unverständlichen Ereignissen; typischerweise aber lehnen diese Modernisten ebenso wie Thomas Mann „Geschichten" an sich ab. Ernste Literatur, so dachten diese Schriftsteller, müsse den „Materialismus" transzendieren; ihr Thema sei nicht der handelnde Mensch, nicht der Mensch, der seinen Verstand auf der Suche nach Werten benutzt, sondern sein introspektives Leben, seine Seele, seine Gefühle (besonders seine Ängste, seine Zweifel, seine Entfremdung und seine innere Hilflosigkeit). „Wie in den darstellenden Künsten behält auch der deutsche literarische Naturalismus seine Form nicht lange, sondern strömt bald über in die Provinz des Symbolismus, wo der Autor Launen, Seelenzustände und andere Gefühle betont, und wo der Intellekt als solcher eine relativ untergeordnete Rolle spielt."[237]

Ein weiteres Beispiel für diese Entwicklung ist der führende Poet dieser Periode, Rainer Maria Rilke, ein christlicher Mystiker, den Konservative und Modernisten gleichermaßen bewunderten. Die

---

[236] Laqueur, *Weimar*, S. 123.
[237] Myers: *The Modern Artist in Germany*, a. a. O., S. 17.

Konservativen wie z.B. die rechten Jugendgruppen, priesen Rilke als „eine einzigartige Gestalt, die die Intellektualität, die den Westen seit einem Jahrtausend beherrscht, besiegt und diskreditiert hat". Die Modernisten gingen zeitweise noch weiter; der Schriftsteller Stefan Zweig pries z.B. Rilkes (buchstäblich unverständliches) Spätwerk als eine Form der Kommunion nicht mit menschlichen Wesen, sondern „mit dem Anderen, dem Jenseits von Dingen und Gefühlen."[238]

Ein weiterer dieser Kommunionsempfänger war Hermann Hesse, der später einmal der Liebling der Neuen Linken in Amerika werden sollte. Seine Schriften tun die externe Welt achselzuckend ab, vergraben sich im Unterbewussten, wie man es durch die Brille von Theorien wie der Jung'schen Analyse sieht und verkünden die Rettung durch indischen Mystizismus.

Wie ein vom Intellekt abgeschnittener Mensch aussieht, der nur Launen, Jung und „das Jenseits" kennt, präsentierte Franz Kafka ausführlich (auch wenn Kafka zu Lebzeiten kaum bekannt war). Auch er machte den „Weimarer Geist" unsterblich, indem er alptraumartige Projektionen namenloser Gestalten schuf, die in einer finsteren, unerkennbaren Realität gefangen sind.

Im Großen und Ganzen waren die akademischen Institutionen Trutzburgen des Preußentums und der Tradition und nicht Teil der „Weimarer Kultur". Viele einflussreiche Theoretiker in den Human- und Naturwissenschaften waren jedoch sehr wohl Teil davon. (Obwohl einige dieser Männer an deutschen Universitäten lehrten, arbeiteten die meisten aber für private Gruppen oder Institutionen oder arbeiteten im benachbarten Österreich oder der Schweiz.)

In der akademischen Philosophie sticht eine Entwicklung unter den allgemein unbekannten Bewegungen hervor, die sowohl selbstbewusst neu war als auch ziemlich populär wurde (besonders unter Studenten): der Existenzialismus Martin Heideggers, dessen Hauptwerk *Sein und Zeit* 1927 erschien. Das Sein, so erklärte Heidegger seinen enthusiastischen jungen Anhängern, sei unverständlich, Vernunft sei gegenstandslos und der Mensch sei ein hilfloses „Dasein";

[238] Gay, a. a. O., S. 53; Stefan Zweig: *Abschied von Rilke,* zit. n. ebd., S. 54.

er sei eine vom „Nichts" umgebene Kreatur voller Angst vor der überragenden Tatsache seines Lebens: der Tod und die Verurteilung zu Angst, Entfremdung und Sinnlosigkeit.

Die Neuartigkeit dieser Idee liegt nicht primär in ihrem Inhalt (Heideggers Grundprämissen reichen bis zu Kant zurück), sondern in ihrer Unverhohlenheit und Form (oder besser gesagt: ihrer Formlosigkeit). Entgegen der Hauptlinie der deutschen Philosophen versucht Heidegger nicht, seine Ideen objektiv zu verteidigen; er lehnt die traditionelle Forderung nach logischer Argumentation, nach Definition, Integration und Systematik ab. Als Resultat sind seine Werke, die vor Verachtung für die externe Welt (und vor unverständlichen Abschnitten) nur so strotzen, von Bewunderern als das intellektuelle Gegenstück zur modernen Malerei gepriesen worden. Heidegger sei, so sagt man, ein Beispiel für „nicht-repräsentatives Denken".

Über menschliches Handeln sagt Heidegger, es müsse unüberlegt, von Gefühlen diktiert und arglistig sein. Am 27. Mai 1933 praktizierte er diese Idee in großem Stil: In einer förmlichen Bekanntmachung erklärte er dem Land, dass das Zeitalter der Wissenschaft und der akademischen Freiheit vorüber sei und dass es von nun an die Pflicht der Intellektuellen sei, im Dienste des Nazi-Staats zu denken.

Heideggers Philosophie verzichtet auf Gott und Religion. Viele Weimarer Modernisten versuchten jedoch, die religiösen Gefühle zu bewahren, indem sie sie in zeitgemäße Begriffe fassten. Diese zu definieren war die Spezialität der avantgardistischen Theologen dieser Zeit wie Karl Barth, Emil Brunner, Paul Tillich oder Martin Buber.

Gott, so erklärten sie, könne nicht durch die altmodischen Methoden des 19. Jahrhunderts erklärt werden, d.h. durch den Versuch einer „natürlichen" oder „wissenschaftlichen" Theologie. Gott, so Barth, sei „gänzlich anders"; er gehöre nicht zur Natur, sei dem menschlichen Intellekt unzugänglich und der menschlichen Moral fremd. Um Gott zu erkennen (oder um wahre Tugend zu erreichen), müsse der Mensch daher das Denken aufgeben und demütig auf das Unvermittelbare warten. Alleine, ohne die Gunst der mystischen

Gabe, sei der Mensch verloren, hilflos und elend, so betonten diese Innovatoren. Er sei von Schuld gequält und von der Sünde (besonders der Sünde des Stolzes) entstellt. „*Das* theologische Problem", so Brunner, bestehe darin „den modernen Menschen vor der unrechtmäßigen Unabhängigkeit der Vernunft und dem Geist der Autonomie zu retten".[239]

Kurz gesagt besteht avantgardistische Religion daraus, um Gnade zu flehen, den eigenen Verstand über Bord und sich selbst in den Matsch zu werfen.

Diese Synthese aus Existenzialismus und dem Dunklen Zeitalter, die bald die „progressive Theologie" beherrschen sollte, war der deutschen Öffentlichkeit damals unbekannt. Ihre weniger akademischen Äquivalente, die die gleiche Ursache hatten und die gleiche Einstellung reflektieren, erreichten die Öffentlichkeit sehr wohl.

Im Deutschland der Weimarer Zeit wimmelte es von mystischen und okkulten Irrlehren, einschließlich mittelalterlicher Erweckungen, orientalischer Sekten, Anthroposophie, Theosophie usw. Es wimmelte auch von den gesellschaftlichen Begleiterscheinungen solcher Lehren. „Bestimmte kulturelle Parallelen [zwischen der Weimarer Republik und dem Amerika der 1970er Jahre] sind fast unheimlich…", bemerkt Laqueur.

> „Das phänomenale Wiedererwachen von Astrologie und verschiedenen quasi-religiösen Kulten, die große Beachtung von Unheilsverkündern, der Erfolg des gut vermarktbaren Weltschmerzes in der Literatur und der Philosophie, die Verbreitung von Pornografie und der Drogenmissbrauch, das Aufkommen von allerlei Scharlatanen und ihrem enthusiastischen Publikum – all dies haben diese beiden Perioden gemeinsam."[240]

Es gab auch Bewegungen, die vorgaben, im Namen der Wissenschaft zu sprechen. Die bekanntere, die sowohl Traditionalisten als auch Kommunisten angeprangerten, war eine Bewegung, deren Welthauptstadt in den 20er Jahren Berlin war: die Psychoanalyse Freuds.

---

[239] Emil Brunner: *The Word and the World*, New York 1931, S. 126.

[240] *The Cry was ‚Down with Das System'*, in: *The New York Times Magazine*, 16. 8. 1970, S. 13.

(Unter Freuds Studenten und Bewunderern waren damals viele, die heute ähnlich prominent sind, u.a., Karen Horney, Otto Fenichel, Erich Fromm, Herbert Marcuse, Erik Erikson und Wilhelm Reich.)

Im Jahre 1922 stellte Freud einem verzückten Publikum die Theorie vor, die viele seiner Anhänger als die intellektuelle Entdeckung ihrer Ära ansahen: seine dreiteilige Analyse der menschlichen Persönlichkeit.

Dieser Theorie nach ist die primäre Antriebskraft der menschlichen Natur eine nicht-wahrnehmbare Entität mit eigenem Willen und Ziel: Das Unbewusste, das eigentlich ein „Id" ist, d.h. ein widersprüchliches, amoralisches „Es" voller angeborener, bestialischer, vererbter, gebieterisch hartnäckiger Begierden oder „Instinkte". Im tödlichen Zweikampf mit diesem Element steht das menschliche Bewusstsein oder das „Über-Ich", das grob gesagt nicht aus durchdachten moralischen Überzeugungen, sondern aus primitiven, unlogischen, größtenteils unbewussten Tabus oder kategorischen Imperativen besteht, die die elterlichen (und letztendlich gesellschaftlichen) Sitten widerspiegeln, deren willkürliche Vorschriften jedes Individuum ohne zu hinterfragen „introjiziert" und ihnen gehorcht. Der Mensch werde zerrieben zwischen diesen beiden Kräften - zwischen einem psychopathischen Hippie, der schreit: „Ich will es jetzt!" und einem Dschungelhäuptling, der anstimmt: „Gehorche dem Stamm!". Von der Natur zu unauslöschlichen Konflikten, Schuld, Angst und Neurosen verurteilt sei der Mensch, genauer gesagt sein Verstand, seine Vernunft oder sein „Ego" - das Vermögen, das in der Lage ist, die Realität zu begreifen und das in erster Linie dazu da sei, zwischen den widersprüchlichen Forderungen der beiden irrationalen Herren seiner Psyche zu vermitteln.

Wie diese Theorie sehr deutlich macht, ist Freuds Weltbild fundamental kantisch. Beide Männer behaupten, dass das menschliche Denken letztendlich nicht durch die Wahrnehmung von externen Tatsachen bestimmt werde, sondern durch innere mentale Elemente, die unabhängig von solchen Tatsachen seien. Für beide besteht die grundlegende Aufgabe des Geistes nicht in Wahrnehmung, sondern in der *Erschaffung* - in der Erschaffung einer subjektiven Welt in Übereinstimmung mit den Erfordernissen von angeborenen (oder „introjizierten") mentalen Strukturen. Während Kant die Begriffe der Philosophie der Aufklärung aus dem 18. Jahrhundert in Anspruch nimmt um seine „Kategorien" zu definieren (und danach trachtet, sie als „reine Vernunft" zu verteidigen), leitet Freud seine Schlüsselstrukturen aus der romantischen Philosophie des 19. Jahrhunderts ab (und stellt ihren antirationalen Charakter offen zur Schau). Die Theorie des „Es" ist das willentliche Beharren auf dem Grundsatz des „Willens". Die Theorie des „Über-Ich" kommt von Hegels Theorie, dass das Individuum und seine Vorstellung von Moral nur ein Fragment der Gruppe sei.

Neu an der Methode dieser kantischen Psychologie ist Freuds Behauptung, dass seine Theorien nicht das Produkt von philosophischem Denken, sondern auf klinischen Daten basierende wissenschaftliche Ergebnisse seien. Ihrer methodischen Praxis nach zu urteilen besteht wissenschaftliche Untersuchung für die Freudianer darin, ohne beweiskräftige Rechtfertigung von willkürlichen Beobachtungen zu umfassenden Konstrukten zu springen und dann zu erklären, dass diese Konstrukte mit allen möglichen faktischen Daten kompatibel und daher unwiderlegbar seien. (Wenn man z.B. keine Anzeichen für einen Ödipus-Komplex findet, dann ist er „verdrängt" worden; wenn man Symptome findet, die ihm widersprechen, hat sich eine „Rückbildung" ereignet usw.)

Diese beispiellose Einstellung zu wissenschaftlicher Forschung ist die Folge einer grundlegenden Freud'schen Theorie: Wenn der Geist von Kräften beherrscht wird, die sich um Tatsachen nicht scheren, von Kräften, die „ungerührt davon bleiben, dass die Realität sie widerlegt" wie Freud sagt, dann ist Wissenschaft im Sinne des 19. Jahrhunderts - Wissenschaft als das rigorose, logische Streben nach objektivem Wissen - unmöglich.[241] Die „neue Wissenschaft" wird eben-

---

[241] Siegmund Freud: *One of the Difficulties of Psycho-Analysis,* 1917, in: Benjamin Nelson (Hg.): *On Creativity and the Unconscious,* New York 1958, S. 7.

so wie die neue Philosophie, die neue Theologie und die neue Kunst stattdessen ein Vehikel für das Willkürliche und das Subjektive.

Kant hatte den Angriff auf das Selbst zum Kern der Tugend erklärt. Auch hier ist Freud sein Gefolgsmann.

Eigentlich käme die Entrüstung über seine Lehren, so Freud mit gewissem Stolz, aus seinem Angriff auf „die Selbstliebe der Menschheit". Welche Wunden die Menschen auch von früheren wissenschaftlichen Theorien erlitten haben mögen, der Schlag durch die Psychoanalyse „ist wahrscheinlich der verletzendste", so Freud. Dieser Schlag bestehe aus der Idee, dass der Mensch nicht „Herr seiner eigenen Seele" sei, „dass das Ego nicht Herr im eigenen Hause ist."[242]

Diese Formulierungen sind zwar aussagekräftig, aber zu allgemein, um den Kernpunkt von Freuds „Schlag" zu erfassen: Freud hat den Determinismus nicht erfunden - auch nicht den Irrationalismus, den Kollektivismus, die Theorie der Erbsünde, den Zynismus, den Pessimismus oder auch nur die Idee des Unbewussten. Was er jedoch hervorgebracht hat, indem er sich auf all diese Theorien verlässt, ist ein spezifisches und in seinen Details beispielloses Menschenbild.

Für Freud ist der Mensch nicht pflichtbewusst, anständig und blind (wie bei Kant) und auch keine hilflose Marionette, die an den Strippen übermächtiger Kräfte wie z.B. eines bösartigen Universums, eines Gottes, der Gesellschaft oder eines „tragischen Fehlers" baumelt (wie in den Werken zahlloser traditioneller Zyniker und Pessimisten). Bei Freud ist er eine hilflose Marionette der Gosse; ein Spielzeug seiner sexuellen Perversionen, das danach dürstet, seine Mutter zu vergewaltigen, seinen Vater zu kastrieren und mit den eigenen Exkrementen zu spielen. Für ihn ist der Mensch ein schmutziger kleiner Betrüger, der Wissenschaftler wird, weil er ein heimlicher Voyeur ist; der Chirurg wird, weil er ein sublimierter Sadist ist, und der den *David* erschafft, weil er sich im Geheimen danach sehnt, seine eigenen Exkremente zu modellieren.

[242] *Ebd.*, S. 4, 6, 9.

Der Mensch als abscheulicher kleiner kotbeschmierter Perverser: Dies ist die „Wunde", die Freud dem Wesen zugefügt hat, das einstmals, in einer strahlend anderen Welt, als „rationales Tier" definiert wurde.

Der Ausdruck „jenseits von Freiheit und Würde" benennt ein entschieden modernes Menschenbild. An diesem Maßstab gemessen ist Freud absolut modern. Im Vergleich dazu sind B.F. Skinner, die Behavioristen, Heidegger, Barth und sogar Thomas Mann nur Anfänger.

In buchstäblich jedem Bereich wurde die deutsche Kultur in den 20er Jahren von neuen Entwicklungen durchdrungen - einige lehnten das „mechanistische", „bourgeoise" 19. Jahrhundert offen ab, andere trugen ein Feigenblatt aus traditionellen Elementen; einige wurden als Anti-Wissenschaft, andere als „Neue Wissenschaft" gepriesen; einige wurden populär und berühmt, andere blieben akademisch und unbekannt. Der gebildete Deutsche konnte die Stimme der „Weimarer Vision" überall hören.

Er konnte sie von intellektuellen Anführern wie Max Weber hören, einem der wichtigsten Vertreter auf dem neuen Gebiet der Soziologie, der erklärte, dass eine objektive Sozialwissenschaft nichts mit Ethik oder mit irgendetwas Absolutem zu tun haben könne, sondern relativistisch, vorläufig und „wertfrei" sein müsse. Es gab junge Innovatoren in der „Soziologie des Wissens" wie Karl Mannheim, der sagte, dass der Mensch von Klasseninteressen motiviert werde und daher unfähig zu objektivem Denken sei (außer einer speziellen Elite, die über dieses Naturgesetz erhaben sei). Es gab den prominenten Soziologen Werner Sombart, einen einstigen Marxisten, für den Werte unausweichlich und Objektivität irrelevant waren, und der dann dem Mystizismus, dem „deutschen" Sozialismus und dem Führer in die offenen Arme sprang.

Politikwissenschaftler wie Carl Schmitt und Robert Michels „legten die irrationale Basis des politischen Verhaltens dermaßen bloß, dass jegliche Möglichkeit für eine geordnete demokratische Organisation zerstört wurde..."[243] Die progressiven Pädagogen sagten den deutschen Eltern, dass die Vermittlung von Wissen dem Prozess der Erziehung entgegenlaufe, der sich stattdessen auf die Gefühle, die Fantasien und die gesellschaftliche Anpassung des Kindes konzentrieren solle. Die hoch angesehenen Kunsthistoriker des Warburg Instituts waren Vorkämpfer für die Einführung neuer Themen auf ihrem Gebiet wie z.B. das Studium von Magie, Astrologie und des Okkulten. Die belesenen Theoretiker und Gesellschaftskritiker der Frankfurter Schule formulierten einen neuen „westlichen" Marxismus, worin sie den Sozialismus von Marx mit dem Idealismus von Hegel und den Sexualtheorien von Freud verbanden. Die Logischen Positivisten des Wiener Kreises starteten im Namen eines wissenschaftlichen Philosophieansatzes ihren beispiellosen Angriff auf Logik, Begriffe, Gewissheit, Metaphysik, Ethik, Politik und sogar gegen die Philosophie selbst.

Mittlerweile suggerierten die jüngeren Physiker wie z.B. Werner Heisenberg, dessen Unschärferelation 1927 vorgestellt wurde, der Avantgarde, dass das traditionelle, von Newton und Einstein geprägte Bild eines Universums, das dem Verstand zugänglich ist, nicht mehr gelte, da der subatomare Bereich nicht von Ursache und Wirkung, sondern vom Zufall beherrscht werde (ein Standpunkt, der einst auf ein Zeitalter beschränkt war, in dem es noch keine Physiker gab). Selbst die Berufsmathematiker, die einstigen Wächter der Zitadelle der Gewissheit und logischer Konsistenz, kapierten den modernen Geist. 1931 wurden sie von der neuesten Entwicklung auf diesem Gebiet in Kenntnis gesetzt: Kurt Gödels Unvollständigkeitssatz, demzufolge logische Konsistenz (und daher Gewissheit) genau das Merkmal sei, das kein mathematisches System jemals für sich beanspruchen könne. „Es gibt keine Garantien dafür..., dass unsere geschätzten Gebäude der Logik und der Mathematik frei von Widersprüchen sind", erklärte die *New York Times* viele Jahre später über

[243] Pinson, a. a. O., S. 456.

„Gödels unglaubliche Leistung“ – „und unsere täglichen dementsprechenden Annahmen sind nur Glaubensbekenntnisse.“[244]

Eine amerikanische Psychologin, die im Jahre 1933 die Freud'sche Theorie zusammenfasste, machte eine Äußerung, die prinzipiell auf alle bereits genannten und viele ähnliche Entwicklungen anwendbar ist (von denen die meisten unabhängig voneinander und ohne Freud'schen Einfluss aufkamen): „Die Vorstellung der ‚thronenden Vernunft' wird zu einem Märchen, und der rationale Mensch wird demontiert...“[245]

Der Mensch, der dann noch übrig ist, konnte anschließend überall die Verkörperungen *seiner* Seele betrachten: Nicht nur die modernen Romane, sondern auch die irren Selbstgespräche der Expressionisten, der „entfremdete“ Lärm ihrer Musik, die schweinsartigen Fratzen ihrer Gemälde und die stinkenden Sonnen ihrer Gedichte. Dann gab es noch die halb-expressionistische Melange des unverhohlen „anti-aristotelischen“ Dramatikers Bertold Brecht, der darauf drängte, dass Dramatiker die „theatralische Illusion“ zerstören sollten, indem sie die Handlung eines Stücks mit der Stimme eines Erzählers vermischen und die Schauspieler aus ihren Rollen hinaus- und wieder hineintreten sollten. Dann gab es noch die Masse an prahlerisch hässlichen Bildern, die aus dem Ausland nach Deutschland geströmt waren, hervorgebracht von Trends wie dem Kubismus, dem Surrealismus und dem italienischen Futurismus. „Logik, Ordnung, Wahrheit und Vernunft, wir übergeben euch alle der Vergessenheit des Todes“, sagte ein surrealistisches Manifest. Wir müssen „den Hass auf die Intelligenz kultivieren“, sagte der Anführer der Futuristen, Filippo Marinetti, ein Künstler, den Mussolini als „heiligen Johannes des Faschismus“ pries.[246]

Diese neuen Künstler gruben uralte Vorlagen aus und versuchten sie mit ihren neuen Methoden nachzuahmen. Sie wandten sich nicht nur dem Mittelalter zu, sondern auch dem afrikanischen Primitivis-

---

[244] Editorial, *New York Times*, 22. 1. 1978.
[245] Edna Hedbreder: *Seven Psychologies*, New York 1933, S. 393.
[246] Zit. in Robsjohn-Gibbing, a. a. O., S. 179, 104.

mus, den Zeichnungen der Buschmänner, asiatischen mystischen Religionen, polynesischer Hexerei, der „atavistischen Hellseherei“ eines Rudolf Steiner und den Artefakten von Patienten aus Irrenanstalten.

So sieht das Spektrum der Kunst und des kulturell-philosophischen Trends aus, den die neuen Rebellen verbreiteten, wenn sie erst einen Fuß in der Tür hatten.

Der Verstand könne die Wahrheit nicht erkennen, sagte die neue Philosophie. Der Verstand könne es nicht riskieren, sich selbst zu erkennen, sagte die neue Psychologie. Der Verstand könne die Natur nicht erkennen, sagte die neue Physik. Der Verstand könne Gott nicht erreichen, sagte die neue Theologie. Der Verstand sei geist- und gefühllos, sagte die neue Literatur. Der Verstand lähme die Selbstverwirklichung, sagte die neue Erziehung. Der Verstand sei banal, sagte die neue Kunst.

Der Verstand sei tot, sagte die neue Kultur. Er könne die Realität nicht erkennen, das Gute nicht begreifen und den Menschen zu nichts führen.

Der Mensch, sagte diese neue Zukunftsvision, sei schuldig, desorientiert und unnütz. Er sei ein von Angst gelähmtes Wesen, eine Marionette, ein Monster, ein dreckiger kleiner Psychopath. Die angemessene Reaktion auf so ein Wesen, sagten die Vertreter dieser Vision, sei Mitleid, Ekel oder ein ironisches Gähnen.

Das ist *wirklich* eine neue Kultur und eine neue, moderne Vision.

Es gab auch vor unserem Jahrhundert mystische Kulturen im Westen (und in der übrigen Welt beherrschen sie die gesamte Geschichte). Am längsten herrschten sie in der vor-griechischen und der mittelalterlichen Periode. Die Menschen dieser Zeit verstanden ungefähr, wie man denkt, und aus praktischer Notwendigkeit dachten sie in gewissem Ausmaß auch. Aber sie konnten das Wesen des Denkprozesses oder die Prinzipien, die ihn leiten, nicht erkennen. Die vorgriechischen Zivilisationen hatten nie das Fach Erkenntnistheorie entdeckt und hatten keine Ahnung von einem kognitiven Prozess, der systematisch, säkular, beobachtend und logisch ist; das

Mittelalter hatte jahrhundertelang keinen Zugang zu diesem Wissen. Die dominierenden mystischen Ideen solcher Kulturen repräsentieren ein *nicht*rationales Weltbild, kein *anti*rationales. Die Sprecher dieser frühen Zeiten wussten grob gesagt einfach nicht, was Vernunft *ist* und demzufolge auch nicht, was sie im menschlichen Leben ermöglicht.

Die Weimarer Kulturschaffenden wussten es. Und auch die von heute.

Sie kennen die philosophischen Entdeckungen des antiken Griechenlands, sie haben die Renaissance, die Aufklärung und das 19. Jahrhundert gesehen. Sie wissen, was die rationaleren Zeiten der westlichen Vergangenheit geschaffen haben. Sie wissen, was für Aristoteles, Thomas von Aquin, Michelangelo, Galileo, Newton, Jefferson und eine ganze Reihe von Denkern und Schöpfern und für den Menschen an sich möglich war. Die Ablehnung des Verstandes im 20. Jahrhundert geschieht nicht implizit oder unwissentlich; die Augen der Modernisten sind zielgerichtet und offen und haben es darauf abgesehen, alle Augen zu schließen.

Es gibt einen zweiten Unterschied zwischen der modernen Kultur und ihren mystischen Vorläufern. Wenn die Wortführer früherer Zeiten die Diktate der Vernunft zwar begriffen und dann ablehnten, dann primär als Schutzmaßnahme, um Ideen zu schützen und zu verbreiten, die sie als Wahrheit verehrten. Sie wollten eine kosmogonische Legende, ein verehrtes theologisches System, einen heiligen Glauben, der ihnen das Wesen Gottes, das Gute und Richtige, das menschliche Schicksal und seine Erlösung offenbarte, vor Fragen und Angriffen schützen. Wenn solche Kulturen menschenfeindlich waren, dann weil der Mensch der Perfektion eines übernatürlichen Reiches nicht gerecht wurde.

Die moderne Kultur ist nicht jenseitig. Unter den Weimarer Intellektuellen war organisierte Religion keine lebendige Kraft mehr. Und diese Intellektuellen sahen säkulare Philosophie auch nicht als Bewegung oder Wert an. Die Anführer und Sprecher der modernen Kultur, ob nun deutsch oder nicht, vertreten keine organisierten

Prinzipien. Sie akzeptieren weder Offenbarungen noch die Vernunft. Wie auch immer ihre dogmatischen Untersekten aussehen, so sind die modernen Intellektuellen philosophisch gesehen keine Eiferer, sondern Relativisten und Skeptiker. Sie suchen keine Erlösung, sondern behaupten, dass es keine gibt. Ihre Haltung wird nicht durch einen nach oben gerichteten Blick auf die Wahrheit verklärt; sie ist entstellt durch höhnisches Grinsen, das die Nutzlosigkeit von Ideen proklamiert.

Dieses Grinsen wird von philosophischen Bewegungen ausgedrückt, die damit prahlen, keine Botschaft zu haben, von Pädagogen, die absichtlich nichts beibringen, von Künstlern, deren Arbeiten jeglichen erkennbaren Inhalt eliminieren, von Psychologen, die sagen, dass Ideen nur Rationalisierungen sind, von Schriftstellern wie Thomas Mann und von allen, die vorgeben, die Menschheit als Ganzes zu lieben und deren Liebe an einer einzigen Tatsache gemessen werden kann: Dieselben Gruppen beten die Menschheit an, während sie den einzelnen Menschen anspucken.

Die Modernen lehnen die Vernunft „unvoreingenommen" ab, ohne Alternative, was man stattdessen verwenden könnte, ohne alternative Wissensgrundlage, ohne formelles Dogma, das es zu bewahren oder zu schützen gilt. Und sie lehnen die Vernunft leidenschaftlich ab, zusammen mit all ihren Produkten und Ausdrucksformen, jeder Leistung, für die die Menschheit Jahrhunderte brauchte. In ihrer Form besteht die monolithische Ablehnung der Modernisten aus vielen sich selbst widersprechenden Behauptungen; im Wesentlichen aber ist ihr Ansatz konsequent und stimmig.

Sie sagen, die Wissenschaft erfordere die Abschaffung von Werten (Max Weber), menschliche Gefühle erforderten die Abschaffung von Wissenschaft (Heidegger), seine Gesellschaft erfordere die Abschaffung des Individuums (die Frankfurter Schule), seine Individualität erfordere die Befreiung von der Logik (das Bauhaus) – Logik sei Unterdrückung, Beständigkeit eine Illusion, Kausalität altmodisch, freier Wille ein Märchen, Moral eine Konvention, Selbstachtung unmoralisch, Heroismus lachhaft, individuelle Leistung sei 19.

Jahrhundert, persönlicher Ehrgeiz egoistisch, Freiheit asozial, Geschäfte seien Ausbeutung, Reichtum sei schweinisch, Gesundheit prosaisch, Glück oberflächlich, sexuelle Maßstäbe seien Heuchelei, Zivilisation sei eine Obszönität, Grammatik unfair, Kommunikation unmöglich, Recht und Gesetz seien langweilig, Vernunft sei bourgeois, Schönheit eine Lüge und Kunst Scheiße.

Wahrheit sei unerkennbar, sagen die modernen Relativisten. Und die Wahrheit sei die Absurdität des Lebens, Absurdität und das Nichts und krabbelnde menschliche Läuse. Sie sagen es, glauben es aber nicht so, wie man früher daran glaubte. Als Tertullian sagte, dass die Menschwerdung Christi absurd und daher gewiss sei, drückte das den Standpunkt eines religiösen Fanatikers aus, der das, was er absurd nannte, anbetete. Der moderne Kult der Absurdität ist anders; die Dadaisten und ihre Spießgesellen verehren nicht öffentliche Toiletten oder einen Hamlet, der auf einem Stück Seife ausrutscht oder rückwärts gespielte Beethoven-Symphonien. Wenn echte orientalische Mystiker die Vorrangstellung des Nirwana proklamieren, dann ist ihre Selbstgeißelung und ihre Verehrung der Insekten Ausdruck der Tatsache, dass sie es in gewisser Weise auch meinen. Wenn die Orientalisten des 20. Jahrhunderts sagen, dass alles „Nichts" ist, sagen sie es mit vollem Bauch; das Nichts, das sie durch die neuesten Mikrophone predigen, stört ihre Routine, ihre Cocktail-Partys und ihre Tantiemen nicht. Wenn die Kunst von Wilden den Menschen als kriechende Monstrosität darstellte, war dies ein verzweifelter Versuch, die eifersüchtigen Stammesgötter milde zu stimmen. Wenn moderne Wilde *ihr* Menschenbild darstellen, glauben sie nicht an Hexerei; sie tun es nicht aus Angst, sondern mit einem Kichern; während ihre Kollegen in den Humanwissenschaften, die das gleiche Bild haben, stolz darauf sind, „flexibel" zu sein: Es stört sie nicht, wenn jemand den Ödipuskomplex abstreitet und für ihn der Schlüssel zur menschlichen Natur ein Minderwertigkeitskomplex, ein Orgasmuskomplex, ein kollektives Unbewusstsein oder irgendein Äquivalent ist, solange es trotzdem ein Äquivalent ist, das die einzige Konstante nicht antastet.

Was die Modernen eigentlich glauben und erreichen wollen, ist nicht die Erhöhung einer Absurdität über die Macht der Wissenschaft, sondern die Sabotage der Wissenschaft; nicht die Bewunderung des Nichts, sondern die Vernichtung dieser Welt; nicht menschliche Erniedrigung als verzweifelte Anflehung der Götter, sondern menschliche Erniedrigung als Selbstzweck.

Wenn die führenden Stimmen der emotionalen Republik „Gefühle" vertraten, dann nicht als Quelle des Wissens oder des menschlichen Glücks, sondern der Freiheit: der Freiheit von Objektivität, Methode, Logik und Tatsachen; Gefühl nicht als angebliches Mittel zur Wahrheit, sondern als Aufhebung des Denkens.

In einem meisterhaften Aufsatz, der das moderne Lebensgefühl analysiert, stellt Ayn Rand die allgegenwärtigen Angriffe auf die Intelligenz, auf Erfolg, auf Leistungen und auf Schönheit im 20. Jahrhundert dar und identifiziert den Kern dieser Geisteshaltung. Dieser Kern ist „Hass auf das Gute, *weil* es das Gute ist."[247]

Die moderne Kulturrebellion ist ein deutlicher Beleg für die Stichhaltigkeit dieser Identifikation. „Moderne Kultur" ist institutionalisierter Hass auf das Gute. „Das Gute" beinhaltet in diesem Zusammenhang die Vernunft, die Realität und den Menschen.

Diese Rebellion ist nicht bloß Skeptizismus - diese urzeitliche Theorie, die abstreitet, dass Wissen möglich ist; oder Pessimismus, der bestreitet, dass Erfolg möglich ist; oder Zynismus; der bestreitet, das Tugend möglich ist; oder Dekadenz, die sich mit Auflösung zufrieden gibt; oder Sadismus, der Schmerzen verursachen will. Der Begriff, der die Kultur des 20. Jahrhunderts zusammenfasst; der Begriff, der all diese und alle ähnlichen, wertefeindlichen Lehren und Einstellungen zusammenfasst; der Begriff, der die moderne Seele bezeichnet, heißt *Nihilismus*.

„Nihilismus" bedeutet in diesem Zusammenhang Hass: Hass auf Werte und auf deren Wurzel - die Vernunft. Hass ist nicht dasselbe wie Ablehnung, Verachtung oder Wut. Hass ist die Kombination aus

---

[247] Ayn Rand: *Zurück in die Steinzeit: Die anti-industrielle Revolution*, Grevenbroich 2017, S. 170: *Das Zeitalter des Neides*.

Abscheu, Angst und dem Wunsch, das Objekt des Hasses zu zerstören.

Der Kern und die treibende Prämisse der nihilistischen Modernisten ist die Suche nach Zerstörung, die Zerstörung aller Werte, von Werten an sich, und die Zerstörung des Verstandes. Sie wollen Zerstörung nicht als Mittel zum Zweck, sondern als Selbstzweck.

Dies ist das Prinzip, das die „Weimarer Kultur" erzeugt hat und erklärt.

Entgegen all der Rationalisierungen, die ihre Apologeten verbreiten, wurden die Weimarer Intellektuellen nicht von einem Gefühl der Rebellion gegen die lähmende Konformität der deutschen Bourgeoisie oder die preußische Hirnlosigkeit oder das kaiserliche Establishment bewegt. Menschen rebellieren nicht gegen Hirnlosigkeit, indem sie die Abschaffung des Geistes fordern, und sie rebellieren nicht gegen eine spezielle Klasse, indem sie auf den Menschen an sich einschlagen.

Die Wurzeln der Weimarer Kultur liegen nicht in der Abscheu der jüngeren Intellektuellen gegen die sinnlose Schlachterei des Ersten Weltkrieges oder den Irrsinn der Inflation oder irgendeinen ähnlichen „praktischen" Schrecken. Man kämpft nicht gegen Sinnlosigkeit, indem man mehr davon fordert, oder gegen Schrecken, indem man sich darin aalt, oder gegen Verwesung, indem man Seuchen verherrlicht, oder gegen Wahnsinn, indem man Verrückte verehrt.

Der treibende Impuls der Weimarer Modernisten war nicht Leidenschaft für Innovationen. Innovation besteht nicht aus dem Rückschritt in eine vorwissenschaftliche Zeit, oder aus Bewegungen, die „zurück zu Kant", zurück zu Luther, zur Astrologie, zu Buschmannzeichnungen und Dschungelriten wollen.

Die Weimarer Modernisten *waren* entfremdet, aber die Ursache dafür war nicht etwas so Oberflächliches wie gesellschaftliche Institutionen oder politische Systeme. Ihre Entfremdung bestand auf der tiefsten Stufe, die Menschen erleben können: Sie waren entfremdet von den Grundwerten, die das menschliche Leben erfordert – von den menschlichen Mitteln zum Wissenserwerb, von der maßgeblichen Beziehung zur Realität.

Eine Massenrevolte gegen fundamentale Ideen kann man nur durch entgegengesetzte Ideen erklären.

Die deutschen Intellektuellen des späten 19. Jahrhunderts absorbierten, was all ihre Vordenker ihnen beigebracht hatten; sie hatten den Kern ihrer Botschaft aufgeschnappt: Realität ist out, Vernunft ist out, das Streben nach Werten ist out, der Mensch ist out; und dann schauten sie sich die Welt um sie herum an – die westliche Welt, die noch immer von den Prämissen des Zeitalters der Vernunft und der Aufklärung bestimmt wurde. Die Intellektuellen sahen gigantische wissenschaftliche und technologische Entdeckungen. Sie sahen die werteverherrlichende Kunst, die von einem inspirierenden Menschenbild belebt wurde. Sie sahen zielgerichtete Innovatoren, die auf jedem Gebiet beispiellose Leistungen schufen, Menschen, für die die Vernunft nicht ohnmächtig war, sondern die auf ihre Kraft vertrauten, ihre Ziele zu erreichen. Sie sahen, wie die „Bourgeoisie" und die Arbeiter und alle gesellschaftlichen Klassen (außer sie selbst und die Überbleibsel der feudalen Aristokratie) im Luxus einer industriellen Zivilisation schwelgten, Güter und Glück produzierten, mehr von beidem suchten, sich weigerten, die Schätze zu opfern, die zum ersten Mal in der Geschichte in Reichweite der breiten Massen lagen.

Die Intellektuellen sahen es, und sie wussten, wofür sie sich zu entscheiden hatten. Sie mussten entweder die vernunftfeindlichen Lehren bekämpfen, die ihnen beigebracht worden waren, oder den Geist jener, die noch nicht indoktriniert worden waren. Ihre Alternative bestand darin, entweder die Lebensauffassung, die ihnen eingebläut worden war oder die leuchtenden Nachwirkungen der Welt der Aufklärung niederzureißen – eine Welt, die für sie ein fremder Planet und eine Schande war. Sie wählten entsprechend ihrer Grundlagen und ihrer Schuld. Sie wurden Nihilisten.

Wer glaubt, dass die Realität unerkennbar und der Mensch hilflos ist, kann keine authentisch innovative Kultur aufbauen. Sie konnten nur den Irrationalismus der Vergangenheit wiederbeleben und zerstören, was sie um sich herum sahen. Ihr Ziel und Produkt war eine kulturelle Wüste, die die Ideen widerspiegelte, mit denen sie leben konnten.

Bei den Anführern der modernen Rebellion waren unzweifelhaft viele hässliche Faktoren am Werk, wie z.B. Selbsthass, die Verachtung für den Erfolg anderer Menschen und die Lust, das zu zerstören, was man selbst nicht erreichen kann. Für sich genommen sind solche Motive jedoch so bösartig wie sie ohnmächtig sind: Sie gelten in jeder Zeit nur für eine Handvoll Menschen und erklären nicht den weltweiten Einfluss irgendeines Trends, einschließlich des modernistischen. Was den Unterschied zwischen einer bösartigen privaten Psychologie und einer mächtigen allgemeinen Bewegung ausmacht, sind Ideen – fundamentale Ideen und die Wissenschaft, die sich mit ihnen beschäftigt.

Die Philosophie – eine bestimmte durch formelle, detaillierte, vielbändige, universell respektierte Äußerungen weltweit etablierte Philosophie – ließ bestimmte Menschen mit bestimmten psychologischen Motiven ihre Seelen öffentlich zur Schau stellen und löschte die Möglichkeit eines effektiven Widerstands gegen diese Menschen und Motive aus, zuerst in Deutschland, dem kulturellen Trendsetter, und dann überall. So wie es seit Jahrhunderten Menschen gegeben hat, die wie Hitler Antisemiten waren, die in der Öffentlichkeit aber machtlos waren, bis sie die philosophischen Prämissen gehört hatten, die sie zur Umsetzung ihres Hasses gebraucht hatten; so wie diese Menschen ihre Gefühle als Kreuzzug für mehr Lebensraum oder rassische Reinheit rationalisieren konnten, eine gesamte Nation entwaffneten und massenweise Bekehrte für die Sache des Massenmords sammelten; so gab es immer einige wenige Menschen, die Werte hassten wie die modernen Intellektuellen, die aber in der Öffentlichkeit ohnmächtig waren, bis sie die Prämissen hörten, die *sie* brauchten. Diese Prämissen ermöglichten es ihnen, einen ganzen Kontinent wehrlos zu machen, ihren Hass als „moderne Kultur" zu rationalisieren und auf eine eingeschüchterte, verwirrte Öffentlichkeit eine Bande aus lautstarken Aktivisten loszulassen, die sich dem Massenmord verschrieben hatte.

Ihr wichtigster Helfer war (in beiden Fällen) Kants Philosophie. Kein früheres System hätte das geschafft.

Kant streitet unsere Welt ab, nicht im Namen einer leuchtenden Über-Realität, sondern eines Nichts, eines Reiches, das nach eigener Aussage für den Menschen unerkennbar und unvorstellbar ist. Er streitet den menschlichen Geist aufgrund seiner Natur ab, während er das gleiche Argument gegen jede andere mögliche Form der Erkenntnis verwendet. Für ihn ist der Mensch *an sich* wertlos, weil er Werte sucht.

Kant ist der erste große Philosoph, der sich gegen die Realität, die Vernunft, Werte und den Menschen an sich wendet, nicht im Namen von etwas angeblich Höherem, sondern im Namen reiner Zerstörung. Er ist kein unweltlicher Denker, er ist ein antiweltlicher. Er ist der Vater des Nihilismus.

Die moderaten Politiker der Weimarer Republik, die den Irrationalismus der etablierten Professoren zu bekämpfen suchten, schufen eine neue Universität in Hamburg und verliehen den Lehrstuhl für Philosophie an Ernst Cassirer, einen der führenden Neo-Kantianer des Landes. Dies deutet an, was die Anführer Deutschlands über die Ursache ihrer Misere oder über die Auswirkungen ihrer Ideen begriffen hatten.

Die deutschen Intellektuellen übersetzten Kants System kulturell in der einzig möglichen Weise. Sie schufen eine Kultur, in der das Neue aus Negation und Zerstörung besteht.

Daher die „neuen" Romane, deren Neuheit darin bestand, keine Handlung und keine Helden zu haben – Romane, die Charaktere ohne Charakterisierung darstellen, in Sprache ohne Syntax geschrieben wurden und Worte ohne Bezug verwenden. Daher Gedichte ohne Reim, Verse ohne Versmaß, Theaterstücke ohne Handlung, Theater ohne „theatralische Illusion", Bildung ohne Erkenntnis, Physik ohne Gesetze, Mathematik ohne Geradlinigkeit, Kunst ohne Schönheit, *a*tonale Musik, *nicht*objektive Malerei, *un*bewusste Psychologie, und Philosophie ohne Metaphysik, Erkenntnistheorie, Ethik, Politik oder Denken.

Und daher auch die konservativen Intellektuellen, die den Hass der Modernisten hassten und ihren eigenen hervorbrachten.

Die Trendsetter der Konservativen waren keine Nostalgiker, die sich danach sehnten, nur ein paar Jahrzehnte zurückzugehen. Sie waren von einer neuen Art, relativ jung, hoch gebildet und weitaus ehrgeiziger. Solche Männer wussten, was sie vom Denken und von seinen Produkten hielten, sie kannten die praktische Bedeutung ihrer Kampagne gegen „bourgeoisen Materialismus", sie wussten, wie das vorindustrielle und vorwissenschaftliche Zeitalter ausgesehen hatte und dass man es wieder haben konnte. Spengler, ebenso wie Sombart, „lehnt selbst technologischen Fortschritt und arbeitssparende Geräte ab. Die Tatsache, dass sie harte Arbeit und Schufterei unnötig machen und den Arbeitern ein gutes Leben ermöglichen, ist Grund genug, sie zu verdammen. Arbeit und Härte sind gut an und für sich, und allgemeine Bildung und Fortschritt sind illusorisch."[248] Ähnliches sagte Ernst Jünger, der feurige konservative Jugendführer, seiner begierigen Anhängerschaft und schleuderte Bannstrahlen gegen die Bourgeoisie, forderte „heroischen" Aktivismus und drängte auf Gewalt, Revolution und blutigen Krieg - nicht im Namen von Ideen oder irgendwelchen Zielen, sondern im Namen von Gewalt, Revolution und Krieg an sich.

Wenn „Konservatismus" den Wunsch bezeichnet, die traditionellen Formen einer Kultur zu bewahren, liegt der Schlüssel zu solchen Intellektuellen in der Tatsache, dass sie moderne Konservative waren, d.h. konservative Nihilisten, die bewahren wollten, um zu zerstören. Was sie bewahren wollten, waren die irrationalsten gesellschaftlichen und intellektuellen Merkmale der deutschen Vergangenheit. Was sie zerstören wollten, waren alle rationalen „westlichen" Importe.

---

[248] Vivian Jerauld McGill: *Notes on Philosophy in Nazi Germany*, in: *Science and Society: A Marxian Quarterly*, Vol. IV, No. 1, Winter 1940, S. 27.

Die linken Modernisten gaben vor, den Westen zu mögen, aber sie hassten seine unverwechselbare Kultur des 19. Jahrhunderts. Die rechten Modernisten mochten das 19. Jahrhundert - das unmechanisierte Preußen des 19. Jahrhunderts - und hassten den Westen. Das Ergebnis bestand quasi aus einer Arbeitsteilung: Die linken Modernisten konzentrierten sich auf die *intellektuellen* Errungenschaften der Vergangenheit, auf die Zerstörung von Kunst, Bildung und Wissenschaft (während sie die Technologie zumindest manchmal bewahren wollten); die rechten Modernisten hielten den deutschen Irrationalismus für selbstverständlich und konzentrierten sich auf die Zerstörung der materiellen Errungenschaften, des Maschinenzeitalters und der industriellen Zivilisation.

So sah die Entscheidung aus, die die Deutschen von ihren intellektuellen Anführern bekamen: Hass auf jeden menschlichen Wert im Namen avantgardistischer Neuheit oder im Namen feudaler Reaktion. Die Ablehnung der Natur nach der orientalischen oder nach der mittelalterlichen Methode. Die Verurteilung des Verstandes als Behinderung der „Selbstverwirklichung" oder des gesellschaftlichen Gehorsams. Der Mensch als urzeitliche Freud'sche Bestie oder als urzeitliche Wagner'sche Bestie. Ideen als nutzlos oder Intellekt als dröge. Leben als Grauen oder Leben als Krieg. Zynischer Pessimismus auf der einen Seite oder zynischer Pessimismus auf der anderen. Der offene Nihilismus von Brecht oder von Ernst Jünger.

* * *

In der Orgie der kulturellen Atmosphäre der Weimarer Republik konnten die Deutschen ihre Meinungsverschiedenheiten nicht klären. Zersplittert und traumatisiert, vollgepumpt von der trotzigen Ablehnung der Vernunft in jeder Form und von allen Seiten, empfanden die Deutschen nicht Ruhe, sondern Hysterie; nicht Vertrauen in andere, sondern die Unfähigkeit, sich mit ihnen zu verständigen; nicht Hoffnung, sondern Verzweiflung; nicht den Willen, ihre Probleme zu lösen, sondern die Suche nach Sündenböcken; und als Ergebnis nicht Wohlwollen, sondern Wut - blinde Wut auf ihre echten oder vermeintlichen Feinde.

Der Nihilismus wirkte sich in Deutschland so aus, dass er die ökonomischen und politischen Verstimmungen verstärkte, indem er die einzige Waffe untergrub, die mit ihnen fertig hätte werden können. Die Intellektuellen wollten Werte vernichten; die von diesem Trend geformte Öffentlichkeit wollte am Ende Menschen vernichten.

Die gesellschaftliche Folgeerscheinung der „Weimarer Kultur" war ein Land, das von Hass angetrieben und auseinandergerissen wurde und für Vernunft unzugänglich war.

Die politische Folgeerscheinung war ein Land, das von Hitler wieder zusammengefügt wurde.

Jahrelang taten die Weimarer Intellektuellen Hitler als Spinner ab, den man nicht ernstnehmen müsse. Die linken Intellektuellen hielten den Nationalsozialismus für eine Bewegung ohne Ideen. Für sie war Hitler bloß ein vulgärer Rowdy oder ein Lakai der Großindustrie. Die rechten Intellektuellen, in der Regel kultivierte Männer und keine Rassisten, hörten mit Sorge Hitlers Beschimpfungen der eigenen Lieblingszielscheiben, wie z.B. Kommunismus und Kulturbolschewismus. Für sie waren die Nazis bloß Pöbel, der das Ideal eines neugeborenen Deutschlands verunglimpfte. Beide Gruppen fanden 1933 unbegreiflich. Wie war es möglich, fragten sie sich, als sie wie benommen aus dem Land heraus- oder in die Konzentrationslager hineinstolperten, dass ein Haufen Spinner Achtung und Macht erlangt hatte?

In gewissem Umfang ist die diesbezügliche Rolle der konservativen Intellektuellen anerkannt worden. (Ihre politischen Ideen liegen so dicht an denen der Nazis, dass es schwierig ist, diese Beziehung zu übersehen.) Die Rolle der „Weimarer Kultur" ist jedoch nicht identifiziert worden.

Hatte Freud nicht pessimistisch geäußert, dass der Mensch von gewalttätigen Instinkten beherrscht werde, die rationale politische Institutionen nicht ändern könnten und dass der soziale Friede davon abhinge, dass jedes Individuum seine tiefsten Wünsche unterdrückt? Auch Hitler sagte das – aber euphorisch. Und sie hörten, dass es in Bezug auf die Durchsetzung dieser Unterdrückung ein wirksameres Mittel als das Über-Ich gebe: die SA.

Hatten die Existentialisten den progressiven Deutschen nicht gesagt, dass man mit seinem Willen denken müsse? Hatten die neuen Theologen nicht gesagt, dass die „Selbstgenügsamkeit der Vernunft" die schlimmste Sünde sei? Und sie hörten, wie die Nazis „den Triumph des Willens" und ein Ende des Zeitalters der Vernunft versprachen.

Hatten Hauptmann und Rathenau dem besorgten Bürger nicht gesagt wie schlimm die Maschinenzivilisation sei? Hatte Max Weber nicht den „Verlust des Zaubers" in einer säkularen, industriellen Gesellschaft beklagt? Die Nazis verlangten eine Rückkehr zur „Reinheit" der ländlichen Gemeinschaften und zum Zauber von „Blut und Boden".

Hatten die neuen Pädagogen den Eltern nicht gesagt, dass alles relativ sei und dass Fühlen oder Phantasieren dem Denken überlegen seien? Und auch die Nazis sagten, dass es keine Wahrheit gebe, nur „Mythen", und nichts Absolutes, außer dem Führer.

Hatten all die Kandinskis und Klees nicht Objektivität verflucht und darauf bestanden, dass die Inspiration des Künstlers nicht Logik, sondern das Mythologische und das Okkulte sei? Das ist auch unsere Inspiration, sagten die Nazis, als sie daran arbeiteten, Wotan wieder aufzuwecken, und ihre Astrologen befragten.

Hatte der Theaterbesucher nicht entdeckt, dass Kommunikation irres Stammeln in „befreiter" Sprache erfordere? Hört erst einmal Hitler, sagten die Nazis.

Ist es gut, die bürgerliche Welt auszulöschen, wie die Expressionisten gesagt hatten? Genau bei dieser Aufgabe versprachen die Nazis die größte Effektivität.

Ist es wagemutig, das Leben in Irrsinn zu verwandeln, wie die Dadaisten gesagt hatten? Im Vergleich zu den Nazis waren sie nur Spaßmacher.

Ist es tiefgründig, „dem Tod im Herzen die Treue zu halten", wie Thomas Mann gesagt hatte? Das ist eine Sache, der die Nazis bis zum Schluss die Treue halten würden.

Die linken Modernisten hatten sich verrechnet; wenn Nihilismus der Maßstab war, dann waren die Nazis unschlagbar, weil der Nationalsozialismus das finale Extrem des Nihilismus ist, in einer Form, die darauf ausgelegt war, alle Gruppen in Deutschland anzuziehen.

Hitler prangerte einige Details der Avantgarde an, er tobte gegen „Kulturbolschewismus", predigte aber (wie im Falle des Marxismus) unfehlbar seine Kernaussagen. Er unterschied sich von den Intellektuellen nur in einer (taktischen) Hinsicht. Er schüttelte den Pessimismus dieser modernen Ideen ab, machte den Nihilismus zur Basis seiner Zukunftsvision und versprach eine neue Ordnung, in der die Menschen durch Unlogik, Selbstopferung, weltweite Zerstörung und strikten Gehorsam gegenüber dem Führer zu beispiellosen Höhen aufsteigen würden.

Die Intellektuellen verbreiteten jene Lehren, die direkt oder indirekt Hilflosigkeit, Demoralisierung und Verzweiflung in so enormem Ausmaß produzierten. Als das erst einmal erreicht war, war es für die Mörder leicht, die Stützpfeiler umzustoßen. Sie mussten nur ankündigen, dass *sie* nicht hilflos waren und dass sie wussten, was zu tun war.

Jahre später verfluchten die Erschaffer der „Weimarer Kultur" das deutsche Volk dafür, dass es nicht auf sie gehört hatte.

Die Tragödie besteht darin, dass es eben doch auf sie gehört hatte.

11.
Die Mörder übernehmen

Die große Depression beschleunigte nur die Sache, die die ganze Zeit implizit in der deutschen Philosophie vorhanden war. Die ökonomische Katastrophe in Deutschland war eine Wirkung, das letzte Glied in einer langen Kette aus Ideen und Ereignissen - und ein Katalysator, der Hitler eine Gelegenheit gab, daraus Kapital zu schlagen. Der Katalysator funktionierte, weil die Nation bereits reif für Hitler war.

Wenn jemand von einer tödlichen Droge abhängig ist, dann plötzlich Krämpfe bekommt und daran stirbt, kann man zwar sagen, dass die Krämpfe die Todesursache waren - solange man an die Ursache der Ursache denkt. Dasselbe gilt für ein Land, das von einer tödlichen Ideologie abhängig ist.

* * *

Nach dem Inflationsdebakel schien die Republik für mehrere Jahre zur Normalität zurückgekehrt zu sein und genoss ihre sogenannte „Wohlstandsperiode". Es war ein wackeliger, zum Scheitern verurteilter Wohlstand, der auf Kredit und Treibsand gebaut war.

Im Wesentlichen war die Erholung Deutschlands das Resultat eines massiven ausländischen (in erster Linie amerikanischen) Kapitalzuflusses, in Form riesiger Kredite und Aufkäufe deutscher Anleihen. Amerika durchlebte gerade den künstlichen Boom der 20er Jahre, eine Pyramide aus hochspekulativen Investitionen und Ausgabenorgien, die durch eine Vielzahl von staatlichen Maßnahmen möglich gemacht wurden - besonders durch die Bereitstellung von billigem Geld durch die Notenbank. Der Zustrom dieses Kapitals nach Deutschland, wo es auch an den Beschränkungen eines freien

Marktes auf übermäßige Spekulation und Ausgaben fehlte, fachte einen ähnlichen, künstlichen Boom an.

Besonders die verschiedenen Regierungsebenen in Deutschland, die aus der Inflationskrise nichts gelernt und alles über sie vergessen hatten, schütteten wieder Geld aus und häuften Schulden an; sie unternahmen riesige öffentliche Bauvorhaben, initiierten Arbeitsbeschaffungsprogramme, vergrößerten die Bürokratie, erhöhten ihre Gehälter usw. Diesmal jedoch zählten die Regierungen zur Finanzierung ihrer Maßnahmen nicht auf die Druckerpresse, sondern auf die Amerikaner. „Ich muss Sie bitten, immer daran zu denken, dass wir in den letzten Jahren von geborgtem Geld gelebt haben. Wenn es eine Krise gibt und die Amerikaner ihre kurzfristigen Kredite einfordern, sind wir bankrott", sagte Gustav Stresemann seinen Landsleuten 1928. Es fiel auf taube Ohren.[249]

Als der Crash an der New Yorker Börse den Zusammenbruch des amerikanischen Booms ankündigte, folgte selbstverständlich der sofortige Zusammenbruch Deutschlands. Zum zweiten Mal befiel eine anhaltende Agonie das Land, dieses Mal zusammen mit versiegenden Investitionen, dem Zusammenbruch berühmter Finanzhäuser, kaskadierenden Bankrotten, emporschnellender Arbeitslosigkeit, abstürzenden Preisen und landesweiter Verarmung.

Der Manie der Inflationsjahre folgte eine Welle aus trunkenem Scheinwohlstand. Nun wurde das Irreale als irreal entblößt. Trunkenheit wurde zu Panik und tiefster Verzweiflung.

Die unphilosophische Mehrheit der Menschen ist den herrschenden Ideen ihrer Zeit am hilflosesten ausgeliefert. In Krisenzeiten brauchen diese Menschen die Anleitung durch irgendeine Theorie; da sie aber mit dem Gebiet der Ideen nicht vertraut sind, wissen sie nicht, dass Alternativen zu den verbreiteten Theorien möglich sind. Sie kennen nur das, was ihnen schon immer beigebracht wurde.

Als Hans Fallada in seinem bekannten Roman fragte: „Kleiner Mann, was nun?", kannten die kleinen (und auch die anderen) Deutschen die Antwort, die ihnen selbstverständlich erschien. Sie wand-

[249] Zit. in Pinson, a. a. O., S. 452.

ten sich einer Gruppe zu, ihrer ökonomischen Klasse oder ihrem Berufsverband - sie hatten keine andere Sicherheit. Jede Gruppe gab den anderen die Schuld an der Krise; jede Partei verlangte Maßnahmen - die Art von Maßnahmen, die sie verstanden: staatliche Maßnahmen, d.h. mehr Kontrollen.

Der Mensch ist verkommen, rief der allgegenwärtige Chor der „Weimarer Kultur", das Individuum ist hilflos, die Freiheit hat versagt.

Die Sozialdemokraten spielten ihren fundamentalen Widerspruch jedoch bis zum Ende durch und waren nicht in der Lage, etwas zu unternehmen. Ein Gewerkschaftsführer zeigte auf einem Parteitag den Grund dafür auf. Er fragte, ob die Partei nun versuchen sollte, das „kapitalistische" Weimarer System zu bewahren oder es zu stürzen. Sollten Sozialisten „am Krankenbett des Kapitalismus" stehen, als „Arzt, der die Heilung sucht" oder als „freudige Erben, die das Ende kaum abwarten können und ihm mit Gift gerne nach-helfen wollen?" Seine Antwort lautete, dass die Partei dazu „verurteilt" sei, beide Rollen gleichzeitig zu spielen - was sie auch tat, indem sie willkürlich zwischen ihnen hin- und herwechselte.[250]

In den ersten Monaten des Jahres 1930, als die Nation verzweifelt Beständigkeit suchte, stolperte die Partei in ihre „proletarische" Rolle: Sie entschied sich, die Koalition unter dem sozialdemokratischen Kanzler Hermann Müller wegen eines eingebrachten Gesetzesantrags, die Arbeitslosenunterstützung zu kürzen, zu Fall zu bringen. Die Weimarer Politiker waren seit langem in „Kuhhandel" verwickelt gewesen und hatten dem Land eine Vielzahl von Drehtür-Koalitionen, plötzlichen Regierungszusammenbrüchen und ständigen Neuwahlen zugemutet. Nachdem das Müller-Kabinett aber am 27. März, dem „Schwarzen Tag" der Republik, gestürzt war, konnte keine neue Koalition gebildet werden - der ökonomische Krieg unter den Parteien war zu virulent geworden. Die Verachtung der Deut-

---

250 Fritz Tarnow (Vorsitzender der Holzarbeitergewerkschaft): *Kapitalistische Wirtschaftsanarchie und Arbeiterklasse*, in: *Sozialdemokratischer Parteitag in Leipzig*, Berlin 1931, zit. n. Franz Neumann: *Behemoth*, New York 1966, S. 31.

schen für den Reichstag verwandelte sich in Ekel. Es gab nur eine einzige plausibel erscheinende Lösung.

Am 28. März 1930 wurden die normalen legislativen Vorrechte des Reichstags von Reichspräsident Hindenburg aufgehoben. Ein halb-diktatorisches Regierungssystem, ein System aus Herrschaft durch Notverordnungen, wurde unter Kanzler Heinrich Brüning, einem konservativen Zentristen, eingeführt. Die Demokratie wurde für die Dauer des Notstands ausgesetzt. Die Dichotomie zwischen politischer und wirtschaftlicher Freiheit brach von sich aus zusammen, ohne Zutun der Nazis.

In ihren Methoden war die Brüning-Regierung diktatorisch. In Bezug auf ihre Politik war sie jedoch demokratisch. Das Programm, das Brüning (und seine beiden kurzlebigen autoritären Nachfolger) in Kraft setzte, war ein genaues Spiegelbild des Volkswillens. Diese Menschen „unternahmen etwas“, im deutschen Sinne des Wortes.

Die Regierung verfügte eine Flut neuer Dekrete. Sie erhöhte die Importzölle, die Steuern und die Arbeitslosenversicherungsbeiträge; sie weitete die öffentlichen Baumaßnahmen aus, verhängte strenge Beschränkungen auf den Devisenverkehr, führte einen zwanzigmonatigen „freiwilligen Arbeitsdienst“ für junge Männer ein usw. Aber vor allem löschte das Reich in dieser Zeit gewissermaßen die letzten signifikanten Überbleibsel von privater ökonomischer Macht aus, indem sie die Banken, die Kartelle und die Gewerkschaften in bloße Verwaltungsorgane des Staates verwandelte. Die Republik, so Gustav Stolper (damals Mitglied des Reichstages), „stand kurz davor, ein ausgewachsener Staatssozialismus zu werden… Die Regierung war allgegenwärtig und das Individuum hatte sich daran gewöhnt, sich für alles an sie zu wenden.“[251]

Diese Politik funktionierte nicht. Unter anderem strangulierte der Hyperprotektionismus (in Deutschland und im Ausland) den wichtigen Außenhandel; die Kaskade plötzlicher neuer Steuern und Notverordnungen schuf ein Klima akuter Unsicherheit, das jegliche bedeutsame Erholung der deutschen Produktion und Investitionen

[251] Stolper, a. a. O., S. 123f.

unmöglich machte; die unerbittliche Opposition der Gewerkschaften gegen weitere Lohnkürzungen verschlimmerte die Arbeitslosigkeit noch.

Die Deutschen versuchten, die Situation zu bewerten und die Ursache für das Versagen der Regierung zu bestimmen. „Irgendwann“, so schreibt Stolper,

> „wussten alle, dass all diese staatlichen Eingriffe… in der schlimmsten Wirtschaftskrise, die Deutschland im Laufe seiner Geschichte befallen hatte, nichts brachten. Paradoxerweise gab die Opposition die Schuld nicht dem System der Staatseinmischung an sich, das so tief in der deutschen politischen und ökonomischen Tradition verwurzelt war. Im Gegenteil, die allgemeine Stimmung im Volk unterstützte die Forderungen, dass das unzureichende und unvollständige System der Staatsintervention durch ein perfekteres und vollständiges ersetzt werden sollte. Dies war der Inhalt der sogenannten antikapitalistischen Sehnsucht, die einer Parole der Nazis zufolge die deutsche Nation durchdringen sollte.“[252]

* * *

Die Vorboten der kommenden Ära waren die Studenten. Lange vor dem Rest des Landes wandten sich diese jungen Intellektuellen an die selbsternannte „Partei der Jugend“, deren Führer „eine Revolte der kommenden Generation gegen all das, was senil und verrottet“ war, versprach.[253]

Bei den Wahlen zur Studentenvertretung im Jahre 1929 gewannen die Nazis in 19 Universitäten die Stimmenmehrheit. Hitlers Unterstützung außerhalb der Universitäten war noch unbedeutend; viele Deutsche hatten sich noch nicht mit den Manieren der Nazis versöhnt. Die Studenten stellten jedoch Inhalt über Form, d.h. Ideale über gesellschaftliche Umgangsformen. Ihre Ideale waren Instinkt, Opfer und Hass, Hass auf den „westlichen Feind“ und auf „das bürgerliche System.“

---

[252] *Ebd.*

[253] Laqueur: *Young Germany,* S. 191.

Ein deutscher Beobachter bemerkte bei diesen Jugendlichen eine „seltsame Verbindung“ aus „revolutionärer Meuterei gegen Autorität“ und „blindem Gehorsam gegenüber dem ‚Führer‘.“[254] Tatsächlich meuterten die Studenten gegen die Republik - nicht weil sie in ihren Augen für überhebliche Autorität stand - sondern weil sie für *Freiheit* stand. Sie sahen selbst kleine Fragmente einer individualistischen Lebensweise als egoistischen Materialismus an. Was sie wollten, war Dienst an einer gesellschaftlichen Sache, die sie als edel akzeptieren konnten - und als sie den Wortführer dieser Sache gefunden hatten, waren sie bereit, sich gehorsam unterzuordnen.

Als der Lebensstandard immer weiter sank, begannen auch ihre Eltern zu meutern. Hitler bot Führung an, das Ende des Klassenkampfes, eine „Endlösung“ für die Probleme der Mischökonomie und speziellen Schutz für jede Gruppe. Dies waren die praktischen Anreize. Er bot auch, was ihm die Unterstützung der Universitäten gesichert hatte: „Idealismus“, wie alle diesen Begriff verstanden. Bei der Reichstagswahl vom September 1930 sprang das erste landesweite Resultat dieser Versprechen ins Auge: Die Stimmen der Nazis hatten sich versiebenfacht (auf 6½ Millionen Stimmen) und machten die Partei zur zweitstärksten in Deutschland (nach den Sozialdemokraten). Einer Studie zufolge bestanden die Parteimitglieder im Jahre 1930 zu 28,1 Prozent aus Arbeitern; zu 25,6 Prozent aus Angestellten; zu 20,7 Prozent aus Selbständigen und zu 14 Prozent aus Bauern.[255]

Wenn irgendeiner dieser Deutschen moralisch sein wollte, war er bereit, sich selbst für die anderen zu opfern, und er war fasziniert von einer Partei, die das lautstark von ihm verlangte. Wenn er leben wollte, schien es notwendig, andere für *seine* Gruppe zu opfern, indem man einer Partei betrat, die ihm das lautstark versprach. Wenn er an beiden Wegen verzweifelte, war er bereit, blind auf das Schicksal oder auf die Juden einzuschlagen und er wusste, welche Partei dasselbe fühlte. Die Motive mögen variieren, aber nicht das Resultat. Hitler gab es für alles: für die Liebe, die Gier und den Hass. „Liebe“

[254] Ernst von Aster: *Metaphysik des Nationalsozialismus*, 1932, zit. n. Gay, a. a. O., S. 143.
[255] Mosse: *Nazi Culture*, S. 346.

meint in diesem Kontext christliche Liebe; „Gier" meint den Wunsch, in einer Mischökonomie zu überleben; „Hass" meint Nihilismus.

1930 bis 1931 nahm die Unterstützung für Hitler an den Universitäten weiter zu. Die Stimmen der Nazis „stiegen an der Münchner Universität von 18,4 auf 33,3 Prozent, in Jena von 30 auf 66,6, in Erlangen von 51 auf 76 und in Breslau von 25,4 auf 70,9 Prozent". Die Nazis erlangten landesweit ungefähr ein Fünftel der Stimmen; die Studenten waren schon „größtenteils Sympathisanten der Nazis; vielleicht die Hälfte von ihnen waren Nazis…"[256]

Im März 1932 bekamen die Nazis bei den Präsidentschaftswahlen mehr als 11 Millionen Stimmen. Bei der Reichstagswahl im Juli 1932 verdoppelte die Partei ihre Stimmen von 1930. Zum ersten Mal waren die Nazis die stärkste Partei in Deutschland. Die Stunden von Weimar, so sagte man, waren gezählt.

Die Nazis waren jedoch noch weit von der Mehrheit entfernt. Fast 64 Prozent der Stimmen entfielen im Juli 1932 auf andere Kandidaten. Für einige Deutsche schien es offensichtlich, was nun notwendig war: Wenn die anderen Parteien sich nur einig wären, konnte Hitler trotz seiner Anhänger nie an die Macht kommen.

Die anderen Parteien waren aber nicht in der Lage, ihre Kräfte zu bündeln. Jede handelte nach ihrer Natur und ihren Grundprämissen.

Die Nationalisten, die Hitler lange als proletarischen Rowdy verachtet hatten, entdeckten bald seine Beliebtheit und entschieden sich, sie zu nutzen. Im Jahre 1929 hatte Alfred Hugenberg Hitler in einen wichtigen Ausschuss eingeladen, in dem er den Vorsitz führte und der den neuesten Reparationsplan bekämpfen sollte. Der Historiker Erich Eyck bemerkt, dass dies für Hitler

> „ein Triumph war, so in die richtigen Kreise eingeführt zu werden… Als dieser mächtige Anführer der deutschen Nationalisten Hitler akzeptiert hatte, den Mann, der vorher von ‚anständigen' Leuten abgelehnt und verachtet worden war,… fühlten sich viele

---

[256] Eliot Barculo Wheaton: *Prelude to Calamity*, Garden City, N.Y. 1968, S. 412. Gay, a. a. O., S. 140.

> Deutsche verpflichtet, Hitler ernst zu nehmen und sein schlechtes Benehmen zu vergessen."

Danach stellten die Nationalisten Hitler Geld zur Verfügung, vereinten sich mit ihm (die Harzburger Front vom Oktober 1931), unterstützten ihn in der Stichwahl zum Reichspräsidenten (April 1932) und waren am Ende sogar bereit, ihm im ersten Nazi-Kabinett zu dienen. „Wir sehen im Nationalsozialismus die deutsche Befreiungsbewegung", erklärte ein begeisterter Pastor, „zu der wir uns auch dann bekennen würden, wenn sie im Namen des Teufels geführt würde."

Es sei kein Problem, sagte Hugenberg, wenn Hitler Kanzler würde, weil das Kabinett mit traditionellen Konservativen besetzt wäre, die ihn in die Schranken weisen würden. „Auf diese Weise werden wir Hitler zähmen", sagte Hugenberg.[257]

Auch die Kommunisten wollten Hitler benutzen. Wieder und wieder stimmten ihre Abgeordneten im Reichstag mit den Nazis; sie stimmten gegen Notstandsgesetze, gegen Maßnahmen zur Eindämmung der Gewalt und gegen den Versuch, stabile Regierungen im Amt zu halten. Die Kommunisten kooperierten sogar mit den Nazi-Schlägern. Im November 1932 z.B. konnte man die beiden Todfeinde Seite an Seite auf den Straßen Berlins stehen sehen, wo sie Geld für den gewaltsamen Streik der Nahverkehrsarbeiter sammelten.

Als das Glück Hitler 1932 für eine Weile zu verlassen schien, strömten viele besorgte Nazis in die Reihen der Kommunisten; die Deutschen sagten, dass ein Nazi wie ein Beefsteak sei: außen braun und innen rot. Bald jedoch ging der Zug in die andere Richtung. „Übrigens gibt es mehr Verbindendes als Trennendes zwischen uns und dem Bolschewismus", sagte Hitler zu Rauschning.

> „Vor allem die echte, revolutionäre Gesinnung, die auch in Russland überall dort lebt, wo keine jüdischen Marxisten ihr Wesen treiben. Ich habe diesem Umstand immer Rechnung getragen und

[257] Eyck, a. a. O., Bd. 2, S. 211, 219. Hugenberg zit. in ebd., S. 476.; Pastor Mattias von Kerstlingerode über die Preußischen Wahlen 1932 im Organ des Evangelischen Bundes, zit. n. Mowrer, a. a. O., S. 203.

> Anweisung gegeben, dass man ehemalige Kommunisten sofort in die Partei aufnimmt. Aus den kleinbürgerlichen Sozialdemokraten und Gewerkschaftsbonzen wird nie ein Nationalsozialist, aus Kommunisten immer."[258]

In den letzten Monaten sahen die Kommunisten die zunehmende Stärke der Nazis mit Gelassenheit. Der Triumph des Nationalsozialismus, sagten sie, sei vom dialektischen Prozess vorgegeben; ein solcher Triumph werde zur Zerstörung der republikanischen Regierungsform führen, was ein notwendiger Schritt zur Errichtung des Kommunismus sei. Dann würden die Nazis schnell verschwinden und die Partei Lenins könne übernehmen.

Im Juli 1932 hielten die zwei wichtigsten republikanischen Parteien trotz der Machenschaften der Nazis, der Nationalisten und der Kommunisten immer noch ungefähr 40 Prozent der Wählerschaft. (Die Demokraten waren fast ausgestorben, ebenso wie die Volkspartei.)

In der Depression betonten die Zentristen für die Katholiken die Dringlichkeit eines moralischen Wiedererwachens, das aus Anti-Materialismus, sozialem Gewissen, Glaube und Disziplin bestehen solle. Die Partei suchte auch eine Notallianz mit gleichgesinnten Gruppen, um einen „Block für öffentliche Ordnung" zu bilden. Wiederholt riefen sie im Jahre 1932 nach „einer starken Nationalregierung im Sinne des Volkes unter Einbeziehung der Nationalsozialisten" auf.

Die Verantwortlichkeiten der Machtteilung, so die Zentristen, würden die Nazis in gemäßigtere Pfade leiten und Hitler „zähmen".[259]

Zwischenzeitlich wurden die Sozialdemokraten auf andere Weise von Kanzler Franz von Papen „gezähmt". Im Juli 1932 warf er sie mit einer Handvoll Soldaten aus der Regierung in Preußen. Die Parteiführer verstanden, dass dieser Putsch, wenn er unwidersprochen

---

[258] Rauschning, *Gespräche*, S. 124.

[259] Zit. nach Rudolf Morsey: *The Center Party between the Fronts*, in: *The Path to Dictatorship: 1918-1933*, Garden City, N.Y. 1966, S. 74, 76, 73.

bliebe, den Verlust ihrer letzten Hochburg bedeuten würde. Aber sie beobachteten, dass die Mitgliederzahlen der Nazis und der Kommunisten anschwollen; dass es in der preußischen Polizei und der deutschen Armee nur so vor militanten Nationalisten wimmelte; dass es Millionen von Arbeitslosen gab, was die Aussichten auf einen Generalstreik schwinden ließ - und sie entschieden sich dazu, kampflos zu kapitulieren, um nicht einen blutigen Bürgerkrieg zu provozieren, den zu führen sie nicht den Mut und den zu gewinnen sie wenig Chancen hatten.

Nicht viele Sozialdemokraten empörten sich über den „Preußenschlag". Die Partei hatte seit langem jene verloren, die Ideen ernst nahmen. Es gab nicht besonders viel jugendlichen Überschwang, den man auf die Seite der Sozialdemokratie hätte ziehen können. „Republik, das ist nicht viel, Sozialismus ist unser Ziel", stand auf den Schildern, die die jungen Arbeiter damals hochhielten.[260]

Die Republikaner aus jeder politischen Partei und Gruppe waren in derselben Lage: Durch die Widersprüche in ihren Positionen wurden sie immer kraft- und sprachloser. Sie konnten kaum glaubwürdig die Freiheit preisen, während sie gleichzeitig auf immer weitere dirigistische Maßnahmen zur Bewältigung der wirtschaftlichen Krise bestanden wie die anderen auch. Sie konnten nicht Selbstverwaltung preisen, wenn der Reichstag gerade kollabiert war. Sie konnten nicht einmal das Prinzip des Dirigismus verteidigen, während sie darum kämpften, den Totalitarismus abzuwehren.

Politische Ideen wurden für die letzten Wortführer der Republik, aus welchen Parteien auch immer, zunehmend peinlich; Theorien waren kein Mittel zur Erlangung von Unterstützung, sondern wurden dafür zur Bedrohung. Die Lösung bestand für die meisten dieser Leute aus „Praktikabilität", während sie „Abstraktionen" ablehnten, d.h. sie wurden zu Pragmatikern und zu Feinden von Ideologien.

---

[260] Die Sozialdemokraten riefen den Staatsgerichtshof des Reichsgerichtes an, aber dieser umging die rechtlichen Fragen und verteidigte im Wesentlichen den Putsch. Die Slogans zit. n. Eyck, a. a. O., Bd. 2, S. 118.

Wir müssen wegkommen von der „fruchtlosen Kontroverse über die Begriffe Kapitalismus und Sozialismus", sagte Kanzler von Papen in einer Radioansprache im Juli 1932, die das Land aufrütteln sollte. Deutschland solle stattdessen von einem moralischen Prinzip geführt werden: „allgemeiner Nutzen vor individuellem Nutzen."[261]

Das Prinzip sei richtig, antworteten die Nazis; und das bedeute eben das Ende der Republik.

Am 15. Dezember lieferte General Kurt von Schleicher, der letzte Kanzler vor der Nazi-Ära, seine Version von Anti-Ideologie. Er erklärte in einer Kaminrede, „dass er ‚weder Anhänger des Kapitalismus noch des Sozialismus' sei und dass für ihn ‚Begriffe wie Privatwirtschaft oder Planwirtschaft ihren Schrecken eingebüßt hätten'. Er sehe seine Hauptaufgabe darin, Beschäftigung für die Arbeitslosen zu schaffen und das Land wirtschaftlich wieder auf die Beine zu bringen."[262]

Das ist auch unsere Aufgabe, antworteten die Nazis; aber ein drastisches Problem erfordert auch eine drastische Lösung.

Die Sprecher Weimars hatten keine Antworten. Sie konnten kleinere Meinungsverschiedenheiten nicht beiseitelassen und sich nicht im Namen eines übergeordneten politischen Prinzips vereinigen; da sie alle Ideologien abgelehnt hatten, erkannten sie kein solches Prinzip an. Sie konnten dem Plan der Nazis nach einem Führer-Staat keine Alternative entgegenhalten; sie hatten keine definitiven Ideen, sondern nur Angst davor.

Wer die Diktatur wollte, wusste, wofür er stand. Wer sie nicht wollte, stand für nichts, und alle wussten es. „Es gibt keine Überzeugungen in Demokratien", spottete einer der Nazis. „Überzeugungen nämlich im realen Sinne, dafür mit der Existenz einzustehen."[263]

* * *

Die Symptome des Endes bestanden aus den Massen, die mit aufgerissenen Augen Heilspredigern lauschten, aus Büchern mit Titeln

[261] Zit. in Halperin, a. a. O., S. 495.
[262] Shirer, a. a. O., S. 175.
[263] Puzzi Hanfstängel zit. n. Rauschning, *Gespräche*, S. 74.

wie *Die Peitsche in der Sexualität, Massage-Salons, Sappho und Lesbos,* aus Promiskuität, Nacktkultur, Orgien, Kokain- und Opiumsucht, paranoidem Fremdenhass und Antisemitismus. Noch aussagekräftiger war der Zusammenbruch der Universitäten und seine Folgeerscheinung: die Morde auf offener Straße.

Die Weimarer Studenten praktizierten alles, was man ihnen beigebracht hatte. Sie versuchten nicht, über politische Fragen zu reden, da sie glaubten, dass Objektivität unmöglich sei. Sie befassten sich nicht mit den individuellen Rechten eines Gegners, da sie glaubten, dass der einzelne Mensch ein Nichts sei. Sie reagierten auf Widerspruch mit Gewalt, da sie an gefühlsbasiertes Handeln glaubten.

Die Studenten lancierten gewalttätige Massendemonstrationen auf dem Campus. Sie stürmten die Vorlesungen unliebsamer Professoren. Sie versammelten sich zu johlenden Massen vor Hörsälen. Sie stürmten hitzköpfig in brutale Schlägereien und zettelten blutige Unruhen an, was an deutschen Universitäten bald zur Routine wurde.

Als die Verteidiger eines belagerten Professors die Behörden um Hilfe baten, versprach der preußische Bildungsminister, ein Sozialdemokrat,

> „dass er nicht nachgeben werde und der Professor den vollen Schutz des Staates genieße. Die aufgebrachten Studenten verübten Exzesse im Vorlesungsgebäude, verweigerten anderen Studenten gewaltsam den Zutritt – und kamen damit durch. Der Professor wurde für unbestimmte Zeit beurlaubt und die Studenten, die ihn hatten verteidigen wollen, wurden bedroht oder misshandelt."[264]

Die Studentenrebellen verteidigten ihre Handlungen damit, dass die Universitäten dem Volke dienen und somit in revolutionäre Zellen verwandelt werden müssten. Die Rebellen bestritten die Auffassung, dass eine Universität die Meinungsfreiheit verteidigen sollte; sie lehnten die Freiheit der Gedanken ab, und zwar mit der Begründung, dass Denken an sich Zeitverschwendung sei.

Die Universitäten konnten diesen Angriff nicht lange überleben. Sie beugten sich den Forderungen der Rebellen. Sie hörten auf, Zen-

[264] Susanne C. Engelmann: *German Education and Re-Education*, New York, S. 73f.

tren der Lehre zu sein. Die treibende Kraft ihrer Versklavung war nicht Hitler, sondern die eigenen Studenten.

Die Fakultäten, die Verwaltungen, die Behörden und die Presse erklärten dem Land, dass die Universitäten nicht versklavt seien und dass die Studenten Opfer seien. „Ich erinnere mich an Deutschland und Österreich in den 20er und 30er Jahren", schreibt ein US-Botschaftsattaché aus Österreich. Die „idealistische Jugend"

> „stürmte Klassenzimmer, drang in Universitäten ein und zerschlug Schaufenster. Die Linken in Berlin und Wien sprangen den Jugendlichen zur Seite. Sie etikettierten alle Polizeimaßnahmen gegen sie als ‚Brutalität'. Eine der Phrasen, die Journalisten und Pädagogen zur Beschreibung der idealistischen deutschen Jugend verwendeten, lautete, ob Sie es glauben oder nicht: ‚die kulturell Benachteiligten'... Als sie die Schaufenster von jüdischen Geschäften einschlugen, sagten die Linken – sogar intellektuelle Juden aus Deutschland und Österreich: ‚Wie sonst sollen sie ihren Unmut zeigen? Es ist nur Zufall, dass die meisten Geschäfte halt den Juden gehören.'"[265]

Hitler war bald gerüstet genug, um auch seinen Unmut zu zeigen. 1930 zählte die SA über 60.000 Mann. Ein Jahr später war sie auf ungefähr 170.000 angewachsen. Ende 1932 waren es mindestens 400.000 Mann.

Besonders an Wahltagen brachen zunehmend wilde Kämpfe zwischen jungen Nazis und jungen Kommunisten aus. Die Waffen reichten dabei von Fäusten und Messern bis zu Granaten und Bomben. Über die Toten und Verletzten berichtete die Presse bald wie über Autounfälle oder das Wetter.

Viele Deutsche appellierten an die Regierung, sie möge die Ordnung wiederherstellen. Die Studentenrebellen und ihre professionellen Verteidiger waren jedoch nur ein Mikrokosmos gewesen. Die neuen Jugendlichen „sind mit Hass erfüllt", hatte Heinrich Mann schon 1922 bemerkt.

---

[265] George Murray: *'New' Radicals a 1930 rerun*, in: *Chicago Today*, 14. 5. 1969.

> „Aber die ältere Generation hat ein schlechtes Gewissen und bestraft sie nie. Alle Proteste, alle Drohungen und Maßnahmen der Jugend richten sich gegen die ältere Generation. Sie bemerkt all dies sorgsam – und gibt ihnen sogar noch mehr Handlungsspielraum. Wenn Schüsse fallen, runzeln sie die Stirn und warten auf die nächsten Schüsse. Sie gehen ins Theater und applaudieren den Stücken über das populärste Thema – den Vatermord."[266]

Die ältere Generation, Liberale wie Konservative, war zerknirscht. Sie war entwaffnet durch die Tatsache, dass sie die Straßenschlachten zwar missbilligte, aber den Grundprämissen und Idealen der Schläger zustimmte. Die Sozialdemokraten hatten sich den Kommunisten in den Aufständen vor dem Krieg zwar entgegengestellt, aber sie waren immer noch unwillig, sie zu bekämpfen oder sie zu verurteilen. Nun saß auch die gesetzestreue Rechte in der Patsche. Obwohl sie die Banden aus faulen, grölenden SA-Männern verabscheute, war sie nicht in der Lage, Männer zu verurteilen oder zu bekämpfen, die sie selbst für Idealisten hielt.

Der Antikriegsfilm *Im Westen nichts Neues* hatte im Dezember 1930 in Berlin Premiere. Die Nazis wollten einen Präzedenzfall und verlangten die Absetzung des Filmes. Ganovenbanden stürmten die Kinos, ließen Stinkbomben und Mäuse im Publikum los und drohten den Betreibern offen mit Gewalt. Die Regierung entschloss sich, den Frieden wiederherzustellen – durch ein Verbot des Films.

Nachdem die Regierung mit Forderungen bestürmt worden war, der Gewalt Einhalt zu gebieten, verbot die Regierung im April 1932 die SA und die SS; aber nach einer Abmachung zwischen Kanzler von Papen und Hitler (der seine „Tolerierung" des neuesten Kabinetts versprach) wurde das Verbot am 15. Juni wieder aufgehoben.

> „Sofort setzte eine Welle aus politischen Gewalttaten und... Morden ein, wie sie selbst Deutschland bisher nicht erlebt hatte... Allein in Preußen kam es in der Zeit zwischen dem 1. und dem 20.

---

[266] Heinrich Manns Essay *Tragische Jugend* (1922) zit. n. Laqueur, *Weimar*, S. 116.

> Juni zu 461 Straßenschlachten, in denen 82 Menschen getötet und 400 schwer verletzt wurden."[267]

Am 9. August 1932 verhängte die Regierung die Todesstrafe für politischen Mord. In der nächsten Nacht stürmte eine Bande aus Nazis das Haus eines kommunistischen Arbeiters im schlesischen Dorf Potempa und tötete ihn, indem sie ihm den Kehlkopf zertraten. Als die Mörder festgenommen und nach dem neuen Gesetz verurteilt wurden, reagierte Hitler mit Drohungen und Demonstrationen. Am 2. September gab die Regierung ihre Antwort: Die Todesurteile wurden in lebenslange Freiheitsstrafen umgewandelt. (Hitler begnadigte die Mörder ein Jahr später.)

Die zivilisierten Deutschen wussten nicht, was sie tun sollten. Nach den Worten eines Historikers äußerten die Gemäßigten verzweifelte „Appelle an die Vernunft... [Aber] ihre Methoden passten nicht zu dem wilden Emotionalismus, der den Großteil des Landes ergriffen hatte."[268]

Die zivilisierten Menschen wurden schließlich von ihren eigenen Ideen geschlagen, auch wenn sie nicht wussten, dass dies der Fall war. Nachdem sie jahrelang Widersprüche gepredigt und Prinzipien mit einem anti-ideologischen Achselzucken abgetan hatten, waren sie erstaunt, dass die Nation nun der Meinung war, der Mensch könne nicht nach Prinzipien leben, dass die Vernunft keine Anleitung und dass alles erlaubt sei. Nachdem sie jahrelang einen Krieg der Interessengruppen institutionalisiert hatten, den sie als notwendiges Opfer oder kollektiven Dienst gerechtfertigt hatten, waren diese Menschen erstaunt, dass feindliche Banden auf die Straße gingen und Opfer forderten. Nachdem sie jahrelang den Verstand untergraben hatten, indem sie die Überlegenheit der Gefühle gepredigt hatten, waren diese Männer erstaunt, dass irrationale Gefühle kein Gegenmittel gegen „wilden Emotionalismus" sind.

Nachdem sie jahrelang den Kult und die Kultur des Nihilismus verbreitet, geduldet oder unterstützt hatten, waren zivilisierte Men-

[267] Shirer, a. a. O., S. 159.
[268] Halperin, a. a. O., S. 445.

schen erstaunt, dass sie nichts mehr zu sagen hatten und dass niemand mehr zuhörte.

Die Gemäßigten waren hilflos. Die Behörden waren hilflos. Die Mörder übernahmen das Ruder.

Unter Befolgung aller deutschen Gesetze und der Weimarer Verfassung wurde die Herrschaft der Nazis am 30. Januar 1933 offiziell.

* * *

Die Weimarer Intellektuellen sagten, sie ertrügen die Welt des 19. Jahrhunderts nicht; aber sie konnten darüber triumphieren. In ihrer eigenen Sphäre konnten sie Gott spielen – in umgekehrter Richtung.

Als sie die Sterne ausgelöscht hatten und die Erde wieder wüst und leer war; als sie die lebendige Seele des Menschen nach *ihrem* Bilde neu erschaffen hatten; als sie ihm den Odem des *Lebensfeindlichen* eingehaucht hatten; als sie alles sahen, was sie geschaffen hatten und sahen, dass es Ruinen waren – Ruinen und Astrologie und Wortsalate und verseuchte Lungen – da wussten sie, dass ihr Triumph vollständig war und sie ihre Arbeit ruhen lassen konnten.

Als der siebte Tag anbrach, fanden sie jedoch, dass etwas Unerklärliches in ihrem Garten aus Ruinen herangewachsen war. Zuerst konnten sie nur fernes Jaulen und nahende Schritte ausmachen. Es dauerte eine Weile, bevor sie dieses Etwas sehen konnten.

Aber dann erkannten sie die Fratze Adolf Hitlers.

12.
Hitler an der Macht

Es dauerte über ein Jahrhundert, bis die Ideen der kantischen Achse in die Köpfe der Deutschen implantiert waren. Es dauerte 14 Jahre bis Hitler, der auf diese Vorbereitung zählte, zum Kanzler aufgestiegen war.

Es dauerte sechs Monate, bis der neue Kanzler das Land in einen totalitären Staat verwandelt hatte.

Die Verwandlung bestand daraus, die kollektivistischen Prämissen vollständig als unangefochtenes und unbestrittenes Gesetz in die Praxis umzusetzen. Die Methode bestand darin, alle Machtbeschränkungen der Zentralregierung aufzuheben.

Der erste wichtige Schritt war die vom alternden Reichspräsidenten Hindenburg erlassene „Verordnung zum Schutz von Volk und Staat" vom 28. Februar 1933. Diese Verordnung schaffte in Deutschland die individuellen Rechte ab.

> „Es sind daher Beschränkungen der persönlichen Freiheit, des Rechts der freien Meinungsäußerung, einschließlich der Pressefreiheit, des Vereins- und Versammlungsrechts, Eingriffe in das Brief-, Post-, Telegraphen- und Fernsprechgeheimnis, Anordnungen von Haussuchungen und von Beschlagnahmen sowie Beschränkungen des Eigentums auch außerhalb der sonst hierfür bestimmten gesetzlichen Grenzen zulässig."[269]

Einen Monat später wurde die Macht des Reichstags formell aufgehoben. Das Ermächtigungsgesetz vom 23. März übertrug alle gesetz-

---

[269] Zit. in Shirer, a. a. O., S. 194. Als Vorwand für diese Verordnung diente der Reichstagsbrand.

gebenden Rechte auf Hitler, einschließlich des Rechts, nach eigenem Ermessen von der Reichsverfassung abzuweichen. Dieses Gesetz wurde vom letzten frei gewählten Reichstag verabschiedet; er beging mit 444 zu 94 Stimmen Selbstmord. Die Sozialdemokraten stimmten mit Nein. Die Kommunisten waren ausgeschlossen worden. Alle anderen Parteien stimmten mit Ja.

Alle Parteien, einschließlich der Nationalisten, wurden aufgelöst. Die einzelnen Länder wurden in bloße Verwaltungsorgane des Reiches verwandelt. Die Gerichte beeilten sich mit der Umsetzung der neuen Vorschrift, dass „das Gesetz und der Wille des Führers eins sind." Das Offizierskorps, immer noch eine mächtige Gruppe in Deutschland, begrüßte Hitlers Wiederbewaffnungspolitik und äußerte keinerlei Widerspruch zum Prozess der Nazifizierung.

Und wenn jemand Widerspruch äußerte, so fand er zwei neue Institutionen vor, die beide aus Sowjetrussland abgekupfert waren: die Gestapo und die Konzentrationslager.

Neue Behörden wurden eingerichtet, um die Literatur, die Musik, die Künste, das Theater, den Film, das Radio und die Presse den neuen Erfordernissen des „Allgemeinwohls" anzupassen; die Marxisten und die Modernisten (und viele andere Gruppen) hatten ihr Werk getan; Hitler brauchte die Anarchie und die Subversion des Systems nicht länger. Die Kirchen wurden nicht als subversiv angesehen; sie wurden zwar belästigt und eingeschüchtert, durften aber weiter bestehen.

Die Bildungseinrichtungen wurden, angefangen vom Kindergarten bis zu den Universitäten, vollständig „arisiert". Im Alter von sechs Jahren traten Kinder in die Hitlerjugend ein. „Die Kinder schworen, dass sie nie vom ‚Ich' sprechen würden, sondern nur vom ‚Wir'."[270]

Durch die Schaffung von drei neuen Gilden (der Landwirtschaftskammer, der Industrie- und Handelskammer und der Arbeitsfront) erlangte der Staat Kontrolle über alle Produzenten- und Konsumentengruppen im Land. In Übereinstimmung mit der Methode des

[270] Davidson, a. a. O., S. 288.

„deutschen Sozialismus" wurde die Fassade einer Marktwirtschaft aufrechterhalten. Alle Preise, Löhne und Zinsen wurden jedoch „von der Zentralbehörde festgesetzt. Sie [waren] nur dem Anschein nach Preise, Löhne und Zinsen; in Wirklichkeit [waren] es nur die Festsetzungen des Staates... Dies ist Sozialismus in kapitalistischer Verkleidung."

Die Unternehmer behielten die Verantwortung, zu produzieren und erlitten im Falle des Scheiterns die Verluste. Der Staat bestimmte die Ziele und Bedingungen ihrer Produktion und erntete die Früchte; direkt oder indirekt enteignete er alle Profite. „Die Zeit ist vorbei", so der Wirtschaftsminister, „in der die Idee des wirtschaftlichen Egoismus und der unbeschränkten Verwendung von Profiten herrschen darf... Das Wirtschaftssystem muss der Nation dienen."[271]

„Was für ein Dummkopf ich war!", rief der Stahlbaron Fritz Thyssen, ein früherer Unterstützer der Nazis, nach seiner Flucht aus Deutschland.

Durch umfangreiche öffentliche Bauvorhaben und ein massives Wiederbewaffnungsprogramm gefolgt von allgemeiner Wehrpflicht beendeten die Nazis die Arbeitslosigkeit. Auch um die Sicherheit ihrer Arbeitsplätze mussten sich die Deutschen keine Sorgen mehr machen. Sie wurden in den Arbeitsdienst eingezogen und an ihre Jobs gekettet wie mittelalterliche Leibeigene. Die Leibeigenen wurden gehegt und gepflegt: Der Staat bestand auf der Verschönerung von Fabriken, Erholungsmöglichkeiten für die Arbeiter, Gärten auf dem Fabrikgelände, besserer Beleuchtung, Belüftung und vielem mehr.

Auch die Freizeit der Arbeiter wurde übernommen. Ein umfangreiches Programm aus Lesungen, Kunstausstellungen, Ausflügen

---

[271] von Mises, a. a. O., S. 56. Von Mises beschreibt die Methode der Nazis, Profite zu enteignen: „Da der private Konsum streng limitiert und vom Staat kontrolliert wird, und da alle unkonsumierten Einkommen investiert, d.h. dem Staat geliehen werden müssen, sind hohe Profite eine subtile Besteuerungsmethode. Der Konsument muss hohe Preise zahlen und Geschäfte sind nominell profitabel. Aber je größer die Profite sind, desto schneller wachsen die staatlichen Mittel an. Der Staat kriegt sein Geld..." (S. 226). Hjalmar Schacht bei der Eröffnung des Nationalen Arbeits- und Wirtschaftsrates in Nürnberg zit. n. Brady, a. a. O., S. 292.

usw. (das „Kraft durch Freude"-Programm) stellte sicher, dass man selbst in der Freizeit immer etwas darüber hörte, dass man für die Gemeinschaft arbeiten und Opfer bringen müsse.

Was Hitlers Versprechungen an die ärmeren Gruppen anging, so wurden die Budgets der Sozialversicherungen enorm ausgeweitet und eine Vielzahl von Wohlfahrtskassen, Programmen, Behörden und Maßnahmen eingeführt oder ausgeweitet, einschließlich spezieller Vorsorgeprogramme für Arbeitslosenhilfe, Abfindungen, Krankenversicherung, Pensionen, ein Winterhilfswerk für die Armen, ein Mütterhilfswerk für Mittellose und die nationalsozialistische Wohlfahrtsorganisation.

Hitler hielt seine Versprechen an das deutsche Volk. Jeder, in jeder Klasse und in jeder Einkommensschicht, wurde an den Staat gekettet. Und Staat hieß: die Partei.

„Die Partei übernimmt die Funktion der bisherigen Gesellschaft, das ist es, was ich ihnen klar machen wollte", sagte Hitler zu Rauschning.

> „Die Partei ist allumfassend. Sie regelt das Dasein in seiner ganzen Breite und Tiefe. Es ist daher notwendig, dass wir Gliederungen entwickeln, in denen sich das ganze Einzelleben abspielen muss. Jede Tätigkeit und jedes Bedürfnis jedes Einzelnen wird demnach von der durch die Partei vertretenen Allgemeinheit geregelt. Es gibt keine Willkür mehr, es gibt keine freien Räume, in denen der Einzelne sich selbst gehört… Das ist Sozialismus, aber nicht solche Detailfragen, wie die nach der Möglichkeit des privaten Besitzes von Produktionsmitteln. Was das schon besagt, wenn ich die Menschen fest in eine Disziplin eingeordnet habe, aus der sie nicht heraus können. Mögen sie doch Grund und Boden oder Fabriken besitzen wie sie wollen. Das entscheidende ist, dass der Staat durch die Partei über sie bestimmt, gleich, ob sie Besitzer sind oder Arbeiter. Verstehen Sie, alles dies bedeutet nichts mehr. Unser Sozialismus greift viel tiefer…
>
> [D]ie Leute um uns [werden] nicht gewahr…, was mit ihnen wirklich geschieht. Sie starren gebannt auf ein paar vertraute Äußerlichkeiten, auf Besitz und Einkommen und Rang und überkommene Begriffe. Wenn die nur erhalten bleiben, dann hat alles

seine Richtigkeit. Inzwischen sind sie selbst aber in einen neuen Zusammenhang geraten, eine gewaltige Ordnungskraft hat sie in ihren Bann geschlagen. Sie selbst haben sich gewandelt. Was besagt da schon Besitz und Einkommen. Was haben wir das nötig: Sozialisierung der Banken und Fabriken. Wir sozialisieren die Menschen."[272]

* * *

Für alle ökonomischen Gruppen und Klassen sank der Lebensstandard. Der Staat nahm sich immer größere Teile des Einkommens. Überfluss gab es nur für das Militär. „Kanonen werden uns mächtig machen; Butter wird uns nur fett machen", sagte Göring.

Die Deutschen hatten geglaubt, dass die Nazis eine praktische Lösung gegen die Depression seien. Schon vor dem Krieg fanden sie das Gegenteil heraus; nach 1939 lernten sie noch mehr. Aber eine Katastrophe an sich ändert noch nicht die Ideen eines Landes.

Egal wie sehr sie ausgebeutet wurden oder welche Härten sie zu ertragen hatten, die Deutschen akzeptierten Hitlers Herrschaft. Seine Terrorherrschaft ist nur ein Teilgrund dafür. Die Politik und die Aussagen aller Gruppen, die noch sprechen durften, zeigen den anderen Teil.

Die achtbare deutsche Rechte scharte sich von Anfang an hinter das Hakenkreuz. Der protestantische Klerus erklärte, er sehe in der neuen Regierung eine Chance auf eine moralische Renaissance, die religiöse Gefühle, Gehorsam und die Opferbereitschaft fördern werde.

Die Zentrumsleute protestierten, als die Nazis sich in katholische Aktivitäten oder Belange einmischten, erkannten aber Hitlers „Leistungen" an, „die Niederschlagung des Kommunismus…, die Einführung des Führerprinzips, die Stärkung der Moral und das Berufsverbot für Prostituierte." Am 10. Juni 1933 veröffentlichten die katholischen Prälaten einen langatmigen Hirtenbrief. Sie sagten, „dass das Individuum Teil eines größeren Organismus ist und nicht nur für sich selbst, sondern für das Allgemeinwohl arbeiten muss. Eben weil Autorität eine so wichtige Rolle in der katholischen Kirche spielt,

---

[272] Rauschning, *Gespräche*, S. 191ff.

kann sie den Nachdruck gut verstehen, den der Staat nun darauf legt." Die Prälaten machten jedoch eine Einschränkung: Die Regierung solle „die Freiheit nicht weiter einschränken als das Allgemeinwohl es erfordert..."[273]

„Dass viele Intellektuelle und auch einfache Deutsche sowohl den ‚Herrn am Kreuze' als auch den Führer verehren konnten, ist eine der irrationalen Fehltritte des menschlichen Geistes, der nur beschrieben, aber nicht intellektuell erklärt werden kann", schreibt Pinson.[274]

Vielleicht ist diese Tatsache nicht so unverständlich, wie er denkt.

Die Gemäßigten, wie z.B. die einstigen Demokraten, sagten auch ihre Meinung. Ihre Reaktion auf Hitler wird von einer Bemerkung von Hjalmar Schacht auf die Spitze getrieben, einem Gründer der Demokratischen Partei, der im Nazi-Kabinett Wirtschaftsminister wurde. „Dieser Mann", so Schacht im Jahre 1935, „hat sich als Erstes daran gemacht, die moralischen Maßstäbe des Landes zu heben. Darum halte ich ihn für einen großen Mann; er hat die Volksmoral gehoben."[275]

Die deutsche Linke konnte nichts mehr sagen. Besonders Kommunisten verschwanden in Nazi-Gefängnissen oder flüchteten ins Ausland. Die Marxisten, die überlebt hatten, waren jedoch nicht gegen Hitlers Standpunkt; der absolute Staat sei richtig, aber *wir* hätten ihn besser geleitet. Ein solcher Einwand war für die Nazi-Herrschaft keine Bedrohung. Und er hielt auch einen weiteren Jünger von Marx nicht davon ab, eine Wertegemeinschaft mit Hitler zu erkennen und entsprechend zu handeln. Im August 1939 wurden die Staatsmänner des Westens, die Prinzipien seit langem aufgegeben hatten, vom Hitler-Stalin-Pakt überrascht.

---

[273] So Bischof Johannes Sproll von Rottenburg am 21. 1. 1934 zu einer Versammlung katholischer Geistlicher, zit. n. Wheaton, a. a. O., S. 359. *Ebd.*, S. 319; der erste Teil dieses Zitats ist Wheatons Zusammenfassung des Hirtenbriefs. Zwei Wochen nachdem Hitler die katholische Zentrumspartei aufgelöst hatte, unterzeichnete der Vatikan ein Konkordat mit den Nazis, was für die Nazis ungeheuer prestigeträchtig war.

[274] Pinson, a. a. O., S. 497.

[275] So dessen Aussage gegenüber dem amerikanischen Unternehmer S. R. Fuller am 23. 9. 1935, zit. n. *ebd.*, S. 501.

Was die Menschen angeht, die letztendlich die Ideen der politischen Gruppen formuliert hatten, d.h. die Intellektuellen, so hatte die überwältigende Mehrheit ihre Skrupel gegen das „Rowdytum“ der Nazis aufgegeben. Berühmte Namen und sogar Nobelpreisträger unterstützten die Sache der Nazis eifrig und scharten sich um die Unmenschen. Professor Eugen Lüthgen, eine Koryphäe in Philosophie und Jura aus Bonn, benannte den Grund dafür in einer Äußerung, die die Bücherverbrennungen pries und rechtfertigte: „Die Stimme des Blutes spricht eine lautere Sprache als die des Intellekts.“[276]

Die Überbleibsel der Weimarer Führungsschicht beeilten sich fast ausnahmslos, den Prinzipien der Nazis zuzustimmen. Ihre Eile war oft Opportunismus oder Beschwichtigung; aber die Zustimmung war echt. Der Staat, den Hitler etablierte, verkörperte wirklich die fundamentalen Ideen der politisch-kulturellen Tradition Deutschlands.

Viele Deutsche konnten Hitlers Persönlichkeit, seine Gefährten oder seine Taktiken immer noch nicht leiden. Sie schluckten ihren Ärger herunter. Sie konnten schließlich den Kern und den Höhepunkt ihrer eigenen Grundprämissen nicht anfechten.

Ergab irgendeine Maßnahme der neuen Herrscher für die Deutschen keinen Sinn? Sie erinnerten sich selbst daran, dass Vernunft nichts und Gefühl (oder Autorität) alles ist. Hatten die Menschen keinen Moment Ruhe vor einem lärmenden Mob, der Hakenkreuze schwenkte und „Heil“ rief? Sie erinnerten sich selbst daran, dass das Individuum nichts und das Volk alles ist.

Wurde jede Gruppe terrorisiert, versklavt und rücksichtslos ausgeblutet? Die Deutschen ertrugen diese Bedingungen stillschweigend. „Selbstlosigkeit… als Gefühl, dass es auf einen selbst nicht ankommt, dass das eigene Selbst jederzeit und überall durch ein anderes ersetzt werden kann, wurde ein allgemeines Massenphänomen“, schreibt Hannah Arendt.[277]

---

[276] Zit. in Wheaton, a. a. O., S. 308.
[277] Arendt, *Elemente*, S. 679.

Die Deutschen erinnerten sich an ihre uralte durch Disziplin, Gehorsam und Selbstverleugnung definierte Vision nationaler Größe. Sie erinnerten sich an Kants Idee, dass „das Prinzip der eigenen Glückseligkeit am meisten verwerflich" ist und dass Selbstliebe „die Quelle alles Bösen" ist. Sie begriffen, dass sie nun ihre historische Chance hatten, das „Böse" zu unterdrücken und ihre Vision Wirklichkeit werden zu lassen - und sie ergriffen die Chance und handelten dementsprechend.

Endlich praktizierten die Deutschen die Philosophie, die man ihnen beigebracht hatte.

13.
Die Konzentrationslager

Die Männer, Frauen und Kinder, die sich in den KZs in ausgebeutete Leichen oder lebende Skelette verwandeln sollten, wurden erst zu Hunderten in Deutschland, dann in Europa zu Tausenden und dann zu Millionen aufgegriffen. Sie wurden aus ihren Häusern, ihren Büros, Fabriken, Höfen, Schulen und sogar willkürlich von Feldern und Straßen geholt.

Der Abtransport der Gefangenen in die Lager folgte einem bestimmten Muster. Wie Bruno Bettelheim, ein Überlebender von Buchenwald und brillanter Beobachter des Lagerlebens bemerkte, war der Transport teil eines festgelegten Plans.

Die neuen Gefangenen wurden verhöhnt, angeschrien, geschlagen, getreten, ausgepeitscht und/oder erschossen. Einige wurden an Ort und Stelle ermordet. Einige mussten stundenlang knien oder in grelles Licht sehen. Andere wurden gezwungen, ihre Mitgefangenen zu prügeln. Wieder andere wurden gezwungen, sich selbst, ihre Familie und ihre höchsten Werte zu beschimpfen. Unter Todesdrohungen wagte niemand auch nur ein Wort des Protests zu äußern, etwas zu seiner Selbstverteidigung zu unternehmen oder dem eigenen Gatten zu helfen, der blutend und sterbend vor einem auf dem Boden lag.

Die „Folterungen wurden immer weniger brutal", berichtet Bettelheim, „wenn die Gefangenen keinen Widerstand mehr leisteten und selbst den abscheulichsten Befehlen der SS sofort gehorchten." Langjährige Gefangene, die oft zufällig mit neuen Gefangenen im gleichen Zug in ein Lager zurückkamen, „wurden von der SS in Ruhe gelassen, sobald sie feststellten, dass diese schon eingeweiht waren."[278]

Nach dem Transport wurden die Opfer ihrer Kleidung, ihrer Haare und ihres Namens beraubt und mussten oft stundenlang auf das Unbekannte warten.

In anderen Transporten gab es keine Befehle und keine Schläge. Gefangene wurden nackt in Güterwagen gepfercht, manchmal tagelang sinnlos hin- und hergefahren und dann in Vernichtungslagern ihren Folterknechten übergeben oder direkt in die Gaskammern geschickt.

In den Lagern verhungerten die Gefangenen; Nahrung wurde zu einer Besessenheit; ein Stück Brot oder ein Löffel Suppe machte oft den Unterschied zwischen Leben und Tod aus. Die Gefangenen waren völlig überarbeitet und brachen unter der Arbeit zusammen; Schlafen wurde zu einer Besessenheit. Die Gefangenen mussten in bitterer Kälte und abgerissenen Kleidern stundenlang im Freien stehen. Aus Mangel an Waschgelegenheiten starrten sie vor Schmutz und wurden von Seuchen geplagt.

In jedem Moment drohten ihnen Schläge, Folter und Mord. Die Drohungen erstreckten sich selbst bis in die Latrinen. Gelegentlich wurden Gefangene in die Sickergruben gestoßen und ertranken, während die Wächter zusahen.

An sexueller Frustration litten die Gefangenen nicht. Die meisten hatten kein Bedürfnis nach Sex, nicht einmal in ihren Träumen. Sex ist eine Feier des Lebens; er ist eine Form der Selbstbestätigung, die mit einem Konzentrationslager unvereinbar ist. Ein Überlebender berichtet: „Nach zwei oder drei Wochen in Majdanek verschwanden solche Probleme. Die Frauen hatten keine Periode mehr; die Männer verloren das Bedürfnis nach Sex."[279]

Die Gefangenen errichteten Gebäude, arbeiteten in den Rüstungsfabriken oder stellten für den Privatgebrauch der SS-Leute Luxusgü-

---

[278] Bruno Bettelheim: *The Informed Heart: Autonomy in a Mass Age*, New York 1960, S. 124f.
[279] Alexander Donat: *The Holocaust Kingdom*, New York 1965, zit. n. Terrence Des Pres: *The Survivor*, New York 1977, S. 223f.

ter her, von Grußkarten bis zu Wohnzimmermöbeln. Der Ertrag dieser Gefangenen war jedoch äußerst mager; die Bedingungen waren das Gegenteil von dem, was für Produktion oder auch nur für produktive Sklavenarbeit erforderlich gewesen wäre, eine Tatsache, die von der SS anerkannt und von der Parteiführung akzeptiert wurde. Den Lagerleitungen wurde wiederholt mitgeteilt, dass „wirtschaftliche Erwägungen prinzipiell unberücksichtigt bleiben müssen…"[280]

Politische Gesichtspunkte schienen auch unwichtig zu sein. Unter den Lagerinsassen waren politische Gefangene, Kriminelle, Homosexuelle, sogenannte „Asoziale" und andere, deren Verhaftung auf irgendeine Weise mit ihren Ideen oder ihrem Verhalten in Beziehung stand. Aber solche Menschen waren eine Minderheit. Die große Mehrheit der Insassen, einschließlich der Millionen Juden, waren normale, apolitische, gesetzestreue Bürger; sie hatten keinen Widerstand gegen die Hitler-Regierung geleistet und kein Verbrechen begangen. Der Nazi-Ideologie zufolge waren die Juden per se schuldig. Und doch war es eine Schuld, die mit ihrem Verhalten nichts zu tun hatte: Die meisten hatten nichts geplant oder getan, was verboten oder für die Nazis schädlich war, was den Männern, die sie verhafteten, folterten und ermordeten, wohlbekannt war.

Doch die Juden waren nur der Anfang. Trotz seiner Betonung des Antisemitismus eskalierte Hitlers Zerstörungspolitik systematisch. Bald galt dies auch für die Polen, die Ukrainer, die Russen und andere Nationalitäten. Später galt sie auch für loyale, rassisch „reine" Deutsche, z.B. für Menschen mit Herz- oder Lungenkrankheiten. (Hannah Arendt bemerkt, dass die Sowjets in dieser Hinsicht eine ähnliche Entwicklung durchgemacht hatten. Sie gingen von der Zerstörung der vorrevolutionären herrschenden Klassen über zu den Kulaken, den Russen mit polnischen Vorfahren und anderen Gruppen bis zur letzten Gruppe, den russischen Juden.)[281]

Im Grunde war es den Nazis egal, welche Rassen in den Konzentrationslagern saßen. Quoten gab es in dieser Hinsicht nicht. Sie woll-

---

[280] Zit. in Arendt, *Elemente*, S. 852, Anm. 55.
[281] *Ebd.*, S. 424.

ten keine speziell definierte Opfergruppe, sondern Menschenmaterial an sich und zwar massenhaft.

Jeder Aspekt des menschlichen Lebens wurde von den SS-Männern kontrolliert. Außer dem, was befohlen oder ausdrücklich erlaubt war, war alles verboten. Jede Form unabhängiger Handlung wurde bestraft. Man brauchte eine Erlaubnis, um auch nur irgendetwas völlig Belangloses wie z.B. ein zusätzliches Stück Stoff zu besitzen. Man brauchte die Erlaubnis zum Essen, zum Sprechen, zum Waschen und zum Verrichten der Notdurft.

Die Gefangenen konnten keinen Grund hinter den Lagerregeln sehen. „Warum?", fragte einmal ein durstiger Gefangener einen Wächter in Auschwitz, der ihm verboten hatte, einen Eiszapfen anzufassen. „Hier gibt's kein Warum", lautete seine Antwort.[282]

Statt „Warum" gab es die anscheinend grundlosen und unerklärlichen Launen der SS.

Wenn die Gefangenen in Buchenwald morgens aufwachten, mussten sie sich sofort hektisch an die zeitaufwändige, schwierige und absolut sinnlose Aufgabe machen, ihre Strohbetten absolut perfekt zu machen und dabei dringende körperliche Bedürfnisse ignorieren; die Matratzen mussten absolut eben und die Seiten absolut rechteckig sein. Zusätzlich „mussten alle Betten und Matratzen perfekt ausgerichtet sein. Einige SS-Männer überprüften dies mit einem Lineal und einer Wasserwaage, um zu sehen, ob die Betten korrekt gemacht waren..."[283]

Wenn die Gefangenen an ihrem Arbeitsplatz ankamen, gab man ihnen vielleicht den Befehl, irgendeine begreifliche Aufgabe auszuführen oder aber auch ohne jegliche Erklärung einen Karren mit Sand zu füllen, aber ohne die Schaufeln, die in Sichtweite herumlagen. Oder sie mussten schwere Steine an einen bestimmten Ort und dann wieder zurück an die ursprüngliche Stelle tragen. Oder sie mussten einen Zaun errichten, ihn dann einreißen und wieder neu aufbauen. Wenn die Gefangenen sich wieder zu einem der endlosen

---

[282] Primo Levi: *Survival in Auschwitz*, New York 1961, S. 25.
[283] Bettelheim, a. a. O., S. 214.

Appelle oder einer Inspektion einfinden mussten, wurden sie vielleicht durchsucht oder auch stundenlang ignoriert; oder sie wurden gezwungen durch Kies zu robben, um „Sport" zu treiben. Oder sie konnten auch bei fröhlicher Musik von anderen Gefangenen ausgepeitscht werden.

Niemand konnte wissen, was er als nächstes zu erwarten hatte. Selbst wenn man ins Lagerkrankenhaus eingewiesen wurde, konnte man nicht wissen, was einen erwartete. Es war eine Sache der Laune, ob man medizinisch behandelt, bei lebendigem Leib seziert oder sofort ermordet werden würde. Nichts war sicher außer unerklärlichem Leiden.

Zusätzlich zu den anderen Folterungen war die Unvorhersagbarkeit eine Folter an sich. Eine Gruppe von Tschechen bekam in einem Lager zusätzliche Privilegien und Erleichterungen, wurde dann in die Steinbrüche geschickt und den erbärmlichsten Lebensbedingungen unterworfen, „dann wieder zurück in die guten Unterkünfte und zur leichten Arbeit und nach einigen Monaten zurück in den Steinbruch mit wenig Essen usw. Sie starben sehr bald."[284]

Die Launenhaftigkeit der Nazis war sinnlos; sie diente keinem existentiellen Ziel und doch war dies das Gesetz. Es war das Gesetz, *weil* es sinnlos war.

Der Gefangene in den Konzentrationslagern lernte bald, dass es ihm nichts nützte, wenn er bestimmten, zielgerichteten Befehlen gehorchte, wie barsch und brutal sie auch sein mochten. Er lernte, dass seine Folterer von ihm nicht die Erfüllung eines bestimmten Auftrags oder sein Verständnis oder irgendeine Form der Initiative verlangten, sondern unbedingten Gehorsam.

Hannah Arendt bietet die beste theoretische Interpretation der Konzentrationslager. Sie sagt, die Lager seien die Kulmination des zentralen totalitären Motivs. Im Grunde seien die Lager „Laboratorien", Laboratorien für „totale Beherrschung."

Frau Arendt schreibt, die Lager

---

[284] *Ebd.*, S. 150.

> „dienen… dem ungeheuerlichen Experiment, unter wissenschaftlich exakten Bedingungen Spontaneität als menschliche Verhaltensweise abzuschaffen und Menschen in ein Ding zu verwandeln, das unter gleichen Bedingungen sich immer gleich verhalten wird, also etwas, was selbst Tiere nicht sind…
>
> Unter normalen Umständen ist dies niemals zu erreichen, weil Spontaneität nie ganz auszuschalten ist, sofern mit ihr nicht nur menschliche Freiheit, sondern Leben überhaupt im Sinne des einfach Lebendigbleibens zusammenhängt. Nur in den Konzentrationslagern ist dieses Experiment überhaupt möglich…"

Das Endergebnis dieses Experiments seien „unheimliche…, mit menschlichen Gesichtern ausgestattete Marionetten, die sich alle benehmen wie der Pawlowsche Hund…"[285]

Bettelheim zieht den gleichen Schluss aus seinen eigenen Erfahrungen, wenn er schreibt, dass die Lager ein „experimentelles Labor" seien, die „die effektivste Möglichkeit herausfinden, wie man den Widerstand einer wehrlosen Zivilbevölkerung bricht…" „Eines der Ziele bestand darin, die Individualität der Gefangenen zu brechen und sie in eine fügsame Masse zu verwandeln, aus der kein individueller oder organisierter Widerstand kommen kann."

Eine aktuelle Studie fasst dies in einem angemessenen Vergleich zusammen.

> „Die Lager sind bis heute das beste Beispiel für die perfekte Skinner-Box. Sie waren eine abgeschlossene, vollständig regulierte Umwelt, im strengsten Sinne eine ‚totale' Welt. Schmerz und Tod waren die ‚negativen Verstärker', Nahrung und Leben die ‚positiven Verstärker', und all diese Kräfte zogen und zerrten 24 Stunden am Tag an den tiefsten Schichten menschlicher Bedürfnisse."[286]

---

285 Arendt, *Elemente*, S. 908, 935.
286 Bettelheim, a. a. O., S. 109f.; Des Pres, a. a. O., S. 191.

In vielen Lagern saßen die Häftlinge lange Haftstrafen ab; der Tod war aufgeschoben, vielleicht unendlich. In den speziellen „Vernichtungslagern" wurde den Gefangenen ein kurzes, gewalttätiges Trauma zugefügt, wonach sie sofort in Massen abgeschlachtet wurden. In beiden Fällen war das Ziel des Lagersystems nicht der Tod an sich; die Nazis suchten nicht die körperliche Vernichtung der Opfer, sondern ihre psychologische Zerstörung, d.h. den Zusammenbruch ihrer Fähigkeit, unabhängig zu handeln. Vielleicht erlaubte man einem Menschen (für eine gewisse Zeit), sein Leben, seinen Verstand und sogar seine körperliche Stärke zu behalten (damit er Befehle befolgen konnte). Was er aufgeben musste – was methodisch „verstärkt" und wozu er ständig konditioniert wurde –, war die Aufgabe dessen, was ihn zu einer autonomen, selbstbestimmten Entität macht.

Die jungen SS-Männer, die in den Lagern Dienst taten, bekamen auch eine bestimmte Art von „Verstärkung". Auch sie mussten, wenngleich in etwas anderer Form, trainiert werden, ihre Unabhängigkeit und Autonomie aufzugeben. Sie mussten in Kreaturen verwandelt werden, die nichts in Frage stellen und alles ausführen würden, d.h. in bedingungslos gehorsame Elitekader, auf denen das gesamte System aufbaute. Die Wachmannschaften lernten Gehorsam, indem sie Sachen taten, die normale Menschen nicht tun und sich nicht hätten träumen lassen.

Die Gefangenen waren hilflos. Die SS-Leute hatten eine Wahl: Sie konnten versuchen, wegzulaufen oder zumindest Dienst außerhalb der Lager zu tun. Jene – die große Mehrheit –, die es nicht versuchten, sondern einfach mit ihren Aufträgen fortfuhr, konnte man nicht Opfer nennen; sie waren Komplizen und moralisch verantwortlich für das, was aus ihnen wurde.

Ungefähr ein Jahr lang wurden die Lager von den Ganoven aus der SA geführt, einer Gruppe, in der es viele Sadisten, Perverse und Psychopathen auf eine Hass- und Folterorgie abgesehen hatten. Die SS, die die Lager nach dem Röhm-Putsch übernommen hatte, war von anderem Kaliber. Größtenteils waren die neuen Wächter und

Leiter zumindest anfänglich normale Menschen. Sie hassten die Gefangenen nicht besonders und waren auch nicht besonders blutrünstig; in der Regel waren sie mehr an dienstfreier Zeit als an Folterungen interessiert. Frau Arendt schreibt, nach Übernahme durch die SS wurde

> „diese spontane Vertiertheit... von einer absolut kalten, absolut berechneten und systematischen Zerstörung der menschlichen Körper zum Zwecke der Zerstörung der menschlichen Würde abgelöst..., die sich genug in der Gewalt hatte, den Tod zu verhindern oder auf unabsehbar lange Zeit hinauszuschieben. Die Lager waren jetzt nicht mehr der Tummel- und Vergnügungsplatz von Bestien in Menschengestalt, das heißt von Menschen, die eigentlich in Schwachsinnigenheime, Irrenanstalten und Gefängnisse gehörten, sondern umgekehrt: sie wurden zu den Exerzierplätzen, auf denen vollkommen normale Menschen zu vollgültigen Mitgliedern der SS erzogen wurden."[287]

Man fand, dass ideologische Indoktrinierung kein Korps aus vollwertigen Nazis schaffen konnte; aber der tägliche Wahnsinn im Ausmaß der Konzentrationslager konnte und schaffte es.

Die Lager und all ihre scheinbar unerklärlichen Schrecken zielten nicht nur auf die Opfer, sondern auch auf die Täter. Die Opfer mussten zu Robotern werden, die sklavisch ihren Wächtern gehorchten; die Wächter mussten zu Robotern werden, die sklavisch dem Führer gehorchten. In beiden Fällen musste ein fundamentales Element im Menschen durch die Lager zerstört werden, ein Element, das die meisten Menschen nicht identifizieren können, aber für selbstverständlich halten; das Element, das bei normalen Menschen Eigenschaften wie Unabhängigkeit, Autonomie, Eigenständigkeit und „Spontaneität" zugrunde liegt und möglich macht.

Woraus besteht dieses Element und wodurch löschten die Lager es aus? Wogegen führten die Lagerschergen Krieg und was wollten sie im Menschen zerstören?

* * *

[287] Arendt, *Elemente*, S. 933.

Das Verfahren begann mit der Auswahl von Gefangenen, die nichts Falsches getan hatten und die nicht verstehen konnten, warum sie verhaftet worden waren.

Hannah Arendt hat als Erste identifiziert, dass die Lager Häftlinge brauchten, die unschuldig waren. Sie erklärt diese Maßnahme soziopolitisch, als Teil des Versuchs der Nazis (und der Sowjets), „die juristische Person in einem Menschen zu töten", d.h. das Konzept von Rechten zu zerstören.

Frau Arendt schreibt, dass Kriminelle nicht in Konzentrationslager gehören. Wie brutal er auch von den Lagerwachen behandelt werden mag, so weiß der Kriminelle trotzdem, warum er dort ist; er kann die kausale Beziehung zwischen seinen Handlungen und seinem Schicksal nachvollziehen. In diesem Ausmaß behält er eine bestimmte menschliche Würde. Er bleibt innerhalb des normalen, vortotalitären Rahmens von Schuld und Sühne; er bleibt innerhalb des Bereichs, wo (eine irgendwie geartete) Gerechtigkeit relevant ist und wo die Rechte eines Menschen respektiert oder zumindest in Betracht gezogen werden.

Wenn man jedoch absichtlich Menschen verhaftet, die nichts getan haben und sie grundlos und methodisch foltert, dann gilt der normale Rahmen nicht mehr und selbst die Vortäuschung von Gerechtigkeit verschwindet, egal nach welcher Definition. Die verächtliche, vollständige Unterdrückung der Rechte wird zum Prinzip des Systems, und dem Opfer wird der Status eines menschlichen Wesens aberkannt. Daher brauchten die Lager unschuldige Insassen. Daher auch die Tatsache, dass Kriminelle in der Regel erst dorthin geschickt wurden, als sie ihre Strafe abgesessen hatten und nach dem Gesetz frei waren.

Frau Arendt schreibt: „Unter keinen Umständen darf das Konzentrationslager zu einer berechenbaren Strafe für definierte Vergehen werden." Wenn die Haft abhängig wäre von einer bestimmten Definition von Verbrechen oder Ketzereien, selbst einer perversen oder tyrannischen, dann würden die Lager überflüssig werden: „[Es] würde vor allem auch ein neues Rechtssystem einführen, das bei einer Stabilität wieder eine juristische Person im Menschen auferstehen lassen müsste, die sich dem totalen Herrschaftsanspruch entzieht."[288]

Die tatsächlichen Resultate dieser Verfahrensweise in den Lagern unterstützen Frau Arendts Standpunkt. Die Kriminellen waren die Gefangenen, die von ihrer Festnahme am wenigsten erschüttert waren; sie fanden ihre Haft am einfachsten zu ertragen und wurden überall zur Aristokratie der Lager. Umgekehrt wurden die gesetzestreuen, apolitischen Mitglieder der deutschen Mittelklasse psychologisch am schlimmsten getroffen; diese Menschen, von denen viele mit dem Hitler-Regime sympathisiert hatten, hatten nicht die Spur eines (juristischen, politischen oder philosophischen) Grundes, der ihr Schicksal hätte erklären können, und dies war eine Tatsache, mit der sie nicht umgehen und die sie nicht ertragen konnten. „Der Gefangene", so der Kommandant von Auschwitz in seiner Autobiographie, „wird mit strenger, aber vorurteilsfreier Härte fertig, aber Tyrannei und offenkundig ungerechte Behandlung treffen seine Seele wie ein Keulenschlag."[289]

Der Begriff „Recht" (oder Gerechtigkeit) ist kein philosophischer Grundsatz, auch wenn Frau Arendt ihn oft als solchen behandelt. Was sie nur als Angriff auf die „juristische Person" identifiziert, ist tatsächlich Teil einer umfassenderen, größeren Attacke. Der Seele eines Menschen einen solchen Schlag zu versetzen, ist ein Schritt im Prozess, ihn in eine bestimmte Welt zu stoßen. Alle anderen Schritte setzten diesen Prozess fort.

Die hervorstechende Eigenschaft der Lagerwelt war nicht bloß Ungerechtigkeit oder Qual, sondern Qual, die für das Opfer *unverständlich* war.

Wenn sie noch benommen von ihrer Verhaftung und dem Alptraum des Transports in den Lagern ankamen, wussten viele der Gefangenen, nicht, was mit ihnen passierte oder auch nur, wo sie waren. In der Regel sagten ihnen die Nazis nichts und beantworteten

---

[288] Arendt, *Elemente*, S. 923, 928f.
[289] Rudolf Hoess [Höß]: *Commandant of Auschwitz*, New York 1959, S. 80.

keine Fragen. Das Verhalten der Wachen glich einer Antwort auf das Selbstverständliche: Gefangene sind ohne das Vermögen der Intelligenz oder sind nun in ein Reich gelangt, in dem solch ein Vermögen irrelevant ist.

In der Gesellschaft zählten die Nazis auf die Macht der Ideologie: Eine andere Möglichkeit, ein ganzes Land zu beherrschen, gibt es nicht. Die Verbreitung einer Ideologie - jeglicher Ideologie, selbst der der Nazis - unterstreicht jedoch implizit die Bedeutung von Ideen, von individueller Entscheidung, Urteilskraft und des Verstandes des Zuhörers. In den Lagern war keine solche Implikation erlaubt.

Es wurden keine Versuche unternommen, den Gefangenen die Ideen der Nazis zu vermitteln. Es gab keine rechtfertigenden Ansprachen, keine Lesungen von *Mein Kampf*, keine Propaganda, keine Bekehrungsversuche. Himmler erklärte: „Erziehung besteht [in den Lagern] aus Disziplin, niemals aus irgendwelchen Einweisungen auf ideologischer Basis."[290]

Die SS wollte nicht, dass die Gefangenen selbst zu Nazis wurden und wies alle Angebote von vermeintlich Bekehrten zurück. Bettelheim berichtet, dass wenn bestimmte Gefangene ihren Frieden mit der Gestapo machen wollten, die Gestapo darauf bestand, dass die Gefangenen davon absehen sollten, irgendwelche Meinungen zu äußern, selbst Nazi-freundliche. „Freie Zustimmung", so Frau Arendt, „ist ein ebenso großes Hindernis für totale Beherrschung wie freier Widerspruch."[291]

Die Lagerschergen tolerierten nicht, dass ein Gefangener sich mit Ideen befasste, ob nun mit denen der Nazis oder anderen. Ideen sind für Insassen irrelevant - dies war die Leitidee; in Buchenwald und Auschwitz hat Denken keinen Platz.

Und auch Individualität hatte dort keinen Platz, wie die Gefangenen bald lernen sollten. Wenn ein Gefangener in das Lager kam,

---

[290] Heinrich Himmler: *Wesen und Aufgabe der SS und der Polizei*, Vortrag, Januar 1937, zit. n. Arendt, *Elemente*, S. 928, Anm. 134.

[291] *Ebd.*, S. 928. Bettelheims Anmerkung aus *On Dachau and Buchenwald* zit. n. *Ebd.*, Anm. 151.

brachte er das vom zivilisierten westlichen Menschen erlangte Wissen mit: Es war für ihn selbstverständlich, dass er (wie alle Menschen) eine Entität mit einer einzigartigen Identität war. Die Lager gingen nun methodisch daran, sich über diese Selbstverständlichkeit hinwegzusetzen.

Typischerweise wussten die Wachen nichts über einen bestimmten Häftling, außer welcher Gruppe er angehörte. Sie konnten oder wollten oft keinen Unterschied zwischen diesem und jenem Gefangenen wahrnehmen. Ein schauriger Egalitarismus herrschte vor: Für die SS waren die Dinge, die sie mit Schreien, Tritten und Gewehren traktierten nicht einzelne menschliche Entitäten mit eigenem Aussehen, Charakter und Leben; sie waren austauschbare Zellen einer undifferenzierten Masse, gesichtslose Einheiten aus Qual, Dreck und Unterwürfigkeit, von denen jede identisch und austauschbar mit Hunderten oder Millionen anderer war.

Persönliche Verantwortung wurde in den Lagern nicht anerkannt. Wenn ein Gefangener eine bestrafungswürdige Tat beging, wurde er nicht als alleiniger Übeltäter behandelt. Stattdessen wurde jedes Mitglied der Gruppe, der er angehörte (einschließlich er selbst) für diese Tat bestraft, ungeachtet dessen, ob ein bestimmtes Mitglied überhaupt von dem Vorfall wusste; alle wurden gleich rücksichtslos als Gruppe bestraft. (Außerhalb der Lager wurde eine ähnliche Variante dieser Methode praktiziert: Die Polizei schüchterte eine unzufriedene Gruppe, z.B. Ärzte oder Anwälte ein, indem sie einen willkürlichen Querschnitt aus dieser Gruppe ohne Bezug auf persönliche Schuld oder Unschuld verhaftete.)

Da die Gefangenen wussten, dass alle für die Taten eines Einzelnen bestraft werden konnten, fürchteten sie unabhängige Handlungen von Seiten eines Mithäftlings oder versuchten, sie zu verhindern, selbst wenn es um Hilfe für andere Gefangene ging. Somit wurden heldenhaft mutige Taten sogar von den Nutznießern selbst verurteilt und die Helden wurden nach Bettelheims Worten „davon abgehalten, den Respekt für das Individuum oder die Wertschätzung der eigenen Unabhängigkeit wiederzubeleben."[292]

„Verschwinde in der Menge" wurde dem Gefangenen immer wieder von den Wachen eingeschärft: „Mach dich unsichtbar", „Wehe, wenn ich dich bemerke." Die Gefangenen hatten zu gehorchen; sie kämpften um die unauffälligsten Plätze bei den Appellen - wenn jemand auffiel, konnte es sein, dass er es nicht überlebte. Unter Androhung von Schlägen oder des Todes musste das Opfer sich für die Nazis unsichtbar machen. Es musste versuchen, alle äußeren Zeichen von Individualität auszulöschen und sich selbst in jene anonyme Zelle verwandeln, die er für seine Kidnapper sowieso war. Er musste quasi die Einstellung der Wachen übernehmen und sich so weit wie möglich in eine Nummer verwandeln.[293]

Dass hinter all dem eine spezifische Absicht und nicht nur willkürliche Grausamkeit steckte, sieht man an der Einstellung der SS zu jenen Gefangenen, die für sie als Spione arbeiteten. Ein Spion konnte von den anderen Gefangenen immer Repressalien ausgesetzt sein, aber die SS beschützte einen Spion immer nur für gewisse Zeit, selbst wenn er die gewünschte Information ablieferte; danach brachte man ihn um (oder ließ zu, dass er umgebracht wurde). Bettelheim erklärt: „Unter keinen Umständen ließen sie es zu, dass ein Gefangener durch eigene Anstrengung zur Person wurde, selbst wenn diese Gefangenen für die SS von Nutzen waren."[294]

Der Gefangene durfte nicht zu einer Person werden - vor allem nicht in seinen eigenen Augen. Er musste jeglichen Bezug zu menschlichen Werten oder dem Wert eines Menschen verlieren. Er musste lernen, sich selbst als stinkendes Kriechtier anzusehen, als Etwas, das nur versuchen konnte, für einen Augenblick dem Schrecken zu entkommen und seine primitivsten körperlichen Bedürfnisse zu befriedigen.

---

[292] Bettelheim, a. a. O., S. 139.
[293] *Ebd.*, S. 210.
[294] *Ebd.*, S. 122.

Es genügte nicht, dass die Gefangenen ihre Individualität begraben und vergessen sollten; wie einige Gefangene schon damals begriffen, bestand die Absicht darin, dass sie sich selbst verabscheuen sollten.

> „Am Anfang war ich entsetzt über die Quartiere, die Gräben, den entsetzlichen Dreck, die Berge aus Exkrementen hinter den Blocks… und dann sah ich das Licht! Ich sah, dass das keine Frage von Unordnung oder Organisationspannen war, sondern dass ganz im Gegenteil eine wohldurchdachte, bewusste Idee hinter der Existenz des Lagers stand. Sie hatten uns dazu verurteilt, in unserem eigenen Dreck zu sterben, im Dreck unserer eigenen Exkremente zu ertrinken. Sie wollten uns erniedrigen, unsere Menschenwürde zerstören, jedes Überbleibsel von Menschlichkeit in uns ausradieren, uns auf die Stufe von wilden Tieren bringen, uns mit Ekel und Abscheu über uns selbst und unsere Kameraden erfüllen."[295]

Du kannst nicht verstehen, weil man diese Welt nicht verstehen kann; dies war der erste Teil der Botschaft durch all die erniedrigenden, zerstörerischen, lebensfeindlichen Bedingungen, den Regeln ohne Grund, der sinnlosen Folter - durch all die Bedingungen, die kein Verstand aufnehmen oder begreifen konnte und die eingeführt worden waren, *weil* sie niemand begreifen konnte. Und: Du kannst nicht verstehen, weil Du nichts bist; dies war der zweite Teil der Botschaft.

Um sich ihr Selbstwertgefühl zu bewahren, hielten einige Gefangene in der Abgeschiedenheit ihres eigenen Geistes an der Kraft moralischer Urteile fest und bekräftigten das Unrecht ihrer Folterer und die Rechtschaffenheit ihrer Sache: des Überlebens. Diese Menschen taten das ihnen Mögliche, um nach solchen Urteilen zu handeln. Waschen z.B. war für viele Häftlinge eine Frage von Leben oder Tod. Wie ein Überlebender von Auschwitz erklärt, geschah dies nicht „aus reinlichen oder gesundheitlichen Gründen", es war „als In-

[295] Pelagia Lewinska: *Twenty Months at Auschwitz*, New York 1968, zit. n. Des Pres, a. a. O., S. 69.

strument des moralischen Überlebens notwendig", weil es „die Macht ausdrückte, unsere Zustimmung zu verweigern".[296] Waschen war ein Mittel, das dem Feldzug der Entwürdigung Paroli bieten konnte; es war eine tägliche Bestätigung des eigenen menschlichen Zustands; es war eine Demonstration dessen, ohne das der Mensch psychologisch nicht überleben kann: Selbstbehauptung, Selbstverteidigung, Selbstachtung.

Obwohl viele Gefangene sich routinemäßig pflegten, konnten sie jedoch die Waffe moralischer Urteile nicht anwenden. Sie verloren den Krieg gegen das, was Frau Arendt „die moralische Person" nennt, d.h. den Feldzug der SS gegen Moral an sich.

Eine Methode in diesem Feldzug bestand daraus, Gefangene mit unlösbaren Dilemmas zu konfrontieren, indem man sie vor undenkbare Alternativen stellte und eine Entscheidung verlangte. Ein Mann musste z.B. entscheiden, ob er seine Freunde oder seine Frau und Kinder in den Tod schicken sollte. Um seine Lage noch unmöglicher zu machen, wurde er gewarnt, dass Selbstmord zur Ermordung seiner Familie führen würde. Oder eine Mutter musste auswählen, welches ihrer Kinder die Nazis ermorden sollten.

Es reichte nicht, dass der Gefangene das Böse passiv ertragen musste; die Absicht bestand darin, zuerst sein moralisches Urteilsvermögen zu lähmen und ihn dann zu zwingen, sich selbst in das Böse zu verstricken. Der Gefangene wird in Frau Arendts Worten zu einer Kreatur, die „nicht mehr zwischen Gut und Böse, sondern zwischen Mord und Mord"[297] entscheidet; und er scheint selbst (wenn auch ungewollt) zu einem Komplizen der Mörder zu werden. Natürlich kann niemand für Handlungen oder Entscheidungen verantwortlich gemacht werden, die ihm aufgezwungen werden. In vielen Fällen erreichte das Lager trotzdem sein Ziel: In den Köpfen der betäubten, hungernden Menschen verschwamm die Grenze zwischen Opfer und Mörder. Das Ergebnis war die Auslöschung des Konzepts

---

[296] Levi, a. a. O., S. 35f.
[297] Arendt, *Elemente*, S. 930.

von moralischer Verantwortung an sich und/oder die Verlagerung der Schuld auf das Opfer.

Um solch ein Ergebnis zu institutionalisieren (und auch um den Personalbedarf der Lager zu reduzieren), bot die SS den Gefangenen regelmäßig Stellungen mit erheblichen Machtbefugnissen an. Da die für diese Stellungen ausgewählten Männer den Großteil des täglichen Ablaufs kontrollierten, gewannen sie ein sichereres und erträglicheres Leben. Man gestatte diesen Menschen, „eine Person zu werden"; der Preis bestand aus der Art von Person, zu der sie wurden – eine Person, die ihre Loyalität bewies, indem sie die Nazis noch an Härte übertraf.

Einige Häftlinge fanden eine solche Aussicht verlockend. Einige gaben nach und wurden lieber zu Folterern als zu Gefolterten. Viele wussten unter der Knute der Capos nicht länger, wen sie hassen sollten.

Neben besonderen Dilemmata und Versuchungen durch die SS gab es auch im normalen Lagerleben Entscheidungen, die das Gewissen abtöteten und denen niemand entkommen konnte. Wenn ein Mensch sieht, dass sein Überleben (oder das seiner Frau oder seiner Kinder) von einem Stück Brot abhängt, das seinem Nachbarn gehört (und dass auch dessen Leben davon abhängt), dann lautet die Entscheidung: entweder einen Verhungernden bestehlen oder selbst verhungern. Wenn ein Häftlingsrat sich zusammenfindet, um das Verhalten eines aufsässigen Mithäftlings zu diskutieren, dessen Handlungen fatale Repressalien gegen die gesamte Gruppe zur Folge haben könnten, dann lautet die Entscheidung: entweder ein hilfloses Opfer ermorden oder selbst ermordet werden. Selbst unter solchen Bedingungen gab es Menschen, die so gewissenhaft wie nur eben möglich entschieden, nach welchen moralischen Prinzipien sie handeln und wie weit sie gehen würden. Aber die Mehrzahl gab der Sinnlosigkeit nach. Wer aufgab, fühlte bald, dass alle, einschließlich ihm selbst, hoffnungslos Unrecht haben, oder dass „richtig" oder „falsch" Begriffe ohne Bedeutung sind.

Die Grundlage für menschliches Wissen sind die von den Sinnesorganen gelieferten Sinnesdaten, welche den primären Kontakt mit der Realität darstellen. Die Lager beschränkten sich nicht auf die höheren Bereiche der Wahrnehmung und Einschätzung; sie gingen bis zum Ende, bis zur Wurzel.

Die Begleiterscheinung von „Du kannst nicht verstehen" und „Du kannst nicht urteilen", war die offene Erklärung „Du kannst nicht *erkennen*".

„Wehe, ihr seht irgendetwas", wurde den Gefangenen gesagt - seht nicht, was um euch herum vorgeht, wendet eure Augen und Ohren ab, seid nicht bewusst. Diese Regel zu verletzen, so Bettelheim, war gefährlich. „Wenn z.B. ein SS-Mann einen Häftling tötete und die anderen Gefangenen es wagten, zu sehen, was sich vor ihren Augen abspielte, stellte er auch ihnen nach."

Um solche Repressalien zu vermeiden, musste der Häftling lernen, alle äußeren Zeichen von Wahrnehmung zu unterdrücken (so wie er auch alle Zeichen von Individualität unterdrücken musste); oder er musste der Regel wirklich gehorchen - sich selbst in der Kunst unterrichten, *nicht* wahrzunehmen. Manchmal (wenn er ohne etwas dafür zu können eine verbotene Tatsache sah) „war dieser passive Gehorsam - nichts zu sehen oder nichts zu wissen - nicht genug; um zu überleben, musste man aktiv so tun, als sähe man nichts, als wisse man nicht, was die SS einen nicht wissen lassen wollte."[298]

Einige Häftlinge schlossen daraus, dass der sicherste Weg daraus bestehe, mental inaktiv zu werden, absichtlich das eigene Bewusstsein auszusetzen und seine eigene Beobachtungsgabe aufzugeben. Je größer die Intelligenz eines Häftlings war, je mehr er begriff oder wusste, umso größer war die Gefahr für sein Überleben. Für diese Menschen war die Umpolung vollständig: In der Außenwelt war Wahrnehmung eine Notwendigkeit des Lebens; in den Lagern waren dies Antonyme. Aber die Nichtwahrnehmung funktionierte auch nicht: Zu dem Ausmaß, in dem ein Gefangener erfolgreich sein Be-

[298] Bettelheim, a. a. O., S. 153f.

wusstsein erstickte, konnte er sich nicht mehr vor vermeidbaren Gefahren schützen und hielt nicht lange durch.

Nicht selten machte ein Wachmann, der einem Häftling verboten hatte, eine bestimmte Tat zu bemerken, den gleichen Häftling ein paar Minuten später auf genau diese Tat aufmerksam und stellte sie noch extra heraus. „Das war kein Widerspruch", erklärt Bettelheim, „es war bloß eine eindrucksvolle Lektion, die sagte: Du darfst nur das sehen, was wir wollen, aber du spielst mit deinem Leben, wenn du etwas nach eigenem Belieben wahrnimmst."

Vom Häftling wurde erwartet, alles aufzugeben; er musste alles Willentliche aufgeben, von Denken und Werten bis zu seinen Augenbewegungen und der Haltung seines Kopfes. „Aber", so bemerkt Bettelheim, „wenn man aufgibt, zu sehen, zu reagieren und zu handeln, gibt man sein Leben auf. Und genau das wollte die SS."[299] Die meisten Wachen wussten es nicht, aber die gleiche Ursache produzierte auch in ihnen die gleiche Wirkung. Der junge SS-Mann mag sich vielleicht vorgestellt haben, dass er nur seine Arbeit machte oder sich eine Beförderung verdiente, aber tatsächlich lebte auch er nicht länger sein eigenes Leben.

Die Wachen waren gut gekleidet, gut versorgt und ideologisch geschult. Aber auch sie wurden bearbeitet und geformt. Der Häftling lernte, sich absoluter Macht zu unterwerfen. Die Wache (oder der Leiter) lernte, sie *auszuüben*, mit allem, was dazu gehört und allem, was dadurch zerstört wird.

Mit jeder grundlosen Bestrafung, die er zufügte, ob nun befohlen oder aus eigener Initiative, negierte der junge Wachmann die Idee, dass der Mensch eine souveräne Entität ist, die Rechte besitzt; er negierte sie nicht nur im Kopf des Häftlings, sondern auch in seinem eigenen. Mit jeder unvorstellbaren Gräueltat, die er beging, negierte der Wachmann seinen früheren Sinn für Moral; er half dabei, sein früheres Leben in seinen eigenen Augen unwirklich zu machen, einschließlich der nicht-nationalsozialistischen Werte, die er einst gesucht haben mochte. Mit jeder unsinnigen Regel und jedem Wider-

[299] *Ebd.*, S. 154f.

spruch, den er durchsetzte oder erfand, schulte sich der Wachmann in Sinnlosigkeit; er lernte, die Negation der Logik zu einer geistigen Angewohnheit zu machen, was für ihn bald zur zweiten Natur wurde. (Der Wachmann erfuhr all diese Negationen auch vom anderen Ende aus: Es gab keine Art der Bestrafung oder Willkür, die seine Vorgesetzten nicht auch *ihm* antaten, wenn sie wollten.)

Die Missachtung aller Sinnhaftigkeit schuf in ihnen ein tiefes Gefühl der Instabilität und Hilflosigkeit, und als Resultat davon ein tiefes Gefühl der Abhängigkeit von ihren Vorgesetzten. Somit wurde Gehorsam in den Lagern zu einem selbstverstärkenden Merkmal: Sie beraubte die SS-Männer allmählich von ihrer Fähigkeit, zu urteilen oder zu protestieren. Der Gehorsam verwandelte die jungen Nazis in Monster – gehorsame Monster. Bettelheim schreibt, je höher ein Mann in der Hierarchie stand, umso vollständiger verkörperte er diesen Zustand. Er nennt das Beispiel von Höß, dem Kommandanten von Auschwitz, der

> „seine persönliche Existenz so beiseitelegte, dass er am Schluss nur noch offizielle Befehle ausführte. Obwohl sein physischer Tod erst später kam, wurde er nach der Übernahme des Kommandos über Auschwitz zu einer lebenden Leiche... [E]r musste sich selbst so vollständig von Selbstachtung und Selbstliebe, von Gefühlen und Persönlichkeit entkleiden, dass er praktisch nur noch eine Maschine war, die genauso funktionierte, wie seine Vorgesetzten auf die Steuerknöpfe drückten."[300]

Die Herren der Todesfabriken kamen nicht ungestraft davon. Die Feinde der Menschenrechte, die die Rechte anderer mit Füßen traten, unterstrichen ihre eigene Rechtlosigkeit. Die Kämpfer gegen das Individuum, die die „Selbstachtung und Selbstliebe" ihrer Feinde vernichteten, verloren dabei ihre eigene. Die Urheber und Herrscher einer hirnlosen Dimension lernten, sie zu akzeptieren und sich ihr anzupassen – und machten *sich selbst* hirnlos.

Niemand, weder Häftlinge noch Wachen, konnte das aushalten oder auch nur glauben.

---

[300] *Ebd.*, S. 238.

Die Häftlinge konnten nicht an eine Welt glauben, in der die Launen der SS alle Bedingungen des menschlichen Lebens aufstellten und die die Realität als Bezugsrahmen ersetzten. Sie konnten nicht an eine Welt glauben, die in Frau Arendts Worten „das Sterben selbst permanent" machte, als ob „sich nun... irgendein verrückt gewordener böser Geist damit [amüsiere], sie zwischen Leben und Tod eben ein wenig aufzuhalten." Sie konnten kaum die Ereignisse erfassen, die sie sahen oder von denen sie hörten, z.B. dass an Häftlingen chirurgische Eingriffe „ohne den geringsten Grund" und ohne Betäubung vorgenommen wurden; oder wie ein Häftling zur Bestrafung in „einen großen Kessel mit kochendem Wasser geworfen wurde, in dem Kaffee für das Lager gekocht wurde. [Der Häftling] wurde zu Tode gekocht, aber Kaffee wurde daraus trotzdem noch gemacht"; oder wie Kinder willkürlich ausgewählt, „an den Füßen gepackt und gegen Baumstämme gedroschen wurden"; oder Flammen, die „aus einem Graben schlugen, riesige Flammen. [Die Nazis] verbrannten etwas. Ein Lastwagen fuhr an die Grube heran und kippte seine Ladung ab - kleine Kinder. Babys! Ja, ich habe es gesehen - mit eigenen Augen... Träumte ich? Ich konnte es nicht glauben."

„Es schien mir, ich sei in einer anderen Welt... Es war so unglaublich, dass viele Häftlinge Halluzinationen hatten..." „Ich lebte wie in einem Alptraum und wartete darauf, dass mich jemand aufweckte." „Das kann nicht wahr sein; solche Sachen gibt es einfach nicht."[301]

Neben den Morden war dies das tödlichste Merkmal der Lager: Die meisten Häftlinge konnten nicht akzeptieren, dass das, was sie sahen, die Realität war. Sie konnten die Schrecken nicht mit dem Leben in Einklang bringen, das sie einst gekannt hatten, und doch mussten sie ihren Sinnen Glauben schenken. Für solche Menschen

---

[301] Arendt, *Elemente*, S. 916, 919. Eugen Kogon: *The Theory and Practice of Hell*, New York 1958, S. 148. Hans Bärmann, Überlebender des Kaiserwald-Lagers nahe Riga, zit. n. ebd., S. 191; Oskar Berger, Überlebender von Treblinka, zit. n. ebd., S. 183; Elie Wiesel: *Night*, New York 1969, zit. n. Des Pres, a. a. O., S. 94; Privatkorrespondenz mit einem Überlebenden von Auschwitz und Wüstegiersdorf, der um Anonymität bat. Olga Lengyel: *Five Chimneys*, Chicago 1947, zit. n. Des Pres, a. a. O., S. 82; Bettelheim, a. a. O., S. 127.

verloren die Lager jeden Zusammenhang mit dem Leben auf der Erde und bekamen eine fast schon metaphysische Aura. Für diese Häftlinge waren sie keine menschlichen Einrichtungen, sondern „eine andere Welt", eine unmögliche Welt, wie eine zweite übernatürliche Dimension der Existenz, die an sich undenkbar war und doch die erste auslöschte. Das Konzentrationslager schien für die Insassen eine Dimension zu sein, die gleichzeitig ein irrer Alptraum und wahre Realität war; eine Dimension, die nicht sein kann, der man aber trotzdem nicht entkommen kann; eine Dimension, die nicht existiert, die aber trotzdem auf fürchterliche Weise da ist. Es war eine Welt aus *A und Nicht-A*.

Aufgrund der Natur dessen, was hinter dem Stacheldrahtzaun vor sich ging, repräsentierten die Konzentrationslager für die meisten Insassen quasi ein Universum, das das Grundgesetz der Existenz verletzt: das Gesetz der Identität.

Die meisten Gefangenen wären irgendwie mit den Entbehrungen oder den Schmerzen fertig geworden, (bis zu einem bestimmten Punkt) sogar mit zielgerichteter Folter in einer erkennbaren Welt. Mit *metaphysischer Desorientierung* kann man jedoch nicht fertig werden. Sie konnten nicht mit dem unheimlichen Gefühl fertig werden, dass die reale Welt und die Tatsachen der Vergangenheit verschwunden waren; dass es zwischen Wahrheit und Wahnsinn keinen Unterscheid mehr gibt; dass das Universum selbst verrückt geworden ist. Die Folgeerscheinung eines solchen Gefühls ist ein Zustand der Lähmung.

Einige Häftlinge waren selbst während des Lebens im Lager in der Lage, an einer erkennbaren Realität festzuhalten. Sie konnten die unheimliche „andere Welt" um sie herum besiegen, indem sie sich an ihre eigenen beständigen Überzeugungen klammerten, unter der impliziten Prämisse, dass die Dinge - trotz der Lager - sind, was sie sind. Viele Häftlinge konnten keinen Anhaltspunkt dafür entdecken, wie sie das, was sie sahen, erklären konnten und sie gaben dem metaphysischen Druck nach.

Das beste Beispiel dafür sind die Häftlingskolonnen, die in den sicheren Tod marschierten, obwohl sie gegenüber den Wachen in der Überzahl waren. Dieses Phänomen, das oft für ein Zeichen von Feigheit gehalten wird, hat damit nichts zu tun, da Mut oder Feigheit in diesem Zusammenhang nicht anwendbar sind. Diese Häftlinge wussten, was ihnen bevorstand - sie hatten von anderen davon gehört oder sie hatten den Rauch aus den Krematorien gesehen oder hatten das brennende Fleisch gerochen -, aber die meisten konnten nicht an ein Universum glauben, wo solch ein Schicksal in diesem Umfang grundlos möglich war. Das Resultat bestand aus Trägheit, Benommenheit, geistiger Verwirrung und Gehorsam. (Einige waren unzweifelhaft nicht desorientiert, sondern entschieden sich bewusst für Passivität als Form des Selbstmords.)

Was diese Menschen entwaffnete, war das Gegenteil der Großen Lüge: die Unglaubliche Wahrheit[302], die nicht hingenommen werden kann und die das Begreifen der Realität an sich unmöglich macht.

Das Endprodukt der Lager, auf das die Nazis großen Wert legten, war der Tod. Was die SS betrieb, war Massenmord ohne Murren; Tod, den die Opfer und Mörder gleichermaßen stillschweigend hinnahmen; Tod nicht als Ausnahme, als Akt der Rache oder aus Hass, sondern als beiläufige, lächelnde, heimelige Routine, zwischen bunten Blumenbeeten und mit fröhlicher Hintergrundmusik. Es sollte ein Tod sein, der als Bestätigung all dessen diente, was ihm vorangegangen war, als letzte Demonstration der absoluten Macht und der absoluten Unvernunft, der Tod als letzter Triumph des Nationalsozialismus über den Menschen und den menschlichen Geist.

Aber auch die Mörder waren Menschen (zumindest biologisch) und konnten selbst mit ihrer Ausbildung solch einen Triumph nicht verdauen. Die meisten konnten nicht mitansehen, was sie da taten und versuchten, nicht zu wissen, was sie nicht wissen mussten. Wie die Häftlinge, so praktizierten auch die SS-Männer die Kunst des „Nicht-Wahrnehmens“. Dem Häftling wurde sein „Wahrnehmen“

[302] Vgl. Jean-Francois Steiner: *Treblinka*, New York 1967, S. 176f.

durch Terror ausgetrieben; die SS fand für sich selbst eine andere Methode: Alkohol.

Die meisten Wachen waren so oft betrunken, dass es nennenswert war, wenn sie einmal nüchtern waren. Frau Arendt schreibt: „Ein [Nazi-]Augenzeuge einer Massenexekution durch die SS hebt in seinem Bericht lobend hervor, dass diese Truppe so ‚idealistisch' gewesen sei, dass sie ‚die gesamte Ausmerzung ohne Hilfe von Schnaps' habe ertragen können."[303]

Die Anhänger Adolf Hitlers verboten ihren Feinden, die Realität wahrzunehmen und kämpften darum, ein ähnliches Nichts in ihren eigenen Schädeln zu induzieren. Die Feinde des Bewusstseins kämpften darum, es in ihren Opfern und in sich selbst auszulöschen.

Es war der endgültige Sieg der Unvernunft und der Hirnlosigkeit – und des Berufes, der beides auf eine zivilisierte Welt losgelassen hatte.

* * *

Die Konzentrationslager waren ein wichtiger Faktor in der landesweiten Terrorherrschaft der Nazis, eine Herrschaft, die für jede Diktatur in der Geschichte unverzichtbar gewesen ist. Es war strengstens verboten, dass *Details* des Lagerlebens nach außen drangen; aber die *Existenz* der Lager und die Gefahr, die sie für jedermann darstellten, wurde lautstark propagiert.

Als Gesamtphänomen reichen die Lager jedoch weiter; sie übersteigen wirtschaftliche Fragen, politische Berechnungen, historische Präzedenzfälle und alle „praktischen" Bedürfnisse oder Fragen, einschließlich der elementaren Erfordernisse für das Überleben des eigenen Regimes – eine Tatsache, die durch die Maßnahmen der Lagerleitungen während der letzten Kriegsphase deutlich wird. Als sie vor der totalen militärischen Niederlage standen, hatten diese Männer das Kommando über dringend benötigte Waggons und Lokomotiven für den Häftlingstransport, bauten trotz akuter Materialknappheit riesige Vernichtungsfabriken und untergruben wichtige

[303] Arendt, *Elemente*, S. 933, Anm. 138.

Rüstungsprojekte, indem sie die Arbeiter massenweise verhafteten und deportierten. „Durch den offenbaren Widerspruch dieser Veranstaltungen zu den Notwendigkeiten der Kriegshandlungen gaben sie dem ganzen Unternehmen inmitten einer zweckbeherrschten [d.h. praktischen] Welt den Anschein einer verrückten Irrealität."[304]

Es gibt nur *eine* fundamentale Erklärung für die Konzentrationslager.

Die Lager *sind* „Experimente" für Macht; sie sind einzigartige Experimente mit einer spezifischen Ursache, Methode und spezifischen Ergebnissen, die noch vollständig identifiziert werden müssen. Die Ursachen liegen in der Natur und der Praxis des Lagerlebens selbst.

Die Nazis predigten eine bestimmte Philosophie – und setzten sie in die Praxis um.

Für sie hatte Autorität Vorrang vor Rechten, die Gruppe vor dem Individuum, Opfer vor Glück, Nihilismus vor Moral, Gefühle vor Tatsachen, Flexibilität vor Absoluten, Gehorsam vor Logik, der Führer vor dem Ego – und sie praktizierten all das.

Sie führten einen Feldzug gegen alle freiheitlichen Prinzipien und kamen dadurch an die Macht. Dann setzten sie den Feldzug in die Praxis um, übertrugen alles Wesentliche ihrer Ansichten aus dem Reich der Ideologie auf das des alltäglichen blutigen Lebens.

So gut wie möglich taten sie es zuerst außerhalb der Lager, indem sie eine Gesellschaft aus rechtlosen Kreaturen schufen, die in einen Strudel aus widersprüchlichen Parteiparolen, wechselnden Großen Lügen, nichtobjektiven Gesetzen, widersprüchlicher Politik und unbegreiflichen Verhaftungen gerissen wurden.

In der Außenwelt gab es jedoch Grenzen für diesen Prozess. Um als Nation funktionieren zu können, brauchte man zumindest ein wenig Verständlichkeit und individuelle Autarkie. In den Lagern brauchte man menschliche Zerstörung nicht zu beschränken und keine Kooperation von Seiten der Opfer.

Die Lager versuchten, die Effekte einer bestimmten theoretischen Idee zu erreichen, ohne diese Idee oder irgendeine andere Abstrakti-

---

[304] *Ebd.*, S. 918.

on zu erwähnen. Sie versuchten den Prozess der Überzeugung zu umgehen: Man hält die Opfer nicht dazu an, ihren Verstand aufzugeben und verlässt sich nicht auf ihre freiwillige Zustimmung. Sie sollen ihren Verstand selbst aufgeben - durch die eigenen Handlungen. Die Ideologie des Irrationalismus wurde nicht gepredigt - sie wurde im wirklichen Leben wahr und lähmte die Menschen somit an der Wurzel, egal wie ihre Entscheidungen oder Ideen auch aussahen.

Die Lagerherrscher brauchten nicht mehr mit Verleugnungen der physischen Welt auf irgendjemand einzuprügeln. Die Herrscher machten die Realität unverständlich und hebelten somit den Begriff „Realität" als Leitfaktor im menschlichen Leben aus. Sie schmähten die menschliche Intelligenz nicht länger mit Worten. Sie machten sie tatsächlich ohnmächtig und würgten sie ab. Sie verurteilten nicht länger Eigeninteresse oder Selbstachtung als moralischen Verrat. Sie degradierten den Häftling so sehr, dass am Ende jegliches Überbleibsel beider Dinge unmöglich wurde.

Das spezifische Element im Menschen, das die Lager angriffen, waren *die Bedingungen, die der Geist zum Funktionieren benötigt*. Das Ziel waren nicht primär die physischen Bedingungen, sondern die Wurzel der Fähigkeit zur Unabhängigkeit, d.h. die maßgeblichen *inneren* Bedingungen des Menschen: das Begreifen der Existenz, sein Vertrauen in die Vernunft, seine Verpflichtung zu Werten und zu seinem *eigenen* Wert.

Die Nazis griffen in den Lagern Ideen an, wenn auch nicht ausdrücklich. Sie griffen den Kern dessen an, was der Mensch von der Metaphysik, der Erkenntnistheorie und der Ethik braucht und bekommt. Sie verwendeten Fäuste, Pistolen und alle möglichen Folterinstrumente, um die abstrakteren, empfindlichen, geistigen Bedürfnisse des Menschen zunichte zu machen: seine *philosophischen* Bedürfnisse.

Die Konzentrationslager sind ein beispielloses Testament für das menschliche Bedürfnis nach Theorie - nach einer bestimmten Theorie. Sie sind ein Testament, das in umgekehrter Richtung funktioniert; sie zeigen dieses Bedürfnis, indem sie es abwürgen.

Die experimentellen Befunde der Nazi-„Labore" kann man auf eine einzige Aussage reduzieren: Totale Herrschaft über den Menschen benötigt philosophische Entwaffnung - wonach nicht mehr viel (und nur noch wenig Menschliches) vom Opfer übrigbleibt.

In der letzten Phase der Machtgier muss die Beherrschung wirklich total sein, d.h. sie muss metaphysisch erscheinen. Keine Entität und kein noch so belangloses und widersprüchliches Gesetz darf den Launen der Herrscher im Weg stehen. Für die Befriedigung dieser Forderung braucht man den absoluten Gehorsam der Häftlinge. Wenn man sieht, wie Befehle, die jeder erdenklichen Tatsache der Natur widersprechen, mit vorauseilendem Gehorsam beantwortet werden, ist das nicht nur ein Sieg über die menschliche Unabhängigkeit, sondern ein Sieg über die Natur an sich. Die Unterwerfung unter absolute Sinnlosigkeit wird zum Sieg über Sinnhaftigkeit. Die Huldigung der Absurdität wird zur Widerlegung der Logik. Die Hinnahme von Lügen wird zum Umsturz der Wahrheit. Die Aufgabe aller Werte, einschließlich des eigenen Lebens, wird zum Zerschmettern aller Werte und des Lebens an sich.

Was die Nazis im Wesentlichen durch die Lager bekommen wollten, war die gleiche grenzenlose Unvernunft, die sie den Häftlingen auferlegten. Sie erwarteten, dass sie die Häftlinge vernichten und die Herrscher allmächtig machen würden. Was sie für beide Zwecke benötigten, war ein bestimmtes Universum: ein Universum ohne Tatsachen, ohne Dinge, ohne *Identität.*

Es war das Universum, das eine lange Reihe von Vorkämpfern angedeutet, ausgearbeitet und gepriesen hatte, für das sie gekämpft und dem sie einen respektablen Anstrich verliehen hatten. Es war die Theorie und der Traum aller Anti-Aristoteliker der westlichen Geschichte.

Die Philosophen hatten nur über ihre noumenale Dimension fantasiert. Die Nazis nahmen sie beim Wort und versuchten, sie hier in Europa, auf der Erde, wahr werden zu lassen.

* * *

Hitlers philosophisches Experiment war ein Fehlschlag. Die Natur kann man nicht besiegen. Die menschliche Natur kann man nicht verändern.

Der Mensch ist ein rationales Wesen. Er kann nicht ohne einen Verstand und ohne Werte überleben. Man kann ihn foltern, verstümmeln, lähmen und zerstören, aber solange er noch existiert und handelt, ist seine Identität, einschließlich der Anforderungen für sein Überleben, etwas Absolutes. Die Nazis wollten nicht, dass der Mensch lebt. Sie wollten Menschen als Roboter, Menschen ohne Denken, Ziele, Leidenschaft oder Ego.

Die Roboter ließen sich nicht erschaffen, wie sehr die Nazis sich auch darum bemühten. Der Augenblick, in dem das Opfer den Zustand des absoluten Gehorsams erreichte, war der Augenblick, in dem er zusammenbrach und zu sterben begann.

Der fundamentale Feind der Nazis ist eine bestimmte Tatsache: dass der Mensch ein Mensch ist – und eine noch umfassendere Tatsache, die dies zu etwas Absolutem macht: die Tatsache, dass Tatsachen sind, was sie sind, dass die Realität sich nicht nach menschlichen Launen richtet, dass A gleich A ist, wie sehr der Diktator auch schreit und Pistolen oder Todesschwadronen einsetzt.

Dies ist die eigentliche Antwort auf Auschwitz.

Wir werden nachdrücklich ermahnt, den Holocaust nicht zu vergessen. Wortgewaltige, schreckliche Bücher schildern uns die Tatsachen bis ins Kleinste. Die Wahrheit über ein monströses, historisch beispielloses Grauen schreit uns buchstäblich aus hunderttausenden Seiten entgegen. Aber nur wenige scheinen den Schrei zu hören, nicht einmal die Autoren.

Die Kommentatoren sagen nicht, dass die Lager die finale, perfekte Verkörperung all der fundamentalen Ideen sind, die Hitler möglich gemacht haben und dass der Weg zur Rächung der Opfer darin besteht, diese Ideen zu bekämpfen. Die meisten Kommentatoren kennen die notwendigen Fragestellungen nicht, um eine solche Aussage zu treffen oder auch nur in Erwägung zu ziehen.

Ein Autor (Terrence Des Pres) sagt, dass die Überlebenden durch einen undefinierten „biosozialen Instinkt“ überlebten, der ihre Handlungen leitete, behandelt aber nicht die Frage, warum dieser Instinkt bei den Nichtüberlebenden versagt hat. Bruno Bettelheim interpretiert die Lager trotz vieler brillanter Einblicke aus der Perspektive der standardmäßigen Freud'schen Kategorien, die nichts erklären (die Beschäftigung der Häftlinge mit Essen und Vernichtung sei ein Anzeichen für Regression; die Häftlinge marschierten in die Krematorien, weil „sie ihrer Todessehnsucht erlaubt hatten, sie zu überfluten“, usw.)[305]

Hannah Arendt, die beste und philosophischste unter den Kommentatoren, ist in Bezug auf ihre Schlussfolgerung auch die schlechteste, d.h. diejenige, die auf perverse Art falsch liegt. Ihre letzte Warnung gilt der Einstellung, bei der sie die Hauptverantwortung für die Gräuel und den Erfolg der Nazis sieht: eine unerschütterliche Verpflichtung zur Logik. Die Nazis und die Massen, die ihnen folgten, seien „zu konsequent“ bei der Umsetzung der Implikationen ihrer Grundprämisse gewesen (die sie Rassismus nennt); sie hätten die Freiheit des Denkens aufgegeben zugunsten „der Zwangsjacke der Logik“ oder „der Tyrannei des zwangsläufigen Schlussfolgerns“; sie hätten nicht zugestanden, dass vollständige Konsequenz „in der Wirklichkeit nie anzutreffen ist“, welche von „Zufälligkeit“ durchdrungen sei.[306]

Frau Arendt bewegt sich wie alle anderen Kommentatoren auch im modernen intellektuellen Mainstream und akzeptiert kritiklos alle seine grundlegenden Ideen, einschließlich der üblichen Herabwürdigung der Logik. Somit ist es ihr möglich, zu übersehen, was ihr eigenes Buch fast unausweichlich macht: dass der Kern von Hitlers Theorien nicht Konsequenz, sondern Unvernunft war; dass „Zufall“ nicht eine Eigenschaft der Realität, sondern des Nationalsozialismus ist; und dass Logik nicht Tyrannei, sondern die Waffe dagegen ist.

---

305 Des Pres, a. a. O., S. 226ff.; Bettelheim, a. a. O., S. 260.
306 Arendt, *Elemente*, S. 938, 969, 965, 745.

Es ist eine Sünde, die Todesqual eines ganzen Kontinents an Opfern zu studieren und als Erklärung ein „Wundermittel" anzubieten, oder schlimmer: als Gegenmittel den grundlegenden Lehrsatz der Mörder anzupreisen. Es ist eine Sünde und ein böses Omen. Der Kampf gegen den Nationalsozialismus ist noch nicht gewonnen.

Es stimmt, dass wir den Holocaust nicht vergessen dürfen. Aber was wir vor allem nicht vergessen dürfen und was wir bekämpfen müssen, ist seine Ursache.

Das schulden wir der Vergangenheit und dem Andenken dieser Männer, Frauen und Kinder, die in einem deutschen Alptraum umkamen, ohne eine Antwort auf das „Warum?", das in ihren Augen brannte und verlosch. Wir schulden es der Gegenwart - jenen, die heute in der kommunistischen Welt ein ähnliches Schicksal erleiden. Und wir schulden es der Zukunft.

14.
Amerika ändert die Richtung

„Wer nicht zuerst an sich denkt, sondern an seine Rasse und ihre Zukunft, ist der neue Patriot." (Charles R. Van Hise, Präsident der Universität von Wisconsin und ein Wortführer der Progressiven Bewegung, 1910.)

„Wir vertrauen wichtige Entscheidungen... nicht länger Individuen an, die ihre privaten Interessen verfolgen." (Rexford G. Tugwell, New Deal Brain Truster, 1935.)

„Liebe Mitbürger, fragt nicht, was Euer Land für Euch tun kann, sondern fragt, was Ihr für Euer Land tun könnt." (Präsident John F. Kennedy, 1961.)

„Wir denken, dass... die Pflichten eines Revolutionärs über seine persönlichen Bedürfnisse hinausgehen. Darum bekämpfen wir in unseren Kollektiven den Individualismus an jedem Punkt." (Mark Rudd, Studentenführer, 1970.)

„Selbstregierung, das grundlegende Prinzip dieser Republik, wird unaufhaltsam untergraben von Eigennutz, Genusssucht und schlichtem aggressivem Egoismus." (Irving Kristol, neokonservativer Intellektueller, 1972.)[307]

* * *

[307] Charles Richard Van Hise**Fehler! Textmarke nicht definiert.**: *The Conservation of Natural Resources in the United States*, New York 1910, zit. n. Arthur A. Ekirch, Jr.: *Progressivism in America*, New York 1974, S. 151; Rexford G. Tugwell: *Inaugural Adress*, 20. 1. 1961, in: Ders.: *The Battle for Democracy*, New York 1935, zit. n. Arthur A. Ekirch, Jr.: *Ideologies and Utopias*, Chicago 1971, S. 116; Mark Rudd zit. n. Roy Bongartz: *Three Meanies*, in: *Esquire*, August 1970, S. 114. Irving Kristol: *On the Democratic Idea in America*, New York 1972, S. 27.

Das Amerika der Gründerväter lebte ungefähr ein Jahrhundert.

Es gab in Amerika von Anfang an Widersprüche und diverse staatliche Kontrollen; aber ein Jahrhundert lang waren die Kontrollen ein marginales Element. Die dominierende Politik bestand aus Individualismus und wirtschaftlichem Laissez-Faire, und diese Theorien vertraten die meisten Denker.

Den Wendepunkt markiert der massive Import von deutscher Philosophie in der Periode nach dem Bürgerkrieg. Die erste Konsequenz, die sich in den Jahrzehnten nach dem Krieg zunehmend manifestierte, war die Verbreitung von dirigistischen Bewegungen. Unter den neuen Dirigisten waren Wirtschaftswissenschaftler, die den „organischen" Kollektivismus der deutschen Schule annahmen, Soziologen und Historiker, die Darwin nach den gesellschaftlichen Vorstellungen von Hegel interpretierten (die „Reformdarwinisten"), Kleriker, die Jesus nach den Moralvorstellungen von Kant interpretierten (die Social Gospelers), Vertreter einer Einheitssteuer, die Henry George folgten, Utopisten, die Edward Bellamy folgten, Revolutionäre, die Marx und Engels folgten, „Menschenfreunde", die Comte und später John Stuart Mill folgten, und Pragmatiker, die William James und John Dewey folgten.

Im Wesentlichen war es ein gemeinsamer Trend, der zur Jahrhundertwende zu einer nationalen Kampagne von avantgardistischen Intellektuellen angewachsen war. Sie sagten, das amerikanische System sei moralisch falsch; es müsse zugunsten einer edleren Vision „reformiert" werden. Der Schriftsteller William Dean Howells gab dieser neuen Vision einen Namen. Er nannte die ideale Gesellschaft seines utopischen Romans aus dem Jahr 1894 „Altruria" - das Land des Altruismus.

Das erste Ziel dieser Kampagne war die Wirtschaft, die angeblich zu viel Macht hatte. Die Autoren dieser Behauptung unternahmen nicht den Versuch, zu entdecken, welcher Teil dieser Macht aus einem freien Markt und welcher Teil aus speziellen politischen Gefälligkeiten für bestimmte Firmen herrührte (wie z.B. Subventionen, Schutzzölle und monopolistische Verkaufslizenzen). Die Reformer glaubten nicht, dass eine solche Analyse nötig sei. Sie wussten, was richtig und falsch war – und dass Profitstreben an sich falsch war, sagte ihnen Gott oder ihr Gefühl. „Christentum bedeutet Zusammenarbeit und Hilfe für die Schwachen", sagte einer der Social Gospelers; „Geschäftemachen bedeutet Wettbewerb und das Überleben des Stärkeren." Die Reformer wussten auch, dass es nur eine sichere Methode gab, mit der man ihren Kodex von Richtig oder Falsch durchsetzen konnte. Die neuen Ökonomen erklärten: „Privates Eigeninteresse ist zu mächtig, zu dumm und zu unmoralisch, um das Allgemeinwohl ohne Zwang durchsetzen zu können."[308]

Die philosophischen Pragmatiker der 1880er und 1890er Jahre waren Pioniere in der Methode, die Gründungsideen unseres Landes zu untergraben und gleichzeitig ihre Treue zu ihnen zu proklamieren. Gesetze zur Kontrolle der Großkonzerne seien kein Angriff auf das amerikanische System, sondern ein Mittel zur Bewahrung des Individualismus, der Freiheit und des echten Wettbewerbs. Es sei korrekt, so der Ökonom Richard Ely, dass mehr staatliche Eingriffe „die Menge an theoretischer Freiheit" verringern würden; aber sie würden „den Zuwachs an praktischer Freiheit fördern". Wie diese Bemerkung ahnen lässt, war Richard Ely ein Anhänger von Hegel. Er war auch einer der Lehrer von Woodrow Wilson.[309]

Die Unternehmer und ihre intellektuellen Verteidiger versuchten, den Angriff abzuwehren. Die Unternehmer, so erklärten sie, müssten vor staatlichen Kontrollen geschützt werden, um erfolgreich arbeiten und somit ihr eigentliches Ziel erreichen zu können: dem Allgemeinwohl zu dienen. Die Idee, dass unbeschränkte Freiheit für das erfolgreiche Arbeiten der Wirtschaft nötig ist, provozierte eine hitzige Debatte unter den Ökonomen; die Debatte war technisch und blieb von der Allgemeinheit größtenteils unbeachtet. Die Ansicht, dass Unter-

---

[308] Charles Worcester Clark: *Applied Christianity: Who Shall Apply It First?* In: *Andover Review*, Januar 1893, zit. n. Fine, a. a. O., S. 173; Fines Zusammenfassung der Ansichten von Henry Carter Adams, George B. Newcomb, Richard Ely und John R. Commons findet sich auf S. 205 (Anm. 15).

[309] Richard Ely: *The Evolution of Industrial Society*, Vortrag vor der *Madison Literary Society*, 1897, zit. n. Fine, a. a. O., S. 210.

nehmer Diener der Allgemeinheit seien, provozierte keinerlei Debatten; in diesem Punkt waren sich alle einig. Der Reiche solle seine „überschüssigen Einnahmen" so einsetzen, dass er „die wohltätigsten Ergebnisse für die Gemeinschaft produziert - damit der Reiche somit zum Vertreter und Treuhänder seiner ärmeren Brüder wird", erklärte der Multimillionär Andrew Carnegie, ein enthusiastischer Anhänger von Herbert Spencer, im Jahre 1889. In einem Brief schrieb er: „Eines Tages, wenn die Massen wirklich gebildet und die Wenigen nicht so egoistisch sein werden...", solle ein „ideales Gemeinwesen" entstehen und „sich mit der Verhinderung großer Vermögen befassen..."[310]

Entgegen der marxistischen Theorien waren die Großkonzerne eine der am wenigsten einflussreichen Gruppen in der amerikanischen Geschichte. Die meisten Unternehmer wischten den Bereich der Ideen beiseite oder gaben nur passiv die Ideen ihrer schlimmsten Feinde wieder. Carnegie und seine Mitindustriellen kämpften darum, ein politisches System zu retten, das dem neuen ideologischen Trend entgegenstand, während sie diesen Trend teils ignorierten und teils beschwichtigten. Mit jeder Äußerung über Moral stärkten diese Männer die Macht ihrer Gegner.

Von Anfang an war das Resultat eines solchen Wettstreits zwischen Reformern und Konservativen entschieden. Im Jahre 1887 führte der Interstate Commerce Commission Act die erste Regulierungsbehörde ein (um die Frachtgebühren der Eisenbahnen zu überwachen). Dies war das Vorspiel zum legislativen Triumph der Reformer: dem Sherman Act von 1890. Dieses Gesetz gewährte der Regierung einen enormen Machtzuwachs, um ein neu verkündetes wirtschaftliches Verbrechen zu verfolgen, das nur in ungefähren, undefinierten Begriffen angedeutet wurde („Behinderung des Wettbewerbs"). Der Sherman Act stellt den Meilenstein für die staatliche Kontrolle der Wirtschaft in Amerika dar. (Solche Kontrollen waren bis nach der Jahrhundertwende minimal).

---

[310] Andrew Carnegie: *Wealth*, in: *North American Review*, Juni 1889, zit. n. Fine, a. a. O., S. 115; Andrew Carnegie an William Gladstone, 24. 11. 1890, zit. n. *ebd.*, Anm. 65.

Henry Demarest Lloyd, ein Führer der Antitrust-Bewegung, benannte die Basis dieser neuen Einstellung zum Staat. Das Prinzip des Eigeninteresses, so sagte er, sei „einer der historischen Fehler der Menschheit“; was Amerika brauche, sei ein System, „in dem niemand ein Recht haben wird, zu tun, was er will, sondern nur ein Recht, das zu tun, was richtig ist.“ Ein Jahrhundert früher hatten die Amerikaner einen Krieg gegen England geführt, unter der Prämisse, dass individuelle Rechte das sind, „was richtig ist“. Im Jahre 1883 gab der Soziologe Lester F. Ward, ein Reformdarwinist, die Antwort der modernen Intellektuellen auf Thomas Jefferson. „Das Individuum hat lange genug regiert.“[311]

Das Antitrust-Gesetz wurde von einem konservativen republikanischen Kongress verabschiedet. Viele Mitglieder unterstützten die Maßnahme als politische Geste, als Mittel zur Beruhigung allgemeiner Unruhe (die von der Kampagne der Reformer verursacht worden war). Der Kongress müsse das Gesetz verabschieden, so orakelte Sherman düster (und ohne Grundlage), „oder bereit sein für die Sozialisten, die Kommunisten und die Nihilisten.“ „Nichts in den Debatten über den Sherman Act“, so schreibt ein Historiker, „deutet an, dass der Kongress auch seine energische Durchsetzung voraussah.“[312]

Die an der Verabschiedung der ersten Kontrollgesetze beteiligten Faktoren zeigen das Muster auf, das in all den Wendepunkten der nachfolgenden Jahrzehnte am Werk ist. Hartnäckiger, philosophischer Druck von Links führt zu neuen Entwicklungen. Durch allgemeine Verwirrung akzeptiert die anti-dirigistische Nation der Aufklärung schrittweise neue Teilstücke der Staatsmacht, ohne die geringste Ahnung über die intellektuellen Quellen oder Bedeutungen

---

[311] Henry D. Lloyd: *Wealth against Commonwealth*, New York 1894, zit. n. Fine, a. a. O., S. 341; Ders.: *The New Conscience*, in: *North American Review*, September 1888, zit. n. *ebd.*, S. 342; Lester F. Ward: *Dynamic Sociology*, New York 1883, zit. n. Ekirch, *Progressivism*, S. 23.

[312] Congressional Record, 51. Congress, 1. Sitzungsperiode, 21. 3. 1890, S. 2460. Donald J. Dewey: *Antitrust Legislation*, in: D.L. Sills (Hg.): *International Encyclopaedia of the Social Sciences*, New York 1968, S. 350.

dieses Trends. Die moralische und politische Unterlassung der Konservativen hinterlässt eine dauerhaft entwaffnete Öffentlichkeit.

In den 1890er Jahren kam der landesweite Druck hauptsächlich von der Populist Party, einer Gruppe aus unzufriedenen Bauern, die die Ideen der verschiedenen radikalen Reformisten übernahm. Diese Partei, die politische Maßnahmen wie vorsätzliche Inflation, eine progressive Einkommensteuer und die vollständige staatliche Kontrolle über die Eisenbahnen und die Trusts verlangte, war ihrer Zeit nur wenig voraus. Von 1900 bis 1917 dominierte ihr Erbe und Nachfolger die Männer an der intellektuellen und politischen Spitze des Landes. Der Erbe war die Progressive Bewegung.

Größtenteils waren die führenden Geister der progressiven Ära Männer, die in den 1880er oder 1890er Jahren hier oder im Ausland studiert hatten. Sie waren Sprecher der ersten amerikanischen Generation, die im College mit den neuen kollektivistischen Theorien aufgezogen wurde; sie waren auf die Überzeugung trainiert worden, dass eine Zunahme der Staatsmacht die Lösung für die meisten Probleme der Menschheit sei. Diese Männer machten die Ideen ihrer avantgardistischen Professoren zur neuen Norm. In diesem Bemühen kämpften Juristen, Historiker, Ökonomen und Schriftsteller Seite an Seite mit Sozialarbeitern, die die „Massenarmut“ beklagten, im Dreck wühlenden Journalisten, die das Profitstreben anprangerten, Präsidenten, die „reiche Übeltäter“ anprangerten (Theodore Roosevelt) und progressiven Pädagogen, die den Verstand brandmarkten.

All diese Männer und Bewegungen predigten die Vorrechte der Armen und der Schwachen, die sie als Opfer der Großkonzerne darstellten; sie verlangten einen neuen Ansatz zu sozialen Fragen, einen Ansatz, den Herbert Croly beim Wort nennt. Croly war der Herausgeber und Mitgründer der *New Republic* und ein Berater von Theodore Roosevelt.

> „Das Versprechen des amerikanischen Lebens soll nicht bloß durch ein Maximum an wirtschaftlicher Freiheit erfüllt werden, sondern durch ein bestimmtes Maß an Disziplin; nicht bloß durch die überreichliche Befriedigung individueller Wünsche, sondern durch eine

große Menge an individueller Unterordnung und Selbstverleugnung."

Herbert Crolys Vater war ein glühender Anhänger von Auguste Comtes Positivismus; Croly selbst war Philosophiestudent in Harvard unter dem Hegelianer Josiah Royce. Positivismus, so hatte Comte erklärt, stelle sich selbst „auf den sozialen Standpunkt", und könne deswegen „die Idee von Rechten nicht tolerieren, denn diese Idee basiert auf Individualismus". Individualismus, so sagte Royce seinen Studenten, sei „eine Sünde gegen den Heiligen Geist."

„Die Bundesregierung muss einschreiten", schrieb Croly, „aber sie muss nicht im Interesse der Freiheit und des Individuums einschreiten, sondern im Interesse der Gleichheit und des Durchschnittsmenschen."[313]

Der damalige Durchschnittsmensch wollte nach Amerika kommen, um Schutz vor den Regierungen zu finden, die es darauf abgesehen hatten, „einzuschreiten"; er kämpfte darum, in das sagenhafte Land des Überflusses zu kommen, in dem alle Menschen, einschließlich der ärmsten, einen Lebensstandard genossen, der den ihrer Kollegen in aller Welt übertraf. Aber die Progressiven waren keine Bewegung aus Durchschnittsmenschen; sie hatten ein anderes Weltbild. Alleine, so erklärten Frank Norris und Theodore Dreiser und die anderen Naturalisten dieser Zeit, habe der Mensch keine Wahl und keine Chance; er sei ein hilfloses gesellschaftliches Produkt, verurteilt zu Armut und Verzweiflung; seine einzige Hoffnung sei der Staat.

Die organisierte Arbeiterschaft stellte keine radikalen Forderungen. Im Gegensatz zu den europäischen Arbeitern, die die Speerspitze des Klassenkampfes und der sozialistischen Bewegung darstellten, spiegelte der amerikanische Arbeiter und das amerikanische Volk nach wie vor den Einfluss der Aufklärung wider. Amerikanische Gewerkschaftsführer verteidigten die Unabhängigkeit der Arbeiter und widerstanden jeder Form von Bevormundung. Die Pro-

[313] Herbert Croly: *The Promise of American Life*, New York 1909, zit. n. Ekirch, *Progressivism*, S. 158f.; Auguste Comte: *The Catechism of Positive Religion*, London 1858, S. 332f.

gressiven schreckte das nicht ab. „Das Programm einer freiheitlichen Regierung“, sagte Woodrow Wilson, „muss heute positiv und nicht bloß negativ sein.“ „Freiheit ist heute mehr, als nur in Ruhe gelassen zu werden.“[314]

Laissez-Faire sei kein Absolut, erklärte Oliver Wendell Holmes, und er sei nicht Grundlage der Verfassung; „gesellschaftliche Bedürfnisse“ müssten über allen Gesetzen und abstrakten Prinzipien stehen, wie ehrenhaft sie auch sein mögen. Die Verfassung sei sowieso nicht sakrosankt, fügte der Historiker Charles Beard hinzu; sie reflektiere nur das egoistische Verlangen der Gründerväter, ihre eigenen Besitztümer zu schützen. Realität sei ein gesellschaftliches Produkt, sagten die Pragmatiker; die Logik sei an sich ein ständiger Strudel; warum sollte es in der Politik anders sein?

Wir sollten nicht zögern, sondern „experimentieren“, sagten all diese Stimmen; der Kern des Menschen sei nicht primär der Intellekt, sondern die Tat.

Die Progressiven zögerten nicht, das Modell ihrer Taten zu benennen. Das Modell war das Mutterland des progressiven Staates, Wisconsin. Wisconsin wurde damals als „fundamental deutscher Staat“ beschrieben, der „für Amerika das tat, war Deutschland für den Rest der Welt tut.“ „Mehr als irgendwo sonst auf der Welt beschäftigt sich die deutsche Regierung mit den Grundbedürfnissen der arbeitenden Menschen“, sagte die Philanthropin Jane Addams. „Soll eine Demokratie etwa langsamer sein…?“[315]

Das Resultat der progressiven Ideen war eine Welle von neuen Maßnahmen und Gesetzen, einschließlich Arbeitsgesetzen, die Arbeitszeiten und -bedingungen vorschrieben, eine zwangsweise Arbeitslosenversicherung, die regelmäßige Anwendung des Sherman Acts auf Unternehmer, Gesetze gegen „unfairen“ Wettbewerb (der Clayton Act), eine neue Regulierungsbehörde (die Federal Trade Commission) und die Ausweitung der staatlichen Kontrolle über Be-

---

314 So eine Wahlkampfrede aus dem Jahre 1912, zit. n. Ekirch, *Progressivism*, S. 170.

315 *Ebd.*, S. 110. Frederic C Howe: *Wisconsin: An Experiment in Democracy*, New York 1912, zit. n. *ebd.* Jane Addams: *Newer Ideals of Peace*, New York 1907, zit. n. *ebd.*, S. 14.

reiche wie das Finanzwesen (der Federal Reserve Act), den Naturschutz, Nahrung und Arzneimittel. Um all dies zu verwalten und zu bezahlen, wurden bei uns zwei neue Maßnahmen eingeführt, die es in Europa schon lange gab: eine riesige Bürokratie und nach 1913 eine progressive Einkommensteuer.

In Europa konnten die dirigistischen Intellektuellen es sich leisten, offen zu sprechen, da sie sich im Einklang mit der philosophischen Tradition ihres Kontinents befanden. Ihre Kollegen in Amerika konnten sich das nicht leisten. Typischerweise predigten sie progressive Ideen und präsentierten dann jede neue staatliche Maßnahme nicht als ideologisches Produkt, sondern als begrenzte, „praktische" Faktoren ohne weitergehende Implikationen. Gleichzeitig gaben sie dem Land ideologische Beruhigungsmittel. „Der Individualismus muss durch etwas Kollektivismus ersetzt werden", sagte Theodore Roosevelt im Jahre 1913, „nicht um den Individualismus zu zerstören, sondern um ihn zu bewahren."[316]

In Europa wurde der Aufstieg des Dirigismus begleitet vom Aufstieg eines aggressiven Nationalismus. Die gleiche Kombination wurde in der amerikanischen Reformbewegung deutlich. (Das bekannteste Beispiel ist Theodore Roosevelt, der erste Präsident, der offen gegen Kapitalismus war und eifriges Trust-Busting mit leidenschaftlichem Militarismus vereinte.) Beide Politikansätze ergänzten sich: Beide zogen das Anwachsen der Macht der Bundesregierung nach sich und basierten auf Appellen an die Ethik des gesellschaftlichen Dienstes (im eigenen Land zugunsten der Armen, im Ausland zugunsten der „unterentwickelten Völker"). „Der Geist des Imperialismus stellte Pflicht über Recht, kollektives Wohl über individuelles Eigeninteresse...", bemerkt der amerikanische Historiker R.E. Osgood.

Der Imperialismus in der neuen Welt hatte noch weitere, tiefere Wurzeln. Es war schwierig, eine solche Politik unter Bezugnahme auf die Vernunft zu verteidigen; mit Bezugnahme auf „Willen" war

---

[316] Theodore Roosevelt: *Social and Industrial Justice*, in: *Century*, Oktober 1913, zit. n. *ebd.*, S. 229.

es jedoch leicht. Der amerikanische wie auch der europäische Imperialismus, so fügt Osgood hinzu, stellte „heroische Werte über Materialismus, Handlung über Logik, natürliche Impulse über den faden Intellekt."[317]

Als der Erste Weltkrieg ausbrach, wollte das Land „die heroischen Werte" jedoch gar nicht. Aber eine Gruppe aus entschlossenen Intellektuellen, religiösen Führern und Politikern wollte sie. Diese Gruppe, die über eine Öffentlichkeit siegte, die den Krieg ablehnte, bestand aus allen führenden Progressiven. Präsident Wilson bemerkte in seiner Kriegseintrittsrede vor dem Kongress, dass die Vereinigten Staaten mit dem Kriegseintritt „keinem egoistischen Ziel dienen" würden. Herbert Croly sagte, dass Amerika „ein echtes moralisches Abenteuer" brauche. Er warnte seine Landsleute vor der „echten Gefahr der nationalen Zersplitterung", wenn der Durchschnittsmensch „seine eigenen Probleme" über den „Dienst an der Nation" stellen würde.[318]

Nach dem Krieg verebbte die progressive Bewegung. Ihre Kontrollen, die trotz des Waffenstillstands nicht wieder aufgehoben wurden, blieben jedoch bestehen. Die Progressiven hatten Amerika auf einen neuen Weg gebracht: Sie hatten die ersten wichtigen Schritte hin zur Einführung eines Sozialstaates getan.

Kulturell und politisch war der Erste Weltkrieg der Wendepunkt. Er markierte das Ende der individualistischen Ära in der gesamten westlichen Welt. Obwohl die Amerikaner sich in den 1920er Jahren „zurück zur Normalität" sehnten, sollte es diese Normalität nie wieder geben. „Normalität" bedeutete für sie eine zivilisierte Welt, die die Menschenrechte und deren Konsequenzen respektierte: internationale Harmonie, dauerhaften Frieden, einen ständig steigenden Lebensstandard, unbeschränkte Freiheit, fröhliches Selbstvertrauen und Hoffnung auf die Zukunft. Stattdessen sah sich das Land den

[317] Robert Endicott Osgood: *Ideals and Self-Interest in America's Foreign Relations,* Chicago 1953, S. 47.

[318] Herbert Croly: *The Effect on American Institutions of a Powerful Military and Naval Establishment,* in: *Annals of the American Academy of Political and Social Science,* Juli 1916, zit. n. Ekirch, *Progressivism,* S. 266.

Nachwehen eines globalen Zusammenbruchs gegenüber, dem Hervorsprießen von europäischen Diktaturen, der zunehmenden Angst, dass der selbstlose Kreuzzug von 1917 ein sinnloses Gemetzel gewesen war, den zunehmenden Forderungen ihrer Nachbarn und der neueren Behauptung, dass Amerika der Welt etwas schulde. Die Antwort auf all das war ein Gelage aus Gin und Weltflucht.

Die letzten Verteidiger des Laissez-Faire waren verschwunden. Die Schulen und Colleges lieferten keinen Nachschub mehr. Auch wenn der Progressivismus verschwunden war, florierte sein kultureller Alliierter: Die 20er Jahre markierten das Aufkommen der progressiven Erziehung als nationale Kraft. Zum ersten Mal gewannen die Ideen der neuen Erzieher massenhaft Anhänger, die über eine vergleichsweise kleine Speerspitze hinausging und die Kinder der Mittelklasse umfasste. Die Kinder hörten immer mehr über Gefühle und weniger über die objektive Realität; sie hörten auch immer mehr über gesellschaftliche Verantwortung und weniger über die Vergangenheit des Landes. Eine Generation verlor das Wissen darüber, wie das amerikanische System ursprünglich ausgesehen hatte.

Zur gleichen Zeit führte die Avantgarde, angeführt von einer Gruppe von Ausgebürgerten, eine ähnliche Perspektive in die Künste ein; sie führte den Vorsitz in der ersten Eruption der modernistischen Revolte gegen die Objektivität und die Tradition des 19. Jahrhunderts in Amerika. Die Pound-Eliot-Stein-Achse und ihre Kollegen in den anderen Künsten imitierten gehorsam ihre Mentoren aus der Alten Welt, während sie die „kulturlosen" Amerikaner verfluchten und mit freien Gedichten, Bewusstseinsstrom-Romanen, expressionistischen Theaterstücken, „abstrakten" Gemälden, unverständlichen Formen, unbegreiflichen Symbolen und Obskurität um sich warfen – Obskurität als Mittel zum „Ködern" der Bourgeoisie, Obskurität als Spiritualität, Obskurität als Selbstzweck. Die Künstler sagten, sie seien vom Leben in den Vereinigten Staaten gelangweilt; sie fanden europäische Vorbilder, die sie bewundern konnten. Die Arbeiten von Paul Klee, so prahlte das neu gegründete Museum of Modern Art während der Erstausstellung im Jahre 1930, „machen einem Gänsehaut; sie kreieren ein Phantom, das direkt aus einem Alptraum kommt."[319]

Amerika war immer noch Jahrzehnte entfernt vom kulturellen Zustand Deutschlands. Aber einst hätte der Abstand zwischen ihnen in Lichtjahren gemessen werden müssen.

Die konservativen Republikaner leisteten ihre eigenen Beiträge zu diesem Trend. Harding, Coolidge und Hoover, die man für Vertreter des Kapitalismus hielt, akzeptierten fraglos alle Kontrollen der progressiven Ära, die somit nicht länger diskutiert wurden. Während sie weiter Gefälligkeiten an die Unternehmer verteilten, führten sie schrittweise zusätzliche neue dirigistische Maßnahmen ein. Bereits im Jahre 1919 lehnte z.B. Herbert Hoover den Laissez-Faire zugunsten eines undefinierten „fortschrittlichen Mittelwegs zwischen Sozialismus und Anarchismus" ab. Als Wirtschaftsminister unter Harding und Coolidge unterstützte Hoover verschiedene neue Kontrollen, u.a. Behörden zur Kontrolle des Luftverkehrs und der Radiosender. Hoover unterstützte damals auch die Zwangsorganisierung der Eisenbahnarbeiter und empfahl, dass die amerikanischen Unternehmen sich zu industrieweiten, kartellartigen Handelskammern organisieren sollten. „Wir kommen aus einer Periode mit extrem individualistischen Handlungen zu einer gemeinschaftlichen Periode."[320]

Als die Katastrophe 1929 zuschlug, war das Land intellektuell entwaffnet. Es gab keine prominenten Stimmen, die die Ursache hätten benennen können.

Die Große Depression wurde nicht von einem freien Markt verursacht, sondern von Kontrollen; die wirtschaftlichen Verwerfungen, die zum Zusammenbruch geführt hatten, waren ein Produkt der staatlichen Kontrollen der vorherigen Jahrzehnte. Die Wenigen, die sich in den 30ern für die Überbleibsel der Klassischen Ökonomie aussprachen, versuchten dies klar zu machen. Sie hatten diesbezüglich jedoch keinen umfassenden oder philosophischen Ansatz; sie befassten sich größtenteils mit den Details der gegenwärtigen Gesetze –

[319] Zit. in Robsjohn-Gibbings, a. a. O., S. 241.
[320] Zit. in Arthur A Ekirch, Jr.: *The Decline of American Liberalism*, New York 1969, S. 258f.

und ihre Ansichten wurden komplett ignoriert. Das von Kontrollen geschaffene Desaster wurde dem freien Markt angelastet. In diesem Punkt waren Hoovers Republikaner und die linken Intellektuellen einer Meinung.

Präsident Hoover reagierte auf die Krise, indem er Individualismus predigte, während er gleichzeitig an den früheren Kontrollen festhielt und auf mehr staatliche Maßnahmen drängte, einschließlich massiver öffentlicher Bauvorhaben, Sozialprogramme, Agrarsubventionen und Notfalldarlehen. Hoovers Politik war historisch; sie definierte eine neue Rolle für den Staat, die Walter Lippmann zutreffend beschrieb. „Es war Hoover, der das Prinzip von Laissez-Faire in Bezug zum Geschäftszyklus aufgab [und] die Überzeugung durchsetzte, dass Wohlstand und Depression durch politische Maßnahmen kontrolliert werden könnten…“[321]

So wie die Politik von Brüning in Deutschland nicht funktionierte, so funktionierte auch die Hoovers nicht. Die Suppenküchen und die Depression verbreiteten sich weiter.

Die Intellektuellen konstatierten ihre Schlussfolgerungen. Die Ursache des Elends, so Charles Beard, sei „der individualistische Glaube… Die Aufgabe, die also vor uns liegt, besteht nicht darin, eine alte Parole aufzupolieren, sondern sie loszuwerden…“ Die Intellektuellen hatten das amerikanische System und die Ideen, auf denen es basierte, seit langem verurteilt. Sie hatten ihren eigenen Glauben, ihre eigenen „anti-materialistischen“ Ideale und ihren eigenen Ehrgeiz. Für solche Menschen war die Große Depression ein Geschenk des Himmels. Für die Schriftsteller und Künstler

> „die in der Ära des Big Business aufgewachsen waren und ihre Barbarei, das Herausdrängen von allem, das ihnen lieb und teuer war, immer verachtet hatten, waren diese Jahre nicht bedrückend, sondern stimulierend. Man musste sich einfach großartig fühlen bei dem plötzlichen unerwarteten Zusammenbruch dieses riesigen,

[321] Walter Lippmann: *The Permanent New Deal*, in: *Yale Review*, Juni 1935, zit. n. Ekirch, *Ideologies*, S. 46.

dummen Schwindels. Er gab uns ein neues Gefühl von Freiheit und ein neues Gefühl der Macht."[322]

Im Jahre 1933 übernahm jemand, der nach dem Geschmack von Schriftstellern und Künstlern war. Franklin Delano Roosevelt bot dem Land einen „New Deal" an. Roosevelt erklärte in seiner ersten Antrittsrede, dass die Nation „als geübte und loyale Armee [auftreten] muss, die willens ist, für das Wohl der gemeinsamen Disziplin Opfer zu bringen."

Als Resultat der dirigistischen Grundlage und der wirtschaftlichen Katastrophe, die sie geerbt hatten, konnten die New Dealers es sich leisten, deutlicher zu werden als ihre Vorgänger in der reformistischen Bewegung. „[O]b es uns gefällt oder nicht", schrieb der Soziologe Henry Pratt Fairchild, „das moderne Leben ist so sehr integriert geworden, so unentwirrbar vergesellschaftet, so organisch, dass der Begriff des Individuums überflüssig wird."[323]

Dies schien damals die einhellige Meinung zu sein. Die progressiven Erzieher verlagerten ihre Konzentration abrupt von der früheren „kindzentrierten" Orientierung zu einer „gemeinschaftsorientierten" Version. Die Schriftsteller schrieben Werke wie „USA", „Die Früchte des Zorns" oder „Waiting for Lefty". (Als sie erfahren, dass Polizisten einen Gewerkschaftsführer ermordet haben, brüllen erboste Arbeiter immer wieder „Streik, Streik, Streik!"). Einer Dachorganisation der protestantischen Kirchen zufolge protestieren die Kirchen „gegen das grundlegende Motiv der Industrie - das egoistische Verlangen nach Reichtum" und streben nach „einer gesellschaftlichen Ordnung, die auf den Prinzipien von Jesus beruht - auf Liebe und Brüderlichkeit" und „begrüßen ein geplantes Wirtschaftssystem daher euphorisch". Selbst die Skeptiker machten mit. Es gebe nichts „heiliges" an der amerikanischen „Folklore", wie z.B. Kapitalismus oder der Verfassung, sagte Thurman Arnold, ein Juraprofessor aus

---

322 Charles Beard: *The Myth of Rugged American Individualism,* in: *Harper's Magazine,* Dezember 1931, zit. n. Ekirch, *Ideologies,* S. 63; Edmund Wilson: *The Literary Consequences of the Crash,* 1932, zit. n. *ebd.,* S. 35.

323 Fairchild: *The Great Economic Paradox,* in: *Harper's Magazine,* Mai 1932, zit. n. Ekirch, *Ideologies,* S. 64.

Yale, der den zunehmend pragmatischen Ansatz des späten New Deals verkörpert. Wir dürften nicht „Theorien und Prinzipien hinterherlaufen", sagte Arnold, der später in Washington den Vorsitz der Antitrust-Abteilung des Justizministeriums übernahm.[324]

Die Absolutisten wussten, was absolut war; die Relativisten wußten, worauf man verzichten konnte. Einige waren Dogmatiker, andere Pragmatiker, aber alle arbeiteten auf ein gemeinsames Ziel hin.

Die New Dealers waren nicht voll des Lobes für Deutschland. Mussolinis Italien lag ihnen viel näher. Für die meisten stand der wahre Leuchtturm aber woanders. „Die Zukunft", sagte Rexford Tugwell, „wird in Russland sichtbar; die Gegenwart ist im Kontrast dazu bitter."[325]

Die 30er Jahre sind zu Recht als Amerikas „Rotes Jahrzehnt" beschrieben worden; der kommunistische Einfluss auf die Intellektuellen des Landes und auf den New Deal war deutlich zu spüren. Der Kommunismus war jedoch nicht der entscheidende ursächliche Faktor. Er war nur ein modischer Ausdruck der Ideen, die jede Hauptgruppe vertrat.

Wenn die Amerikaner die Gesellschaft richtig „umgestalten" würden, so schrieb John Dewey am Anfang der Depression, „würde [es] andeuten, dass wir uns konstruktiv und freiwillig auf den Weg gemacht haben, den Sowjetrussland mit so viel Zerstörung und Zwang begeht." Dewey war kein Marxist; er beschrieb sich selbst als liberalen Demokraten; er war gegen die Methoden der Bolschewiken – aber nicht gegen ihren Weg oder ihr Ziel.

Dewey hatte keine Angst, dass das Ende dieses Weges in Amerika so aussehen müsse wie in Russland. Es gebe nichts Absolutes, sagte er; die Realität stehe an sich nicht fest. Wir könnten nicht wissen, wohin ein Weg uns führt, bis wir gehandelt hätten.[326]

---

324 Bericht des *Federal Council of the Churches of Christ in America*, der 1931 am Tag der Arbeit von den Kanzlen verlesen werden sollte, zit. n. Ekirch, *Ideologies*, S. 57; Thurman W. Arnold: *The Folklore of Capitalism*, New Haven 1937, zit. n. *ebd.*, S. 134; Ders.: *The Symbols of Government*, New Haven 1935, zit. n. *ebd.*, S. 133.

325 Rexford G. Tugwell: *The Principle of Planning and the Institution of Laissez-Faire*, in: *American Economic Review*, März 1932, zit. n. Ekirch, *Ideologies*, S. 68.

326 John Dewey: *Individualism Old and New*, New York 1962, S. 118.

Das politische Programm des New Deal konzentrierte sich auf ein Ziel, das von den Progressiven unterstützt, aber nicht benannt worden war. Die Demokraten hatten Maßnahmen verlangt, um Gleichheit zu erreichen - „Chancengleichheit". Neben den traditionellen verfassungsmäßigen Rechten, die politischer Natur waren, habe der Mensch auch wirtschaftliche Rechte, sagten sie.

Für die Gründerväter waren „Rechte" Berechtigungen zu eigenständigem Handeln und darauf, die Produkte der eigenen Handlungen behalten zu können, nicht Ansprüche auf die Handlungen oder Produkte anderer. „Gleichheit" bedeutete nach der ursprünglichen amerikanischen Idee das Recht eines jeden Menschen auf Unabhängigkeit - seinen eigenen Weg zu gehen und sein Leben durch eigene Anstrengung zu unterhalten; „Chancen" bedeutete Freiheit. Die New Dealers lehnten diesen Ansatz als gefühllos und grausam ab. „Ein hungriger Mensch ist nicht frei", sagten sie, und sowieso sei Freiheit nicht genug. „Wenn man jetzt in Reformkreisen von Freiheit sprach, rief man wahrscheinlich ein Gähnen, wenn nicht sogar böse Blicke hervor", schrieb ein Historiker; „Chancen… war das Thema."

„Jeder Mensch hat ein Recht auf Leben", erklärte Präsident Roosevelt, „und das heißt, dass er auch das Recht hat, einen Lebensunterhalt zu bestreiten." Der Staat müsse also die Bürger mit angemessenen Jobs versorgen: Er „schuldet jedem eine Möglichkeit, sich durch eigene Arbeit eine Portion vom [amerikanischen] Überfluss zu sichern, die seinen Bedürfnissen entspricht." Was die Menschen angeht, deren Denken und Handeln diesen Überfluss möglich gemacht hatten: „In der Zukunft werden wir weniger über den Produzenten als vielmehr über den Konsumenten nachdenken." Man konnte so etwas gefahrlos sagen. Der Verstand, so hatte Dewey einer ganzen Generation gelehrt, sei kein Privatbesitz, sondern ein gesellschaftliches Vermögen.[327]

[327] Eric Goldman: *Rendezvous with Destiny*, New York 1952, S. 329. Franklin D. Roosevelt: *Commonwealth Club Address*, September 1932, zit. n. Carl N. Degler: *Out of Our Past*, New York 1962, S. 413; Ekirch: *Ideologies*, S. 79, zit. dessen Rede an der Oglethorpe University, 22. 5. 1932.

Die New Dealers lieferten nie eine feststehende Definition ihrer Auffassung von „Chancen". Aus ihren Handlungen wurde jedoch deutlich, dass das Wort über Arbeitsplätze hinaus ausgeweitet werden konnte, um eine ganze Serie von „wirtschaftlichen Rechten" und staatlichen Kontrollen abzudecken, die nie zu wachsen aufhörten. Zwei anschwellende Ströme ergossen sich aus Washington: der Strom aus Gefälligkeiten und der Strom aus Kontrollen.

Die „experimentierenden Finger des New Deal" waren (in den Worten eines Bewunderers)[328] überall und stellten Mittel oder Programme für jede große Gruppe zur Verfügung, einschließlich der Arbeitslosen, der Jugendlichen, der Schriftsteller und Künstler, der Arbeiter, der Unternehmer und der Bauern. Die größten Nutznießer waren die Gewerkschaften; als Resultat von Gesetzen wie z.B. dem Wagner Act wurden Gewerkschaften von freiwilligen Organisationen zu quasi-offiziellen, regierungsamtlichen Sprechern und Verhandlungspartnern.

Die „experimentierenden Finger" schufen auch den Goldstandard ab, reglementierten die Landwirtschaft, verhängten neue Kontrollen über die Banken, schufen eine Behörde zur Überwachung der Börsen, drückten eine strengere Antitrust-Politik durch und versuchten die Unternehmer in ein System aus industrieweiten, staatlich kontrollierten Kartellen zu zwingen (der *National Industrial Recovery Act).* Der *NRA* war der Versuch des New Deal, Mussolinis Gildensystem nach Amerika zu bringen.

Einige Maßnahmen des New Deal, wie etwa der *NRA,* hatten keinen Bestand; die grundlegende Politik hinter diesen Maßnahmen jedoch blieb bestehen. Mit der Verabschiedung des *Social Security Act,* der die zwangsweise Renten- und Arbeitslosenversicherung durchsetzte, schlossen die Vereinigten Staaten zu Europa auf: Im Jahre 1935, fünf Jahrzehnte nachdem Bismarck die Idee eingeführt hatte, war auch Amerika zu einem Sozialstaat geworden.

Die Maßnahmen des New Deal mussten erdacht, durch den Kongress gebracht, durch die Gerichte gepeitscht, verwaltet, durchge-

---

328 Degler, a. a. O., S. 415.

setzt und finanziert werden. Daher einige der Folgeerscheinungen des Bismarckismus: die sprunghafte Zunahme der Macht der Exekutive, das Anwachsen der Bürokratie, die wachsenden Schulden, die in die Höhe schnellenden Steuern. Da die Wohltaten für jede Gruppe von jeder anderen Gruppe Opfer verlangten, gab es eine neue Folgeerscheinung: den Krieg der Interessengruppen.

Den New Deal mit einer europäischen Version des Dirigismus zu vergleichen, so sagten seine Vorkämpfer damals, sei lächerlich. Die Regierung sei nicht mit einer bestimmten Ideologie vermählt; Roosevelts Machtkonzentration in den Händen der Regierung sei nicht doktrinär, sondern pragmatisch. Eine solche Konzentration, so fügten sie hinzu, sei keine Bedrohung für die Freiheit, weil die Regierung hier ihre Macht dazu verwende, „wirtschaftliche Royalisten" zurechtzustutzen und somit das Wohlergehen des kleinen Mannes zu fördern. Tatsächlich, so Präsident Roosevelt im Wahlkampf von 1932, bestehe der Zweck von staatlichen Eingriffen darin, „den Individualismus nicht zu behindern, sondern zu schützen."

„Es war unsere Regierung", erklärte der Präsident 1936 in Chicago öffentlich, „die das System des privaten Profites und freien Unternehmertums gerettet hat".[329]

Die damaligen Konservativen, die wütend gegen Roosevelt wetterten, griffen jede Maßnahme des New Deal an – außer seine ideologische Kernaussage. Sie verschrien seinen Bruch mit der Tradition – der Tradition Herbert Hoovers. Sie verurteilten ihn als verfassungswidrig, lieferten aber keine Verteidigung für die Prinzipien der Verfassung und deren philosophische Basis. Einige verleumdeten die Demokratischen Innovationen als Produkt der Wissenschaft oder als Sünde des Stolzes, während sie betonten, dass die Grundlage Amerikas der Glaube und die Tugend der Demut sei. Alle griffen Roosevelt als Bedrohung für die individuelle Freiheit an, während sie betonten, dass ihr eigenes Ideal die christliche Ethik des Dienstes an der Gemeinschaft und der Pflicht gegenüber den Bedürftigen sei.

---

329 Franklin D. Roosevelt: Rede in San Francisco, September 1932, zit. n. Ekirch: *Ideologies*, S. 83; Roosevelts Chicagoer Rede zit. in Degler, a. a. O., S. 412.

Es war ein Schauspiel aus tobender Wut, die mit Beschwichtigungen dekoriert war - eine Kombination, die dem konservativen Lager bestimmt nicht mehr Anhänger brachte.

> „[J]eder, der durch eine nützliche Arbeit lebt, sollte sich daran gewöhnen, sich nicht als Individuum anzusehen, das für seinen persönlichen Nutzen arbeitet, sondern als öffentlichen Funktionär - und seinen Lohn nicht als Bezahlung für seine Arbeit, die umsonst geleistet werden sollte, sondern als Fürsorge der Gesellschaft für deren Fortsetzung..."

Diese Äußerung - die extremer ist als jede kollektivistische Äußerung, die sich ein Demokratischer Politiker in der Öffentlichkeit erlauben würde - stammt nicht von einem New Dealer. Sie stammt von John Stuart Mill, der philosophischen Lichtgestalt der damaligen Konservativen.[330] Genau wie in den 1890er Jahren, so auch in den 1930er Jahren: Beide politischen Lager vertraten die gleichen *grundlegenden* Ideen; und daher waren die Konservativen hilflos.

Gegen Ende der 30er Jahre versickerten die konservativen Angriffe auf Roosevelt - und das bisschen Debatte, das es gegeben hatte, war vorbei. Die Republikanische Führung beugte sich dem Trend und begnügte sich damit, die Demokraten abzukupfern.

Wenn man den New Deal nach den Zielen beurteilt, die seine Vorkämpfer damals selbst aufgestellt hatten - die Sanierung des Arbeitsmarktes und die Rückkehr zu Wohlstand -, war er ein totaler Fehlschlag. Am Ende der 30er waren immer noch 10 Millionen Menschen arbeitslos, ungefähr zwei Drittel der Arbeitslosen aus dem Jahre 1932. Das Problem wurde erst gelöst, als die überschüssigen Arbeitskräfte zum Sterben auf die Schlachtfelder in Übersee geschickt wurden.

Wieder einmal gipfelte eine Periode aus wachsendem Dirigismus in einem Weltkrieg. Wieder einmal wurde die amerikanische Öffentlichkeit, die stark „isolationistisch" war, von einer Pro-Kriegs-Regierung manipuliert, um einem „idealistischen Feldzug" beizutreten. (Am 27.11.1941, zehn Tage vor Pearl Harbor, schrieb John T.

[330] John Stuart Mill: *Auguste Comte and Positivism*, Ann Arbor 1961, S. 148.

Flynn, „der Präsident sagte Minister Stimson, der es in sein Tagebuch schrieb, dass unsere Strategie daraus besteht, die Japaner dazu zu bringen, uns anzugreifen. Dies würde uns in den Krieg ziehen und sein Problem lösen.")[331]

Das Resultat der ersten Kampagne war keine Welt, die für die Demokratie sicher gemacht wurde, sondern das Aufkommen des modernen Totalitarismus. Das Resultat der zweiten Kampagne waren nicht „Vier Freiheiten", sondern die Aufgabe von halb Europa an Sowjetrussland.

Von der Gründung der Vereinigten Staaten bis in die 1920er Jahre war der „private Sektor", wie er heute genannt wird, das dominierende Element; der Staat und das Prinzip des Dirigismus drangen zwar immer weiter ein, waren aber immer noch eine Randerscheinung. Der New Deal mit seinen Kriegsvorschriften und sein Nachfolger, der „Fair Deal", beendeten diese historische Beziehung.

Nach den beiden Roosevelts war Amerika nicht länger ein vorwiegend kapitalistisches Land mit einigen wenigen Kontrollen und auch kein sozialistisches Land. Es war und ist immer noch eine moderne „Mischökonomie", mit der philosophischen Basis und der politischen Zukunft, die das impliziert. In einer Mischökonomie verschwindet eines der beiden Elemente langsam. Und dieses Element ist nicht der Staat.

Amerika hatte die Faschisten geschlagen. Es hatte Hitler vertrieben. Aber es verwandelte sich in die Weimarer Republik.

[331] John T. Flynn: *The Roosevelt Myth*, Garden City N.Y. 1949, S. 303.

15.
Krampf und Lähmung

Seit dem Zweiten Weltkrieg driften die Vereinigten Staaten passiv umher. Sie driften zu Hause und in Übersee von Krise zu Krise, ohne Prinzipien, ohne Führung oder groß angelegte politische Initiativen. Trotz der wachsenden Nervosität der Öffentlichkeit bewegen sich die Vereinigten Staaten seit Jahrzehnten ohne zu handeln. Sie bewegen sich durch das Gesetz der Trägheit und in Richtung Auflösung.

Die Intellektuellen eines Landes bestimmen dessen Handeln. Die Ursache für dessen Untätigkeit (wenn es die materiellen Mittel hat, seinen Willen durchzusetzen) ist der Zusammenbruch seiner Intellektuellen – die Aufgabe von Idealen, Ideen, Programmen und Hoffnung. Dieser Zusammenbruch ist die zentrale Tatsache in der jüngeren amerikanischen Geschichte. Er bestimmt zurzeit die fundamentalen Entwicklungen in der gesamten westlichen Welt.

Angetrieben von der Macht deutscher Philosophie haben drei Generationen aus Aktivisten darum gekämpft, Amerikas politische Institutionen nach dem Bilde Europas umzuformen. Am Ende des Zweiten Weltkrieges standen die Reformer anscheinend kurz davor, ihre Ziele zu erreichen. An diesem Punkt versandete ihr Kreuzzug.

Als die Linken die Resultate ihrer Ideen in weltweiter Praxis sahen, verschwanden ihre Überzeugung und ihr moralischer Eifer.

Während und nach dem Krieg sahen die Intellektuellen des Westens, was eine „geplante Gesellschaft“ bedeutet. Sie sahen sie in Deutschland, in Russland, in Großbritannien und überall auf der Welt. Sie sahen, dass die Konsequenzen des Kollektivismus von Verarmung über Hungersnöte bis zu Massenmord reichten, wobei das

Ausmaß der Kollektivierung dem Ausmaß der Gräuel entsprach. Zumindest für die ehrlichen Beobachter war der Sozialismus gestorben.

Wenn der Erste Weltkrieg das Ende der individualistischen Ära markierte, dann markierte der Zweite Weltkrieg das Ende des Kollektivismus im Westen, nicht in der herrschenden Praxis, sondern als gesellschaftliches Ideal seiner Anführer.

Die kollektivistische Praxis lief aus Unterlassung weiter, so wie die für eine Mischökonomie typischen Lobbyisten weiterhin mehr Kontrollen verlangten. Diese Routine wurde nicht durch die Intellektuellen gestört, die keine andere Alternative außer ihrem einstigen Ideal in Betracht zogen. Die Ethik des Altruismus, die sie nach wie vor propagierten, eliminierte in ihren Augen die Möglichkeit eines politischen Systems, das *nicht* kollektivistisch war.

Da die Intellektuellen unfähig waren, eine Richtung vorzugeben oder abzusegnen, entschieden sie sich dazu, sich von allen Prinzipien abzuwenden. Sie gaben langfristige Programme auf und beschränkten sich darauf, die Probleme des Augenblicks häppchenweise zu behandeln.

Es sei *Das Ende der Ideologie*, sagte der Soziologe Daniel Bell in seinem Buch aus dem Jahre 1961 mit dem passenden Untertitel *Über das Ende der politischen Ideen in den Fünfzigern*. Ideologie, so Bell, „die einst eine Handlungsanleitung war, ist nun in eine Sackgasse geraten". Als Resultat „solcher Katastrophen wie den Moskauer Prozessen, dem Nazi-Sowjet-Pakt, den Konzentrationslagern und der Niederschlagung der ungarischen Arbeiter" hätten die Ideologien, die die erste Hälfte des 20. Jahrhunderts regiert haben, „ihre ‚Wahrheit' und ihre Überzeugungskraft verloren. Wenige ernsthafte Denker glauben noch, dass man ‚Blaupausen' aufstellen und durch ‚gesellschaftlichen Umbau' eine neue harmonische Gesellschaftsutopie schaffen kann."[332]

[332] Daniel Bell: *The end of ideology: on the exhaustion of political ideas in the fifties*, revidierte Ausgabe, New York 1965, S. 393, 402.

Wie „Philosophie" so ist auch der Begriff „Ideologie" eine weit gefasste Abstraktion, die viele verschiedene Einzeldinge zusammenfasst; er bezeichnet eine Reihe von Prinzipien, die einer gesellschaftlichen oder politischen Institution oder Bewegung zugrunde liegen; er bedeutet quasi gesellschaftliche oder politische Philosophie (in vereinfachter Form). Die modernen Linken setzten die Abstraktion mit *einer* spezifischen Bewegung gleich, d.h. mit einer einzigen der möglichen Konkretisierungen – und die Katastrophen, die Bell zitiert, deuten an, welche: Kommunismus. Das Scheitern des Kommunismus führte die Linken dazu, das gesamte Feld der Gesellschaftstheorie aufzugeben. Das Scheitern der „Blaupausen", d.h. der totalitären Planung, führte in ihren Augen nicht zum Ende des Dirigismus, sondern zum Ende der politischen Philosophie an sich.

Die Linken verstanden nicht, was schiefgelaufen war. Sie wussten nicht, warum der Kommunismus aufgrund seiner Kernaussage und seiner moralischen Basis scheitern musste. Sie wussten nur, dass er gescheitert war und dass sie nicht vorhatten, ein zweites Mal in eine Falle zu gehen. Sie beschlossen, sich nie wieder für eine ideale Gesellschaft zu engagieren. „Was dem Kritiker noch bleibt", sagte Bell, „ist die harte Entfremdung…, die einen davor bewahrt, für eine Sache einzutreten…"[333]

Die Entfremdung der Nachkriegsjahre durchdrang jeden Bereich der amerikanischen Kultur. Wie in der Politik bestand der neue Trend auch in der Kunst und der Wissenschaft aus Lustlosigkeit, Skeptizismus und einem Vakuum.

In Amerika erreichte der Naturalismus seinen Höhepunkt mit der sozialkritischen Literatur und Malerei während der Depressionsjahre. Nachdem sie ihre Leidenschaft aufgebraucht hatte, begann diese Schule zu verschwinden. Ungefähr eine Generation später ereilte das gleiche Schicksal ihren kantischen Nachfolger: In den 50er Jahren begann auch die modernistische Bewegung auszulaufen.

Als die Katastrophenmeldungen Routine geworden waren, hatten die Propheten des Unheils nicht mehr viel zu sagen. Als die

[333] *Ebd.*, S. 16.

Grundlagen jeder Kunstform zerstört waren, gab es für die Nihilisten nicht mehr viel zu tun (außer die Zerstörung bis zum Ende zu führen). Selbst ihre Rationalisierungen brachen zusammen. Nachdem sie jahrzehntelang die Reste des europäischen Primitivismus und ähnliches wieder aufgewärmt hatten, war es für die Avantgarde schwierig, sich immer noch als „Innovatoren" zu verkaufen. Nachdem sie sich jahrelang in den Universitäten, den Museen, den Theatern, der Presse und den Kulturämtern verschanzt hatten, war es unmöglich, eine „Revolte gegen das Establishment" zu fordern. In den Künsten waren die Modernisten zum Establishment geworden – zu einem müden Establishment, das nicht länger schockierte und somit seine Daseinsberechtigung verloren hatte. Aber wie in der Politik erschien keine neue Bewegung, um dies zu hinterfragen oder zu ersetzen.

Die Wissenschaft basiert naturgemäß auf Vernunft und daher auf einer rationalen Erkenntnistheorie. Aus diesem Grund entstand die moderne Wissenschaft in einer aristotelischen Periode. Darum haben sich Wissenschaftler (zumindest in ihrer Arbeit) länger auf die Überbleibsel des Aristotelismus verlassen als die Menschen in Bereichen wie z.B. der Kunst oder der Politik. Und darum beginnt der Geist der Wissenschaft sich aufzulösen, wenn diese Überbleibsel über einen bestimmten Punkt hinaus verschwinden.

Vor Jahrzehnten begannen die Vertreter des zielgerichteten, objektiven Wissens (denn genau das waren Wissenschaftler einst) damit, zwei neueren Vertretern Platz zu machen: den kurzsichtigen Technikern und den irregewordenen Theoretikern. Erstere häufen unzusammenhängende Fetzen aus experimentellen Daten an, ohne klare Idee von Kontext, Bedeutung oder allgemeinem kognitiven Ziel. Letztere – von Dewey, Carnap, Heisenberg, Gödel und vielen, vielen anderen in kantischem Skeptizismus trainiert – produzieren zunehmend willkürliche Spekulationen, während sie die Macht physikalischer Theorie betonen – nicht ihre Macht, das Selbstvertrauen des Menschen voranzubringen oder die Realität verständlich zu machen, sondern um das Gegenteil zu erreichen. Die Quantenmechanik widerlege die Kausalität, Lichtwellen widerlegten Logik, Relativität widerlege den gesunden Menschenverstand, Thermodynamik widerlege Hoffnung, wissenschaftliche Gesetze seien altmodisch, Erklärungen seien unmöglich, Elektronen seien ein Märchen, Mathematik sei ein Spiel, der Unterschied zwischen Physik und Religion sei nur eine Geschmacksfrage. Wenn all das stimmt, wie sieht dann die Zukunft der Wissenschaft aus?

Im Februar 1950 gab P.W. Bridgman, ein einflussreicher Physiker aus Harvard, die Antwort der Avantgarde. Im *Bulletin of the American Academy of Arts and Sciences* schrieb er:

> „Wir erreichen nun eine Schranke, hinter der wir mit unseren Forschungen nicht mehr weiterkommen… Der Begriff von Sein an sich wird bedeutungslos. Es ist buchstäblich wahr, dass die einzige Möglichkeit, dem gerecht zu werden, daraus besteht, den Mund zu halten. Wir stehen etwas wahrlich Unaussprechlichem gegenüber. Wir haben die Grenzen der Vorstellung der großen Wissenschaftspioniere erreicht – die Vorstellung nämlich, dass wir in einer freundlichen Welt leben, die für unseren Verstand begreifbar ist."[334]

Die meisten damaligen Philosophen standen für einen Kommentar zu diesen Entwicklungen nicht zur Verfügung. Die führenden Bewegungen schrieben den Nachruf auf die akademische Philosophie. Sie waren sich einig, dass „Systembauen" (d.h. ein umfassendes Weltbild) ein Ding der Vergangenheit sei, dass es auf die Fragen der Vergangenheit keine rationalen Antworten gebe, dass umfassende Abstraktionen für Kunst, Wissenschaft oder Politik irrelevant seien und Philosophen für das Leben irrelevant seien.

Zu diesem Schluss kamen die Neo-Kantianer und hielten daraufhin eine Reihe von Tagungen ab, um ein neues Problem zu diskutieren: Sie wussten nicht, was sie noch mit ihrer Zeit anfangen sollten. Sie wussten nicht, mit welchen Themen sich ihr Beruf überhaupt noch befassen sollte. „[V]ielleicht gibt es überhaupt keine zentralen

[334] Percy Williams Bridgman: *Philosophical Implications of Physics*, in: *Bulletin of the American Academy of Arts and Sciences*, Vol. 3, No. 5 (Feb., 1950), S. 2-6.

oder grundlegenden Fragen in der Philosophie. Vielleicht bleibt uns nur Philosophie als Kiebitzen..."[335]

Seit dem späten 19. Jahrhundert beherrscht der kantische Geist die westliche Kultur und Politik. Am Ende der 1950er Jahre hatte dieser Geist sämtliche möglichen theoretischen und existentiellen Ausdrucksformen ausprobiert. In jedem Bereich war das Resultat Zerstörung und eine Sackgasse, ein Zustand, der bald allgemein anerkannt wurde - selbst von denen, die keine Ahnung von seiner Ursache oder Bedeutung hatten.

Die Desillusionierung der modernen Intellektuellen wird im Allgemeinen beschrieben als Reaktion auf die abstumpfende Folge von Kriegen, wirtschaftlichen Katastrophen usw. Aber das ist keine ausreichende Erklärung; solche Ereignisse sind nichts Primäres; sie sind das Produkt bestimmter Ideen.

Die tiefere Bedeutung der weit verbreiteten Desillusionierung unserer Zeit ist philosophisch. Sie deutet das hinausgezögerte Ende einer historischen Entwicklung an - das Ende der kantischen Tradition. Mit den (etwas abgewandelten) Worten von Victor Hugo ist Kants Philosophie eine, deren Zeit gegangen ist. Die Menschen haben sie ausprobiert, ihre Seelen und Rechte dafür hingegeben und waren nicht fähig, mit den Resultaten zu leben oder zu denken. Aber sie hatten keine andere Philosophie als Leitstern.

Das Resultat ist eine schrittweise, langwierige Auflösung über einen Zeitraum von bankrotten Jahrzehnten, die sich endlos hinzuziehen scheinen. Mit einer breiteren, historischen Perspektive sind diese Jahrzehnte eine Übergangsphase (zu dem, was auch immer danach kommt). Die Geräusche dieser Periode sind nur die Seufzer und dann die Schreie, die den Bankrott einer Ära ankündigen.

Die Eisenhower-Regierung war ein deutliches Symbol für den Anfang dieser Periode. Obwohl die Intellektuellen Eisenhower ablehnten, war seine Präsidentschaft tatsächlich ein Monument für ih-

---

[335] Richard Rorty: Rezension zu Ian Hacking: *Why Does Language Matter to Philosophy?* In: *The Journal of Philosophy*, Vol. LXXIV, Nr. 7, Juli 1977, S. 432.

ren Glauben, dass Denken nutzlos ist – und für die Konsequenzen dieses Glaubens: Ungewissheit, leblose Routine und Passivität.

Die Schreie waren die nächste Phase. Wenn Denken nutzlos ist, so konnte man hören, müsse ein Ersatz her. Wenn Begriffe zu Lähmung führen, dann gebe es eine andere Wissensquelle: Leidenschaft. Wenn der westliche Verstand versagt hat, dann gebe es einen überlegenen Leitstern: die Religionen des Ostens. Die ruhigen Stimmen der Skeptiker hatten den Weg bereitet. Sie wurden nun langsam von ihren natürlichen Nachfolgern verdrängt.

Die Nachfolger umfassten Existentialisten, Zen-Buddhisten und eine Reihe von Personen, die von der Frankfurter Schule beeinflusst wurden und die Hegel, Marx und Freud verschmelzen wollten. Typischerweise bejahten sie eine nicht-materielle Dimension, verschmähten aristotelische Logik und verteidigten die kognitiven Kräfte von Emotionen wie z.B. „Fantasie". Das *Time Magazine* fasste 1972 den Trend unter den amerikanischen Intellektuellen in einem Aufsatz mit dem Titel „Der neue Kult des Wahnsinns: Denken als schlechte Angewohnheit" zusammen. „'Vernunft' und ‚Logik' sind zu schmutzigen Worten geworden – Todesworten. Sie wurden ersetzt durch die Lebensworte wie ‚Gefühl' und ‚Impuls.'"[336]

Als Kant schlussfolgerte, dass die Realität für den Verstand unerkennbar sei, war die historische Fortsetzung der offene Irrationalismus der romantischen Bewegung. Seit Generationen hatte die Hauptströmung der amerikanischen Denker die Notwendigkeit einer solchen Fortsetzung bestritten. Von Emerson bis Dewey und sogar noch später hatten sie versucht, die Aussagen von Kant zu akzeptieren und an Idealen wie Wissenschaft, Intelligenz, Aufklärung und Fortschritt festzuhalten. Sie hatten die aufkommenden kontinentalen Unheils- und Willensprediger beobachtet und gesagt: „Das ist bei uns nicht möglich." Letztendlich hatte die gleiche Ursache jedoch die gleiche Wirkung: Zermürbt von einer Niederlage nach der anderen gestanden die amerikanischen Intellektuellen ihre Widersprüche ein

[336] Melvin Maddocks: *The New Cult of Madness: Thinking as a Bad Habit,* in: *Time*, 13. 3. 1972, S. 51.

und gingen den Weg ihrer europäischen Mentoren. Sie fingen an, die Masken mit der Aufschrift „Made in America" fallen zu lassen. Was dahinter zum Vorschein kam war der Kern „Made in Germany".

Die Geschichte der europäischen Philosophie des 19. Jahrhunderts wiederholte sich - diesmal aber in der Neuen Welt. Der lehrbuchartige Ablauf ereignete sich erneut. „Von Kant zu Schopenhauer und Nietzsche" wurde zu „von Dewey zu Norman O. Brown und Herbert Marcuse."

Die Männer und Frauen, die in den 1920er und 30er Jahren aufwuchsen, die erste große Gruppe von Amerikanern, die in progressiven Schulen aufgezogen wurden, waren unfähig, ihren zukünftigen Kindern irgendeine intellektuelle Anleitung zu geben. Ihre Kinder, die in den Nachkriegsjahren aufwuchsen, waren die erste Generation, die dem neuen irrationalistischen Trend ausgesetzt war. Diese Kinder wurden zu den Rebellen der 60er Jahre.

Aufgewachsen in einer Zeit, als die Masken fallengelassen wurden, prangerten die Rebellen die traditionellen Heucheleien und Deckmäntelchen an. Zum ersten Mal seit hundert Jahren amerikanischer Geschichte blieben Ideen - die Ideen, die unter den Intellektuellen seit dem Bürgerkrieg immer mehr an Einfluss gewonnen hatten - nicht diskret im Hintergrund der Ereignisse, sondern kamen unverblümt ans Tageslicht.

Die entstehenden kulturellen Manifestationen konnten nicht als theoretische Panikmache abgetan werden; sie passierten wirklich. Sie konnten nicht als europäischer Alptraum abgetan werden; sie passierten hier. Sie konnten nicht als das Zufallsprodukt einer einzelnen politischen Clique abgetan werden; sie waren offensichtlich Ausdruck einer gesamten Philosophie, weil sie sich auf allen Gebieten zeigten - in den Kunstgalerien, den Theatern, den Grundschulen, den Laboratorien, den Colleges und auf den Straßen. Auf jedem Gebiet ragte ein Impuls mit lehrbuchartiger Deutlichkeit heraus, um das Ziel des neuen Geistes zu definieren.

In den bildenden Künsten, so der Kritiker Harold Rosenberg, der diesen Trend bewunderte,

> „hörte man die revolutionäre Phrase ‚Weg damit' häufig und deutlich. Die totale Eliminierung identifizierbarer Themen war der erste in einer Serie von Schritten – dann kam die Abschaffung von Zeichnungen, von Komposition, von Farbe, von Textur; später der flachen Oberfläche, der Werkstoffe... In einem Überschwang aus Subtraktion wurde die Kunst Stück für Stück auseinandergenommen und dann weggeworfen."[337]

Die „theatralischen Prinzipien" des Absurden Dramas, so erläutert ein Leitfaden für College-Studenten, seien

> „primär reduzierend (nicht nur anti-aristotelisch wie Brecht, sondern anti-Drama): Charaktere werden fast bis auf Nicht-Entitäten reduziert... Wenn es überhaupt eine Handlung gibt, dann minimal, Ort und Zeit sind oft reduziert auf irgendwo und irgendwann, Sprache oder Dialog wird minimiert, ad absurdum geführt oder fast eliminiert..."

Die neuen Dramatiker, so der Dekan der Yale School of Drama zustimmend, „haben versucht, das fundamentale Gesetz von Ursache und Wirkung zu widerlegen, welches zumindest seit der Aufklärung ein unbestrittenes Gesetz gewesen ist – das Gesetz, das die lineare, logische, rationalistische Welt der Literatur beherrscht..."[338]

Die neuen Erzieher versuchten eine ähnliche Widerlegung. Indem sie die Arbeit ihrer progressiven Vorläufer vollendeten, verzichteten sie in ihren „offenen Klassen" auf Tests, Zensuren, Kleidungsvorschriften, Rechtschreibung, Grammatik, Arithmetik, Anwesenheit der Schüler, Lehrer-„Eingriffe" und/oder Unterrichtsfächer – was ihren Schülern die Freiheit gab, aus einer Reihe von „relevanten" Themen zu wählen, einschließlich (dies sind wirkliche Beispiele) Hippie-Literatur, alles Russische, Ökologie, Weben und Landesverrat. An einer New Yorker Schule protestierten Eltern, dass ihre Kinder mit diesem Lehrplan nicht Lesen und Schreiben lernen würden; „Die Lehrer", so Charles Silberman, Autor von *Crisis in the Classroom,*

---

337 Harold Rosenberg: *The Anxious Object*, New York 1964, S. 41.

338 Donald Heiney, Lenthiel H. Downs: *Recent American Literature after 1930*, Woodbury, 1974, S. 271. Robert Brustein: *Drama in the Age of Einstein*, in: *New York Times*, 7. 8. 1977, S. 1.

„hielten ihnen einen Vortrag, sie sollten sich nicht so sehr auf Kulturtechniken konzentrieren - die Gefühle der Kinder seien das Einzige, was zählt."[339]

„Wir brauchen nicht weniger als den Umsturz des wissenschaftlichen Weltbilds, mit seinem Beharren auf einem egozentrischen und zerebralen Bewusstseinszustand", schrieb ein professioneller Bewunderer dieser neuen Einstellung.

Die avantgardistischen Wissenschaftler brauchten keinen weiteren Umsturz. „Wir studieren Physik als Beispiel für die vielen Widersprüche des Lebens", so das Vorlesungsverzeichnis der New York University über einen Physikkurs.

„Was zum Teufel studierst du denn eigentlich?", fragte ein Reporter einen Studenten in Harvard, der gerade erklärt hatte, er glaube an Astrologie, Tarotkarten und das I Ching. „Physik", antwortete der Student. „Du machst Witze!" „Nein. Ich studiere Physik, und bei den Elementarteilchen gibt es vieles, das verrückter ist, als in der Astrologie." Wenn man sich die neuesten Entwicklungen in der Teilchenphysik ansieht, dann stimmt diese letzte Aussage; es deutet jedoch nicht die Natur des Universums an, sondern die Natur der Lehrer und der Theoretiker, die sie unterrichtet hatten.[340]

Auch in den Gesellschaftswissenschaften gab es einen neuen Trend. „Subjective Sí! Objective No!", so überschrieb die *Times* einen Artikel von Robert Nisbet, einem Soziologen, der über die „kürzlich begonnene und um sich greifende nihilistische Ablehnung des alten westlichen Ideals von leidenschaftsloser Vernunft und objektiver Forschung in den Sozialwissenschaften..." bestürzt war. (Unter anderem zitiert Nisbet den zunehmenden Glauben von Wissenschaftlern an *„die zwangsläufig rassischen Wurzeln der Wissenschaft"*, was er

---

339 Silberman zit. in: *Back to Basics in the Schools*, in: *Newsweek*, 21. 10. 1974, S. 94B. Zu landesverräterischen Aktivitäten als Lehrangebot vgl. *The New York Times Magazine*, 11. 1. 1970, S. 62.

340 Theodore Roszak: *The Making of a Counter Culture*, Garden City 1969, S. 50. Der Kurs nannte sich *Physics for Poets*, Nr. A85.0004, Frühjahr 1973, Prof. Robert Schwartz. Interview von Bennett Kremen: *Unrequired Reading: East and West*, in: *The New York Times Book Review*, 15. 2. 1970, S. 5.

zutreffend mit der Theorie der „arischen Wissenschaft" verglich.)[341] Und es gab den neuen Journalismus, der absichtlich den Unterschied zwischen Reportage und Fiktion verwischt; die neue Musik, die atonal und arhythmisch war; den neuen Tanz, der ohne Bedeutung, Musik oder Bewegung auskam; die ernste Literatur, die auf Ernsthaftigkeit oder Werte verzichtete und sich stattdessen auf „Tricks" und „schwarzen Humor" spezialisierte; und die modernen Filme mit satanischen Kulten, Blutvergießen, schlabbernden Genitalien und absichtlich unverständlicher oder schmutziger Sprache, die von rattengesichtigen Schauspielern ausgespuckt wurde, die auf der Leinwand urinieren.

Wenn irgendjemand all dies ekelig fand, konnte er die neuen Therapeuten konsultieren, die innere Harmonie versprachen durch Techniken wie „Urschrei-Therapie", indische Meditation, Gruppensex oder Sex mit dem Therapeuten – oder verrückt werden.

Es gab für all das auch einen politischen Ausdruck. Nach Generationen von linken Reformern waren hier nun die neuen Vertreter der „Liebe" und „des Volkes": die College-Studenten der Neuen Linken; die Studenten, die sich die Nase mit der amerikanischen Flagge putzten oder sie zum Flicken ihrer Hosen benutzten, während sie orientalische Gurus, französische Kriminelle, russische Anarchisten und kubanische Mörder verehrten; die Studenten, die die physische Realität zugunsten einer höheren Welt ablehnten, die man durch „Trips", Parapsychologie, Ufos oder Zauberei erreichen könne; die Studenten, die das Ende des Einflusses der Vergangenheit verlangten: das Ende des egoistischen „Leistungsprinzips" (d.h. der Notwendigkeit, für seinen Lebensunterhalt arbeiten zu müssen), das Ende der Eroberung der Natur, das Ende der Industriellen Revolution, das Ende der letzten Überbleibsel „des Systems", des *amerikanischen* Systems, mit allem, was es impliziert.

Was für eine Gesellschaft sollte das amerikanische System ersetzen? Welches positive Ziel rechtfertigte all diese negativen Forde-

---

[341] Robert Nisbet: *Subjective Si! Objective No!* In: *The New York Times Book Review*, 6. 4. 1970, S. 1f.

rungen? Wie sah das Programm der Rebellen aus? „Wir haben keins", erklärte Tom Hayden 1968. „Zuerst werden wir die Revolution machen, und dann werden wir herausfinden, wofür."[342]

Einige Beobachter kritisierten damals die „Exzesse" der Neuen Linken, nicht aber ihre Prinzipien. Geantwortet wurde ihnen vom Leiter der Englisch-Fakultät der Columbia University. „An diesem Punkt in der amerikanischen Geschichte sind die Aufrufe zur Mäßigung und zu ‚liberaler Menschlichkeit und vernünftigem Diskurs' selbstgefällig und eine Form der Aggression gegen die Jugend."[343]

In jedem Bereich - von Gemälden, die Seifenschachteln darstellten, über Schauspieler, die ihre Köpfe in Toilettenschüsseln steckten, über „Tänze" von Contergan-Opfern bis hin zu blutigen Ausschreitungen und Gelehrten, die Verbrecher küssten - der „Geist der Sechziger" war ein Höhepunkt, der durch die früheren Trends ermöglicht wurde. Er war der konsequente Ausdruck der „kulturellen Moderne". Hier wurde die „Weimarer Kultur" fünfzig Jahre später neu aufbereitet, aller Überbleibsel des 19. Jahrhunderts entledigt und daher ungleich degenerierter, ohne irgendetwas, das den Hass an seiner Wurzel oder seine Zerstörungswut verbergen konnte. Das war der große Tag des Nihilismus in der Neuen Welt.

„Aus meinen eigenen sehr umfangreichen Untersuchungen", so schreibt ein Historiker aus Michigan zum Vergleich der amerikanischen Jugendkultur der 60er Jahre mit der deutschen Jugendbewegung vor 1933, „kann ich kategorisch feststellen, dass es nicht einen Wert gibt, nicht eine einzige Parole, nicht eine Pose oder ein Kostüm, nicht eine Technik, nicht eine politische oder kulturelle Meinung, die nicht in dieser früheren Bewegung manifest war."[344]

In Deutschland war der nihilistische Impuls durch eine Reihe von Intellektuellen und Philosophen losgelassen, gefördert und geschützt

---

[342] Sidney Hook: *Student Revolts Could Destroy Academic Freedom*, in: *The New York University Alumni News*, Mai 1968, S. 3, zit. eine Debatte mit Gore Vidal.

[343] George Stade in seiner Besprechung von Irving Howes *Decline of the New*, in: *The New York Times Book Review*, 12. 4. 1970, S. 43.

[344] Stephen Tonsor: *Science, Technology and the Cultural Revolution*, in: *The Intercollegiate Review*, Vol. 8, Nr. 3, Winter 1972-73, S. 85.

worden, die letztendlich auf den Ideen einer einzigen Person basierte. War das auch in Amerika der Fall? Darauf antworten hier einige relevante Personen.

Das Theater der Vergangenheit, so der Regisseur des „Absurden Theaters" Julian Beck im Jahre 1967, „ist ein Theater, das sich an den Intellekt richtet". Aber der Intellekt, so Beck weiter, sei an sich pervertiert und unzuverlässig: „Unser Denken, das von unserem bereits konditionierten Geist konditioniert wird, ist so unbrauchbar, dass man ihm nicht trauen kann."

„Kein ernstzunehmender Denker glaubt noch länger an eine verifizierbare, objektive Realität", berichtete ein Reporter aus Arizona über ein Treffen der American Society of Newspaper Editors 1971. „In der Erkenntnistheorie und den Naturwissenschaften steht es ziemlich sicher fest, dass es so etwas wie Objektivität nicht gibt. Es gibt nur verschiedene Muster von Subjektivität..."

Was die „Gegenkultur" betreibe, so ein Historiker zur Verteidigung der neuen Jugend, „ist ein Angriff auf den Kern der Menschen, indem sie die Bedeutung seines wertvollsten Wortes abstreitet: das Wort ‚Ich'."[345]

Kant lehrte als erster, dass der Geist aufgrund seiner Natur „konditioniert" und dem Denken daher nicht zu trauen sei. Kants Erkenntnistheorie ersetzte Objektivität durch „Muster von Subjektivität". Kants Ethik machte den Angriff gegen das „Ich" zum Maßstab des Guten.

Hier ist noch eine Stimme, die beachtenswert ist. „Naja, er [R.D. Laing] ist einer der wenigen Psychiater, der Fantasie für legitim erachtet", sagte ein Mädchen aus Radcliffe zustimmend über einen britischen Vorkämpfer des Irrsinns als Befreiung. „Er haut dir nicht immer mit der Realität über den Kopf."[346]

„Ich mußte also das *Wissen* aufheben, um zum *Glauben* Platz zu bekommen", sagte das Vorwort zur *Kritik der reinen Vernunft*.

---

[345] Beck zit. in *The New York Times Magazine*, 13. 10. 1968, S. 102. So J. Edward Murray von *Arizona Republic*, zit. in Martin Nolan: *A code word for playing it safe*, in: *The Village Voice*, 29. 4. 1971. Roszak, a. a. O., S. 55.

[346] Kremen, a. a. O., S. 24.

Hier ist noch eine Stimme. Ein College-Professor schrieb 1970 in der *New York Times*:

> „Warum ist der Kult der Irrationalität, die Ablehnung aller traditionellen Normen, in den besten Universitäten am stärksten? Warum sind die Studenten, die sich nun unmittelbar mit dem Studium der Humanwissenschaften befassen, diejenigen, die für einen apokalyptischen Sprung in eine unvorstellbare und unwahrscheinliche Zukunft am leichtesten zu haben sind?... Die Antwort ist nicht einfach…"[347]

Die Antwort steckt buchstäblich in der Frage. Es liegt an dem, was die Universitäten und ihre humanwissenschaftlichen Fakultäten den Studenten beibringen. Die Antwort ist so einfach wie die Tatsache, dass Harvards führender Philosoph Willard V. Quine seinen Schülern (seit Jahrzehnten und im Stillen) beibringt, dass physische Objekte „erkenntnistheoretisch mit den Göttern von Homer vergleichbar sind… [D]ie physischen Objekte und die Götter unterscheiden sich nur graduell, aber nicht prinzipiell."[348] Wenn man erst einmal weiß, dass eine Generation von Anfang an einer Kultur ausgesetzt gewesen ist, die in jedem entscheidenden Bereich von solchen Lehrern geformt wurde und es fast niemanden gibt, der eine Alternative anbietet, kann man den „Kult der Irrationalität" in den Universitäten mühelos erklären.

Die Männer, die es Professor Quine und anderen ermöglicht haben, das Ruder zu übernehmen, sind William James und John Dewey. Hinter ihnen steht Hegel. Und hinter ihm steht Kant.

In jedem Bereich akzeptierten die Rebellen der 60er die philosophischen Grundlagen des Establishments, das sie verfluchten, und führten sie konsequent aus. Der „Geist der 60er" war an der Wurzel der Geist der 80er – der 1780er, dem Jahrzehnt der Kant'schen Kritiken und von allem, was sie auf eine arglose Menschheit losließen.

---

[347] Robert Gorham Davis: *Rimbaud and Stavrogin in the Harvard Yard*, in: *New York Times Book Review*, 28. 6. 1970, S. 2.

[348] Willard V. Quine: *From a Logical Point of View*, New York ²1962, insb. *Two Dogmas of Empiricism*, S. 44.

Er war der Höhepunkt des kantischen Einflusses in den Vereinigten Staaten und gleichzeitig der Todesstoß für die kantische Bewegung.

Der Tod einer Philosophie bedeutet nicht zwangsläufig das sofortige Verschwinden ihrer Parolen oder ihrer Wortführer, die weiterhin eine Kultur beherrschen und die Konsequenzen noch viele Jahre einfordern können. Der Tod einer Philosophie bedeutet ihren Rückzug aus den Bereichen, die auf lange Sicht den Kurs der menschlichen Existenz bestimmen: dem Reich der Erkenntnis und dem Reich der Werte. In dieser Hinsicht gilt das, was Ayn Rand über die kollektivistische Bewegung in der Politik gesagt hat, gleichermaßen für die gesamte kantische Tradition: Sie „hat die zwei lebenswichtigen Waffen verloren, die sie zu einer Weltmacht erhoben und all ihre Siege möglich gemacht haben: Intellektualität und Idealismus, oder Vernunft und Moral. Sie musste sie genau auf der Höhe ihres Triumphes verlieren, da ihr Anspruch auf beides Betrug war".[349]

Wenn eine Tradition, die als angeblicher Ausdruck „reiner Vernunft" und strenger Moral begann, mit LSD, „Saint Genet" und „polymorph perverser Sexualität" endet, dann ist ihr Bruch mit Erkenntnis und Werten vollständig. Die wachsende Desillusionierung der frühen Nachkriegsjahre markierte den Anfang vom kantischen Ende. Der Krampf der 60er war der nächste Schritt: die Bankrotterklärung.

Die meisten Amerikaner wissen (wie die meisten anderen Menschen) nichts über formale Philosophie und kennen nicht einmal Kants Namen. Irgendwie begriff die Mehrheit jedoch in den 60ern zum ersten Mal, dass ein fremdes Element sich in ihre Kultur geschlichen hatte, dass die Grundprinzipien der Nation unter Beschuss waren und dass etwas in Amerika grundlegend falsch lief.

Innerhalb der Grenzen ihrer Macht handelten die Menschen nach diesem Wissen. Sie rebellierten gegen die neuen Rebellen, zerschlugen die politischen Hoffnungen der Neuen Linken zusammen mit der Präsidentschaftskandidatur ihres Mitreisenden, George McGovern. Einige, einschließlich tausender Bau- und Hafenarbeiter aus New York Ci-

---

[349] Vgl. Ayn Rand, *Zurück in die Steinzeit,* S. 58.

ty, gingen auf die Straße, um Banden aus renitenten Studenten aufzulösen.

Unterstützung kam „aus dem ganzen Land" und „aus allen Bereichen", sagte der Vorsitzende der Baugewerkschaft aus New York City im Frühjahr 1970 und zitierte Anrufe und Briefe, die sich 20 zu 1 für die Maßnahmen der Arbeiter aussprachen. „Ist mir egal, ob jemand an der Straßenecke steht und jedem sagt: ‚Ich mag den [Vietnam-]Krieg nicht'. Ich mag ihn auch nicht", sagte ein Fahrstuhlmonteur aus Brooklyn auf die Frage, warum er an den Demonstrationen der Arbeiter teilnahm. „Aber wenn sie versuchen, das Land zu ruinieren und sie die Flagge entehren, kann ich das nicht ertragen."

„Den Kommunismus muss man überall bekämpfen", sagte ein schwarzer Arbeiter aus der Bronx. „Man muss all dieser Gewalt ein Ende machen."

„Ich habe Angst", sagte ein Student und Möchtegern-Rebell mit Blick auf eine Gruppe aus fahnenschwenkenden Arbeitern. „Wenn das der Klassenkampf ist, dann stimmt da irgendwas nicht."[350]

Die Lehrer der Studenten hatten sich verrechnet. Sie wussten nicht, warum das Land sie und ihre Jünger auf den Müllhaufen der Geschichte geworfen hatte. Sie verstanden nicht, dass das amerikanische Volk kein marxistisches Proletariat ist, sondern der letzte Erbe der Aufklärung auf Erden.

Begierig darauf, eine neue Richtung zu finden, wandte sich das Volk der politischen Rechten zu.

Doch da war niemand. Alles, was das Volk fand, waren Richard Nixon und Ronald Reagan.

* * *

Das amerikanische Volk mag dem gegenwärtigen Kurs des Landes nicht zustimmen, aber eigenhändig kann das Volk ihn nicht ändern. Es mag gegen die Steuern und die Bürokraten sein, aber dies sind bloße Konsequenzen, die nicht signifikant zurückgefahren werden können, solange ihre Quelle unangetastet bleibt. Das Volk mag die

[350] So Peter J. Brennan, Leonard Lavoro, Walter Flynn und Cliff Sloane, zit. n. *New York Times*, 12., 13. und 21. 5. 1970.

Regierung im Allgemeinen verfluchen - was aber ohne Effekt ist, wenn die Interessengruppen unter ihnen der Logik einer Mischökonomie folgen und sich weiterhin vermehren. Das Volk mag „nach rechts schwenken", was aber nutzlos ist, wenn die Führer der Rechten ihren eigenen (religiösen) Dirigismus wollen. Das Land mag die Schurken rauswerfen, aber das bedeutet nichts, wenn die nächste Regierung aus neuen Schurken einer anderen Partei besteht.

Um den grundlegenden Kurs eines Landes zu verändern, braucht man mehr als allgemeine Unzufriedenheit. Man muss eine neue Richtung festlegen, die das Land nehmen könnte. Vor allem braucht man eine theoretische Rechtfertigung für diese Richtung, die andere Menschen überzeugen würde, dass der angedachte Kurs praktisch *und* moralisch ist. Moralische Gesichtspunkte allein sind eventuell nicht ausreichend, um Menschen zu bewegen, wenn sie glauben, dass der vorgeschlagene Kurs nicht praktisch ist; praktische Gesichtspunkte allein werden niemanden bewegen, wenn sie glauben, dass der Kurs unmoralisch ist. Die Kombination von beidem ist jedoch unwiderstehlich.

Naturgemäß ist eine Kursänderung nur von den Menschen zu erreichen, die sich mit dem Bereich der Ideen beschäftigen. Auf lange Sicht hat das Volk keine Alternative; es folgt den Intellektuellen.

Auch die Intellektuellen können Ideen nicht entkommen. Sie können zu anti-ideologischen Skeptikern werden, die dem Land nur subjektive Gefühle und kurzfristigen Pragmatismus anbieten, aber die Ideen - die grundlegenden Ideen - die sie (explizit oder nicht) trotzdem akzeptieren, bestimmen den Inhalt ihrer Gefühle und ihres Pragmatismus. Auf lange Sicht haben auch die Intellektuellen keine Alternative; *sie* folgen den Philosophen.

Wenn es keine neue Philosophie gibt, der die besseren Menschen folgen können, werden die Intellektuellen einer folgen, die alt und bankrott ist. Wenn es keine lebendigen Ideen gibt, werden sie sterbenden folgen und das Land mit sich reißen. Die Trümmer der kantischen Bewegung bedeuten deshalb nicht zwangsläufig ein frühes Ende für seinen Würgegriff gegen das Leben und die Institutionen unseres Landes. In der Abwesenheit jeglicher prinzipieller Opposition werden die Kant'schen Ideen weiter herrschen und weiter auf dem Weg voranschreiten, dem wir seit so langer Zeit folgen.

Die dreisteren Elemente der 60er sind nun seit langem verschwunden. Was geblieben und deutlicher geworden ist, ist das Wesen dieses Weges.

Während die staatlichen Kontrollen und die Macht politischer Beziehungen explodiert sind, haben viele Amerikaner– manche widerwillig, andere selbstgerecht - das Gefühl, dass man nur durch die Identifikation mit einer Gruppe überleben kann, die als Zuflucht in einer unsicheren Welt, als Beschützer vor den anderen Gruppen und als eigener Lobbyist in Washington dient. Die Gruppe, die am leichtesten zu bilden ist und der man am einfachsten beitreten kann, ist die der Rasse.

Daher verschwindet der legendäre „Melting Pot" der Neuen Welt immer mehr, der einst bewiesen hatte, dass Menschen aus der ganzen Welt friedlich zusammenleben können; dieses friedliche Zusammenleben folgte dem Prinzip, dass Gruppenbindungen nicht wichtig waren, weil in Amerika Eigenständigkeit möglich war und man nach individueller Leistung belohnt wurde. Stattdessen sehen wir die älteste Art der sozialen Zersplitterung und des sektiererischen Hasses. Wir sehen die „unintegrierbaren Ethnien", die „Bindestrich-Amerikaner", die „Wurzel-Sucher" und alle anderen, die erpicht darauf sind, ihre Identität durch Traditionen und/oder primitive Physiologie, d.h. durch ihr Blut zu definieren.

Dies ist die primitivste Form des Kollektivismus, die in zurückgebliebenen Kulturen (und Planwirtschaften) ausbricht: Stammes-Rassismus. Rassismus nimmt überall zu - überall wo das Wissen über das Wesen und die Möglichkeiten des Menschen als Individuum nicht verstanden oder vernichtet wird.

Dieser Standpunkt wird klar und deutlich verbalisiert:

> „Es gibt außerhalb der Gesellschaft kein einzelnes, autonomes Selbst - gab es nie und wird es niemals geben. Der Mensch ist ein soziales Netzwerk, zwangsläufig abhängig und psychisch in wech-

selseitiger Beziehung, ein sozialer Organismus, ein politisches Tier. Das Ego ist kein ‚Ich', sondern ein ‚Wir'."

(Der Autor dieser Zeilen, Michael Novak, ist weder Kommunist noch ein Radikaler, sondern Katholik und Gemäßigter.)[351]

Während einige Stimmen heute eine Rückkehr zur Stammesgesellschaft befürworten, arbeiten andere daran, dass die Stämme auf einer dementsprechenden Stufe dahinsiechen. Diese Stimmen verlangen, dass materieller Fortschritt begrenzt, das Wirtschaftswachstum beendet, der Lebensstandard abgesenkt und die beispiellosen Leistungen der westlichen Technologie bekämpft, zurückgenommen und ausgelöscht werden müssen.

Dieses Phänomen trat zuerst im 19. Jahrhundert in den romantischen Kreisen Europas auf: der Krieg gegen die Industrielle Revolution. Dieser Krieg hat bei uns den gleichen Motor. Industrieller Wohlstand ist ein Produkt menschlichen Erfindungsgeistes, akribischen Denkens, des Vernunftvermögens, das der Verbesserung der Lebensumstände dient. Der Angriff auf ein solches Vermögen hat nur eine Bedeutung: den Angriff auf ihren Ursprung, d.h. auf den menschlichen Geist.

Die europäischen Romantiker identifizierten ihre theoretische Basis offen. Die Umweltschützer und Ökologen von heute sind weniger philosophisch; anscheinend handeln sie nach der Idee, dass die Öffentlichkeit in einer Zeit der Unsicherheit alles schlucken wird und behaupten, im Namen der Wissenschaft zu sprechen. Wenn man sie nach ihren kognitiven Methoden beurteilt, bedeutet „Wissenschaft" für sie die Methodik der benebelten Modernisten: unanalysierte Statistiken, unverdaute Daten in schicken Formeln, willkürliche Projektionen, die in einer Serie aus widersprüchlichen „Szenarios" münden, die das Ende der Fische, des Gleichgewichts der Natur oder der Welt an sich vorhersagen.

Welche *moralische* Theorie liegt der Kampagne zugrunde, die Lebenserwartung ganzer Völker abzusenken und sie in der rauen Na-

---

351 Michael Novak: *The Rise of the Unmeltable Ethnics*, New York 1972, zit. n. William V. Shannon: *The Need for Authority*, in: *New York Times*, Meinungsseite, 30. 7. 1972.

tur dahinvegetieren zu lassen? „Es ist schwierig auch nur ansatzweise einzuschätzen, wie sehr die Verflechtung von Besitztümern, die Ideen von ‚mir und mein', zwischen uns und einem wahren, klaren, befreiten Weltbild stehen", sagt ein Mitglied des Berkeley Ecology Center.

Wir müssten über den Egoismus hinauswachsen, der darin liegt, „den Menschen zum Hauptaugenmerk zu machen", so ein Professor aus Claremont; der Westen sei zu weit darin gegangen, „den absoluten Wert jedes menschlichen Individuums zu verteidigen". „Als Christen müssen wir eine neue Askese entwickeln, die nicht auf Wirtschaft, sondern auf Ökologie beruht."[352]

Seit Generationen bestehen die amerikanischen Dirigisten darauf, dass sie die Verteidiger der Wissenschaft und der Technologie seien, welche Sozialismus angeblich unabdingbar machten. Nun, an einem historischen Wendepunkt, geben viele das Gegenteil zu. Sie erklären, dass ihr Standpunkt die Aufgabe von Wissenschaft und Technologie erforderlich mache.

Wenn kulturelle Trends einen solch extremen Zustand erreichen, gibt es Folgeerscheinungen. Zunehmend tun Menschen nicht nur Wissenschaft und säkulare Philosophie als irrelevant ab, sondern auch Theologie, das Thema, das versucht, Ordnung und Definition in die Lehrsätze des Übernatürlichen zu bringen. Stattdessen wenden sich die Menschen einer urzeitlichen Quelle zu: der Religion. Sie wenden sich nicht einer gebildeten Religion wie z.B. dem Katholizismus oder irgendeinem feststehenden, strukturierten Glauben zu, sondern nackter Religion, d.h. einer unartikulierten, prä-philosophischen Mischung aus Mythen, Ritualen, offenem Mystizismus und klaglosem Gehorsam, ohne Beschäftigung mit Definitionen, Beständigkeit oder Verständnis.

---

[352] Keith Murray: *Four Changes*, in: Garrett De Bell (Hg.): *The Environmental Handbook*, New York 1970, S. 329. So John B. Cobb Jr. in einem Vortrag zur *Theologie des Überlebens* an der *School of Theology* in Claremont, zit. n. Edward B. Fiske: *Christianity Linked to Pollution*, in: *New York Times*, 1. 5. 1970. Der erste Satz ist eine Zusammenfassung des Konsenses der Konferenz durch den Reporter Edward B. Fiske.

Daher haben die Jesus-Freaks, die Moonies oder die singenden, kahlrasierten, hohläugigen Hare Krishnas in der amerikanischen Mittelklasse solchen Erfolg. Und daher verbreiten sich auch in der ganzen Gesellschaft die uralten Bewegungen der Fundamentalisten, der Evangelisten und der Pfingstler, deren glühende Anhänger in Zungen sprechen oder wiedergeboren werden wollen – während Billy Graham und Konsorten sie dazu anhalten, „das Ego zu bekämpfen, das Ego zu erniedrigen… Zerschlagt den Stolz, tretet drauf, vernichtet ihn, zerstampft ihn, zerbrecht ihn… vernichtet und zermalmt das Ego… Verleugnet euch selbst… Sich selbst zu verleugnen heißt, sich selbst abzulehnen."[353]

Mystische Wiederbelebungen hat es in den Vereinigten Staaten schon früher gegeben, genau wie rassische Gegensätze oder Zurück-zur-Natur-Bewegungen. Aber früher waren dies vergleichsweise isolierte Manifestationen, ohne Rückhalt in der intellektuellen Führerschaft des Landes, und sie standen im Gegensatz zum dominanten Trend des Landes. Das ist heute nicht mehr der Fall.

Heute sind die religiösen Kultisten eins mit der intellektuellen Speerspitze in ihrem Angriff auf den Kern der amerikanischen Lebenseinstellung. Sie zählen auf das Gefühl menschlicher Hilflosigkeit und arbeiten daran, es zu intensivieren. Viele von ihnen, die sich selbst als Konservative beschreiben, betreiben enthusiastisch dirigistische Maßnahmen wie Pflichtgebete, Zensur und das Verbot von Abtreibungen. Die Natur-Lobbyisten werden sogar noch deutlicher. „Zwang ist für die meisten Liberalen heutzutage ein Schimpfwort", schreibt ein Naturschützer (Garrett Hardin), „muss es aber nicht für immer sein. So wie bei schmutzigen Wörtern kann seine Schmutzigkeit dadurch geläutert werden, dass man es wieder und wieder sagt, ohne sich dafür zu entschuldigen."

Die Dirigisten von heute entschuldigen sich nicht, aber die Unternehmer setzen eifrig ihre jahrhundertealte Beschwichtigungspolitik fort. „Freies, privates, verantwortliches Unternehmertum?", frag-

[353] Zit. n. Charles Hurd: *National Humility: A Treasury of Great American Speeches*, New York 1959, S. 339f.

te die Überschrift einer Anzeige des Ölkonzerns Mobil in der *New York Times,* in der die ersten beiden Worte durchgestrichen waren. Unternehmerische Freiheit, so erläuterte der Text, sei nicht länger möglich oder wünschenswert, aber das sei kein Grund zur Besorgnis: „Wir versuchen, verantwortlich zu sein... Daher haben wir keine Zeit mehr, uns um ‚frei' oder ‚privat' Sorgen zu machen."[354]

Marx hatte Unrecht: Die Unternehmer werden nicht bis zum Ende um ihr Eigentum kämpfen. Recht hatte Hitler: Wenn Menschen genug „Idealismus" haben, werden sie freiwillig kapitulieren, dem Diktator noch zuvorkommen und sich selbst zu „Staubkörnern" machen, bevor er es erledigen kann.

In Amerika predigen nur wenige den Totalen Staat. Worum die Linke und die Rechte heute kämpfen, sind sukzessive Schritte in ebendiese Richtung.

„Deutschland stellt die Uhr zurück", lautet der Titel eines antifaschistischen Buches von E.A. Mowrer aus dem Jahre 1933, eines der ersten Bücher, das den selbstzerstörerischen Kurs der Weimarer Republik anzeigte. Auch wir stellen die Uhr zurück; zurück zu einer Zeit vor dem Individualismus, vor der Industriellen Revolution, vor der Entdeckung der säkularen Philosophie und der Freiheit.

Eine aktuelle Entwicklung ist jedoch noch schlimmer. Die egalitäre Bewegung ist nicht etwa ein Rückschlag. Aufgrund eines Moralkodexes, der heute seinen Höhepunkt erreicht hat, fordert sie Bedingungen, unter denen der Mensch überhaupt nicht mehr leben kann.

Es müsse eine neue Art von Gleichheit im Land geben, sagen die Egalitarier; nicht die Gleichheit individueller Rechte der Gründerväter oder auch nur die undefinierte „Chancengleichheit" der späteren Reformer, sondern eine militante „Ergebnisgleichheit"; die „Ergebnisse" müssten für alle gleich sein, ungeachtet der Anstrengungen, Tugenden oder Verdienste eines Menschen oder einer Gruppe. Die Menschen müssten die gleichen Waren und Dienstleistungen bekommen, ob sie diese auch bezahlen können oder nicht. Sie müssten

[354] *The Tragedy of the Commons,* in: De Bell, a. a. O., S. 46. Die Anzeige von Mobil erschien am 7. 9. 1972.

die gleichen Stellen und Beförderungen bekommen, ob sie nun die nötigen Qualifikationen oder Leistungen haben oder nicht (siehe das Quotensystem). Sie müssten gleiche Ausbildungen bekommen, ob sie nun die akademischen Qualifikationen haben oder nicht (siehe die offenen Zulassungen); sie müssten auch ohne Talent das gleiche kulturelle Prestige bekommen (Subventionen für Minderheiten-Kunst), sie müssten auch ohne Wissen die gleiche Autorität bekommen (die Studentenbewegung); sie müssten die gleiche moralische Achtung bekommen, egal wie sie sich verhalten (die Schwulenbewegung) und das gleiche Ansehen für Leistungen bekommen, egal ob sie etwas geleistet haben oder nicht (die Frauenbewegung).

Heute ist in Amerika eine neue, moderne Interessengruppe aktiv, die sich nicht durch wirtschaftliche oder auch nur durch rassische Kriterien definiert, sondern durch ein Negativum, eine Unfähigkeit oder einen Mangel. Wir sehen Menschen, die besondere Behandlung erwarten, bloß weil sie Minderheiten sind, d.h. weil sie *nicht* zahlreich oder mächtig sind. Es gibt feministische Almosenjäger, die auf die Tatsache zählen, dass Frauen im Allgemeinen für das schwächere Geschlecht gehalten werden. Es gibt Armuts-Aktivisten, (nicht die Armen der christlichen Tradition, die demütig um Almosen baten), sondern eine neue Sorte militanter Armer, die damit prahlen, dass sie *nicht* finanziell abgesichert sind und sich vor Verachtung aufblasen, weil ihre Forderungen ignoriert worden sind. Es gibt Homosexuellen-Aktivisten, die sich für rechtschaffen halten, weil ihre Wählergruppe *nicht* die Norm ist, Jugend-Aktivisten, die das auch fühlen, weil ihre *nicht* erwachsen ist, Alten-Aktivisten, die das fühlen, weil ihre *nicht* länger stark ist.

Opfern heißt, auf einen Wert zu verzichten oder ihn zu annullieren. Wenn man sie konsequent durchsetzt, muss die Kant'sche Forderung nach Opfern irgendwann zur Herrschaft durch die Verlierer führen – durch die, die aus welchen Gründen auch immer alleine keine Werte erreichen können oder wollen und stattdessen von der Arbeit und Anstrengung anderer leben wollen. In einer Philosophie, die Opfer verlangt, ist die erste Pflicht die Negierung von Werten;

die größte Tugend ist ihr *Nicht*besitz. Daher die neue gesellschaftliche Schlussfolgerung: Werte gehören rechtmäßig denen, die die Ehre haben, sie *nicht* hervorgebracht zu haben.

Was die Nicht-Verlierer angeht, die kompetenten Menschen, die tatsächlich Werte hervorbringen, so hätten solche Menschen keinerlei moralische Ansprüche und verdienten nichts, sagt der Harvard-Philosoph John Rawls, der führende amerikanische Theoretiker des Egalitarismus. Die Fähigen hätten nur Glück gehabt, so Rawls, da sie bei der Geburt mit einem wünschenswerten gesellschaftlichen Umfeld und/oder mit besseren natürlichen Merkmalen wie z.B. Talent oder Intelligenz ausgestattet worden seien. (Rawls, ein impliziter Determinist, glaubt nicht, dass ein Mensch Anerkennung für die Entscheidung verdient, sein Gehirn zu nutzen; der Mensch ist ihm zufolge nur ein passiver Automat ohne freien Willen.)

Für die Egalitarier bedeutet „verdienen" nicht, ein Produkt durch eigenes Denken und Handeln zu erschaffen. Rawls fordert, dass ein Mensch die Umstände seiner Geburt und die Organe seines Körpers, einschließlich seines Gehirns, selbst erschafft. Er fordert, dass ein Mensch die Merkmale, die er bei Geburt besitzt, *selbst erschafft* – was er nur tun könnte, bevor er irgendwelche Merkmale hatte, d.h. bevor er irgendetwas war, d.h. bevor er existiert hatte. Da das unmöglich ist, so die Schlussfolgerung von Rawls, gibt es so etwas wie „verdienen" nicht und daher ist es auch keine Ungerechtigkeit, wenn man die Produzenten ausblutet.

Die Tatsache, die Rawls verwendet, um die Rechte der Produzenten für ungültig zu erklären, ist letztendlich das fundamentale Naturgesetz: das Gesetz der Identität. Weil der Mensch eine bestimmte Natur hat, weil er nicht als Null aus dem Mutterleib kommt, haben die Produzenten keine Rechte und werden zu Dienern degradiert. Dies ist nicht nur ein politischer, sondern ein metaphysischer Angriff auf kompetente Menschen: Er schließt sie vom Bereich der Moral aus – nicht weil sie angeblich das Proletariat ausbeuten, nicht weil sie Geld oder Macht oder irgendeinen Wert haben, sondern weil der Mensch Identität besitzt.

Kant beschrieb seine Ablehnung der Vernunft als Verteidigung der „reinen Vernunft". Rawls, ein Anhänger von Kant, nennt seinen Standpunkt „eine Theorie der Gerechtigkeit".[355]

Für den flüchtigen Beobachter mag die „humanitäre" Anbetung von Schwäche als das Gegenteil der Anbetung der Muskeln durch die Nazis erscheinen. Tatsächlich aber sind beide verschiedene Manifestationen der gleichen philosophischen Kernaussage, die zu den gleichen politischen Resultaten führt.

Die unmittelbaren Opfer des heutigen Trends - die Unternehmer, die Arbeitnehmer und die anderen produktiven Gruppen - kennen die auf dem Spiel stehenden philosophischen Themen nicht und haben keine Antworten, ebenso wenig wie die linken Intellektuellen und Politiker, die keinerlei Ideen mehr haben und nur noch kurzsichtige, zimperliche Lobbyisten für die Armen sind. Und auch die sogenannten „Neo-Konservativen", die auf eine Rückkehr zum angeblich zivilisierteren Dirigismus der New-Deal-Ära drängen, haben keine Antworten mehr, ebenso wie die traditionellen Konservativen, die anscheinend die letzten Überbleibsel des ursprünglichen amerikanischen Systems aufgegeben haben und quasi zu Lobbyisten für die Kirche verkommen sind. All diese Gruppen wissen, dass irgendetwas Fundamentales mit der Welt nicht stimmt, aber keine weiß, was - und alle sind auf der verzweifelten Suche nach irgendeinem Heilmittel, das funktioniert. Die Suche ist verzweifelt, weil, wie ein britischer Publizist in einem anderen Zusammenhang bemerkte, „niemand mehr glaubt, dass irgendetwas funktioniert."[356]

Unsere Anführer sind Pragmatiker - nicht aus Rebellion, sondern aus Erschöpfung; sie stehen nicht am Beginn einer Ära, sondern am Ende einer Sackgasse; sie sind Pragmatiker, die glauben, dass nichts funktionieren wird.

Im Oktober 1976 versammelten sich dreihundert Philosophen in New York City, um an einem Symposium zum 200. Jahrestag der

---

[355] Vgl. John Rawls: *Eine Theorie der Gerechtigkeit*, Frankfurt a. M. 1979.

[356] So Louis Heren, Mitherausgeber der *Times of London*, zit. n. *New York Times*, 23. 3. 1975.

Vereinigten Staaten teilzunehmen. Das Symposium trug den Titel: „Philosophie im Leben einer Nation". Der *New York Times* zufolge lautete der Konsens unter den Philosophen, dass Philosophie ein technisches Thema ohne praktische Bedeutung sei. „'War es nicht außergewöhnlich', so [ein Professor], ‚dass sich Philosophen versammeln und feierlich „Philosophie im Leben einer Nation" diskutieren, wenn sie nichts mit diesem Leben zu tun haben…'"[357]

Der Berufszweig, der die Hauptverantwortung für den Zusammenbruch von heute trägt, weiß nichts über ihn und seine Ursachen.

* * *

Dies sind die unheimlichen Parallelen:

Unsere Universitäten sind Hochburgen der deutschen Philosophie, die alle Schlüsselideen der post-kantischen Achse verbreiten, bis hin zu Rassismus und dem romantischen Hass auf Technologie. Unsere Kultur ist abgehalfterter Modernismus, der aber recycelt wird, mit starken Weimarer Einflüssen wie Astrologie und Marx, Freud und Dada, oder „Humanismus" und Horror, zusammen mit fünf Jahrzehnten aus Verfall, der auf diesem Fundament errichtet wurde. Unsere Jugendaktivisten, die diese Ideen in den besten Universitäten verabreicht bekommen, bilden die neu auferstandene Jugendbewegung aus der Zeit vor Hitler (sind diesmal allerdings größtenteils politisch links und drogenabhängig).

Unsere politischen Parteien sind die Weimarer Koalition, mit dem gleichen Interessengruppen-Pragmatismus und demselben Widerspruch zwischen ihrer Vorgeschichte aus der Aufklärung und ihren dirigistischen Bekenntnissen. Die Linken, die noch anti-ideologischer als die gemäßigte deutsche Linke sind, haben es aufgegeben, über langfristige Pläne auch nur zu sprechen und verlangen ad hoc routinemäßig mehr Kontrollen. Die Konservativen, die viel weniger Selbstvertrauen haben als die nationalistische deutsche Rechte, machen damit gemeinsame Sache und entschuldigen sich (wegen des

[357] Israel Shenker: *'Life of a Nation' Is Ponderous Event*, in: *New York Times*, 10. 10. 1976; der zitierte Professor ist Bruce Kuklick, University of Pennsylvania.

Konflikts mit der altruistischen Ethik) für die Überbleibsel ihrer eigenen Tradition des Kapitalismus und verlangen, dass der Staat in Bereiche wie Moral, Religion, Sex, Literatur, Bildung und Wissenschaft eingreifen oder sie sogar vollständig kontrollieren sollte.

Jede dieser Gruppen sieht die autoritären Elemente in der anderen und beschuldigt sie faschistischer Tendenzen - was auf beiden Seiten zutrifft. Jede Gruppe trägt genau wie ihre Kollegen in Weimar zu dem gleichen Resultat bei: der Atmosphäre einer chronischen Krise und den in einer fortgeschrittenen Mischökonomie unausweichlichen Kontrollen. Das Resultat dieses Resultats ist wie in Deutschland das Anwachsen der Verwirrung, der Verzweiflung und des Staatsapparats, den eine Diktatur braucht.

In Amerika ist das Thema „Verstaatlichung der Produktionsmittel" tot. Unsere intellektuelle und politische Führung begnügt sich damit, das Privateigentum formell zu bewahren, während sie über seine Verwendung und Verfügung wacht. Dies bedeutet: In wirtschaftlichen Fragen arbeitet die Führung des Landes nicht auf eine kommunistische Diktatur hin, sondern auf eine faschistische.

Dank ihrer unverwechselbaren Grundlagen hinken die Vereinigten Staaten auf allen wichtigen kulturellen und politischen Gebieten immer den zerstörerischen Trends aus Deutschland und dem Rest der modernen Welt hinterher. Doch wir holen auf.

Wir sind immer noch das freieste Land auf Erden. Es gibt bei uns keine totalitäre (oder auch nur offen sozialistische) Partei, keinen anerkannten Kandidaten für das Amt eines Führers, keine ausreichend große wirtschaftliche oder politische Krise, die eine solche Partei oder einen solchen Mann möglich machen könnte - und nur wenige kollektivistische Eiferer, die auf einen schnelleren nationalen Selbstmord drängen.

Wir bewegen uns nicht zielgerichtet in die Zukunft - wir treiben dorthin. Aber wir treiben dahin, wohin Deutschland sich bewegt hat, in dieselbe Richtung und aus denselben Gründen.

16.
„Eine Republik – wenn Sie sie bewahren können"

Es gibt wesentliche Unterschiede zwischen den Vereinigten Staaten und Deutschland.

Die Hoffnung der Vereinigten Staaten liegt *in der philosophischen Kluft zwischen dem amerikanischen Volk und den Intellektuellen.*

Mit „den Intellektuellen" meine ich in diesem Zusammenhang jene, deren berufliches Feld die Humanwissenschaften, die Sozialwissenschaften, das Bildungswesen oder die Künste sind, d.h. das Studium und/oder die Beurteilung des Menschen und seiner Handlungen. Mit „dem Volk" meine ich den Rest des Landes, einschließlich der Naturwissenschaftler und Unternehmer.

Die deutschen Intellektuellen und das deutsche Volk teilten – im Kaiserreich, in der Republik und unter den Nazis – das gleiche Weltbild, die gleichen fundamentalen Werte und die gleichen politischen Ziele. Daher die standhaft pro-deutsche Einstellung der großen Mehrheit der deutschen Intellektuellen (einschließlich der meisten Kommunisten und sogar vieler Dissidenten): Die Intellektuellen fühlten sich in Deutschland philosophisch zu Hause; sie waren stolz auf ihr Erbe, auf ein Vaterland und schließlich auf einen Führer, der all ihre wesentlichen Ideen verkörperte.

Die gleichen Ideen, die die Intellektuellen in Deutschland zum Chauvinismus führten, haben ihre Kollegen in den Vereinigten Staaten zum Anti-Patriotismus geführt, d.h. zum Anti-Amerikanismus. Im Land der Aufklärung sind die irrationalistischen Intellektuellen

Vertriebene - und sie wissen es. Sie sind von den Grundprämissen des Landes entfremdet, stehen dem wesentlichen Charakter seiner Institutionen, seiner Tradition und seinem Volk feindselig gegenüber.

Weder kennt das amerikanische Volk die Ideen der Aufklärung ausdrücklich noch akzeptiert es sie; aber es akzeptiert ein wichtiges philosophisches Überbleibsel aus der amerikanischen Vergangenheit. Es akzeptiert es größtenteils durch Implikation, in unidentifizierter Form; als Resultat ist es oft inkonsequent und widerspricht versehentlich seinen eigenen tiefsten Überzeugungen. Und es gibt heute besonders unter der wohlhabenden und gebildeten Jugend oder den Immigranten viele Gruppen, die das amerikanische Erbe nie entdeckt haben oder es rundheraus ablehnen; solche Gruppen sind nicht von jenen in Europa oder im Rest der Welt zu unterscheiden, die Gefälligkeiten suchen und den Staat anbeten.

Es gibt jedoch immer noch ein implizites, *amerikanisches* Menschen- und Weltbild, das sich im Charakter und den fundamentalen Einstellungen der meisten Menschen ausdrückt - eine Einstellung, die Amerikaner bis heute von anderen Nationen unterscheidet und das sie auf Kollisionskurs mit der intellektuellen Führung des Landes bringt.

Das Volk achtet in der Regel den gesunden Menschenverstand, denkt, dass die Wissenschaft die Probleme des Menschen lösen kann und glaubt, dass es Antworten auf grundlegende Fragen gibt. Die intellektuelle Führung betrachtet diese Einstellungen als oberflächlich, naiv und „simplistisch".

Das Volk bewundert materiellen Wohlstand, praktischen Erfolg und technologische Innovationen. Die Intellektuellen verschmähen solche Werte als „bürgerlich" und sagen, dass Maschinen die Umwelt zerstören. Das Volk bewundert Eigenständigkeit, Produktivität und die anderen Tugenden der sogenannten „Arbeitsethik". Die Intellektuellen sagen, dass diese Tugenden unmöglich, unnötig, asozial und/oder „puritanisch" seien. Das Volk hat ein positives Menschenbild, glaubt, dass der Mensch seine Ziele auf der Erde erreichen kann und Glück möglich ist. Die Intellektuellen halten das für Selbsttäuschung, für eine Weigerung, die Ohnmacht oder die Hässlichkeit des Menschen und die „Tragik“ des Lebens zu sehen.

Das Volk findet persönlichen Ehrgeiz gut, strebt nach dem *eigenen* Glück und denkt, dass man nicht von Almosen leben sollte, sondern sich verdienen sollte, was man möchte und lehnt die ständigen Forderungen nach Selbstopferung ab. Die Intellektuellen prangern jedes einzelne Element davon als egoistisch und deswegen bösartig an.

Das Volk ist trotz zunehmender Religiosität immer noch fundamental säkular in seinen Ideen und Belangen. Die Intellektuellen beschreiben dies entweder als „vulgären amerikanischen Materialismus“ oder behaupten, dass die dumme „Bible-Belt-Gesinnung“ der wahre Indikator für das Wesen der Nation sei. Das Volk lehnt das marxistische Weltbild ab und verbringt seine Zeit nicht damit, „den Klassenfeind“ zu verfluchen. Die Intellektuellen sehen das Volk (einschließlich der Gewerkschaften) als Ausbeuter eines neuen Proletariats an: „Die Jugend, die Armen, die Schwarzen und die Frauen“. Das Volk lehnt (wie alle Völker der Erde) die „moderne Kultur“ ab. Die Intellektuellen bezeichnen das als „spießbürgerlich“ und „traditionsgläubig.“

Das Volk lehnt die ausufernden Manifestationen des Sozialstaates vehement ab, von steigenden Ausgaben, dem erzwungenen „Busing“* bis hin zu Geschlechterquoten. Die Intellektuellen verurteilen dies als gefühllos, rassistisch und „sexistisch“. Das Volk verehrt die Gründerväter und will weniger staatliche Einmischung. Die Intellektuellen tun dies als Anachronismus ab, während sie erklären, dass die Gründerväter in Wirklichkeit religiöse Mystiker waren (die konservative Interpretation) oder „Gemeinschaftler“, für die die Gesellschaft Vorrang vor der Freiheit hatte (die neue „revisionistische“ Auffassung).[358] Das Volk liebt die Vereinigten Staaten, ist stolz auf seine historischen Leistungen und besteht darauf, dass das Land sich

* *Busing* bezeichnet die Praxis, Schüler mit Schulbussen zwangsweise in bestimmte Schulen zu bringen, um eine etwaige Rassentrennung zu verhindern (Anm. d. Ü.).

[358] Ein Beispiel für Letzteres findet man bei Garry Wills: *Inventing America*, Garden City, N.Y. 1978.

gegen die kommunistische Aggression verteidigt. Die Intellektuellen setzen amerikanischen Patriotismus mit schäbigem Nationalismus, amerikanische Geschichte mit „imperialistischer Gier" und amerikanische Selbstverteidigung mit „Paranoia" und/oder mit aggressivem Militarismus gleich.

Die Deutschen der Weimarer Zeit waren zunehmend frustriert, wütend und angeekelt von „dem System" und reif für einen Wandel. Genau wie die Amerikaner. Die Deutschen folgten ihren Intellektuellen und waren so angeekelt von dem, was sie für Vernunft und Freiheit hielten und waren bereit, Hitler zu folgen. Die Amerikaner sind angeekelt von Unvernunft und Dirigismus, haben aber keine Richtung. Ohne intellektuelle Führung wissen sie nicht, was mit ihrem System falsch gelaufen ist oder wie man die Zersplitterung und den Zusammenbruch des Landes verhindert.

Daher nehmen die Ähnlichkeiten der beiden Nationen, die Ähnlichkeiten zwischen ihren Intellektuellen und den gesellschaftlichen Trends, die sie formen, trotz der tiefen Unterschiede zwischen Amerikanern und den Deutschen aus Weimar aus Unterlassung immer weiter zu.

Der unheilvollste Aspekt des Trends besteht darin, dass er, wenn er nicht umgekehrt wird, letztendlich den Charakter des amerikanischen Volkes verändern wird. Dieser Prozess hat schon begonnen.

Die Philosophie, die die Kultur und die Institutionen einer Nation formt, tendiert dazu, eine selbsterfüllende Prophezeiung zu werden: Indem sie die Bedingungen und Voraussetzungen für das tägliche Leben schafft, etabliert sie sich selbst mehr und mehr als unbestrittener Bezugsrahmen in den Köpfen der meisten Menschen. Eine Gesellschaft, die z.B. von Altruismus durchdrungen ist – eine Gesellschaft aus chronischer, politisch erzwungener kannibalischer Politik im Namen des „Allgemeinwohls" – bringt viele ihrer Opfer zu dem Gedanken, dass Sicherheit darin liege, seinen Dienst an der Allgemeinheit offen zur Schau zu stellen, dass Egoismus (der „Egoismus" der Anderen, die ihn aussaugen) eine Gefahr ist und dass die Lösung daraus bestehe, mehr Selbstlosigkeit zu fordern und zu praktizieren.

Eine Gesellschaft, die von Kollektivismus durchdrungen ist, in der die einzig effektive Überlebensgrundlage die Gruppe oder der Staat ist, führt zu dem Gefühl, dass die Ideen und die persönliche Unabhängigkeit, die für eine individualistische Ära richtig waren, nicht länger möglich oder relevant seien. Eine Gesellschaft, die vom Irrationalismus durchdrungen ist – eine Gesellschaft, die von unbegreiflichen Krisen, unerklärlichen Ungerechtigkeiten und ständigen Ausbrüchen einer sinnlosen, nihilistischen Kultur dominiert wird –, führt zu dem Gefühl, dass man die Welt nicht begreifen kann, d.h. dass der eigene Verstand unzureichend ist und dass man die Anleitung einer höheren Macht braucht.

Daher tendieren institutionalisierte korrupte Ideen dazu, ständig verstärkt zu werden (wobei dasselbe für rationale Ideen gelten würde); und unphilosophische Menschen, wie anständig ihre eigenen unidentifizierten Ideen auch sein mögen, geben letztendlich nach. Quer durch die Generationen geben sie schrittweise alle besseren Vermächtnisse auf. Schrittweise geben sie den ausdrücklichen ideologischen Souffleuren aus den Schulen und Universitäten nach. Schrittweise passen sie sich resigniert dem an, was sie aus eigener Erfahrung als Tatsachen oder Notwendigkeiten des Lebens akzeptiert haben.

Der amerikanische Geist ist noch nicht zerstört, aber er kann diesen Angriffen nicht auf ewig standhalten.

Wenn die Vereinigten Staaten Europa auf seinem Weg folgen, wird die Auflehnung des Volkes gegen die heutige intellektuelle Führung pervertiert und auf einen entgegengesetzten Kurs umgeleitet werden.

Unintellektuelle Rebellen können die fundamentalen Ideen, die man ihnen beigebracht hat, nicht bekämpfen. Alles, was sie leisten können, ist die Annahme einer Serie von falschen Alternativen, die sie von ihren Lehrern gestellt bekommen und dann trotzig die Seite zu wählen, die sie für die Anti-Establishment-Seite halten. Daher kommt die Verbreitung von Gruppen, die Anti-Intellektualität als einzige Alternative zu den heutigen Intellektuellen ansehen; gedankenlosen Aktivismus als Alternative zu wankelmütiger „Mäßigung"; christlichen Glauben als Alternative zu Nihilismus; weibliche Unterlegenheit als Alternative zur Frauenbewegung; Rassismus als Alternative zu Egalitarismus; Opfer zugunsten einer geeinten Nation als Alternative zu Opfer zugunsten von kriegführenden Interessengruppen; und staatlichen Kontrollen zugunsten der Mittelklasse als Alternative zu staatlichen Kontrollen zugunsten der Reichen oder der Armen.

Die von diesen Alternativen produzierten Gesinnungen - aktivistisch, religiös, rassistisch, nationalistisch, autoritär - wären in Weimar vertraute Erscheinungen gewesen.

Wenn es hier geschehen sollte, wird die primäre Verantwortung dafür nicht beim Volk liegen, das solch eine Gesinnung immer noch ablehnt und nach einer besseren Antwort sucht. Die Verantwortung wird bei jenen liegen, die das Wissen über das ursprüngliche amerikanische System aus den Schulen verbannt haben und die die Nation letztendlich davon überzeugt hätten, dass die einzige Alternative aus einer Wahl zwischen verschiedenen Diktaturen besteht.

Niemand kann die Form oder den Zeitrahmen der Katastrophe voraussagen, die unser Land heimsuchen wird, wenn wir unsere Richtung nicht ändern. Niemand kann wissen, welche Verkettung von Krisen in welchem Ablauf von Schritten über wie viele Jahre letztendlich den Geist und das Regierungssystem der Nation brechen wird. Niemand kann wissen, ob ein solcher Zusammenbruch direkt zu einer amerikanischen Diktatur führen wird - oder indirekt, nach einem Bürgerkrieg und/oder einem Krieg mit ausländischer Beteiligung und/oder einem Dunklen Zeitalter mit umherstreifenden Räuberbanden.

Was man aber wissen kann, ist Folgendes: Das Endergebnis des gegenwärtigen Kurses ist eine Diktatur; und die kulturell-politischen Zeichen deuten nun seit Jahren zunehmend auf eine bestimmte Form der Diktatur hin. Die Zeichen deuten auf eine amerikanische Form des Nationalsozialismus hin.

Wenn der weltweite politische Trend unverändert fortbesteht, dann steht den Ländern Westeuropas dasselbe Schicksal bevor: Zusammenbruch und letztendlich Diktatur, weil sie weiter auf dem dirigistischen Weg fortgeschritten sind als Amerika und da sie nun offensichtlich im Zustand des Niedergangs oder der Auflösung begriffen sind. (Die kommunistischen Länder und die sogenannte „Dritte Welt“ sind schon seit langem verloren oder haben es nie zu etwas gebracht.) Eine europäische Diktatur muss nicht identisch mit einer amerikanischen sein; Diktaturen können sich je nach der Geschichte, den Traditionen und Krisen eines bestimmten Landes in ihrer Form enorm unterscheiden – in ihrer Form, nicht aber in ihrem Wesen.

Der Großteil des Ostens ist verloren. Der Westen ist auf dem Weg.

Ein deutscher Intellektueller machte nach dem Zusammenbruch der Nazi-Herrschaft die folgende Bemerkung. In den frühen Tagen des Hitler-Regimes wurde jeder als Pessimist beschuldigt, der wegen der Maßnahmen der Nazis beunruhigt war und sich Sorgen um die Zukunft Deutschlands machte.

> „Und man ist *wirklich* ein Schwarzseher. Du sagst, dass dies und jenes zu dem und dem führen muss, kannst es aber nicht beweisen. Dies sind die Anfänge, ja; aber woher weißt du das denn, wenn du das Ende nicht kennst und woher willst du das Ende kennen oder auch nur vermuten? Einerseits schüchtern dich deine Feinde, das Gesetz, das Regime und die Partei ein. Andererseits tun dich deine Kollegen als Pessimist oder sogar als Neurotiker ab.“[359]

Man kann „das Ende kennen oder vermuten“, wenn man weiß, welche Ursache welche Wirkung hervorruft, d.h. welcher Faktor das Schicksal von Nationen bestimmt.

Heute sind die Vereinigten Staaten das einzige Land, das sich noch selbst – und somit die Welt – retten kann. Das geht aber nur durch ein einziges Mittel.

---

[359] Zit. in Milton Mayer: *They Thought They Were Free*, Chicago 1966, S. 169f.

Unsere Verfassung kann den Trend nicht aufhalten. Keine noch so edle Verfassung kann den Tod oder das Verlöschen seines Lebensprinzips überstehen.

Die Religion kann den Trend nicht aufhalten. Sie hat geholfen, ihn zu schaffen.

Die erwiesene Praktikabilität des ursprünglichen amerikanischen Systems kann den Trend nicht aufhalten. Praktikabilität an sich bewegt keine Nationen.

Die tiefen Unterschiede zwischen Amerika und Deutschland – die Unterschiede in der Geschichte, den Institutionen, den Personen, dem nationalen Charakter und den ursprünglichen Prinzipien – können den Trend nicht aufhalten. Nach einem Jahrhundert begann sich eine wichtige Ähnlichkeit zwischen diesen beiden Ländern herauszubilden: die Ähnlichkeit grundlegender Ideen; und diese Ähnlichkeit überschreibt, untergräbt oder negiert allmählich die Unterschiede und verweist ihre Überbleibsel in die Sackgasse des Unerkannten, des Unverteidigten und der Wirkungslosigkeit.

Es gibt nur ein Gegenmittel für den Trend von heute: eine neue, rationale Philosophie. Solch eine Philosophie müsste dem Land zum ersten Mal eine vollständige Formulierung und eine lückenlose Verteidigung der fundamentalen amerikanischen Ideen liefern.

„Die meisten von uns", so der oben zitierte deutsche Intellektuelle im Rückblick auf die Hitler-Jahre,

> „wollten nicht über Fundamentales nachdenken. Es bestand keine Notwendigkeit dazu. Der Nationalsozialismus lieferte uns einige furchtbare, fundamentale Dinge, über die wir nachdenken konnten – wir waren anständige Leute – und er beschäftigte uns dauernd mit den ständigen Veränderungen und ‚Krisen' und wir waren fasziniert – ja, fasziniert – von den Machenschaften der ‚Volksfeinde' im In- und im Ausland, sodass wir keine Zeit hatten, über diese furchtbaren Dinge nachzudenken, die langsam überall um uns herum aus dem Boden schossen. Unbewusst waren wir, so glaube ich, dankbar dafür. Wer will schon nachdenken?"[360]

[360] *Ebd.*, S. 167f.

Möchten *Sie* über „fundamentale Dinge" nachdenken? In Amerika ist noch Zeit dafür.

* * *

Welche fundamentalen Wahrheiten versuchten die Nazis, die amerikanischen Kollektivisten und all ihre Vordenker aus der Geschichte der Philosophie auszublenden und auszulöschen?

Die Antwort liegt in zwei Begriffen, mit allem was sie einschließen, wozu sie führen und was sie voraussetzen: Vernunft und Egoismus. Diese beiden sind (richtig verstanden) die unüberwindbare Barriere für jeden Versuch, eine totalitäre Herrschaft einzuführen.

Gehorsam ist die Vorbedingung für eine Diktatur. Die Vorbedingung für Gehorsam sind Angst und Schuld; nicht bloß die existentielle Angst, die von einer Politik des Terrors geschürt wird, sondern die tiefere, metaphysische Angst, die von innerer Hilflosigkeit geschürt wird; die Angst eines lebendigen Wesens, dem das Mittel zum Umgang mit der Realität geraubt wurde; nicht bloß die Schuld, ein bestimmtes Verbrechen zu begehen, sondern das tiefere, metaphysische Schuldgefühl, dass man selbst unwert und unmoralisch ist.

Vernunft zerstört Angst; Egoismus zerstört Schuld. Genauer gesagt: Die Vernunft erlaubt dem Menschen nicht, sich metaphysisch hilflos zu fühlen; Egoismus erlaubt ihm nicht, eine unverdiente Schuld zu akzeptieren oder sich selbst für ein Opfertier zu halten. Aber ein Mensch, der mit der Idee indoktriniert wurde, dass Vernunft ohnmächtig und Selbstopferung seine moralische Pflicht sei, wird jedem und allem gehorchen.

Wenn Opfer bringen mit Tugend gleichgesetzt wird, gibt es keinen Halt mehr für das Fortschreiten eines totalitären Staates. „Das geht so weiter und wird immer weiter gehen, solange wie Menschen glauben, jede Handlung sei gut, solange sie selbstlos ist. Das gestattet dem Altruisten zu handeln und zwingt seine Opfer, es zu dulden", sagte Howard Roark, der Held aus *Der Ursprung*.

Roark sagte auch: „Die Welt versinkt in einer Orgie der Selbstopferung." Als *Der Ursprung* 1943 veröffentlicht wurde, stimmte es. Und heute ist es ebenso wahr und noch offensichtlicher.[361]

Es gibt eine vollständige Philosophie, die Vernunft und Egoismus vertritt. Sie stammt von Ayn Rand und heißt Objektivismus. Sie wird detailliert in *Der Streik, Die Tugend des Egoismus* und *Introduction to Objectivist Epistemology* präsentiert. Sie ist das Gegenmittel für den gegenwärtigen Zustand der Welt. (Alle weiteren Zitate stammen, wenn nicht anders angegeben, aus den Werken von Ayn Rand.)[362]

Die meisten Philosophen haben ihre Ausgangspunkte unbenannten Implikationen überlassen. Die Grundlage des Objektivismus ist explizit:

> „Existenz existiert – und wer das begriffen hat, für den ergeben sich daraus zwei Folgerungen: Dass etwas existiert, das man wahrnimmt, und: Weil das Bewusstsein das Vermögen zur Wahrnehmung dessen ist, was existiert, existiert man, wenn man ein Bewusstsein hat."[363]

Sein und Bewusstsein sind die in jeder Wahrnehmung impliziten Tatsachen. Sie sind die Grundlage für alles Wissen (und die Vorbedingung für Beweise): Wissen setzt etwas voraus, das gewusst werden kann und jemanden, der es wissen kann. Sie sind Absolute, die nicht bezweifelt oder vermieden werden können: Jede menschliche Äußerung impliziert, dass man sie verwendet und akzeptiert – selbst wenn man sie abstreitet.

Das dritte Axiom an der Grundlage des Wissens – das Axiom, das in den Worten von Aristoteles für das „Sein qua Sein" gilt – ist das Gesetz der Identität. Dieses Gesetz definiert das Wesen des Seins: Zu sein heißt, etwas Bestimmtes zu sein, ein Ding ist das, was es ist; und führt zu dem fundamentalen Prinzip aller Handlungen –

---

361 Ayn Rand: *Der Ursprung*, Jena, 2019, S. 993, 996.

362 Ayn Rand: *Introduction to Objectivist Epistemology*, New York 1979. Dies.: *Die Tugend des Egoismus*, Jena 2015. Zur objektivistischen Politik vgl. dies.: *Kapitalismus: Das unbekannte Ideal*, Jena 2018. Zur Ästhetik siehe dies.: *The Romantic Manifesto*, New York 1969. Zu Ayn Rands Geschichtsphilosophie siehe *Für den neuen Intellektuellen*, Wien 2016.

363 Rand, *Der Streik*, S. 1095.

dem Gesetz der Kausalität. Dieses Gesetz sagt, dass die Handlungen eines Seienden nicht durch Zufall, sondern durch seine Natur bestimmt werden, d.h. durch das, was es ist.

Es ist wichtig, sich die wechselseitige Beziehung dieser drei Axiome anzusehen. „Sein" ist das erste Axiom. Das Universum existiert unabhängig von Bewusstsein. Der Mensch kann seine Umwelt seinen Bedürfnissen anpassen, aber „um der Natur zu befehlen, muss man ihr gehorchen" (Francis Bacon). Es gibt keinen mentalen Prozess, der die Naturgesetze ändern oder Tatsachen auslöschen könnte. Die Funktion des Bewusstseins besteht nicht in der Schaffung der Wirklichkeit, sondern in ihrer Wahrnehmung. „Sein ist Identität, Bewusstsein ist Identifikation."[364]

Der philosophische Ursprung dieser Idee und ihr Hauptvertreter in der Geschichte der Philosophie ist Aristoteles. Ihre Gegner sind alle anderen Haupttraditionen, einschließlich Platonismus, Christentum und deutschem Idealismus. Diese Traditionen vertreten direkt oder indirekt die Idee, dass das Bewusstsein der Schöpfer der Wirklichkeit ist. Das Wesentliche dieser Idee ist die Leugnung, dass Existenz existiert.

In der religiösen Version besagt diese Idee, dass es ein Bewusstsein gibt, das der Natur „überlegen" ist, d.h. das der Wirklichkeit überlegen ist und ihr widerspricht. In der gesellschaftlichen Version verschmelzt sie die Natur zu einem unbestimmten, halbdurchsichtigen Nebel, dem menschliche Wünsche erst seine Form verleihen. Die erste Schule streitet die Realität ab, indem sie stattdessen zwei Realitäten aufstellt. Die zweite Schule kommt ohne den Begriff „Realität" an sich aus. Die erste lehnt Wissenschaft, Gesetze, Kausalität und Identität ab und behauptet, dass für den allmächtigen, wunderwirkenden Willen Gottes alles möglich sei. Die zweite fasst diese Ablehnung in säkulare Worte und behauptet, dass für den Willen „des Volkes" alles möglich sei.

Keine dieser beiden Schulen kann eine objektiv beweisbare Grundlage für sich beanspruchen. Es ist unmöglich, von der Natur

---

364 *Ebd.*, S. 1096.

auf ihre Abstreitung zu schließen oder von Tatsachen auf ihre Zerstörung oder von irgendeiner Prämisse auf die Auslöschung von Argumenten an sich, d.h. ihrer Grundlage: den Axiomen von Existenz und Identität.

Metaphysik und Erkenntnistheorie stehen miteinander in enger Beziehung; zusammen bilden sie die Grundlage einer jeden Philosophie. In der Geschichte der Philosophie ist die Ablehnung der Vernunft immer die Folge der Ablehnung der Realität gewesen. Und wie das Beispiel von Aristoteles zeigt, impliziert und erfordert eine realitätsbezogene Metaphysik eine vernunftbezogene Erkenntnistheorie.

Ayn Rand definiert Vernunft als „das Vermögen, das das Sinnesmaterial identifiziert und integriert.“[365]

Die Vernunft übt diese Funktion mittels Begriffen aus, und die Gültigkeit der Vernunft basiert auf der Gültigkeit von Begriffen. Aber das Wesen und der Ursprung von Begriffen ist eines der größten philosophischen Probleme. Wenn Begriffe auf Tatsachen Bezug nehmen, dann hat Wissen eine Grundlage in der Realität und man kann objektive Prinzipien definieren, die die Wahrnehmungsprozesse des Menschen leiten. Wenn Begriffe von der Realität abgeschnitten werden, dann ist es auch das gesamte Wissen, und der Mensch ist blind und hilflos.

Dies ist das „Problem der Universalien“, bei dem die westliche Philosophie versagt hat.

Plato behauptete, den Bezug von Begriffen nicht in unserer Welt, sondern in einer übernatürlichen Dimension aus Wesenheiten zu finden. Die Kantianer halten Begriffe (einige oder alle) für bezugslos, d.h. für subjektive Schöpfungen des menschlichen Geistes unabhängig von äußeren Tatsachen. Beide Ansätze und all ihre Varianten in der Geschichte der Philosophie führen zur gleichen wesentlichen Konsequenz: Die Werkzeuge der Wahrnehmung werden von der Realität abgeschnitten und daher wird der Verstand untergraben. (Obwohl die Erkenntnistheorie des Aristoteles weitaus besser ist, ist

[365] Rand, *Tugend*, S. 23.

seine Begriffstheorie mit Überbleibseln des Platonismus durchsetzt und unhaltbar.) Moderne Philosophen haben dieses Problem und als Resultat die Philosophie an sich aufgegeben.

Ayn Rand bestreitet dieses Bollwerk der vernunftfeindlichen Achse und widerlegt es. Ihre historische Leistung besteht darin, die entschieden menschliche Form der Wahrnehmung an die Realität zu knüpfen, d.h. die Vernunft für gültig erklärt zu haben.

Dem Objektivismus zufolge werden Begriffe *doch* von den Tatsachen der Realität abgeleitet und beziehen sich auf sie.

Bei Geburt ist der Geist (wie Aristoteles es als Erster formuliert hat) *tabula rasa*; es gibt keine eingeborenen Ideen. Die Sinne sind das primäre Mittel zum Kontakt mit der Wirklichkeit; sie verleihen dem Menschen die Vorbedingung für alles nachfolgende Wissen – den Beweis, dass etwas *ist*. Was dieses Etwas ist, entdeckt er auf der *begrifflichen* Stufe der Wahrnehmung.

Begriffsbildung ist die menschliche Methode, das Sinnesmaterial zu organisieren. Um einen Begriff zu bilden, isoliert man zwei oder mehr ähnliche Dinge vom Rest des Wahrnehmungsfeldes und integriert sie dann in eine einzige mentale Einheit, die durch ein Wort symbolisiert wird. Ein Begriff fasst eine unbegrenzte Anzahl von Beispielen zusammen: die Einzeldinge, die man isoliert hat und alle anderen (vergangenen, gegenwärtigen und zukünftigen), die ihnen ähnlich sind.

Der Schlüssel zu diesem Vorgang ist Ähnlichkeit. Der Geist kann sich die Eigenschaften von ähnlichen Dingen merken, ohne ihre Maße zu spezifizieren, die von Fall zu Fall variieren. „Ein Begriff ist eine mentale Integration von zwei oder mehr Einheiten, die das/die gleiche(n) unterscheidende(n) Merkmal(e) haben und deren jeweilige Maße ausgelassen werden.“

> „Das Grundprinzip der Begriffsbildung (das besagt, dass die ausgelassenen Maße in irgendeiner Menge vorkommen müssen, aber in jeder Menge vorkommen können) ist das Äquivalent des Grundprinzips der Algebra, das besagt, dass algebraische Symbole irgendeinen numerischen Wert haben müssen, aber jeden Wert annehmen können. In diesem Sinne ist Sinneswahrnehmung die

> Arithmetik, aber begriffliches Bewusstsein ist die Algebra der Erkenntnis."[366]

Begriffe sind weder übernatürlich noch subjektiv: Sie beziehen sich auf Tatsachen dieser Welt, so wie sie durch den Menschen wahrgenommen werden. (Dies ist nur ein kurzer Umriss; eine vollständige Abhandlung findet sich in *Introduction to Objectivist Epistemology*.)

Die Sinne, Begriffe und Logik: Dies sind die Elemente des menschlichen Vernunftvermögens – sein Anfang, seine Form und seine Methode. Im Wesentlichen bedeutet „Folge der Vernunft": Basiere Wissen auf Beobachtung; bilde Begriffe nach den tatsächlichen (messbaren) Beziehungen zwischen Einzeldingen; benutze Begriffe nach den Regeln der Logik (letztendlich nach dem Gesetz der Identität). Da jedes dieser Elemente auf den Tatsachen der Realität basiert, sind die Aussagen, die durch einen Prozess der Vernunft erlangt werden, *objektiv*.

Die Alternative zur Vernunft ist irgendeine Form des Mystizismus oder des Skeptizismus.

Der Mystiker sucht übernatürliches Wissen; der Skeptiker bestreitet die Möglichkeit von Wissen an sich. Der Mystiker behauptet, dass die menschlichen Mittel zur Wahrnehmung nicht ausreichend seien und wahres Wissen eine Erleuchtung durch Gott benötige. Der Skeptiker stimmt dem zu, verwirft aber Gott. Der Mystiker vertritt Absolute, die er durch die Anrufung des Glaubens verteidigt; der Skeptiker antwortet, dass er keinen Glauben hat. Der Mystiker glaubt letztendlich an seine Gefühle, die er für eine Pipeline zum Jenseits hält; der Skeptiker braucht keine andere Welt, er folgt *seinen* Gefühlen, die in einer unerkennbaren Welt die einzige Grundlage zum Handeln sind.

Gefühle sind die Produkte von Ideen und Werturteilen, die man bewusst oder unterbewusst vertritt. Gefühle sind keine Mittel der Wahrnehmung und auch keine Handlungsanleitung.

Die altmodischen Religionen verurteilten die menschliche Vernunft mit der Begründung, dass sie begrenzt, endlich und irdisch sei,

[366] Rand, *Introduction to Objectivist Epistemology*, S. 18.

anders als der perfekte, aber unaussprechliche Geist Gottes. Dies impliziert einen Angriff auf die Identität (wie alles, was das Endliche angreift); aber dieser Angriff tarnt sich mit der Bestätigung eines angeblich größeren, übernatürlichen Bewusstseins. Die modernen Nihilisten sind da deutlicher: Sie werben nicht für das Unendliche, sondern für das Nichts. Genau wie sie in der Metaphysik das Konzept der Realität ablehnen, so lehnen sie in der Erkenntnistheorie die Möglichkeit von Bewusstsein ab.

Der Mensch, so die Kantianer, könne „Dinge an sich" nicht erkennen, weil sein Wissen durch menschliche Sinne, menschliche Begriffe und menschliche Logik gewonnen werde, d.h. durch die menschlichen Mittel zum Wissenserwerb.

Das gleiche Argument würde für jedes Bewusstsein gelten – menschlich, tierisch oder göttlich (wenn man davon ausgeht, dass es ein solches gibt): Wenn es etwas Bestimmtes ist, wenn es über *irgendwelche* Mittel zum Wissenserwerb verfügt, dann würde es ebenso nicht „Dinge an sich" kennen, sondern nur „Dinge, wie sie diesem Bewusstsein erscheinen".

Kant prangert die Tatsache an, dass der menschliche Geist eine bestimmte Natur hat. Seine Theorie lautet: Identität – das Wesen der Existenz – macht Bewusstsein ungültig. Oder: Ein Mittel zum Wissenserwerb macht Wissen unmöglich. Wie Ayn Rand aufzeigt, impliziert diese Theorie folgendes: „Der Mensch ist blind, weil er Augen hat – taub, weil er Ohren hat, getäuscht, weil er Verstand hat – und die Dinge, die er wahrnimmt, existieren nicht, *weil* er sie wahrnimmt."[367]

So wie Kants erkenntnistheoretischer Nihilismus die Erkenntnis von der Identität abspaltet, so spaltet sein ethischer Nihilismus Moral – das Feld der Werte – vom Genuss des Lebens ab.

Die objektivistische Ethik ist das Gegenteil zur kantischen Ethik.

Die objektivistische Ethik beginnt mit einer fundamentalen Frage: Warum braucht der Mensch Ethik?

---

[367] Rand, *Für den neuen Intellektuellen*, S. 29.

Die Antwort liegt in der menschlichen Natur als lebender Organismus. Ein lebender Organismus muss angesichts einer ständigen Alternative handeln: Leben oder Tod. Leben ist bedingt; es kann nur durch bestimmte Handlungen aufrechterhalten werden, die dieser Organismus ausführen muss, wie z.B. die Aufnahme von Nahrung. In dieser Hinsicht haben Pflanzen und Tiere keine Entscheidungsfreiheit: Innerhalb der Grenzen ihrer Fähigkeiten führen sie automatisch die Handlungen aus, die ihr Leben erfordert. Der Mensch hat eine Wahl. Er weiß nicht automatisch, welche Handlungen ihn am Leben erhalten werden; wenn er überleben will, muss er einen Kodex aus Werten und Tugenden entdecken und sich dann entscheiden, ihn auszuüben, nämlich den spezifischen Kodex, den das menschliche Leben erfordert. Der Zweck der Ethik ist die Definierung eines solchen Kodexes.

Der Objektivismus ist die erste Philosophie, die die Beziehung zwischen Leben und moralischen Werten identifiziert hat. „Ethik ist eine *objektive metaphysische Notwendigkeit des menschlichen Überlebens* – nicht aufgrund des Übernatürlichen, Ihrer Nachbarn oder Ihrer Launen, sondern aufgrund der Realität und der Natur Ihres Lebens."

Der Maßstab der Ethik, den der Mensch aufgrund des Wesens der Realität und seines eigenen Wesens braucht, ist das Leben des Menschen. „Alles, was das Leben eines rationalen Wesens fördert, ist das Gute; alles, was es zerstört, ist das Böse"

John Galt, der Protagonist aus *Der Streik* sagt:

> „Das Wichtigste, was der Mensch zum Überleben benötigt, ist sein Verstand. Das Leben ist ihm gegeben, das Überleben nicht. Sein Körper ist ihm gegeben, dessen Erhaltung nicht. Sein Verstand ist ihm gegeben, dessen Inhalt nicht. Um zu überleben, muss er handeln, und bevor er handeln kann, muss er das Wesen und den Zweck seines Handelns kennen. Er kann seine Nahrung nicht erlangen, ohne zu wissen, was Nahrung ist und wie man sie bekommt. Ohne die Kenntnis seines Ziels und der dazu nötigen Mit-

> tel kann er weder einen Graben ausheben noch einen Teilchenbeschleuniger bauen. Um zu überleben, muss er denken."[368]

Denken ist kein automatischer Vorgang. Ein Mensch kann sich entscheiden, zu denken oder er kann seinen Geist treiben lassen. Oder er kann sich entscheiden, sich aktiv gegen seine Intelligenz zu wenden, seinem Wissen auszuweichen und seinen Verstand zu untergraben. Wenn er sich weigert, zu denken, lädt er die Katastrophe ein: Er kann nicht ungestraft seine Mittel zur Wahrnehmung der Realität ablehnen.

Denken ist ein schwieriger Vorgang, den der Mensch nicht ausüben kann, wenn Wissen nicht sein Ziel, Logik nicht seine Methode und das Urteil *seines* Verstandes nicht sein Leitstern ist. Denken erfordert Egoismus, den fundamentalen Egoismus eines Geistes, der nichts über die Integrität seiner eigenen Funktion stellt.

Der Mensch kann nicht denken, wenn er etwas – irgendetwas – über seine Wahrnehmung der Realität stellt. Er kann den Beweisen nicht geradlinig folgen oder sein Bewusstsein unnachgiebig verteidigen, wenn er Gehorsam gegenüber anderen Menschen für seinen moralischen Imperativ, Selbsterniedrigung für seine höchste Tugend und Opfer für seine erste Pflicht hält. Er kann sein Gehirn nicht benutzen, wenn er seine Souveränität darüber aufgibt, d.h. wenn er seinen Nächsten für dessen Eigentümer hält, der ihm Bedingungen stellen darf.

Menschen lernen voneinander, sie bauen auf der Arbeit ihrer Vorgänger auf, sie erreichen durch Zusammenarbeit Leistungen, die auf einer einsamen Insel unmöglich wären. Aber alle solchen gesellschaftlichen Beziehungen erfordern die Ausübung der menschlichen Erkenntnis; sie hängen vom einzelnen Individuum ab, „einzeln" im primären, inneren Sinn des Begriffs, eines Menschen, der sich die Realität direkt ansieht, sich nicht selbst am Kreuze anderer Menschen opfern will und der deren Wort nicht als Akt des Glaubens hinnimmt, sondern der versteht und weiß.

---

[368] Rand, *Tugend*, S. 26; Rand, *Streik*, S. 1093, 1091.

Der Verstand und das menschliche Leben brauchen Egoismus in jeder Hinsicht: Ein lebender Organismus muss der Nutznießer seiner eigenen Handlungen sein. Er muss nach bestimmten Dingen streben – für sich selbst, für die eigenen Ziele und für das eigene Überleben. Leben erfordert die *Erlangung* von Werten, nicht ihren Verlust; ihr Erreichen, nicht den Verzicht darauf; Selbsterhaltung, nicht Selbstopferung. Der Mensch *kann* die Entscheidung treffen, Selbstopferung zu schätzen und anzustreben, aber er kann mit solch einer Methode weder überleben noch wachsen.

Moralischer Egoismus bedeutet nicht einen Freibrief, das zu tun, was immer einem einfällt. Er bedeutet die genaueste Definition und die Verfolgung des *rationalen* Eigeninteresses. Ein Kodex aus rationalem Eigeninteresse lehnt jede Form von Opfern ab, ob man sich nun selbst für andere oder andere für sich opfert. Ayn Rands Ethik des rationalen Egoismus vertritt die Ausübung des eigenen Verstandes im Dienst des eigenen Lebens und all die spezifischen Wertentscheidungen und Charaktereigenschaften, die solch eine Ausübung nach sich zieht. Sie vertritt die Tugenden Rationalität, Unabhängigkeit, Integrität, Ehrlichkeit, Gerechtigkeit, Produktivität und Stolz. Sie vertritt nicht „überleben um jeden Preis.“

> „Das Leben, das die Natur des Menschen fordert, ist nicht das Leben eines hirnlosen Unmenschen, eines plündernden Räubers oder eines schmarotzenden Mystikers, sondern das Leben eines denkenden Wesens; nicht ein Leben durch Gewalt und Betrug, sondern ein Leben durch Leistung; nicht ein Überleben um jeden Preis; denn es gibt nur einen Preis, der für das Überleben des Menschen bezahlen kann: Die Vernunft.“[369]

Die Vernunft ist ein Merkmal des Individuums. Denken ist kein Vorgang, der von Menschen ausgeübt wird, sondern vom Menschen – in der Einzahl. Keine Gesellschaft, kein Komitee und keine „organische“ Gruppe kann das. Das Einzige, was eine Gruppe in dieser Hinsicht tun kann, ist dem Individuum die Freiheit dazu lassen oder sie ihm zu nehmen.

---

[369] *Ebd.*, S. 1093.

Die grundlegende *politische* Vorbedingung für das Leben des Menschen ist Freiheit.

„Freiheit“ bedeutet in diesem Zusammenhang das Recht, ohne Zwang durch andere handeln zu können. Es bedeutet das Recht eines Individuums, nach seinem eigenen Urteil zu handeln, während man anderen das gleiche Recht zugesteht. In einer freien Gesellschaft verzichten Menschen bei Meinungsverschiedenheiten auf die Initiierung von körperlicher Gewalt.

Gewalt ist das Gegenteil und die Negation von Denken. Verständnis kann man nicht durch einen Schlag ins Gesicht erreichen; intellektuelle Klarheit kommt nicht aus der Mündung einer Pistole; das Abwägen von Beweisen wird durch Angst nicht erleichtert. Der Geist ist ein kognitives Vermögen; es kann kein Wissen und keine Überzeugung erwerben ohne oder gegen die Wahrnehmung der Realität; man kann es nicht zwingen.

Das richtige politische System – das System, das die Freiheit des menschlichen Geistes beschützt – ist im Wesentlichen das ursprüngliche amerikanische System, basierend auf dem Konzept von unveräußerlichen individuellen Rechten. „[D]ie Rechte eines Menschen [ergeben] sich nicht aus einem Gesetz Gottes oder des Kongresses, sondern aus dem Gesetz der Identität. A ist gleich A – und ein Mensch ist ein Mensch. *Rechte* sind Existenzbedingungen, die der Mensch seiner Natur nach zum angemessenen Überleben benötigt.“[370]

Die Gründerväter hatten die Tatsache erkannt, dass Rechte politischer, nicht wirtschaftlicher Natur sind, d.h. dass sie *Handlungen* billigen und dass man die Produkte dieser Handlung behalten darf. Sie sind kein unverdienter Anspruch auf die Handlungen oder Produkte anderer. Und sie hatten die Tatsache erkannt, dass die legitime Funktion eines Staates aus dem Schutz von Rechten besteht.

Die Rechte des Menschen können nur durch körperliche Gewalt verletzt werden (wobei Betrug eine indirekte Form von Gewalt ist). Ein politisches System, das auf der Anerkennung von Rechten beruht, ist eines, das Menschen gegen Gewalt schützt. Menschen be-

---

[370] *Ebd.*, S. 1145.

handeln einander nicht als potentielle Mörder, sondern als eigenständige Händler, je nach ihrem eigenen unabhängigen Urteil und ihrer freiwilligen Zustimmung. Solch ein System repräsentiert den methodischen Schutz der Rechte eines Menschen und seines Eigeninteresses, d.h. der Funktion und des Zweckes, von dem menschliches Leben abhängt.

Der Staat ist die Institution, die ein Monopol auf die legale Verwendung von körperlicher Gewalt hat. In einer freien Gesellschaft verwendet der Staat Gewalt nur als Erwiderung gegen jene, die mit ihrer Anwendung beginnen. Dies beinhaltet drei Hauptfunktionen: die Polizei, das Militär und die Gerichte (die dazu da sind, Streitigkeiten nach objektiven Regeln friedlich zu schlichten).

Der Regierung einer freien Gesellschaft ist es verboten, den Kriminellen, zu deren Ergreifung sie eingesetzt wurde, nachzueifern. Es ist ihr verboten, Gewalt gegen unschuldige Menschen zu initiieren. Sie darf nicht die Macht körperlicher Zerstörung in das Leben friedlicher Bürger bringen, für kein Ziel und in keinem Bereich, einschließlich des Bereiches von Produktion und Handel.

Dies bedeutet die Ablehnung jeder Dichotomie zwischen politischer und wirtschaftlicher Freiheit. Es bedeutet die Trennung von Staat und Wirtschaft. Es bedeutet die einzige Alternative zur Tyrannei, die je entdeckt worden ist: Laissez-Faire-Kapitalismus.

Historisch gesehen hat der Kapitalismus wunderbar funktioniert, und er ist das einzige System, das funktionieren kann. Sozialismus hat in jeder Variante zu einer Katastrophe geführt und wird es wieder tun, wenn er wieder einmal ausprobiert wird. Und doch wird der Sozialismus von den Lehrern der Menschheit bewundert, während der Kapitalismus verurteilt wird. Diese Perversion wird durch die Tatsache hervorgerufen, dass Freiheit, Rechte und Kapitalismus *egoistisch* sind.

Es stimmt, dass Freiheit, Rechte und Kapitalismus egoistisch sind. Es stimmt auch, dass richtig definierter Egoismus das Gute ist.

Die Welt hat keine Zukunft, wenn der aristotelische Ansatz zu Philosophie keine Wiedergeburt erfährt. Dazu wären eine aristotelische Bejahung der Wirklichkeit des Daseins, der Überlegenheit der Vernunft, des Lebens hier auf der Erde und der Größe des Menschen nötig.

Aristoteles und der Objektivismus stimmen bei den Fundamenten überein und daher auch in diesem letzten Punkt. Beide besagen, dass der Mensch *doch* mit der Realität umgehen kann, Werte erreichen kann und dass sein Leben nicht tragisch ist. Für beide ist der Mensch weder ein Wurm noch ein Monster; beide vertreten den Menschen als Denker und daher als Helden. Aristoteles nennt ihn „den hochgesinnten Menschen“. Ayn Rand nennt ihn Howard Roark oder John Galt.

In jedem Zeitalter muss der Mensch sich aufgrund seiner Natur abmühen: Er muss arbeiten um (wissentlich oder nicht) seine Vorstellung des menschlichen Potentials umzusetzen, sei sie nun konsequent oder widersprüchlich, erhaben oder verkommen. Er muss letztendlich eine fundamentale Entscheidung treffen, die seine anderen Entscheidungen und sein Schicksal bestimmen. Die fundamentale Entscheidung, die immer dieselbe ist, ist die erkenntnistheoretische Entscheidung: Vernunft oder Unvernunft.

Da das Verständnis von Vernunft und die Versionen der Unvernunft sich je nach dem Ausmaß des Wissens und der Tugenden des Menschen von Ära zu Ära unterscheiden, ändert sich auch die spezifische Form dieser Entscheidung und ihr jeweiliges Ergebnis.

In der Antike bestand die Entscheidung nach jahrhundertelangem Niedergang zwischen den Ideen der klassischen Zivilisation und den Ideen des Christentums. Der Mensch entschied sich für das Christentum. Das Ergebnis war das Dunkle Zeitalter.

Im Mittelalter, etwa eintausend Jahre später, bestand die Entscheidung zwischen Augustinus oder Thomas von Aquin. Der Mensch entschied sich für Thomas von Aquin. Das Ergebnis war die Renaissance.

In der Welt der Aufklärung, vier Jahrhunderte später, kämpften die amerikanischen Gründerväter darum, die Entscheidung ihrer Vorgänger zu bestätigen, aber sie konnten sie historisch nicht fest verankern. Das Ergebnis war ein großartiges neues Land mit eingebauter Selbstzerstörung.

Heute lautet die Entscheidung in den Vereinigten Staaten: entweder die Gründerväter und das Fundament, das sie nie hatten, oder Kant und Zerstörung. Das Ergebnis ist noch offen.

* * *

„Verschiedene Versuche“, so ein zeitgenössischer Historiker, seien unternommen worden, „das Problem des Aufstiegs des Nationalsozialismus in Deutschland zu erklären.“

> „Politik- und Verfassungshistoriker haben das Problem in den Schwächen der Weimarer Verfassung gesucht, in seinem Parteiengefüge und in seiner politischen Führungsschicht. Andere betonen die Wichtigkeit von wirtschaftlichen Faktoren und finden die Antwort für den Aufstieg Hitlers in der Inflation der frühen Zwanziger oder in der langen deutschen Tradition des Staatssozialismus. Intellektuelle Historiker haben die seltsame Natur des deutschen Geistes aufgezeigt und die Beständigkeit eines Stroms, der viele Quellen hat: Luther, Fichte, Hegel, von Treitschke, Nietzsche, Spengler und Möller von den Bruck. Seit neuestem haben Sozialpsychologen entdeckt, dass der Nationalsozialismus nur durch psychopathologische Ursachen zu erklären ist. Dadurch sind die Deutschen wahlweise zu Sado-Masochisten, Paranoikern, Opfern eines Bruderkomplexes oder zum unausweichlichen Produkt eines erzwungenen Reinlichkeitswahns geworden.
>
> Ich habe mit keiner dieser Interpretationen ein Problem, vorausgesetzt, dass sie alle mit ins Bild gerückt werden. Denn ich bin überzeugt, dass es in diesem Falle wie auch anderswo in der Geschichte keine einseitige Interpretation geben kann, die ein so komplexes gesellschaftliches Phänomen erklären kann. Durch so viele Beweise von allen Seiten bin ich absolut bereit, auf ein abgetragenes, aber passendes Cliché zurückzugreifen: Es war ein bisschen von allem.“[371]

[371] Waite, a. a. O., Vorwort.

Das o.g. erklärt, warum der Nationalsozialismus nicht erklärt worden ist. Die Intellektuellen von heute haben von Philosophie so wenig Ahnung wie ihre Vorgänger in der Ära vor Thales.

Das Zitat impliziert, dass der Nationalsozialismus ein Produkt des Zufalls ist – eines zufälligen Wühltisches von konkreten, zusammenhangslosen Übeln. Aber die Übel haben einen Zusammenhang, ein gemeinsames Merkmal. Es gibt eine Disziplin, die sie alle erklären kann. Es gibt einen Grund, warum all diese konkreten Dinge zur gleichen Zeit im gleichen Land auftraten; es ist der gleiche Grund, warum keiner davon während der Aufklärung in den Vereinigten Staaten anwesend war.

Der Grund liegt in der Disziplin, die sich mit den Fundamenten befasst, weil sie alle Derivate und alle gesellschaftlichen Einzelfälle miteinschließt. Philosophie ist der Faktor, der eine Nation bewegt und jeden Bereich und Aspekt des Menschen formt, einschließlich seiner Werte, seiner Psychologie und letztendlich der Schlagzeilen in den Zeitungen.

Die meisten Menschen halten das Gesellschaftssystem, in dem sie leben, für etwas Selbstverständliches, das man nicht in Frage stellen kann. Dann führen sie das System unwissentlich, aber Schritt für Schritt auf seinen logischen Schlusspunkt hin – welchen sie nicht als Produkt einer abstrakten Theorie ansehen, sondern einer praktischen Notwendigkeit.

Die Menschen die nicht von „Theorie" sondern von „Praktikabilität" bewegt werden, werden trotzdem von einer Theorie bewegt, aber von einer Theorie, die sie nicht zur Kenntnis genommen haben – Theorie in der Form der gesellschaftlichen Tatsachen, Probleme, Krisen und Trends, die diese Theorie hervorgebracht hat.

Die wirtschaftlichen Trends eines Landes kommen aus seinen politischen Trends. Die politischen Trends kommen aus seinen kulturellen Trends. Und alle Trends kommen aus Metaphysik, Erkenntnistheorie und Ethik.

Das Vernunftvermögen macht Philosophie möglich, aber auch das Gegenteil trifft zu: Philosophie ist die Umsetzung der Vernunft, die ihre Anwendung und ihren Triumph in jedem Bereich des menschlichen Daseins möglich oder unmöglich macht. Die Philosophie bringt die Schöpfer und ihre leuchtenden, lebenspendenden Leistungen hervor, oder lässt die Zerstörer los, die alles vernichten. Die Philosophie erklärt, warum die eine Gesellschaft eine schwache Verfassung annimmt und eine andere eine starke; warum die eine Bankrott erreicht und eine andere Überfluss; warum sich die eine von Moeller van den Bruck und eine andere von Thomas Jefferson berauschen lässt; warum die eine „Paranoia“ oder Konzentrationslager und die andere die Menschenrechte verwirklicht.

Die Komplexität einer menschlichen Gesellschaft macht sie nicht unverständlich, nicht einmal, wenn eine Gesellschaft von Widersprüchen zerrissen und im Zustand des Zusammenbruchs ist – außer wenn man den Zusammenbruch ohne eine Philosophie betrachtet. Eine solche Verfahrensweise bedeutet die Symptome einer Krankheit anzusehen, ohne zu wissen, dass sie Symptome sind oder dass sie eine gemeinsame Ursache haben.

Kein Arzt würde einen Fall von Beulenpest dem zufälligen Zusammentreffen von Fieber, Schüttelfrost, Erschöpfung, Schwellungen usw. zuschreiben. Niemand würde sagen, dass es „durch so viele Beweise von allen Seiten“ „keine einseitige Interpretation“ geben könne. Wenn irgendein Arzt das sagen würde, würde man ihm nicht lange die Pflege menschlicher Körper anvertrauen.

In den human- und sozialwissenschaftlichen Instituten unserer Universitäten werden die Kollegen solcher Ärzte dafür bezahlt, den Geist von Menschen zu formen.

Die Intellektuellen wissen nichts über die Rolle der Philosophie in der menschlichen Geschichte – *wegen* der Philosophie. Da ihnen die Philosophen seit Generationen beibringen, dass die Vernunft ohnmächtig sei, halten sie den Verstand und seine Aussagen für irrelevant für das Leben an sich. Da man ihnen beigebracht hat, dass Philosophie ein Spiel sei, das keine Antworten biete, suchen sie dort nicht nach Antworten. Da man ihnen beigebracht hat, dass es kein System zur Verbindung von Ideen und keine Kausalität zur Verbindung von Ereignissen gebe, suchen sie kein System und keine Kausalität, sondern behandeln gesellschaftliche Entwicklungen als willkürliche, beziehungslose Begebenheiten. Da man ihnen beigebracht hat, dass Abstraktionen keine Grundlage in der Realität hätten, wischen sie sie beiseite und konzentrieren sich nur auf Einzeldinge – seien es nun die des Augenblicks oder des Jahrhunderts.

Menschen, die solche Ideen vertreten, können Ideen nicht ernst nehmen. Sie können nicht glauben, dass Ideen der Motor der Geschichte sind.

Sie schreiben politischen Ideen wie z.B. Rassismus einen gewissen Einfluss zu, aber sie verstehen nicht das Wesen oder die Quelle dieses Einflusses, weil sie Politik als eigenständiges Thema ohne Bezug zum Rest der Philosophie betrachten. Was sie nicht begreifen, ist die Macht von Abstraktionen im menschlichen Leben wie z.B. die Ansichten über die Realität, über Wissen und Werte. Daher fehlt etwas im obigen Zitat, das in dieser Hinsicht typisch für den Philosophen ist, der für den Zustand des modernen Deutschlands und der modernen Welt die Hauptverantwortung trägt. Wer nicht das Wesentliche der historischen Ereignisse begreift, kann ihre Beziehung zu ähnlichen, aber oberflächlich andersartigen Ereignissen in anderen Nationen oder Zeiten nicht entdecken. Wer im Deutschland der Weimarer Zeit nur unzusammenhängende Einzeldinge sieht, kann auch im Amerika von heute nicht mehr erkennen.

Ein Diktator ist keine selbstbewusste Person. Er sucht Schwächen, Unsicherheit und Angst. Er hat bei selbstbewussten Menschen keine Chance. Aber in einer durch Selbstzweifel geprägten Zeit gelangt er an die Spitze: Menschen, die ihren eigenen Kurs und ihre eigenen Werte nicht kennen, haben keine Möglichkeit, seinen Versprechungen und Forderungen zu widerstehen.

Menschen können ihren Kurs und ihre Werte nicht ohne Prinzipien erkennen. Eine Nation lernt nicht aus Katastrophen – nur aus der Entdeckung ihrer Ursache.

Die Lösung besteht in der Wiedergeburt der großen Wissenschaft, die von den Griechen entdeckt wurde. Sie würde zur Wiedergeburt des großartigen Landes führen, das auf dieser Wissenschaft gegründet wurde.

Ein Land mit einer philosophischen Basis, befreit von fundamentaler Unsicherheit und Schuld, würde eine Führerschaft nicht tolerieren, die sich vor jeder Entscheidung drückt, jeden Mittelweg entlang kriecht und auf die Sintflut wartet. Es würde keine Sintflut des selbstgerechten, menschenverachtenden Bösen tolerieren, weder aus dem In- noch aus dem Ausland. Es würde sich nicht für seine Größe entschuldigen. Es würde nicht verzweifelt dabei zusehen, wenn seine Jugend sich aus Verzweiflung Kulten, Kommunen und Kokain zuwendet.

Ein Land mit einer philosophischen Basis würde seine Ideen und seine Richtung kennen: Überzeugungen würden die Lähmung ersetzen. Es würde seine Werte kennen: Moralurteile würden Beschwichtigung ersetzen und die Leidenschaft nach Gerechtigkeit würde die Menschenhasser ausradieren. Es würde wissen, was man seiner Jugend sagen müsste: Es würde ihr sagen, was die Quelle menschlicher Freude und die Bedeutung ihrer Nation in der Geschichte ist und ihr die Flagge zeigen, unter der sich die Weisen und Ehrlichen immer sammeln können – die menschliche Flagge: die Vernunft.

Dann würde der Mensch, der sein Leben liebt, der immer noch Hoffnung und Stolz empfindet – der Mensch, der dieses Land liebt – ihm beibringen, sich selbst zu lieben.

Und dann wäre das Land – und die Welt – sicher.

Einer griechischen Legende zufolge lehnte sich der Geist des Narziss während seiner Überfahrt über den Fluss zum Reich der Toten über den Rand seines Bootes, um einen letzten Blick auf seine eigene Schönheit zu werfen.

Für den Geist des Menschen muss es kein letzter Blick sein – nicht, wenn der Mensch noch einmal das Land der Lebenden entdeckt.

Im Jahre 1787 wurde ein Mitglied der verfassungsgebenden Versammlung von einem Zuschauer gefragt, welche Staatsform man der neuen Nation gegeben hätte. Er antwortete: „Eine Republik, wenn Sie sie bewahren können.“[372]

Er wurde nicht gefragt, was man braucht, um sie zu bewahren, aber die Antwort darauf würde lauten: „Eine Philosophie, wenn Sie eine kriegen können.“

[372] Benjamin Franklin zit. n. *Bartlett's Familiar Quotations*, Boston [15]1980, S. 348.

Index

Ayn Rand im TvR Medienverlag Jena

Der Ursprung

Der Ursprung *(The Fountainhead)*, Ayn Rands zeitloser Klassiker von 1943, erzählt die Geschichte von Howard Roark, einem jungen individualistischen Architekten, der sich weigert, seine Überzeugungen an ein Establishment zu verkaufen, das Konformität über Unabhängigkeit und Integrität stellt. Roark kämpft nicht nur für die künstlerische Vision seiner Bauten, sondern gegen die Maßstäbe der „Autoritäten" und gegen die Herrschaft der Mittelmäßigkeit, der Gleichmacherei und der Beliebigkeit - und gegen eine atemberaubend schöne Frau, die ihn leidenschaftlich liebt, aber seinen schlimmsten Feind heiratet.

1022 S., fester Einband, handvernäht, 2019, ISBN 978-3-940431-66-0

Kapitalismus

Das unbekannte Ideal

Warum der Kapitalismus nicht nur die am besten funktionierende, sondern auch die einzig moralische Wirtschaftsordnung ist, erklären Ayn Rand und ihre Mitstreiter Nathaniel Branden, Alan Greenspan und Robert Hessen in diesem Essayband. Dabei erörtern sie den allgemeinen Umgang mit Unternehmern und privaten Unternehmen, die Ursachen der Kriege, das Versagen der Konservativen und die dunklen Seiten des Altruismus. Sie belegen, daß altruistische Argumente immer wieder nur als Vorwand dienen, die Fundamente der kapitalistischen Zivilisation zu untergraben. Damit fordern sie nicht nur den vorherrschenden Zeitgeist heraus, sondern zeigen auch Wege aus der herrschenden philosophischen Verwahrlosung auf.

415 S., fester Einband, 2017, ISBN 978-3-940431-63-9

Die Tugend des Egoismus

Eine neue Auffassung des Egoismus

Mit weiteren Beiträgen von Nathaniel Branden

Ayn Rand führt hier die moralischen Prinzipien des Objektivismus aus, der Philosophie, die das Leben des Menschen – das für ein rationales Wesen geeignete Leben – als Maßstab moralischer Werte ansieht und besagt, dass Altruismus unvereinbar mit der menschlichen Natur, den schöpferischen Anforderungen seines Überlebens und einer freien Gesellschaft ist.

190 S., fester Einband, 2015, ISBN 978-3-940431-55-4

Kolumnen

und andere Texte (1946-1979)

Herausgegeben und eingeleitet von Peter Schwartz

1962 akzeptierte Ayn Rand eine Einladung des Herausgebers der *Los Angeles Times*, eine wöchentliche Kolumne zu verfassen. Diese Kolumne, die eine immense Bandbreite von Themen – vom Zustand des Wohlfahrtsstaates über Außenpolitik bis hin zu Marilyn Monroes Tod – abdeckt, wurde innerhalb kurzer Zeit äußerst populär. Anders als bei vielen anderen Zeitungskommentaren „ist kein einziger ihrer Kommentare überholt“ (Peter Schwartz) – bis heute.

154 S., fester Einband, 2020, ISBN 978-3940431-64-6